Aktuelle Beiträge zum öffentlichen Recht

herausgegeben von:

Rolf Gröschner
Martin Morlok
Helmuth Schulze-Fielitz

Band 3

Der Petitionsausschuß des Europäischen Parlaments und der Europäische Bürgerbeauftragte

Zu den außergerichtlichen Beschwerdeeinrichtungen der Europäischen Gemeinschaft

Antonius Hamers

Centaurus Verlag & Media UG 1999

Der Autor, geb. 1969, studierte Rechtswissenschaften in Köln und Würzburg, 1999 Promotion an der Universität Würzburg. Er ist wissenschaftlicher Mitarbeiter beim Bundesverband der Deutschen Industrie (BDI), Abteilung Umweltpolitik.

Die Deutsche Bibliothek – CIP-Einheitsaufnahme

Hamers, Antonius:
Der Petitionsausschuß des Europäischen Parlaments und der Europäische Bürgerbeauftragte : zu den außergerichtlichen Beschwerdeeinrichtungen der Europäischen Gemeinschaft / Antonius Hamers. – Pfaffenweiler : Centaurus-Verl.-Ges., 1999
(Aktuelle Beiträge zum öffentlichen Recht ; Bd. 3)
Zugl.: Würzburg, Univ., Diss., 1999
ISBN 978-3-8255-0285-0 ISBN 978-3-86226-878-8 (eBook)
DOI 10.1007/978-3-86226-878-8

ISSN 0941-4363

Satz: Vorlage des Autors

Meinen Eltern

Vorwort des Verfassers

Die vorliegende Arbeit wurde im November 1998 abgeschlossen und wurde im Wintersemester 1998/99 von der Juristischen Fakultät der Bayerischen Julius-Maximilians-Universität als Dissertation angenommen.

Mein verehrter Doktorvater, Herr Prof. Dr. Dieter H. Scheuing, hat mich bei der Auswahl des Themas beraten und die Ausgestaltung der Arbeit durch wertvolle Anregungen bereichert. Für die Überlassung des Themas, sein Interesse und seine wohlwollende Unterstützung danke ich ihm sehr herzlich.

Herrn Prof. Dr. Bernhard Kempen gilt mein Dank für die zügige Erstellung des Zweitgutachtens. Herrn Prof. Dr. Helmuth Schulze-Fielitz danke ich, daß er die Veröffentlichung meiner Arbeit in der vorliegenden Reihe befürwortet hat.

Sowohl beim Petitionsausschuß wie beim Bürgerbeauftragten auf europäischer Ebene handelt es sich um junge Einrichtungen. Anknüpfungspunkt der Arbeit sind zu einem nicht unwesentlichen Teil einschlägige Dokumente des Europäischen Parlaments und die Praxis beider Institutionen. Insofern war der Austausch mit einer Vielzahl von Personen ein wichtiger Beitrag. Meine Zeit als Referendar bei der EVP-Fraktion am Europäischen Parlament hat mir in dieser Hinsicht vielfältige Möglichkeiten eröffnet. Frau Vicky Kloppenburg, Juristin beim Europäischen Bürgerbeauftragten, sei in diesem Zusammenhang ausdrücklich gedankt. Sie war mir mehrmals hilfsbereite Ansprechpartnerin.

Für wertvolle Korrekturen und Anmerkungen bei der abschließenden Erstellung der Arbeit gilt mein besonderer Dank Herrn Rechtsreferendar Joachim Tebben und Herrn Diplom-Rechtspfleger Oliver Haase.

Die Arbeit ist meinen Eltern gewidmet. Sie haben meine Ausbildung stets mit Interesse und Verständnis begleitet und großzügig gefördert.

Heggen, im April 1999 *Antonius Hamers*

Inhaltsverzeichnis

Zu den verwendeten Abkürzungen wird verwiesen auf:

Duden, Die deutsche Rechtschreibung, 21. Auflage, Mannheim u. a. 1996

Kirchner, Abkürzungsverzeichnis der Rechtssprache, bearbeitet von Hildebert Kirchner, 4. Auflage, Berlin u. a. 1993

Einleitung

Solange es irgendwie geartete Formen des verwaltenden Zusammenlebens von Menschen gibt, solange gibt es Möglichkeiten, sich bei der verwalteten Obrigkeit zu beschweren. Mit voranschreitender Komplexität der Sozialwesen bildete sich eine Trennung von verwaltenden und kontrollierenden Stellen heraus. Das Zusammenleben der Menschen gab schon früh Anlaß zu theoretischen Überlegungen, und unser heutiges Staatsverständnis gründet auf den Lehren antiker Staatstheoretiker und Philosophen. Bis in die frühe Neuzeit hinein galt der ideale, anzustrebende Staat als das unverzichtbare Instrument, die Rechte des einzelnen zu gewährleisten und das friedliche Zusammenleben der Menschen zu garantieren.[1] Die Erfahrungen mit den absolutistischen Herrschern des 17. und 18. Jahrhunderts und mit dem restaurativen Obrigkeitsstaat des 19. Jahrhunderts lehrten, daß der Staat weniger Rechtsgarant als Rechtsbedrohung sein kann. Diese Erkenntnis verdeutlichte, daß es gegenüber dem Staat Abwehrrechte bedarf. Derartige Grund- und Abwehrrechte, die sich in den Grund- und Menschenrechten manifestieren, haben ihre theoretischen Grundlagen in den politischen Theorien der Antike. Sowohl die naturrechtlichen Ansätze der Sophisten als auch das Vernunftrecht Platons anerkannten, daß der Mensch grundsätzlich frei geschaffen sei und durch keine politische Ordnung sittlich erniedrigt werden dürfe.[2] Die Scholastiker tradierten diese Vorstellungen in die christliche Theologie, so daß diese Gedanken neben der christlichen Botschaft, die ähnliche Ansätze beinhaltet, Eingang in die christliche Lehrmeinung fanden. Die Reformation förderte die neuzeitliche Entwicklung revolutionär-naturrechtlicher Gedanken, die den stoischen Humanismus, also die Übernahme der römisch-stoischen Tugendlehre und die damit verbundenen Grundrechte, hervorbrachte.[3] Auf dieser Grundlage gelangten die Grund- und Menschenrechte in die ersten modernen Verfassungstexte wie die britische Bill of

---

[1] Hobbes prägte in diesem Zusammenhang den Ausspruch „Homo homini lupus“.

[2] Oestreich, S. 15.

[3] Oestreich, S. 34 f.

Rights (1689), die amerikanische Unabhängigkeitserklärung (1776) und die französische Erklärung der Menschenrechte (1789).

Auch im demokratischen Rechtsstaat behalten diese Rechte ihre Aktualität und Unverzichtbarkeit. So erscheint manchem aufgrund der immer komplexeren Verwaltung und der Fülle von Normen der moderne Verwaltungsstaat als der neue Leviathan.[4] Die zunehmende Verrechtlichung erfordert ein lückenloses gerichtliches Rechtsschutzsystem, das seinerseits vielfach von den Bürgern nur schwerlich durchschaut werden kann. Eine wichtige Ergänzung bilden daher die außergerichtlichen Beschwerdeeinrichtungen, die unbürokratische und kostengünstige Hilfe anbieten sollen. Diese Aufgabe fällt – je nachdem für welche Einrichtung sich der Gesetzgeber entschieden hat – einem parlamentarischen Petitionsausschuß oder einem Bürgerbeauftragten zu.

Durch den Vertrag von Maastricht fanden sowohl das Petitionsrecht als auch die Einrichtung des Bürgerbeauftragten Eingang in den EG-Vertrag. Während das Europäische Parlament schon vorher einen Petitionsausschuß eingerichtet und Petitionen akzeptiert hatte, war der Europäische Bürgerbeauftragte eine echte Neuerung im System der europäischen Institutionen. Hintergrund dieser Vertragsänderung war zumindest auch der stete Vorwurf des europäischen Bürokratismus' und der Bürgerferne.[5] So erblickt ein nicht unerheblicher Teil der Bevölkerung in der EG auch eine überbordende, undurchsichtige Verwaltung, die eine Flut von Vorschriften hervorbringt. Die vielfältigen positiven Aspekte geraten dagegen vielfach in den Hintergrund.[6] Beschworen wird das Subsidiaritätsprinzip,[7] das in Art. 5 Abs. 2 (ex-Art. 3b Abs. 2) EG-Vertrag Eingang in das Gemeinschaftsrecht gefunden hat. Doch kann eine gemeinschaftsweite und gemeinschaftseinheitliche Regelung in vielen Dingen nützlich und erforderlich sein. Im wirtschaftlichen Bereich wird dies weitgehend akzeptiert, doch ist darauf hinzuweisen, daß die Gemeinschaft mit ihren beiden Gerichten den Bürgern zusätzliche Rechtsschutzmöglichkeiten bietet, die nicht selten gerade die Position der Bürger stärken.

---

[4] Uppendahl, in: FS Hennis, 1988, S. 437 (438).

[5] Marias, Der Europäische Ombudsmann, S. 1.

[6] Auf die vielfältigen positiven Änderungen durch den Maastrichter Vertrag weist insbesondere Nonnenmacher, in: FAZ Nr. 134, vom 13. 6. 1998, S. 1, hin.

[7] Stolleis, in: FAZ, Nr. 145, 26. 6. 1998, S. 45.

Neben die gerichtlichen Möglichkeiten treten die außergerichtlichen Beschwerdeeinrichtungen, die Thema dieser Arbeit sind. Sowohl Petitionsausschuß als auch Bürgerbeauftragter sollen neben dem gemeinschaftlichen Gerichtssystem zum Schutz politischer, bürgerlicher und sozialer Rechte der Bürger im Verhältnis zu den Gemeinschaftseinrichtungen beitragen. Beide Einrichtungen stehen im direkten Zusammenhang mit der Unionsbürgerschaft, die ihre Grundlage in Art. 17 (ex-Art. 8) EG-Vertrag findet und die ebenfalls eine Neuerung des Maastrichter Vertrages ist. Das Petitionsrecht und das Recht, den Bürgerbeauftragten anzurufen, werden in Art. 21 (ex-Art. 8d) EG-Vertrag ausdrücklich als Rechte der Unionsbürger genannt. Beide Rechtspositionen sind dem Grundrechtsbereich zuzurechnen und geben den Bürgern die Möglichkeit, zur Kontrolle der Gemeinschaftseinrichtungen beizutragen.[8]

Ziel dieser Arbeit ist es, diese beiden in Art. 194 und 195 (ex-Art. 138d, 138e) EG-Vertrag normierten Rechte und die dazugehörigen Einrichtungen, den Petitionsausschuß des Europäischen Parlaments und den Europäischen Bürgerbeauftragten, darzustellen, zu untersuchen und zu vergleichen. Beide Einrichtungen sollen nicht isoliert betrachtet werden. So ist insbesondere zu untersuchen, inwieweit der Petitionsausschuß und der Bürgerbeauftragte den individuellen Rechtsschutz, den die beiden Gerichte auf Gemeinschaftsebene bieten, ergänzen und ob ihnen eine eigenständige Aufgabe bei der Sicherung und Wahrung der bürgerlichen Rechte zukommt. Weil EG und EU in der Rechtstradition ihrer Mitgliedstaaten stehen, werden auch die nationalen außergerichtlichen Beschwerdeeinrichtungen vorgestellt, um zu prüfen, inwieweit sie Einfluß auf die Ausgestaltung der Einrichtungen auf Ebene der EG gehabt haben. So soll möglichst umfassend dargestellt werden, welche Rechtsschutz- oder Beschwerdeeinrichtungen es gibt, um sich gegen Maßnahmen, die der EG zuzurechnen sind, zur Wehr zu setzen und welche Rolle dem Petitionsausschuß des Europäischen Parlaments und dem Europäischen Bürgerbeauftragten dabei zukommt.

[8] Hobe, in: Der Staat, Bd. 32, 1993, S. 245 (256).

1. Kapitel: Beschwerde- und Rechtsschutzmöglichkeiten der Unionsbürger neben den Art. 194 (ex-Art. 138d), 195 (ex-Art. 138e) EG-Vertrag

Unabhängig von den in Art. 194 (ex-Art. 138d) und 195 (ex-Art. 138e) EG-Vertrag normierten Rechten stehen den Unionsbürgern weitere Rechtsschutz- und Beschwerdemöglichkeiten gegen Entscheidungen von Gemeinschaftsorganen zu. Im Rahmen ihres Rechtsschutzes, den die Gemeinschaft seit jeher gewährt und der in Art. 6 Abs. 1 EU-Vertrag n.F., in dem sich die Union ausdrücklich zu den Prinzipien des Rechtsstaats bekennt, eine zusätzliche Aufwertung erfährt, eröffnet die Gerichtsbarkeit der Gemeinschaft natürlichen und juristischen Personen unter bestimmten Voraussetzungen den Rechtsweg. Neben diesen Rechtsschutzmöglichkeiten nimmt die Europäische Kommission Beschwerden entgegen, die sich gegen die Verletzung von Gemeinschaftsrecht wenden. Diese verschiedenen Möglichkeiten gilt es darzustellen. Dabei ist zu prüfen, ob den Unionsbürgern ein umfassendes Rechtsschutzsystem zur Verfügung steht und welche Rolle die beiden außergerichtlichen Beschwerdeeinrichtungen, der Europäische Bürgerbeauftragte und der Petitionsausschuß am Europäischen Parlament, in diesem System spielen.

Unverzichtbare Voraussetzung für die Wahrnehmung und die Wahl einer Rechtsschutzmöglichkeit, sei es eine gerichtliche oder eine außergerichtliche, ist es, Zugang zu einschlägigen Dokumenten zu erhalten. Erst diese geben Auskunft darüber, ob Gründe für einen Prozeß oder eine Beschwerde vorliegen und welche Maßnahmen zu ergreifen sind. Vor dem Hintergrund der Erklärung 17 der Schlußakte zum Vertrag von Maastricht, in der die Vertragsparteien den Rat und die Kommission auffordern, bis spätestens 1993 einen Bericht über Maßnahmen vorzulegen, mit denen die den Organen vorliegenden Informationen der Öffentlichkeit besser zugänglich gemacht werden sollen, hat die Kommission in zwei Mitteilungen vorgeschlagen, die Dokumente[9] des Rates, der Kommission und des Parlaments grundsätzlich der Öffentlichkeit zugänglich zu machen.[10]

Der Rat hat daraufhin einen *Verhaltenskodex für den Zugang der Öffentlichkeit zu Rats- und Kommissionsdokumenten*[11] und einen *Beschluß über den Zugang der Öffentlichkeit zu Ratsdokumenten*[12] verabschiedet. Danach kann jeder auf Antrag Einsicht in die Dokumente des Rates nehmen, es sei denn, der Schutz des öffentlichen Interesses, des einzelnen und der Privatsphäre, des Geschäfts- und Industriegeheimnisses, der finanziellen Interessen der Gemeinschaft oder die Wahrung der Vertraulichkeit stehen dem gem. Art. 4 Abs. 1 des Beschlusses entgegen. Abs. 2 dieser Vorschrift räumt die Möglichkeit ein, die Auskunft aus Gründen der Geheimhaltung der Beratungen zu verweigern. Auf der Grundlage des Verhaltenskodexes hat die Kommission ebenfalls einen solchen Beschluß für ihre Dokumente erlassen, der die gleichen Ausnahmetatbestände vorsieht.[13] Auch das Europäische Parlament macht seine Dokumente der Öffentlichkeit zugänglich.[14] Der Ausnahmetatbestand des Art. 5 dieses Beschlusses ist inhaltsgleich mit Art. 4 des entsprechenden Ratsbeschlusses.

Die Gerichte auf Gemeinschaftsebene haben die Anforderungen an den Zugang zu Gemeinschaftsdokumenten weiter präzisiert. So hat der Europäische Gerichtshof festgestellt, daß die Einrichtungen der Gemeinschaft, solange es keine generellen Regeln auf Gemeinschaftsebene über den Zugang zu den Dokumenten gebe, eigene Regelungen zu treffen haben, die den Zugang zu ihren Dokumenten im

---

[9] Dokument in diesem Sinne ist jedes im Besitz eines Gemeinschaftsorganes oder einer -institution befindliche Schriftstück mit bereits vorhandenen Informationen (Hummer, Stellung und Funktion des Bürgerbeauftragten, S. 50).

[10] Kommissionsmitteilung „Zugang der Öffentlichkeit zu Dokumenten, die sich im Besitz der Gemeinschaftsorgane befinden", ABl. Nr. C 156 vom 8. 6. 1993 S. 5-12; Kommissionsmitteilung „Transparenz in der Gemeinschaft", ABl. Nr. C 166 vom 17. 6. 1993 S. 4-10.

[11] ABl. Nr. L 340 vom 31. 12. 1993 S. 41 f.

[12] ABl. Nr. L 340 vom 31. 12. 1993 S. 43 f.

[13] ABl. Nr. L 46 vom 18. 2. 1994 S. 58 f.

[14] Beschluß des Europäischen Parlaments vom 10. Juli 1997 über den Zugang der Öffentlichkeit zu den Dokumenten des Europäischen Parlaments, ABl. Nr. L 263 vom 25. 9. 1997 S. 27-29.

Einklang mit den Anforderungen an eine gute Verwaltung gewährleisten.[15] Das Gericht erster Instanz hat diese Rechtsprechung des Gerichtshofes aufgegriffen und klargestellt, daß grundsätzlich ein Anspruch der Öffentlichkeit besteht, die Dokumente der Gemeinschaft einzusehen und daß die Ausnahmen davon eng auszulegen seien.[16] Die Ausnahmen selbst hat die Rechtsprechung in obligatorische und fakultative eingeteilt. So sind die Ausnahmen in Art. 4 Abs. 1 des Ratsbeschlusses bzw. Art. 5 Abs. 1 des Parlamentsbeschlusses obligatorisch. Verweigert das Organ aus diesen Gründen die Auskunft, so muß es mitteilen, warum seiner Ansicht nach diese Gründe vorliegen. Beim fakultativen Verweigerungsgrund in Art. 4 Abs. 2 des Ratsbeschlusses bzw. Art. 5 Abs. 2 des Parlamentsbeschlusses muß das Organ eine Abwägung zwischen den Interessen der Öffentlichkeit, die Auskunft verlangt, und den Gründen der Geheimhaltung treffen.[17] Wird der Zugang von einem Organ ungerechtfertigt verweigert, so kann der Antragsteller Nichtigkeitsklage gem. Art. 230 (ex-Art. 173) EG-Vertrag gegen den ablehnenden Bescheid[18] erheben oder sich an den Europäischen Bürgerbeauftragten wenden. Verweigert eine sonstige Einrichtung der Gemeinschaft die Informationen, hat der Bürger nur die zuletzt genannte Möglichkeit.

Der Europäische Bürgerbeauftragte sah sich auf die genannten Gerichtsentscheidungen hin veranlaßt, eine eigene Untersuchung hinsichtlich des Zugangs der Öffentlichkeit zu den Dokumenten der Gemeinschaft zu starten.[19] Ziel der Initiative war insbesondere, daß die den Organen nachgeordneten Einrichtungen Rege-

---

[15] EuGH vom 30. 4. 1996, Rs. C 58/94 (Niederlande./.Rat), Slg. 1996, I, S. 2169 (2197, Ziff. 34-37).

[16] EuG vom 19. 10. 1995, Rs. T-194/94 (John Carvel und Guardian Newspaper./.Rat), Slg. 1995, II, S. 2765 (2788 f.); EuG vom 5. 3. 1997, Rs. T-105/95 (WWF./.Kommission), Slg. 1997, II, S. 313 (345 Ziff. 62-65).

[17] EuG vom 5. 3. 1997, Rs. T-105/95 (WWF./.Kommission), Slg. 1997, II, S. 313 (345 Ziff. 64).

[18] Söderman, The Citizen, the Administration and Community Law, S. 41.

[19] 616/PUBAC/F/IJH, vgl. Europäischer Bürgerbeauftragter, Jahresbericht 1996, S. 85-91. Der Petitionsausschuß hat auf diesen Bericht mit einem Bericht reagiert und die Initiative des Bürgerbeauftragten begrüßt (A4-0265/98, S. 3-15). Auch die Stellungnahmen des Ausschusses für Recht und Bürgerrechte, des Ausschusses für Grundfreiheiten und innere Angelegenheiten und des Institutionellen Ausschusses haben der Initiative des Bürgerbeauftragten positiv gegenüber gestanden (A4-0265/98, S. 22, 28, 34).

lungen erhielten, die den Zugang zu deren Dokumenten gewährleisteten. Auf die entsprechende Empfehlung des Bürgerbeauftragten hin haben die meisten Einrichtungen der Gemeinschaft derartige Regelungen erhalten.[20]

Seit dem Vertrag von Amsterdam ist in Art. 255 Abs. 1 EG-Vertrag primärrechtlich der grundsätzliche Anspruch der Öffentlichkeit garantiert, Zugang zu den Dokumenten des Parlaments, des Rates und der Kommission zu erhalten. Dieser Anspruch steht unter dem Vorbehalt von Grundsätzen und Bestimmungen, die nach Art. 255 Abs. 2, 3 EG-Vertrag binnen zwei Jahren nach Inkrafttreten des Vertrags von Amsterdam zu erlassen sind. Diese Einschränkungen müssen sich an den genannten Vorgaben der Rechtsprechung auf Gemeinschaftsebene orientieren. Darüber hinaus wird der Anspruch aus Art. 255 Abs. 1 EG-Vertrag durch die 35. Erklärung zum Amsterdamer Vertrag relativiert. Danach steht den Mitgliedstaaten das Recht zu, die Kommission oder den Rat zu ersuchen, ein Dokument, das aus dem entsprechenden Mitgliedstaat stammt, nicht ohne dessen Zustimmung an Dritte weiterzuleiten. Diese Maßgabe beinhaltet eine nicht unerhebliche Einschränkung des Auskunftsanspruches, sie ist aber vor dem Hintergrund zu sehen, daß die einzelnen Mitgliedstaaten den Zugang zu ihren eigenen Dokumenten sehr unterschiedlich handhaben.[21]

Das Recht, die Dokumente der Gemeinschaft einzusehen, trägt neben einer umfassenden Informationspolitik zur Transparenz der Gemeinschaft bei und ermöglicht den Bürgern, ihren Rechten Geltung zu verschaffen. Die Transparenz hat durch den geänderten Art. 1 Abs. 2 (ex-Art. A Abs. 2) EU-Vertrag, der nun neben der Bürgernähe auch Offenheit im Entscheidungsprozeß fordert, eine primärrechtliche Grundlage erhalten. Neben den Möglichkeiten der Bürger, sich an die Gemeinschaftsorgane zu wenden, sich zu beschweren, Vorschläge zu machen und

---

[20] Söderman, The Citizen, the Administration and Community Law, S. 38. Vgl. dazu die genaue Übersicht im Bericht des Petitionsausschusses zu dem Sonderbericht des Bürgerbeauftragten, A4-0265/98, S. 16 f..

[21] Vgl. zum unterschiedlichen Recht auf Zugang zu Dokumenten in den einzelnen Mitgliedstaaten: Söderman, The Citizen, the Administration and Community Law, S. 35-37.

gerichtlich vorzugehen, ist die Transparenz wichtige Voraussetzung für die Rechtsstaatlichkeit und die Akzeptanz der Union und der Gemeinschaft.[22]

I. Rechtsschutz durch den Europäischen Gerichtshof und das Gericht erster Instanz

Das Gemeinschaftsrecht sieht ausdrücklich gerichtliche Rechtsschutzmöglichkeiten des einzelnen vor. Ein solcher gerichtlicher Rechtsschutz ist elementar und unverzichtbar, weil sich die Gemeinschaft – und auch die Union (diese nach Art. 6 (ex-Art. F) EU-Vertrag[23]) – Rechtsgrundsätze zu eigen gemacht hat, die sich aus den Verfassungsüberlieferungen der Mitgliedstaaten ergeben. Diese Rechtsgrundsätze verpflichten die Gemeinschaft unter anderem auf rechtsstaatliche Prinzipien, die ein gerichtliches Rechtsschutzsystem und den Schutz der Grundrechte erfordern. Im Hinblick auf das Petitionsrecht und das Beschwerderecht zum Europäischen Bürgerbeauftragten ist im folgenden zu prüfen, wie umfassend der gerichtliche Rechtsschutz ist, den die Gerichtsbarkeit der Gemeinschaft dem einzelnen bietet, und ob er Lücken läßt, die von den beiden genannten außergerichtlichen Beschwerdemöglichkeiten geschlossen werden können.

---

[22] Die vielfältigen Anfragen an die Kommission zeigen, daß ein echter Bedarf der Bürger an Information besteht und daß die Informationsanfragen die häufigsten Kontakte zwischen der Gemeinschaft und den Bürgern darstellen. Die Statistiken des Bürgerbeauftragten zeigen aber gleichzeitig, daß dieser Kontakt Quelle von Beschwerden über mangelnde Auskünfte ist. (Europäischer Bürgerbeauftragter, Jahresbericht 1996, S. 109: 30 Beschwerden (=30%), Jahresbericht 1997, S. 300: 60 Beschwerden (=25%)).

[23] Vgl. dazu ausführlich: Klein, in: Hailbronner/Klein/Magiera/Müller-Graff, Art. F Rn. 1 ff.

1. Grundrechtsschutz durch den Europäischen Gerichtshof und das Gericht erster Instanz

Im Rahmen des Rechtsschutzsystems, das der EG-Vertrag vorsieht, berücksichtigt die Gerichtsbarkeit auf Gemeinschaftsebene die Grundrechte der Individuen. Vor dem Vertrag von Maastricht gab es im geschriebenen Gemeinschaftsrecht keine ausdrückliche gesetzliche Grundrechtsbindung der Gemeinschaftsorgane, doch entwickelte der Europäische Gerichtshof einen eigenen richterrechtlichen Grundrechtsschutz.[24] Seit dem Inkrafttreten des Unionsvertrages verpflichtet dieser in Art. 6 Abs. 2 (ex-Art. F Abs. 2) EU-Vertrag die Union auf die Achtung der Grundrechte, „wie sie in der am 4. November 1950 in Rom unterzeichneten Europäischen Konvention zum Schutze der Menschenrechte und Grundfreiheiten gewährleistet sind und wie sie sich aus den gemeinsamen Verfassungsüberlieferungen der Mitgliedstaaten als allgemeine Grundsätze des Gemeinschaftsrecht ergeben". Diese Regelung, die sich an der bisherigen Rechtsprechung des Europäischen Gerichtshofes auf diesem Gebiet orientiert und als solche gem. Art. L EU-Vertrag

---

[24] EuGH vom 12. 11. 1969, Rs. 29/69 (Stauder./.Stadt Ulm) Slg. 1969 S. 419 (425 Ziff. 7); EuGH 17. 12. 1970, Rs. 11/70 (Internationale Handelsgesellschaft./.Einfuhr- und Vorratsstelle Getreide) Slg. 1970 S. 1125 (1135 Ziff. 4); EuGH vom 14. 5. 1974, Rs. 4/73 (Nold./.Kommission) Slg. 1974 S. 491 (507 Ziff. 13); EuGH vom 28. 10. 1975, Rs. 36/75 (Rutili./.Minister des Inneren) Slg. 1975 S. 1219 (1232 Ziff. 32). (Vgl. ausführlich zum Grundrechtsschutz durch den EuGH: Chwolik-Lanfermann, S. 47-84). Dem BVerfG reichte dieser europäische Grundrechtsschutz zunächst nicht aus, und es hat das gemeinschaftliche Sekundärrecht einer uneingeschränkten eigenen Grundrechtskontrolle unterworfen (BVerfGE 37, 271 ff., sog. „Solange-I-Beschluß" vom 28. 5. 1974). Später hat das BVerfG diese Rechtsprechung in seinem sog. „Solange-II-Beschluß" (vom 22. 10. 1986, BVerfGE 73, 339 ff.) relativiert und hat seine eigene Prüfungskompetenz solange zurückgestellt, wie der EuGH einen adäquaten Grundrechtsschutz gewährleisten werde. In seiner sog. „Maastricht-Entscheidung" (Urteil vom 12. 10. 1993, BVerfGE, 89, 155) hat das BVerfG diese Rspr. ein Stück zurückgenommen und klar gestellt, daß es Hoheitsakte von Gemeinschaftsorganen überprüfen werde, wenn es darum gehe, den vom GG als unabdingbar gebotenen Grundrechtsschutz zu gewährleisten (BVerfGE 89, 155 (174 f.)). Insoweit schränkt das BVerfG den Vorrang des EuGH erneut ein. Vgl. ausführlich zu diesem Konflikt zwischen dem BVerfG und dem EuGH: Scheuing, in: EuR, Beiheft 1, 1997, S. 7 (45-51).

a.F. bislang nicht einklagbar war,[25] läßt die genannten Quellen, die EMRK und die gemeinsamen Verfassungstraditionen der Mitgliedstaaten, lediglich als allgemeine Rechtsgrundsätze gelten.[26] Eine unmittelbare und unabänderliche Übernahme der EMRK beinhaltet diese Vorschrift nicht.[27]

Auch nach dem Vertrag von Amsterdam enthält der EU-Vertrag keinen eigenen Grundrechtekatalog.[28] Art. 6 Abs. 2 (ex-Art. F Abs. 2) EU-Vertrag streicht lediglich deutlich heraus, daß die Grund- und Menschenrechte allgemeine Grundsätze des Gemeinschaftsrechts sind. Doch wird der Gerichtshof zukünftig gem. Art. 46 lit. d EU-Vertrag[29] im Rahmen der Zuständigkeiten, die ihm der EU-Vertrag einräumt, die Handlungen der Organe auf dem Gebiet des EU-Vertrages an Art. 6 Abs. 2 (ex-Art. F Abs. 2) EU-Vertrag messen dürfen. Im Bereich des EG-Vertrages hat er die Handlungen der EG-Organe seit jeher an den von ihm entwikkelten Grundrechten gemessen.

Neben dem Grundrechtsschutz, den die Rechtsprechung des Gerichtshofs garantiert, beinhaltet das Gemeinschaftsrecht Einzelbestimmungen, die Grundrechte oder grundrechtsähnliche Rechte gewähren. Auch wenn diese Bestimmungen teilweise nur ausfüllungsbedürftige Ziel- und Programmsätze sind, stellen sie verbindliche Schranken für die nationale und die gemeinschaftliche öffentliche Gewalt dar, die nicht überschritten werden dürfen, wenn damit subjektive Rechte des

---

[25] Scheuing, in: EuR, Beiheft 1, 1997, S. 7 (13, Fn. 21). Der neue Art. 46 (ex-Art. L) EU-Vertrag bestimmt hinsichtlich der Zuständigkeit des Gerichtshofes in lit. d, daß dieser im Rahmen des Art. 6 Abs. 2 nur zuständig ist „in bezug auf Handlungen der Organe, sofern der Gerichtshof im Rahmen der Verträge zur Gründung der Europäischen Gemeinschaften und im Rahmen dieses Vertrages zuständig ist". Ein individueller, einklagbarer Rechtsanspruch läßt sich daraus nicht ableiten.

[26] Sauerwald, S. 72; Hilf, in: EuR 1997 S. 347 (354).

[27] Hilf, in: EuR 1997 S. 347 (354).

[28] Eine Gruppe von MdEP der deutschen Grünen hatte der Regierungskonferenz zum Amsterdamer Vertrag einen eigenen Grundrechtekatalog vorgeschlagen, der jedoch nicht in das Vertragswerk aufgenommen wurde. Vgl. dazu ausführlich: Preuß, in: Kritische Justiz 1998, S. 1-29.

[29] Der neue Art. 46 (ex-Art. L) EU-Vertrag bestimmt hinsichtlich der Zuständigkeit des Gerichtshofes in lit. d, daß dieser im Rahmen des Art. 6 Abs. 2 nur zuständig ist „in bezug auf Handlungen der Organe, sofern der Gerichtshof im Rahmen der Verträge zur Gründung der Europäischen Gemeinschaften und im Rahmen dieses Vertrages zuständig ist".

einzelnen verletzt werden.[30] So enthält das Gemeinschaftsrecht ein Diskriminierungsverbot gem. Art. 12 (ex-Art. 6) und Art. 13 EG-Vertrag, die Freiheit des Warenverkehrs gem. Art. 23 ff. (ex-Art. 9 ff.) EG-Vertrag, die Freiheit des Personenverkehrs gem. Art. 39 ff. (ex-Art. 48 ff.) bzw. Art. 43 ff. (ex-Art. 52 ff.) EG-Vertrag, die Freiheit des Dienstleistungsverkehrs gem. Art. 49 ff. (ex-Art. 59 ff.) EG-Vertrag, die Freiheit des Kapital- und Zahlungsverkehrs gem. Art. 56 ff. (ex-Art. 73b ff.) EG-Vertrag, der Schutz des Berufs- und Geschäftsgeheimnisses gem. Art. 287 (ex-Art. 214) EG-Vertrag und die Lohngleichheit von Mann und Frau gem. Art. 141 (ex-Art. 119) EG-Vertrag.

Hinzukommen die Grundrechte, die im Zusammenhang mit der Unionsbürgerschaft stehen, so die Freizügigkeit gem. Art. 18 (ex-Art. 8a), das aktive und passive Wahlrecht zu den kommunalen Vertretungen und zum Europäischen Parlament gem. Art. 19 (ex-Art. 8b) EG-Vertrag, den diplomatischen und konsularischen Schutz gem. Art. 20 (ex-Art. 8c) EG-Vertrag und das Petitionsrecht bzw. das Recht, den Bürgerbeauftragten anzurufen gem. Art. 21 (ex-Art. 8d) EG-Vertrag.[31] Im Gegensatz dazu hat die Sozialcharta der EG vom 9. 12. 1989, die fundamentale soziale Rechte enthält, lediglich erklärenden Charakter, so daß für sie der Anwendungsvorrang des Gemeinschaftsrechts nicht gilt.[32]

Unabhängig von einem ausdrücklichen Grundrechtekatalog achtet das Gemeinschaftsrecht die Grundrechte, wie sie sich aus den oben genannten Einzelbestimmungen und der Rechtsprechung des Gerichtshofs ergeben. Letztlich kommt es darauf an, wie die Grundrechte im Rahmen der Rechtsprechung Beachtung finden. So hat der Europäische Gerichtshof bislang die Grund- und Menschenrechte grundsätzlich ausreichend berücksichtigt und hat so einen prinzipiell lückenlosen Grundrechtsschutz gewährleistet.[33]

---

[30] Schweitzer/Hummer, § 8 Rn. 787.

[31] Vgl. ausführlich zu den subjektiv-öffentlichen Rechten: Kingreen/Störmer, in: EuR 1998, S. 263-290.

[32] Clapham, S. 65.

[33] Huber, in: EuZW 1997, S. 517 (518); Hilf, in: EuR 1997, S. 347 (354), der darauf hinweist, daß ein kodifizierter Grundrechtekatalog eine präventive Funktion habe sowie legitimatorisch und konsensstiftend wirke.

Der EG-Vertrag räumt Individuen in Art. 230 Abs. 4 (ex-Art. 173 Abs. 4) und in Art. 232 Abs. 3 (ex-Art. 175 Abs. 3) Klagemöglichkeiten ein. In Art. 234 (ex-Art. 177) EG-Vertrag sieht der Vertrag ein Vorabentscheidungsverfahren vor, in dessen Rahmen der Gerichtshof über Fragen entscheidet, die im Rahmen eines Gerichtsverfahrens vor einem nationalen Gericht aufgetreten sind und welche die Auslegung von Rechtsnormen oder sonstigen rechtsverbindlichen Handlungen der Gemeinschaft betreffen. Schließlich räumt das Gemeinschaftsrecht bei Verletzung desselben den betroffenen Individuen Schadensersatzansprüche ein.

Diese verschiedenen Klagearten, die auch dem einzelnen Zugang zur europäischen Judikative verschaffen, ergänzen einander und bilden ein in sich geschlossenes Rechtsschutzsystem,[34] so daß die Frage aufgeworfen wird, inwieweit neben diesen gerichtlichen Rechtsschutzmöglichkeiten außergerichtliche Beschwerdeeinrichtungen erforderlich sind.

Ein geschlossenes Rechtsschutzsystem garantiert aber nicht zugleich einen in jeder Hinsicht lückenlosen Rechtsschutz. Die Geschlossenheit dieses Systems besagt nur, daß es neben diesen Klagemöglichkeiten keine weiteren auf Gemeinschaftsebene gibt. Insbesondere kann eine natürliche oder juristische Person nicht mittels einer Klage nach Art. 230 (ex-Art. 173) oder 232 (ex-Art. 175) EG-Vertrag die Kommission dazu zwingen, ein Verstoßverfahren nach Art. 226 (ex-Art. 169) EG-Vertrag einzuleiten. Eine Klage nach Art. 230 Abs. 4 (ex-Art. 173 Abs. 4) EG-Vertrag scheitert daran, daß die Ablehnung der Kommission, ein solches Verfahren durchzuführen, keine Entscheidung im Sinne des Art. 230 Abs. 4 (ex-Art. 173 Abs. 4) EG-Vertrag ist.[35] Ein Verfahren nach Art. 232 Abs. 3 (ex-Art. 175 Abs. 3) EG-Vertrag ist nicht möglich, weil die Entscheidung der Kommission, ein Verfahren nach Art. 226 (ex-Art. 169) EG-Vertrag nicht durchzuführen, nicht an den Kläger gerichtet ist und diesen auch nicht unmittelbar und individuell betreffen kann.[36]

---

[34] Lenz, in: EuZW 1993, S. 10 (11).

[35] Bleckmann, Europarecht, Rn. 962.

[36] Bleckmann, Europarecht, Rn. 962.

Daß die Durchführung eines Vertragsverletzungsverfahrens nicht individuell einklagbar ist, hindert den einzelnen aber nicht daran, sich vor nationalen Gerichten auf eine Vertragsverletzung durch einen Mitgliedstaat zu berufen.[37] Der Gerichtshof hat in dieser „individuellen Kontrolle" des Gemeinschaftsrechts eine hilfreiche Ergänzung der Kontrolltätigkeit der Kommission gesehen.[38]

Diese Einschränkung deutet zumindest an, daß das Rechtsschutzsystem der EG Ansatzpunkte für eine außergerichtliche Ergänzung läßt. Diese Punkte sollen im weiteren Verlauf genauer untersucht werden.

a. Die Nichtigkeitsklage der Individuen nach Art. 230 Abs. 4 (ex-Art. 173 Abs. 4) EG-Vertrag[39]

Art. 230 Abs. 4 (ex-Art. 173 Abs. 4) EG-Vertrag räumt natürlichen und juristischen Personen unabhängig von ihrer Zugehörigkeit zu einem Mitgliedstaat die Möglichkeit ein, Entscheidungen des Parlaments, des Rates, der Kommission oder der Europäischen Zentralbank gerichtlich anzufechten.[40] Die Partei- und Prozeßfähigkeit der Kläger richtet sich grundsätzlich nach dem Recht des jeweiligen Mitgliedstaates.[41]

Klagegegenstand sind nicht nur Entscheidungen im technischen Sinne des Art. 249 S. 4 (ex-Art. 189 S. 4) EG-Vertrag. Der Vertrag weitet den Anwendungsbereich ausdrücklich auf solche Entscheidungen aus, die als Verordnung ergehen, Art. 230 Abs. 4 (ex-Art. 173 Abs. 4). Danach kommt es allein auf den Inhalt, nicht auf die Bezeichnung einer Entscheidung an,[42] so daß jede Handlung, die dazu bestimmt ist, Rechtswirkung zu erzeugen, unabhängig von ihrer Form anfechtbar

---

[37] Krück, in: v.d.Groeben/Thiesing/Ehlermann, Art. 169 Rn. 61.

[38] EuGH vom 5. 2. 1963, Rs. 26/62 (Van Gend & Loos), Slg. 1963, S. 1 (26).

[39] Vgl. ausführlich zu diesem Thema: Wenig, in: Grabitz/Hilf, Art. 173 Rn. 52 ff. mit der Angabe der entsprechenden Rechtsprechung.

[40] Zuständiges Gericht ist gem. Art. 168a Abs. 2 EG-Vertrag i.V.m. Art. 3 Abs. 1 lit. c des Beschlusses des Rates zur Errichtung eines Gerichtes erster Instanz der Europäischen Gemeinschaften das Gericht erster Instanz.

[41] Wenig, in: Grabitz/Hilf, Art. 173 Rn. 52; Bleckmann, Europarecht, Rn. 884.

[42] Bleckmann, Europarecht, Rn. 885.

ist.[43] So wird verhindert, daß die Organe alleine durch die Wahl der Form eine Individualklage ausschließen können.[44]

Die entscheidende und einschränkende Zulässigkeitsvoraussetzung ist die individuelle und unmittelbare Betroffenheit des Klägers, d. h. dieser muß eine besondere Beziehung zu dem angegriffenen Akt haben.[45] Ist der Kläger Adressat der Entscheidung, so ist diese Betroffenheit unproblematisch gegeben. Probleme bereiten die darüber hinaus in Art. 230 Abs. 4 (ex-Art. 173 Abs. 4) EG-Vertrag genannten Entscheidungen, die den Kläger unmittelbar und individuell betreffen, obwohl sie als Verordnung ergangen oder an eine andere Person[46] gerichtet sind. Diese beiden Ausnahmen gaben Anlaß zu einer Vielzahl von Entscheidungen des Europäischen Gerichtshofes und des Gerichts erster Instanz.[47]

Der Gerichtshof und das Gericht erster Instanz legen das Erfordernis der individuellen und unmittelbaren Betroffenheit eng aus.[48] Eine bloße Interessenbeeinträchtigung begründet noch keine Klagebefugnis.[49] Diese Interpretation erinnert an die französische Klagebefugnis, die auf die Verletzung eines tatsächlichen Interesses abstellt[50] und damit im Gegensatz steht zur Klagebefugnis im deutschen öffentlichen Recht, § 42 Abs. 2 VwGO, welche die Verletzung eigener Rechte, d.h. nicht lediglich ideeller oder wirtschaftlicher Interessen, voraussetzt.[51]

Das individuelle Betroffensein erfordert, daß der Kläger, der nicht Adressat der Entscheidung ist, von dieser wegen bestimmter persönlicher Eigenschaften oder besonderer Umstände, die den Kläger aus dem Kreis aller übrigen Personen her-

---

[43] Krück, in: v.d.Groeben/Thiesing/Ehlermann, Art. 173 Rn. 42.

[44] EuGH Rs. 789 und 790/79, Calpak, Slg. 1980, S. 1949 (1961).

[45] Bleckmann, Europarecht, Rn. 886.

[46] Auch Entscheidungen, die an einen Staat adressiert sind, können Entscheidungen, an eine „andere Person" gerichtet, i.S.d. Art. 173 Abs. 4 EG-Vertrag sein. (EuGH vom 15. 7. 1963, Rs. 25/62 (Plaumann ./. Kommission), Slg. 1963, S. 211 (237 f.)).

[47] Vgl. dazu die ausführliche Auflistung der einschlägigen Rechtsprechung bei Wenig, in: Grabitz/Hilf, Art. 173 Rn. 54-59.

[48] Bleckmann, Europarecht, Rn. 888.

[49] Wenig, in: Grabitz/Hilf, Art. 173 Rn. 54.

[50] Bleckmann, Europarecht, Rn. 889.

[51] Vgl. ausführlich zu diesem Fragenkreis: Kopp, VwGO-Kommentar, § 42 Rn. 37 ff.

ausheben, berührt wird und der Kläger daher auf ähnliche Weise individualisiert wird wie der Adressat der Entscheidung.[52] Wichtiges Indiz für die individuelle Betroffenheit ist die namentliche Erwähnung des Klägers in dem Rechtsakt oder dessen Anhängen.[53] Namentliche Bestimmbarkeit reicht demgegenüber nicht aus.[54]

Das zweite Kriterium, die unmittelbare Betroffenheit, verlangt, daß die angefochtene Maßnahme den Kläger ipso facto benachteiligen muß und nicht lediglich benachteiligen kann.[55] Ausschlaggebend sind der Charakter der streitgegenständlichen Maßnahme und die von ihr ausgehenden Rechtswirkungen.[56] D.h. daß sich der Rechtsakt grundsätzlich unmittelbar, ohne dazwischentretende Durchführungsmaßnahmen auf die Rechts- und Interessenlage des Klägers auswirken muß.[57] Eine Ausnahme bilden Entscheidungen, die sich originär an einen Mitgliedstaat richten. Eine solche Entscheidung begründet dann gegenüber dem Kläger unmittelbare Pflichten, wenn dem Staat bei der Umsetzung kein Ermessensspielraum verbleibt, er also dazu gezwungen ist, eine dem Kläger nachteilige Entscheidung zu treffen, und der Staat mit großer Wahrscheinlichkeit von sich aus eine solche Maßnahme nicht getroffen hätte.[58]

Gem. Art. 173 Abs. 5 EG-Vertrag ist die Klage binnen zwei Monaten nach der Bekanntgabe bzw. der Mitteilung an den Kläger oder in Ermangelung dessen nach der Kenntniserlangung durch den Kläger zu erheben.

Die enge Auslegung der in Art. 173 Abs. 4 EG-Vertrag genannten Kriterien verdeutlicht, daß der Anwendungsbereich der Nichtigkeitsklage der Individuen sehr eingeschränkt ist. Die Gemeinschaft ist in erster Linie rechtsetzend tätig, d.h.

---

[52] EuGH vom 15. 7. 1963, Rs. 25/62 (Plaumann), Slg. 1963, S. 213 (238); EuGH vom 1. 2. 1984, Rs. 1/84 (Ilford), Slg. 1984, S. 423 (428).

[53] EuGH vom 21. 2. 1984, Rs. 239 u. 275/82 (Allied Corporation), Slg. 1984, S. 1005 (1030).

[54] EuGH vom 24. 2. 1987, Rs. 26/86 (Deutz und Geldermann./.Rat), Slg. 1987, S. 941 (951 f. Ziff. 8).

[55] Krück, in: v.d.Groeben/Thiesing/Ehlermann, Art. 173 Rn. 46.

[56] EuGH vom 6. 10. 1982, Rs. 307/81 (Alusuisse), Slg. 1982, S. 3463 (3473 Ziff. 13).

[57] Wenig, in: Grabitz/Hilf, Art. 173 Rn. 58.

[58] Wenig, in: Grabitz/Hilf, Art. 173 Rn. 58; Bleckmann, Europarecht, Rn. 893; Krück, in: v.d.Groeben/Thiesing/Ehlermann, Art. 173 Rn. 49.

sie erläßt vornehmlich Rechtsetzungsakte. Bei diesen fehlt es regelmäßig an der individuellen und unmittelbaren Betroffenheit i.S.d. Art. 173 Abs. 4 EG-Vertrag, so daß diese Maßnahmen von Individuen vor den Gerichten der Gemeinschaft nicht anfechtbar sind. Auf diese Weise soll verhindert werden, daß Kläger, die lediglich potentiell von einer Maßnahme betroffen sind oder die vorbeugenden Rechtsschutz suchen, Zugang zum Gericht erster Instanz finden.[59] Der Kläger wird dadurch nicht rechtlos gestellt; es bleibt ihm die Möglichkeit, gegen die umgesetzte Maßnahme auf der Ebene der Mitgliedstaaten zu klagen.[60] Es kommt insoweit nicht zu einer Rechtsschutzverkürzung, sondern zu einer Verlagerung des Rechtsschutzes auf die Ebene, die die Entscheidung umsetzt und insoweit einen näheren Bezug dazu hat.

Diese Entscheidung des EG-Gesetzgebers ist auch unter rechtsstaatlichen Gesichtspunkten nicht zu beanstanden, eben weil es nicht zu einer Rechtsschutzverkürzung kommt. Unabhängig davon haben die Ausführungen aber gezeigt, daß private und juristische Personen nur sehr begrenzten Einfluß auf Entscheidungen – insbesondere Rechtsetzungsakte – auf Gemeinschaftsebene haben, weil es an der erforderlichen unmittelbaren und individuellen Betroffenheit fehlt. Darin besteht eine – wenn auch mit dem Rechtsstaatsprinzip vereinbare – Lücke.

b. Die Untätigkeitsklage der Individuen gem. Art. 232 Abs. 3 (ex-Art. 175 Abs. 3) EG-Vertrag

Im Falle der Untätigkeit eines Organs können sich Individuen mit einer Klage gem. Art. 232 Abs. 3 (ex-Art. 175 Abs. 3) EG-Vertrag an das Europäische Gericht erster Instanz[61] wenden. Inhalt einer solchen Klage ist es, festzustellen, daß ein Organ der Gemeinschaft den Vertrag verletzt hat, indem es entgegen den Vorgaben des Vertrages es unterlassen hat, einen anderen Akt als eine Empfehlung oder eine Stellungnahme an den Kläger zu richten. Aufgrund dieses individuellen Be-

---

[59] Krück, in: v.d.Groeben/Thiesing/Ehlermann, Art. 173 Rn. 45.

[60] Krück, in: v.d.Groeben/Thiesing/Ehlermann, Art. 173 Rn. 45.

[61] Das Gericht erster Instanz ist gem. Art. 168a Abs. 2 EG-Vertrag i.V.m. Art. 3 Abs. 1 lit. c des Beschlusses des Rates zur Errichtung eines Gerichtes erster Instanz der Europäischen Gemeinschaften zuständig

zuges scheiden Richtlinien oder Verordnungen aus.[62] Hat das Organ den Erlaß eines solchen Aktes ausdrücklich abgelehnt, so ist es tätig geworden, und eine Untätigkeitsklage scheidet aus. Einschlägig kann dann allenfalls eine Nichtigkeitsklage sein.

Strittig ist, ob sich der Kläger auch dagegen wenden kann, daß ein Organ es unterlassen hat, einen Akt, der zwar an eine andere Person adressiert wäre, den Kläger aber unmittelbar und individuell beträfe, zu erlassen. Während sich eine Meinung im Hinblick auf den Wortlaut des Art. 232 Abs. 3 (ex-Art. 175 Abs. 3) EG-Vertrag („...an sie zu richten.") für eine enge Auslegung der Vorschrift ausspricht und nur Klagen zulassen will, die auf einen an den Kläger zu richtenden Akt abzielen,[63] vertritt die überzeugendere Gegenmeinung im Interesse eines möglichst umfassenden Individualrechtsschutzes, daß auch Akte, die an einen Dritten zu richten wären, den Kläger aber unmittelbar und individuell beträfen, parallel zur Auslegung des Art. 230 Abs. 4 (ex-Art. 173 Abs. 4) EG-Vertrag Gegenstand einer Klage nach Art. 232 Abs. 3 (ex-Art. 175 Abs. 3) EG-Vertrag sein können.[64]

Wie bei der Nichtigkeitsklage wird auch bei der Untätigkeitsklage der Anwendungsbereich durch das Erfordernis der Individualität eingeschränkt. So verdeutlicht Art. 232 Abs. 3 (ex-Art. 175 Abs. 3) EG-Vertrag, daß es auf Gemeinschaftsebene keinen einklagbaren Anspruch auf Rechtsetzungsakte gibt. Auch darin ist kein Verstoß gegen das Rechtsstaatsprinzip zu erblicken, doch erwächst daraus nicht die Notwendigkeit, Individuen gänzlich von der Rechtsetzung auszuschließen. Es ist also insofern durchaus denkbar, Individuen an der Rechtsetzungstätigkeit zu beteiligen, ohne ihnen einen einklagbaren Anspruch in diesem Bereich einzuräumen.

---

[62] Wohlfahrt, in: Grabitz/Hilf, Art. 175 Rn. 18; Bleckmann, Europarecht, Rn. 909.

[63] Bleckmann, Europarecht, Rn. 909 f.

[64] Wohlfahrt, in: Grabitz/Hilf, Art. 175 Rn. 20.

c. Das Vorabentscheidungsverfahren nach Art. 234 (ex-Art. 177) EG-Vertrag

Im Vorabentscheidungsverfahren nach Art. 234 (ex-Art. 177) EG-Vertrag manifestiert sich das dem Europäischen Gerichtshof gem. Art. 220 (ex-Art. 164) EG-Vertrag zustehende „Auslegungsmonopol" für sämtliche Fragen des Gemeinschaftsrechts.[65] Im Rahmen dieses Verfahrens legen Gerichte der Mitgliedstaaten dem Gerichtshof Fragen zur Auslegung des EG-Vertrages und andere in Art. 220 Abs. 1 (ex-Art. 177 Abs. 1) EG-Vertrag genannte Fragen vor, die sich in Verfahren vor den vorlegenden Gerichten gestellt haben. Letztinstanzliche Gerichte sind gem. Art. 220 Abs. 3 (ex-Art. 177 Abs. 3) EG-Vertrag zur Vorlage verpflichtet.

Zum individuellen Rechtsschutz tragen die Vorabentscheidungsverfahren nur indirekt bei,[66] denn es besteht kein Anspruch der Prozeßbeteiligten darauf, daß das nationale Gericht bestimmte Fragen dem Europäischen Gerichtshof vorlegt.[67] Ist eine natürliche oder juristische Person an einem Rechtsstreit vor einem nationalen Gericht beteiligt, und geht es dabei um die Auslegung oder die Gültigkeit von Gemeinschaftsrecht, so kann jede Partei lediglich ein Vorlageverfahren nach Art. 220 (ex-Art. 177) EG-Vertrag anregen. Auch in einem Verfahren vor einem letztinstanzlichen Gericht, das gem. Art. 220 Abs. 3 (ex-Art. 177 Abs. 3) EG-Vertrag zur Vorlage verpflichtet ist, wenn Fragen i.S.d. Art. 220 Abs. 1 (ex-Art. 177 Abs. 1) EG-Vertrag auftauchen, besteht kein dementsprechender europarechtlicher Anspruch[68] der Parteien bzw. Verfahrensbeteiligten.

Auch wenn das Vorlageverfahren die Möglichkeit bietet, eine indirekte Normenkontrolle vorzunehmen, und es in vielen Fällen den Anlaß zur grundrechtsrelevanten Rechtsprechung des Gerichtshofes gab,[69] zeigen die engen Voraussetzungen, daß dieses Verfahren nur sehr eingeschränkt zum Individualrechtsschutz beiträgt, die individuellen Klagemöglichkeiten auf Gemeinschaftsebene nicht erwei-

---

[65] Schweitzer/Hummer, § 4 Rn. 520.

[66] Lenz, in: EuZW 1993, S. 10 (10); vgl. zur Frage des Grundrechtsschutzes im Rahmen eines Vorabentscheidungsverfahrens: Carl, in: FS Simson, 1983, S. 229-234.

[67] Lenz, in: EuZW 1993, S. 10 (11).

[68] Vor deutschen Gerichten kann sich etwas anderes aus Art. 101 Abs. 1 S. 2 GG ergeben.

[69] So zum Beispiel in der Rs. 29/69 (Stauder./.Stadt Ulm), EuGH vom 12. 11. 1969, Slg. 1969, S. 419, in der das VG dem EuGH die streitentscheidende Frage vorlegte.

tert und die angedeuteten Lücken, welche die bisherigen Klagen offen lassen, nicht kompensieren kann.

d. Die Schadensersatzklage nach Art. 235 (ex-Art. 178) EG-Vertrag

Art. 235 (ex-Art. 178) EG-Vertrag räumt Individuen die Möglichkeit ein, sich in Schadensersatzverfahren mit Klagen, die Ansprüche aus außervertraglicher Haftung (Amtshaftung) gegen die Gemeinschaft zum Gegenstand haben, an das Europäische Gericht erster Instanz[70] zu wenden. Ansprüche aus vertraglicher Haftung fallen grundsätzlich gem. Art. 240 (ex-Art. 183) EG-Vertrag in die Zuständigkeit nationaler Gerichte. Während Art. 235 (ex-Art. 178) EG-Vertrag die Zuständigkeit betrifft, ist Art. 288 Abs. 2 (ex-Art. 215 Abs. 2) EG-Vertrag die Anspruchsgrundlage. Danach besteht grundsätzlich ein Schadensersatzanspruch auf eine Geldleistung, wenn der Kläger durch einen administrativen Akt eines Gemeinschaftsorgans, der gegen eine zumindest auch individualschützende Norm des Gemeinschaftsrechts verstößt, einen Schaden erlitten hat.[71] Die Haftung der Gemeinschaft für normatives Handeln unterliegt sehr restriktiven Voraussetzungen. So muß das handelnde Organ durch den Erlaß der Rechtsnorm die Grenzen seiner Befugnisse offenkundig und erheblich überschritten haben. In der Praxis sind derartige Klagen daher selten erfolgreich.[72]

Die Amtshaftungsklage steht in einem engen Zusammenhang mit der Nichtigkeitsklage und der Untätigkeitsklage. Vertrat die Rechtsprechung zunächst die Auffassung, der Amtshaftungsklage müsse eine Nichtigkeitsklage vorausgegangen sein,[73] betrachtet sie erstere inzwischen als eigenständige Klageart.[74] Die Schadensersatzklage ist also unabhängig von der Nichtigkeitsklage zulässig, sie ist daher nicht an die gleichen strengen Voraussetzungen gebunden. Grundsätzlich ist

---

[70] Die Zuständigkeit des EuG ergibt sich aus Art. 225 Abs. 2 (ex-Art. 168a Abs. 2) EGV i.V.m. Art. 3 Abs. 1 lit. c des Beschlusses des Rates zur Errichtung eines Gerichtes erster Instanz der Europäischen Gemeinschaften.

[71] Vgl. dazu ausführlich: Gilsdorf/Oliver in: v.d.Groeben/Thiesing/Ehlermann, Art. 215 Rn. 1 ff.

[72] Vgl. dazu ausführlicher: Geiger, Art. 215 Rn. 11 f.

[73] EuGH vom 15. 7. 1963, Rs. 25/62 (Plaumann./.Kommission), Slg. 1963, S. 211 (240).

[74] EuGH vom 26. 2. 1986, Rs. 175/84 (Krohn./.Kommission), Slg. 1986, S. 753 (769 Ziff. 26).

den Individuen damit eine zusätzliche Klageart gegeben, um gegen Handlungen der Gemeinschaft vorzugehen. Doch wird der Anwendungsbereich des Art. 235 (ex-Art. 178) EG-Vertrag ebenfalls eingeschränkt, indem auch im Rahmen dieser Klageart auf Individualisierbarkeit abgestellt wird. Zum einen ist der Schaden an sich immer ein individuelles Ereignis. Zum anderen verlangt die Rechtsprechung, daß der Schaden durch die Verletzung einer Rechtsnorm entstanden ist, die zumindest auch dem Schutz des einzelnen dient. Die Sanktionierung normativen Unrechts ist auch im Rahmen dieser Klage nur schwer zu erreichen.

Dieses Ergebnis zeigt, daß die Schadensersatzklage zwar die Untätigkeitsklage und die Nichtigkeitsklage ergänzt und die individuellen Klagemöglichkeiten erweitert, doch bleiben nach wie vor Lücken, wenn es um die Partizipations- und Kontrollmöglichkeiten der Individuen gegenüber der Gemeinschaft geht. Insofern vermag auch diese Klageart nicht diese Lücken zu kompensieren.

e. Gemeinschaftsrechtliche Vorgaben für Individualklagen in den Mitgliedstaaten

Das Gemeinschaftsrecht bedarf zum weitaus größten Teil der Umsetzung durch nationale Behörden, um direkt angewandt zu werden. Im Gegensatz zu den europarechtlichen Vorgaben, insbesondere den Richtlinien, können die Umsetzungsakte Personen individuell und unmittelbar betreffen und somit Anlaß zu individuellen Klagen geben. Soweit die jeweiligen Mitgliedstaaten gerichtlichen Rechtsschutz gegen derartige Verwaltungsakte vorsehen, kann gegen diese vor den nationalen Gerichten vorgegangen werden. Ist der betroffenen Person darüber hinaus ein Schaden entstanden, kann dieser grundsätzlich ersetzt verlangt werden. Geht es in diesem Zusammenhang um Gemeinschaftsrecht, so sind zwei verschiedene Haftungstatbestände zu unterscheiden: die mitgliedstaatliche Haftung für den Vollzug des Gemeinschaftsrechts und die mitgliedstaatliche Haftung für legislative Nichtbefolgung des Gemeinschaftsrechts. In beiden Bereichen hat der EG-Vertrag dem Europäischen Gerichtshof gewisse rechtsetzende Funktionen zuerkannt,[75] von denen dieser Gebrauch gemacht hat.

Im Rahmen der mitgliedstaatlichen Haftung für den Vollzug des Gemeinschaftsrechts geht es um die Nichtbeachtung von Gemeinschaftsrecht, wie unmit-

---

[75] Schockweiler, in: EuR 1993, S. 107 (107).

telbar anwendbaren Richtlinien und Verordnungen, oder den Verstoß gegen EG-rechtskonforme Auslegung bei der Anwendung nationaler Regelungen im Verwaltungsvollzug.[76] In all diesen Fällen nimmt der Gerichtshof einen Amtshaftungsanspruch der betroffenen Person gegen den Staat bzw. die handelnde Behörde an, wenn Rechte des einzelnen „durch einen Verstoß gegen das Gemeinschaftsrecht verletzt werden" und dieser Verstoß „einem Mitgliedstaat zuzurechnen ist".[77]

Hat es ein Mitgliedstaat versäumt, Gemeinschaftsrecht in nationales Recht umzusetzen, und hat er dadurch seine gemeinschaftsrechtlichen Verpflichtungen verletzt, so hat der Europäische Gerichtshof festgestellt, daß dieses Versäumnis individuelle Schadensersatzansprüche gegen den Staat auslösen kann.[78] Wie in der grundlegenden Entscheidung des Gerichtshofes in diesem Zusammenhang geht es grundsätzlich um die Umsetzung einer Richtlinie gem. Art. 249 Abs. 3 (ex-Art. 189 Abs. 3) EG-Vertrag. Hat es ein Mitgliedstaat versäumt, der Richtlinie entsprechende nationale Vorschriften zu erlassen, so kann ein Individuum, das durch diese Vertragsverletzung einen Schaden erlitten hat, diesen vor nationalen Gerichten gegen den entsprechenden Mitgliedstaat geltend machen, wenn die Richtlinie auch einzelnen Rechte verleiht, diese Rechte sich aufgrund der Richtlinie ausreichend bestimmen lassen und zwischen dem Verstoß gegen die dem Staat auferlegte Verpflichtung und dem dem Geschädigten entstandenen Schaden ein Kausalzusammenhang besteht.[79] Die darüber hinaus erforderlichen nationalen Voraussetzungen des Schadensersatzrechtes dürfen nicht strenger sein als bei Klagen, die nationales Recht betreffen, und sie dürfen die Klage nicht faktisch unmöglich machen.[80]

Der Europäische Gerichtshof hat darüber hinaus klar gemacht, daß Richtlinien, die auch Individualschutz bezwecken, so in das nationale Recht umgesetzt werden müssen, daß die nationale Vorschrift dem geforderten Individualschutz gerecht

---

[76] Jarass, in: NJW 1994, S. 881 (884).

[77] EuGH vom 19. 11. 1991, Rs. C-6/90 u. C9/90 (Francovich u.a../.Italien), Slg. 1991, I, S. 5357 (5414).

[78] EuGH vom 19. 11. 1991, Rs. C-6/90 und C-9/90 (Francovich u.a../.Italien), Slg. 1991, I, S. 5357 ff.

[79] EuGH vom 19. 11. 1991, Rs. C-6/90 und C-9/90 (Francovich u.a../.Italien), Slg. 1991, I, S. 5357 (5415 Rn. 40).

[80] EuGH, a.a.O., Slg. 1991, I, S. 5357, Rn. 43.

wird. D.h. der nationale Umsetzungsakt muß Außenwirkung entfalten und der Betroffene muß sich auf zwingende Vorschriften berufen können, um seine Rechte geltend zu machen.[81]

Der Gerichtshof unterstreicht in diesen Entscheidungen, daß die Mitgliedstaaten dazu verpflichtet sind, den Indiviudualschutz, der in gemeinschaftsrechtlichen Vorschriften garantiert wird, in den nationalen Umsetzungsakten an die Bürger „weiterzugeben". Wird dies von den nationalen Stellen versäumt, so können sich die Bürger dennoch auf die individualschützenden Gemeinschaftsvorschriften berufen und für entstandene Schäden Schadensersatz gegen den säumigen Staat verlangen. Neben dem effektiven Schutz und der vollen Wirksamkeit der durch die Gemeinschaftsordnung verliehenen Rechte bezweckt diese zusätzliche Haftung die Durchsetzung des Art. 10 (ex-Art. 5) EG-Vertrag.[82] Dieser letzte Aspekt verdeutlicht, daß die Haftung des Mitgliedstaates neben dem Individualschutz auf eine Sanktionierung des Vertragsverstoßes abzielt. Dieses zusätzliche Ziel schmälert den Individualschutz nicht, macht aber deutlich, daß es der Gemeinschaft in nicht unwesentlichem Ausmaß um den Vorrang des Gemeinschaftsrechts vor dem mitgliedstaatlichen Recht[83] geht.

Die Rechtsprechung des Europäischen Gerichtshofes zeigt, daß Vertragsverletzungen nicht nur die Beziehung zwischen der Gemeinschaft und den Mitgliedstaaten betreffen. Die Vertragsverletzungen weisen hingegen eine hohe Relevanz für den Bürger auf. Dies zeigt sich neben den Schadensersatzklagen in den zahlreichen Eingaben an die Kommission und den Petitionen, die Vertragsverletzungen zum Inhalt haben.[84] In diesen Entscheidungen zur Schadensersatzpflicht und zur Um-

---

[81] EuGH vom 30. 5. 1991, Rs. C-361/88 (TA-Luft; Kommission./.Deutschland), Slg. 1991, I, S. 2567 ff. Rn. 15 ff.. Der EuGH hat es nicht ausreichen lassen, daß eine individualschützende Richtlinie in Deutschland durch eine normkonkretisierende Verwaltungsvorschrift umgesetzt wurde. Vgl. dazu: Scheuing, in: Hoffmann Riem/Schmidt-Aßmann, S. 289 (299-303).

[82] EuGH vom 5. 3. 1996, Rs. C-46/93 und C-48/93 (brasserie du pêcheur u. Factortame), Slg. 1996, I, S. 1029 Rn. 39.

[83] Zum Vorrang des Gemeinschaftsrechts vgl.: EuGH vom 15. 7. 1964, Rs. 6/64 (Costa./.ENEL), Slg. 1964, S. 1251 (1270); EuGH vom 9. 3. 1978, Rs. 106/77 (Staatliche Finanzverwaltung./.Simmenthal), Slg. 1978, S. 629 (644 Ziff. 17, 18).

[84] Jahresbericht des Petitionsausschusses 1996/97, A4-0190/97, S. 14 f.

setzungspflicht der Mitgliedstaaten hat der Europäische Gerichtshof den Individualschutz ausgeweitet und den Bürgern eine zusätzliche Möglichkeit gegeben, Vertragsverletzungen zu rügen. Auch wenn Richtlinien aufgrund des fehlenden unmittelbaren und individuellen Bezuges nicht im Rahmen einer Individualklage gem. Art. 230 Abs. 4 (ex-Art. 173 Abs. 4) EG-Vertrag anfechtbar sind, so verpflichtet der Gerichtshof die nationalen Gerichte darauf, Schadensersatzklagen gegen die Nichtumsetzung von Richtlinien zuzulassen und gewährt insofern einen repressiven Rechtsschutz gegen die Verletzung des Gemeinschaftsrechts. Durch diese individuelle Klagemöglichkeit wird teilweise kompensiert, daß der einzelne eine Vertragsverletzung eines Mitgliedstaates nicht verfolgen kann und auch keinen Anspruch auf ein entsprechendes Verfahren durch die Kommission hat. Ein individueller präventiver Rechtsschutz durch die Gerichte hinsichtlich der Vertragsverletzungen fehlt hingegen.

f. Fazit

Die Darstellung der verschiedenen Klagearten zeigt, daß die Rechtsprechung auf Gemeinschaftsebene dem einzelnen Möglichkeiten einräumt, eigene Rechtsverletzungen gegenüber Organen der Gemeinschaft geltend zu machen. Dabei können Individuen sowohl präventiv – mit der Untätigkeitsklage oder der Nichtigkeitsklage – als auch repressiv – mit der Schadensersatzklage – vorgehen. Alle Klagen setzen strenge Anforderungen an den Klagegegenstand voraus und beschränken so den Zugang zu den Gerichten auf Gemeinschaftsebene. Insbesondere im Rahmen der Nichtigkeitsklage spielt die individuelle und unmittelbare Betroffenheit des Klägers eine wichtige Rolle. Ausgeschlossen sind daher auf Gemeinschaftsebene z.B. Normenkontrollanträge, wie sie die deutsche VwGO in § 47 vorsieht, oder Popularklagen, wie sie die bayerische Verfassung in Art. 98 S. 4 garantiert. Schon im Zusammenhang mit den einzelnen Klagen wurde dargelegt, daß in diesem Ausschluß kein Verstoß gegen das Rechtsstaatsprinzip zu sehen ist, denn der einzelne kann sich vor nationalen Gerichten gegen den Rechtsakt wenden, den nationale Behörden auf der Grundlage von Gemeinschaftsrecht erlassen haben. Im Rahmen eines Vorlageverfahrens nach Art. 234 (ex-Art. 177) EG-Vertrag kann dann eventuell eine indirekte Normenkontrolle erfolgen.[85]

Die Judikative auf Gemeinschaftsebene eröffnet dem einzelnen aber nicht die Möglichkeit, an der Kontrolle der Gemeinschaftstätigkeit im administrativen oder normativen Bereich unabhängig von persönlicher Betroffenheit teilzuhaben. Unabhängig davon, ob dies Aufgabe der Rechtsprechung ist, besteht in einem modernen Gemeinwesen, das den Bürger nicht zum Objekt seiner Tätigkeit degradiert, sondern ihn als Subjekt akzeptiert, das Bedürfnis der Bürger, die hoheitliche Tätigkeit kritisch zu verfolgen und bei Bedarf auch entsprechenden Einfluß geltend zu machen.

Diese Aufgabe kann von der Rechtsprechung, deren Aufgabe zwar die Kontrolle der Exekutive, nicht aber deren direkte Beeinflussung ist, nicht wahrgenommen werden, so daß grundsätzlich ein Bedarf für zusätzliche Kontrolleinrichtungen besteht, zu denen der Bürger direkten Zugang hat.

II. Beschwerdemöglichkeiten gegenüber der Europäischen Kommission

Die Europäische Kommission hat neben einer Vielzahl von Aufgaben die Funktion, für die Anwendung des EG-Vertrages (bzw. des EAG-Vertrages und des EGKS-Vertrages) sowie der von den Organen aufgrund der Verträge getroffenen Bestimmungen Sorge zu tragen, Art. 211 1. Spiegelstrich (ex-Art. 155) EG-Vertrag (Art. 124 EAG-Vertrag, Art. 8 EGKS-Vertrag). Die Kommission ist die „Hüterin der Verträge".[86] Sie achtet darauf, daß das primäre und sekundäre Gemeinschaftsrecht von allen Rechtsgenossen des Gemeinschaftsrechts, also den Organen und Institutionen der Gemeinschaft, den Mitgliedstaaten und allen natürlichen und juristischen Personen, beachtet und umgesetzt wird.[87] Stellt sie Verstöße

[85] In diesem Zusammenhang kommt es aber zu einer nicht unproblematischen Beschränkung des Rechtsschutzes, weil der Kläger gegenüber dem nationalen Gericht keinen Anspruch darauf hat, daß dieses Gericht die Streitfrage dem EuGH vorlegt. (Söderman, The Citizen, the Administration and Community Law, S. 29).

[86] Hummer in: Grabitz/Hilf, Art. 155 Rn. 5; Bleckmann, Europarecht, Rn. 254.

[87] Hummer, in: Grabitz/Hilf, Art. 155 Rn. 8.

fest, kann sie diese zwar nicht selbst sanktionieren, sie kann aber gem. Art. 226, 230 oder 232 (ex-Art. 169, 173, 175) EG-Vertrag Klagen zum Europäischen Gerichtshof anstrengen, die sich gegen den betreffenden Mitgliedstaat bzw. das betreffende Organ der Gemeinschaft wenden.[88]

Im Rahmen dieser Kontrollpflicht ist die Kommission darauf angewiesen, daß sie von etwaigen Verstößen gegen den EG-Vertrag oder das daraus abgeleitete Gemeinschaftsrecht Kenntnis erlangt. Eine Informationsquelle bietet die teils primärrechtlich (Art. 284 (ex-Art. 213) EG-Vertrag) teils sekundärrechtlich festgelegte Pflicht der Mitgliedstaaten, der Kommission über bestimmte Tätigkeiten Berichte zu übermitteln. Daneben hat die Kommission ein allgemeines Recht auf Auskünfte gegenüber den Mitgliedstaaten, das sich aus deren Loyalitätsverpflichtung gem. Art. 10 (ex-Art. 5) EG-Vertrag ableitet.[89] Die in diesem Zusammenhang bedeutendste Informationsquelle stellen die formlosen Beschwerden dar, die jede natürliche oder juristische Person an die Kommission richten kann, wenn sie der Meinung ist, daß Maßnahmen oder Praktiken gegen Gemeinschaftsvorschriften verstoßen.[90] Der Europäische Gerichtshof hat in der Rechtssache „Van Gend en Loos“[91] festgestellt: „Die Wachsamkeit der an der Wahrung ihrer Rechte interessierten einzelnen stellt eine wirksame Kontrolle dar, welche die durch die Kommission und die Mitgliedstaaten gemäß den Artikeln 169 und 170 ausgeübte Kontrolle ergänzt.“. In dieser Entscheidung hat der Gerichtshof festgestellt, daß einzelne die Einhaltung der vertraglichen Pflichten durch die Mitgliedstaaten vor nationalen Gerichten einklagen können. Dieses Urteil steht zwar nicht im direkten Zusammenhang mit den hier darzustellenden Beschwerdemöglichkeiten zur Kommission, doch unterstreicht es die wichtige Rolle, welche die einzelnen spielen, wenn es darum geht, die Einhaltung des EG-Vertrages durch die Vertragspartner zu überwachen.

Die Kommission räumt daher jeder natürlichen oder juristischen Person eine Beschwerdemöglichkeit ein. Dieses Recht ist nicht an die Zugehörigkeit zu oder

---

[88] Dewost, in: Europäischer Bürgerbeauftragter, Die Rechte der Bürger der Europäischen Union, 1996, E S. 1.

[89] Hummer, in: Grabitz/Hilf, Art. 155 Rn. 13.

[90] Hummer, in: Grabitz/Hilf, Art. 155 Rn. 12.

[91] EuGH vom 5. 2. 1963, Rs. 26/62, Slg. 1963, S. 1 (26).

den Aufenthalt in einem Mitgliedstaat gebunden. Eine eigene Beschwer ist nicht erforderlich. Dies zeigt, daß diese Möglichkeit vornehmlich die Kontrolltätigkeit der Kommission unterstützen soll. Zur Erleichterung der Beschwerden hat die Kommission ein Formblatt veröffentlicht[92], das Angaben zur Person des Beschwerdeführers, zum Beschwerdegegenstand und zu bisher unternommenen Schritten auf Seiten des Beschwerdeführers vorsieht. Die Bearbeitung erfolgt vertraulich.[93] Gemäß der für dieses Verfahren vorgesehenen Verfahrensgarantien[94] erhält der Beschwerdeführer eine Empfangsbestätigung und wird über den weiteren Verlauf des Verfahrens unterrichtet, insbesondere erhält er Nachricht über die weiteren Schritte. Leitet die Kommission ein Verletzungsverfahren gem. Art. 226 (ex-Art. 169) EG-Vertrag oder ein anderes Verfahren ein, so erhält der Beschwerdeführer darüber Nachricht.

Aus dieser Beschwerdemöglichkeit folgt kein individueller Klageanspruch auf Tätigwerden der Kommission.[95] Der Beschwerdeführer kann also nicht erzwingen, daß die Kommission gem. Art. 226 (ex-Art. 169) EG-Vertrag ein Verletzungsverfahren gegen den betreffenden Mitgliedstaat einleitet. Er kann ein solches Verfahren nicht nach Art. 232 oder 230 (ex-Art. 175, 173) EG-Vertrag einklagen.[96] Der Kommission bleibt insoweit ein Ermessen, ob und wie sie tätig wird.[97] Um so wichtiger ist die Beschwerdemöglichkeit zur Kommission, denn sie stellt die einzige Möglichkeit des Bürgers da, sich auf Gemeinschaftsebene gegen Vertragsverletzungen zu wenden. Der Bürger fungiert daher nicht als bloßer Informant der Kommission, sondern die Kommission hat ihm gegenüber Pflichten, die sich in den oben genannten Verfahrensgarantien niederschlagen.

---

[92] Beschwerde bei der Kommission der Europäischen Gemeinschaften wegen Nichteinhaltung der Rechtsvorschriften der Gemeinschaft, ABl. Nr. C 26 vom 1. 2. 1989, S. 6 f.

[93] ABl. Nr. C 26 vom 1. 2. 1989, S. 6 Fn. 1.

[94] ABl. Nr. C 26 vom 1. 2. 1989, S. 7.

[95] Hummer, in: Grabitz/Hilf, Art. 155 Rn. 26.

[96] Hummer, in: Grabitz/Hilf, Art. 155 Rn. 26.

[97] EuGH, Beschluß vom 15. 1. 1998, Rs. C-196/97 P (Intertronic F. Cornelis GmbH ./. Kommission), in: EuZW 1998, S. 219 f. (219).

Das Verfahren gem. Art. 226 (ex-Art. 169) EG-Vertrag[98] selbst ist eine der Kommission an die Hand gegebene Möglichkeit, die Mitgliedstaaten zur Erfüllung der ihnen aufgrund des Gemeinschaftsrechts obliegenden Verpflichtungen anzuhalten[99] und diese vor dem Europäischen Gerichtshof durchzusetzen. Dieses Verfahren ist nicht zur Abhilfe bei Einzelbeschwerden gedacht, sondern es läuft zwischen der Kommission und dem Mitgliedstaat ab. Die Beschwerdeführer sind – anders als in den Wettbewerbs- und Antidumpingfällen, Art. 81 ff. (ex-Art. 85 ff., 91) EG-Vertrag – nicht am Verfahren beteiligt und haben weder gegenüber der Kommission noch gegenüber dem Gerichtshof Rechtsansprüche.[100] Auch wenn der einzelne im Rahmen dieser Beschwerdemöglichkeit keinen individualrechtlichen Anspruch auf Durchführung eines Vertragsverletzungsverfahrens hat, bleibt es ihm jedoch unbenommen, neben einem solchen Verfahren Individualrechtsschutz wegen der Verletzung des Gemeinschaftsrechts, insbesondere Schadensersatz aus Amtshaftung, vor nationalen Gerichten geltend zu machen.[101]

Jedes Jahr gibt die Kommission einen Jahresbericht über die Kontrolle der Anwendung des Gemeinschaftsrechts heraus.[102] Aufgrund der Wichtigkeit dieses Bereiches[103] findet der jährliche Bericht der Kommission das besondere Interesse des anderen Kontrollorgans, des Europäischen Parlaments, das dem Bericht alljährlich eine ausführliche Debatte widmet.[104]

Gegenüber dem Petitionsausschuß und dem Bürgerbeauftragten hat die Kommission den Vorteil, daß sie zur Durchsetzung ihrer Vorgaben nicht auf politische Sanktionen zurückgreifen muß, sondern durch Klagen beim Europäischen Gerichtshof die anderen Organe und insbesondere die Mitgliedstaaten rechtlich dazu zwingen kann, das Gemeinschaftsrecht zu beachten.

---

[98] Vgl. dazu ausführlich: Dewost, in: Europäischer Bürgerbeauftragter, Die Rechte der Bürger der Europäischen Union, E S. 1 ff.; Karpenstein in: Grabitz/Hilf, Art. 169 Rn. 1 ff.

[99] Karpenstein, in: Grabitz/Hilf, Art. 169 Rn. 18.

[100] Dewost, E S. 4.

[101] Karpenstein, in: Grabitz/Hilf, Art. 169 Rn. 24. Vgl. dazu ausführlicher: 1. Kap. 2.e.

[102] z. B. ABl. Nr. C 303 vom 14. 10. 1996, S. 1 ff.

[103] Im September 1996 waren ca. 5.000 Fälle in verschiedenen Verfahrensstufen anhängig (Dewost, E S. 1).

[104] Dewost, E S. 1.

Die Darstellungen zeigen, daß die Beschwerdemöglichkeiten der Unionsbürger und anderer betroffener Personen gegenüber der Kommission auf einen bestimmten Fall, die Nichteinhaltung der Rechtsvorschriften der Gemeinschaft, beschränkt ist. Ein Rechtsanspruch auf Behandlung der Beschwerde besteht nicht. Die Kommission macht lediglich insofern Zugeständnisse an die Beschwerdeführer, als sie die Beschwerden in dem dargestellten Verfahren behandelt.[105] Diese Einschränkungen zeigen, daß diese Beschwerdemöglichkeit kein umfassendes Beschwerderecht gegenüber der Exekutive oder ein Verwaltungsbeschwerdeverfahren sein kann und sein will. Insoweit fehlen vor allem ein entsprechender Rechtsanspruch, der die Behandlung der Beschwerde erzwingbar macht, und ein entsprechendes Verfahren, an dessen Ende eine – wenn auch unverbindliche – Entscheidung steht. Auch individuelle Ansprüche des Beschwerdeführers finden keine Berücksichtigung.

Dieses Ergebnis verdeutlicht, daß der Zweck dieses Verfahrens darin besteht, den Informationsstand der Kommission zu erweitern. Die individuellen Interessen der Beschwerdeführer treten demgegenüber in den Hintergrund. Das Verfahren ist daher nur bedingt dazu geeignet, individuelle Rechte Betroffener zu schützen und zu wahren.

---

[105] Der Bürgerbeauftragte hat 1997, nachdem er einige Beschwerden erhalten hatte, die sich gegen das Verhalten der Kommission – insbesondere die lange Verfahrensdauer - bei Beschwerden gegen Vertragsverletzungen gewandt hatten, eine eigene Initiative hinsichtlich des Verwaltungsverfahrens der Kommission für die Bearbeitung von Beschwerden über die Verletzung von Gemeinschaftsrecht durch Mitgliedstaaten gestartet. In ihrer Stellungnahme hat die Kommission noch einmal bekräftigt, daß sie die Beschwerden in der oben beschriebenen Weise behandeln und den Beschwerdeführer unterrichten wolle, sofern die Beschwerde nicht völlig unbegründet sei. Der Bürgerbeauftragte hat daraufhin die Untersuchung mit der Bemerkung, daß kein Mißstand vorliege, abgeschlossen (Europäischer Bürgerbeauftragter, Jahresbericht 1997, S. 270-273, Entscheidung 303/97/PD).

III. Rechtsschutzmöglichkeiten nach der Europäischen Menschenrechtskonvention

Wenn es darum geht, Rechtsschutzmöglichkeiten gegen gemeinschaftsrechtliche Hoheitsakte – sei es von Gemeinschaftsorganen und –einrichtungen oder von nationalen Stellen - darzustellen und zu untersuchen, ist grundsätzlich auch die Europäische Menschenrechtskonvention zu erwähnen. Die EMRK, die von allen Mitgliedstaaten der EU unterzeichnet worden ist und zu deren Grundrechten sich die EU in Art. 6 Abs. 2 (ex-Art. F Abs. 2) EU-Vertrag bekennt, garantiert einen gemeinsamen Kanon von Grundrechten und Grundfreiheiten. Zum Schutz dieser Rechte sieht die EMRK zwei Beschwerdeverfahren vor: die Staatenbeschwerde, in deren Rahmen ein Staat eine Konventionsverletzung eines anderen Staates rügen kann, und die Individualbeschwerde, mit der sich Individuen gegen eine Verletzung der EMRK-Rechte durch einen Unterzeichnerstaat wenden können.

Die Individualbeschwerde ist die völkerrechtliche Befugnis des einzelnen, nach Erschöpfung des nationalen Rechtswegs subjektive völkerrechtliche Rechte geltend zu machen.[106] Bislang mußten die Individualbeschwerden gem. Art. 25 EMRK a.F. zunächst bei der Menschenrechtskommission eingelegt werden. Verfaßte die Kommission daraufhin einen Bericht gem. Art. 31 EMRK a.F., so wurde dieser dem Ministerkomitee gem. Art. 31 Abs. 2 EMRK a.F. zugeleitet. Erst danach konnte die Beschwerde gem. Art. 48 EMRK vor den Gerichtshof gebracht werden. Inzwischen ist die EMRK geändert worden.[107] Nunmehr richten sich die Individualbeschwerden direkt an den Gerichtshof gem. Art. 34 EMRK. Die übrigen Zulässigkeitsvoraussetzungen, insbesondere die Erschöpfung des nationalen Rechtswegs, haben weiterhin gem. Art. 35 EMRK Geltung. Die Individualbeschwerden sind weder kassatorisch noch reformatorisch; sie sind grundsätzlich nur deklaratorisch.[108] D.h. sie können eine Konventionsverletzung lediglich feststellen, nicht aufheben. Gegebenenfalls kann der Gerichtshof gem. Art. 41 (ex-Art. 50) EMRK eine Entschädigung zusprechen.

---

[106] Rogge, in: EuGRZ 1996, S. 341 (341 f.).

[107] Protokoll Nr. 11 zur EMRK *Über die Umgestaltung des durch die Konvention eingeführten Kontrollmechanismus* vom 11. 5. 1994, abgedruckt bei Frowein/Peukert, S. 880-890.

[108] Rogge, in: EuGRZ 1996, S. 341 (342).

In das Unionsrecht hat die EMRK in den Art. F Abs. 2 und K.2 EU-Vertrag a.F. Eingang in das Unionsrecht gefunden. Art. K.2 EU-Vertrag a.F. verpflichtete die Mitgliedstaaten im Rahmen der gemeinsamen Justiz- und Innenpolitik auf diese gemeinsamen Grund- und Menschenrechte. Diese Vorschrift erzeugte keine neue Rechtspflicht, sondern sie bestätigte die Achtung der EMRK, der sich alle Mitgliedstaaten schon vorher verpflichtet hatten. Da es sich im Bereich der gemeinsamen Justiz- und Innenpolitik vor dem Amsterdamer Vertrag ausschließlich um intergouvernementale Zusammenarbeit handelte,[109] waren im Falle etwaiger Verletzungen die Mitgliedstaaten und nicht die Union verantwortlich.

Im EU-Vertrag in der Fassung des Amsterdamer Vertrages verpflichtet sich die EU in Art. 6 Abs. 2 EU-Vertrag generell und damit für alle Bereiche zur Achtung der Grundrechte, wie sie sich aus der EMRK und den gemeinsamen Verfassungsüberlieferungen der Mitgliedstaaten ergeben. Im EG-Vertrag ist die EMRK nach wie vor nicht erwähnt, obwohl einige Teile der Zusammenarbeit in den Bereichen Justiz und Inneres, die zunächst im EU-Vertrag geregelt waren, durch den Amsterdamer Vertrag in den EG-Vertrag übernommen worden sind.[110] Doch ist die Verpflichtung der EU auf die in der EMRK niedergelegten Grundrechte grundsätzlich auch für die Gemeinschaft, die gem. Art. 1 Abs. 3 (ex-Art. A Abs. 3) EU-Vertrag eine der drei Grundlagen der EU ist, bindend. Dies hat der Europäische Gerichtshof in seiner Rechtsprechung mehrmals deutlich gemacht,[111] wenn auch die EG oder die EU gem. Art. 66 Abs. 1 EMRK bislang nicht Mitglied der EMRK werden können.[112] Die Konsequenz aus dieser Selbstverpflichtung ist, daß ein Verstoß eines Gemeinschaftsorgans gegen die EMRK zwar als Verstoß gegen das Gemeinschaftsrecht zu bewerten ist, es aber für den Betroffenen keine Möglichkeit gibt, diesen Verstoß im Rahmen des oben genannten Verfahrens bei den Konventionsorganen zu rügen.[113]

---

[109] Hailbronner, in: Hailbronner/Klein/Magiera/Müller-Graff, Ordner 2, Art. K Rn. 12.

[110] So die Bereiche der Asyl-, Visa- und Einwanderungspolitik, die jetzt in Art. 61 ff. EG-Vertrag n.F. geregelt sind.

[111] Vgl. zur Frage der Grundrechtsbindung der Gemeinschaft: 1. Kap. I.1.

[112] Darüber hinaus hat der EuGH in einem Gutachten festgestellt, daß die EG z.Zt. keine Zuständigkeit zum Beitritt zur EMRK hat (Gutachten 2/94 vom 28. 3. 1996, EuGRZ 1996, S. 197-207).

[113] Frowein, in: Frowein/Peukert, Einführung Rn. 14.

Anders verhält es sich, wenn ein Mitgliedstaat der EU, der – wie alle Mitgliedstaaten – die EMRK unterzeichnet hat, in Durchführung des Gemeinschaftsrecht gegen die EMRK verstößt. Die Kommission für Menschenrechte hat in diesem Zusammenhang festgestellt,[114] daß die EMRK die Unterzeichnerstaaten nicht daran hindere, Hoheitsbefugnisse auf internationale oder supranationale Organisationen zu übertragen. Doch unterliege eine nationale Behörde, wenn sie für eine solche Organisation tätig werde, weiterhin den Anforderungen der EMRK. Eine Übertragung von Hoheitsrechten entbinde den Staat nicht von seinen sich aus der EMRK ergebenden Pflichten. Sie sei daher nur dann mit der EMRK vereinbar, wenn im Rahmen der betreffenden Organisation ein mit der Konvention vergleichbarer Grundrechtsschutz gewährleistet sei. Weil der Europäische Gerichtshof in seiner ständigen Rechtsprechung sich auch an den Grundrechten, wie sie in der EMRK niedergelegt sind, orientiere und weil Rat, Parlament und Kommission sich dem Schutz der Menschenrechte der EMRK verpflichtet haben,[115] hat die Kommission für Menschenrechte festgestellt, daß die EG Anforderungen der EMRK an den Schutz der Menschenrechte genüge, und hat das entsprechende Gesuch gem. Art. 27 Abs. 2 EMRK als unzulässig abgelehnt.

Die dargestellte Entscheidung, die an die sogenannte „Solange II"-Entscheidung des Bundesverfassungsgerichts erinnert,[116] verdeutlicht, daß sich die Europäische Kommission für Menschenrechte weder als Superrevisionsinstanz gegenüber dem Europäischen Gerichtshof versteht, noch gewillt ist, als zusätzliche

---

[114] Entscheidend war der Fall „Melchers" (Entscheidung der EKMR E 13258/87 vom 9. 2. 1990, DR 64, S. 138. Vgl. dazu: Giegerich, in: ZaöRV 1990, S. 836-868). Gegenstand dieser Entscheidung war die Beschwerde eines deutschen Unternehmens, das vom EuGH zu einer Geldbuße verurteilt worden war und sich unter Berufung auf die EMRK gegen die Vollstreckung dieser Geldbuße durch deutsche Behörden wandte.

[115] Zum damaligen Zeitpunkt (vor dem Vertrag von Maastricht) war eine Berufung auf die EMRK Bestandteil einer Gemeinsamen Erklärung des EP, des Rates und der Kommission vom 27. 4. 1977 (ABl. Nr. C 103 aus 1977, S. 1).

[116] Giegerich, in: ZaöRV 1990, S. 836 (860). In der „Solange II"-Entscheidung (2 BvR 197/83 vom 22. 10. 1986, in: BVerfGE 73, S. 339 ff.) hat das BVerfG die Überprüfung von Hoheitsakten der EG an den Grundrechten des GG solange zurückgestellt, wie der EuGH einen dem deutschen Grundrechtsschutz entsprechenden Schutz gewährleisten werde.

Rechtsschutzmöglichkeit neben den bereits vorhandenen auf Gemeinschaftsebene zu fungieren. Die EMRK vermag daher nicht, den individuellen Rechtsschutz auf Gemeinschaftsebene zu komplettieren oder zu erweitern.

IV. Außergerichtliche Beschwerdemöglichkeiten, die den Bürgern in den einzelnen Mitgliedstaaten zustehen

In den Mitgliedstaaten der EU haben sich im Laufe der Zeit verschiedene Modelle außergerichtlicher Beschwerdeeinrichtungen entwickelt und etabliert. Die Unterschiede sind teilweise gravierend, und sie sind im Zusammenhang mit der Verfassungstradition der einzelnen Länder und deren Gerichtssystem zu sehen. So reicht die Palette von Schweden, das mit einem Parlamentsbeauftragten mit weitreichenden Befugnissen die fehlende Verwaltungsgerichtsbarkeit kompensiert, bis zur Bundesrepublik Deutschland, die eine dreistufige Verwaltungsgerichtsbarkeit eingerichtet hat, daher das Amt eines Parlamentsbeauftragten nicht eingeführt hat und statt dessen einen Petitionsausschuß unterhält. Zwischen diesen Positionen gibt es Abstufungen, die in anderen Mitgliedstaaten praktiziert werden. Die verschiedenen Modelle, die in den einzelnen Mitgliedstaaten praktiziert werden, kann man in drei Gruppen einteilen.

In der ersten Gruppe, der Deutschland und Luxemburg angehören, gibt es als allgemeine außergerichtliche Beschwerdemöglichkeit nur das Petitionsrecht zum Parlament. In der zweiten Gruppe, der Schweden, Finnland, Dänemark, Irland, Spanien, das Vereinigte Königreich und Frankreich angehören, gibt es – in sehr unterschiedlicher Ausgestaltung – eine personalisierte außergerichtliche Beschwerdeinstanz. Die dritte Gruppe umfaßt Österreich, die Niederlande, Portugal, Belgien Griechenland und Italien. In diesen Ländern gibt es neben einem Petitionsausschuß eine personalisierte Beschwerdeinstanz.

Die EG steht in der Rechtstradition ihrer Mitglieder. Im Hinblick auf den auf Gemeinschaftsebene praktizierten außergerichtlichen Rechtsschutz gilt es zu untersuchen und herauszufinden, wie die einzelnen Mitgliedstaaten den außergerichtlichen Rechtsschutz organisiert haben und welche Kompetenzen diesen Einrichtungen hinsichtlich der Hoheitsakte zukommen, die in einem Zusammenhang mit der EG stehen. Schließlich gilt es festzustellen, inwieweit die nationalen Einrichtungen die Einrichtungen auf Gemeinschaftsebene beeinflußt haben und was diese von jenen lernen können.

1. Das „Ausschuß-Modell"

Deutschland und Luxemburg garantieren ein Petitionsrecht. Die Einrichtung eines Bürgerbeauftragten existiert in keinem der beiden Länder auf nationaler Ebene. Sowohl der Deutsche Bundestag als auch das luxemburgische Parlament haben einen ständigen Petitionsausschuß eingerichtet. Bevor durch den Vertrag von Maastricht auf Gemeinschaftsebene das Amt des Bürgerbeauftragten eingeführt wurde, gab es auch dort lediglich einen Petitionsausschuß am Europäischen Parlament. Insofern besteht ein besonderer Bezug des Gemeinschaftsrechts zum „Ausschußmodell"

a. Deutschland[117]

In Deutschland ist das Petitionsrecht als Grundrecht in Art. 17 GG niedergelegt.[118] Gem. Art. 45c GG hat der Bundestag einen ständigen Petitionsausschuß eingerichtet, dessen Befugnisse sich nach dem „Gesetz über die Befugnisse des Petitionsausschusses des Deutschen Bundestages" vom 19. 7. 1975[119] richten. Daneben existiert in 15 der 16 Bundesländer ein Petitionsausschuß des jeweiligen Landesparlaments; nur der Landtag von Niedersachsen überweist die Petitionen an die zu-

---

[117] Vgl. ausführlich zum Petitionsrecht in Deutschland: Hoffmann, Das Petitionsrecht (Diss.); Eitel, Das Grundrecht der Petition gem. Art. 17 GG (Diss.); Seidel, Das Petitionsrecht; Pietzner, Petitionsausschuß und Plenum (Diss.); Terbille, Das Petitionsrecht in der Bundesrepublik Deutschland (Diss.); Vitzthum, Petitionsrecht und Volksvertretung, 1985; Burmeister, in: Isensee/Kirchhof, Bd. II, § 32, S. 94-102; Vitzthum/März, in: Schneider/Zeh, § 45, S. 1221-1244; Deutscher Bundestag, Petitionen.

[118] „Jedermann hat das Recht, sich einzeln oder in Gemeinschaft mit anderen schriftlich mit Bitten und Beschwerden an die zuständigen Stellen und an die Volksvertretung zu wenden."

[119] BGBl. III 190-3.

ständigen Fachausschüsse. Die Länder Rheinland-Pfalz[120] und Mecklenburg-Vorpommern[121] haben neben ihren Petitionsausschüssen Bürgerbeauftragte.[122] In Schleswig-Holstein gibt es die Einrichtung eines Parlamentsbeauftragten für soziale Angelegenheiten. Der Deutsche Bundestag verfügt neben dem Petitionsausschuß über einen Wehrbeauftragten, der als Hilfsorgan des Parlaments den Bundestag in besonderer Weise bei der Kontrolle der Bundeswehr unterstützt, Art. 45b GG und „Gesetz über den Wehrbeauftragten des Bundestages" vom 26. 6. 1957 bzw. 16. 6. 1982.[123]

Seit den 60er Jahren, insbesondere im Zusammenhang mit den Bemühungen um eine Reform des Petitionswesens in den 70er Jahren, wird über die Zweckmäßigkeit eines Bürgerbeauftragten auf Bundesebene diskutiert.[124] Diese Diskussion hält bis heute an und hat durch die Einführung eines Bürgerbeauftragten auf der Ebene der Europäischen Gemeinschaft an Aktualität gewonnen.[125] In den 70er Jahren entschied man sich gegen einen Bürgerbeauftragten auf Bundesebene und für eine deutliche Aufwertung des Petitionsausschusses des Bundestages, die sich in der Verankerung des Petitionsausschusses neben wenigen anderen Ausschüssen im Grundgesetz (Art. 45c GG) und in dem Gesetz über die Befugnisse des Petitions-

---

[120] Landesgesetz über den Bürgerbeauftragten von Rheinland-Pfalz (LGBB) vom 3. 5. 1974; GVOBl. 1974, Nr. 12, ausgegeben am 13. 5. 1974.

[121] Art. 36 der Verfassung.

[122] Vgl. zum Bürgerbeauftragten in Rheinland-Pfalz: Matthes, Der Bürgerbeauftragte; Monz, Kommentar zum Landesgesetz über den Bürgerbeauftragten des Landes Rheinland-Pfalz; Kempf/Uppendahl (Hrsg.), Der Bürgerbeauftragte von Rheinland-Pfalz unter Berücksichtigung von Petitionsinstanzen in Europa und Nordamerika; FAZ, Ein notwendiges Amt – Der rheinland-pfälzische Bürgerbeauftragte zieht Bilanz, Nr. 82, 7. 4. 1998, S. 4.

[123] BGBl. I S. 652, III 50-2. Vgl. dazu ausführlich: Müser, Wehrbeauftragter und Gewaltenteilung; Hartenstein, Der Wehrbeauftragte des Deutschen Bundestages; Busch, Der Wehrbeauftragte.

[124] Kempf, in: Aus Politik und Zeitgeschichte, 1973, B 44, S. 17-30; Tesche, in: Aus Politik und Zeitgeschichte, 1974, B 4, S. 19-26; Kempf, in: Aus Politik und Zeitgeschichte, 1974, B 4, S. 27-29; Uppendahl, in: FS Hennis, 1988, S. 437-453.

[125] So haben Abgeordnete der Fraktion Bündnis 90/Die Grünen einen Gesetzesentwurf „über die Bürgerbeauftragte des Deutschen Bundestages" eingebracht (BT-Drucksache 13/3578 vom 24. 1. 1996).

ausschusses des Deutschen Bundestages[126] manifestiert. Die Kontrolle der Verwaltung und den Schutz individueller Rechte sah man im ausreichenden Maße durch die deutsche Verwaltungsgerichtsbarkeit gewährleistet.[127] Lücken im Bereich des individuellen Rechtsschutzes, die von den Gerichten nicht erfaßt werden könnten, sah man durch einen effektiven Petitionsausschuß hinreichend geschlossen.[128]

Das Petitionsrecht des Art. 17 GG ist ein „Jedermann-Recht", d. h. es steht nicht nur deutschen Staatsangehörigen zu, sondern grundsätzlich allen natürlichen und juristischen Personen, die nicht Teil der Staatsorganisation sind, sofern die Materie in die Zuständigkeit des Bundes fällt.[129] Ist der Bundestag für eine Petition zuständig, was sich nach den allgemeinen Kompetenzen des Bundes richtet,[130] hat er die Befugnisse, die ihm das oben erwähnte Gesetz einräumt. Danach hat der Ausschuß vielfältige Möglichkeiten wie das Recht, Aktenvorlage und Auskünfte zu verlangen, Inspektionen durchzuführen (§ 3 G Art. 45c GG), Petenten, Zeugen und Sachverständige anzuhören (§ 4 G Art. 45c GG) und Behörden und Gerichte im Rahmen der Amtshilfe in Anspruch zu nehmen.[131]

Zum Abschluß seiner Untersuchungen legt der Ausschuß dem Bundestag eine Empfehlung vor, auf deren Grundlage das Plenum einen Beschluß fassen kann.[132] Diese Beschlüsse werden der zuständigen Stelle zugeleitet, die ihrerseits darauf antworten muß.[133]

---

[126] Gesetz vom 19. 7. 1975, BGBl. III 190-3.

[127] Rittberger, in: Zeitschrift für Politik, 1967, S. 365 (369), der von der Diskussion auf dem 45. Deutschen Juristentag berichtet.

[128] Tesche, in: Aus Politik und Zeitgeschichte, 1974, B 4, S. 19 (21 f.).

[129] Schmidt-Bleibtreu/Klein, Art. 17 Rn. 8.

[130] Die Gesetzgebungskompetenz des Bundes richtet sich nach Art. 70 ff. GG; die verwaltungsrechtlichen Zuständigkeiten richten sich nach Art. 83 ff. GG. Hinzukommen Zuständigkeiten bei Gemeinschaftsaufgaben nach Art. 91a f. GG, im Finanzwesen, Art. 104a ff. GG und im Verteidigungsfalle, Art. 115a ff. GG.

[131] Schmidt-Bleibtreu/Klein, Art. 17 Rn. 5.

[132] Nr. 8.6 der Grundsätze des Petitionsausschusses über die Behandlung von Bitten und Beschwerden vom 8. 3. 1989 bzw. 14. 12. 1994.

[133] Nr. 9.2 der o. g. Verfahrensgrundsätze.

b. Luxemburg

Wie in Deutschland existiert in Luxemburg ausschließlich ein Petitionsausschuß („*Commission des Pétitions de la Chambre des Députés*"). Die 1976 angestrebte Einführung eines Bürgerbeauftragten scheiterte 1984.[134] Gesetzliche Grundlage des Petitionsrechts sind die Art. 27[135], 67 der Verfassung und die §§ 146, 147 der Geschäftsordnung des Parlaments.

Petitionsbefugt sind natürliche und juristische Personen des Privatrechts. Individuelle Beschwerden sind grundsätzlich unzulässig, sofern es nicht um rechtswidrige Akte der Regierung oder der Behörde geht. Im übrigen richtet sich die Zulässigkeit nach der Zuständigkeit der Kammer, Art. 67 Abs. 3 der Verfassung. Der Gegenstand der Petition muß nationale Organe oder Behörden betreffen; Adressat der Petition ist der Parlamentspräsident, der diese an den Petitionsausschuß weiterleitet.[136]

Weil es keine ausdrücklichen Untersuchungsbefugnisse des Petitionsausschusses gibt, gibt es Bestrebungen, den Petitionsausschuß mit den Befugnissen, die den übrigen Parlamentsausschüssen zustehen, auszustatten. Der Petitionsausschuß hätte dann auch ein Informationsrecht, das Recht, Zeugen und Minister anzuhören, und das Recht, unangekündigte Kontrollbesuche zu machen. Schon jetzt kann der Ausschuß die Petitionen den zuständigen Ministern vortragen, Berichte verfassen oder Parlamentsdebatten über den Gegenstand einer Petition initiieren.[137]

2. Das „Beauftragten-Modell"

Einige Mitgliedstaaten haben keinen parlamentarischen Petitionsausschuß, sondern ausschließlich eine personalisierte Beschwerdeinstanz eingerichtet. Wenn diese Staaten vorliegend auch in einer Gruppe zusammengefaßt werden, so darf dies

---

[134] European Parliament, Working Papers W 6, S. 56.

[135] Art. 27 Abs. 1: „Jeder hat das Recht, an die öffentlichen Behörden Bittschriften zu richten, die von einer oder mehreren Personen unterzeichnet sind." (zitiert nach Mayer-Tasch).

[136] European Parliament, Working Papers W 6, S. 57.

[137] European Parliament, Working Papers W 6, S. 58.

nicht darüber hinweg täuschen, daß es innerhalb dieser Gruppe beträchtliche Unterschiede gibt, die es darzustellen gilt. So kann man differenzieren nach dem klassischen skandinavischen Modell, dem dänischen Modell, dem spanischen Modell, dem britischen Modell und dem französischen Modell.

a. Das skandinavische Modell[138]

Beim sogenannten „Skandinavischen Modell" ist der Bürgerbeauftragte die alleinige außergerichtliche Beschwerdeinstanz. Er kompensiert die fehlende Verwaltungsgerichtsbarkeit und ist dementsprechend mit weitgehenden Befugnissen ausgestattet. In den Mitgliedstaaten dieses Typs, Schweden und Finnland, gibt es als außergerichtliche Beschwerdeinstanz alleine einen Bürgerbeauftragten. Ein Petitionsrecht zum Parlament steht den Bürgern dieser Staaten daneben nicht zu.

Der Ombudsman dieses „nordischen Modells" zeichnet sich vornehmlich aus durch weitgehende Unabhängigkeit und Überparteilichkeit, durch ein umfassendes Nachprüfungsrecht, das er auch aufgrund eigener Initiative ausüben darf, und durch die Möglichkeit, die Ergebnisse seiner Arbeit veröffentlichen zu dürfen.[139]

(1) Schweden

In Schweden, dem Ursprungsland des Parlamentsbeauftragten, des *Riksdagens Ombudsmän*, existiert alleine diese Institution. Einen parlamentarischen Petitionsausschuß gibt es nicht, auch hat das Parlament nicht das Recht, Petitionen zu behandeln oder Untersuchungsausschüsse einzurichten.[140] Gesetzliche Grundlage der Einrichtung des Ombudsman ist Kapitel 12 § 6 ff. der „Regierungsform"[141] in ihrer Fassung von 1974. Daneben gibt es nachrangige Gesetzesgrundlagen und eine Verfahrensordnung.[142]

---

[138] Vgl. dazu ausführlich: Hansen, S. 11-19; Kastari, in: JöR (NF), Bd. 21, 1972, S. 219-230.

[139] Hummer, Stellung und Funktion des Bürgerbeauftragten, S. 7.

[140] Kastari, in: JöR (NF), Bd. 21, 1972, S. 219 (227, Fn. 10).

[141] Die schwedische Verfassung besteht aus vier Teilen, von denen eine die „Regierungsform" ist, die das Staatsorganisationsrecht beinhaltet.

[142] European Parliament, Working Papers W 6, S. 30.

Auf die Dauer von vier Jahren wählt der schwedische Reichstag vier Ombudsleute, an deren Spitze der Haupt-Ombudsman steht.[143] Die verschiedenen Zuständigkeiten werden unter den vier Amtsträgern aufgeteilt. Ihre Unabhängigkeit von allen drei Gewalten ist eine wichtige Voraussetzung für ihre Kontrolltätigkeit[144], in deren Rahmen sie anhand zahlreicher Befugnisse die staatliche Tätigkeit überwachen.

So kontrolliert der schwedische Ombudsman aufgrund von Beschwerden schwedischer Staatsbürger oder Ausländer oder aufgrund eigener Initiative die Judikative und die Exekutive,[145] und zwar auf zentraler wie auf lokaler Ebene, daraufhin, ob sie die in der Verfassung garantierten Grundrechte der Bürger respektieren.[146] Einen gerichtlichen Schutz gegen Verwaltungsentscheidungen gibt es in Schweden grundsätzlich nicht.[147] Zur Erfüllung seiner Aufgaben hat ein Ombudsman Zugang zu sämtlichen Dokumenten der Verwaltung und der Gerichte, er darf an Beratungen der Gerichte und der Verwaltung teilnehmen, und jede offizielle Stelle ist dazu verpflichtet, ihn bei seiner Arbeit zu unterstützen.[148]

Die starke Position des Ombudsman in Schweden wird insbesondere dadurch deutlich, daß er Inspektionen gegen Gerichte durchführen und gegebenenfalls gegen Richter Anklage erheben kann.[149] Gerichtliche Entscheidungen darf er nicht beanstanden; er ist darauf beschränkt, Empfehlungen zu geben, die nicht bindend sind.[150] In der Verwaltung ist er für die Strafverfolgung von Amtsdelikten und für

---

[143] European Parliament, Working Papers W 6, S. 30. Neben diesen vom Parlament gewählten Ombudsleuten gibt es in Schweden einen von der Regierung ernannten Ombudsman gegen ethnische Diskriminierung. Vgl. dazu ausführlich: Nobel, in: Ombudsmann in Europa, S. 47-55.

[144] Marti, in: FS Huber, 1961, S. 174 (183); Kempf, in: Aus Politik und Zeitgeschichte, 1973, B 44, S. 17 (20).

[145] Kempf, in: Aus Politik und Zeitgeschichte 1973, B44, S. 17 (20); Haller, in: FS Eichenberger, S. 705 (711).

[146] European Parliament, Working Papers W 6, S. 30.

[147] Bexelius, in: Rowat, S. 22 (23).

[148] Bexelius, in: Rowat, S. 22 (25).

[149] Bexelius, in: Rowat, S. 22 (27); Kastari, in: JöR (NF), Bd. 21, 1972, S. 222.

[150] Bexelius, in: Rowat, S. 27; Kempf, in: Aus Politik und Zeitgeschichte, 1973, B 44, S. 17 (20); European Parliament, Working Paper W 6, S. 30.

Disziplinarverfahren zuständig und kann dort systematische Untersuchungen durchführen.[151] Diese können ebenfalls nur mit einer Empfehlung enden; eine eigene Exekutivbefugnis, welche die Aufhebung der Entscheidung ermöglichte, steht dem Ombudsman nicht zu.[152] Außer den Kabinettsmitgliedern, die vom Parlament kontrolliert werden, unterliegen alle Beamten dem Investigationsrecht des Ombudsman.[153] Gegenüber der Legislative kann er Vorschläge zur Änderung oder Verbesserung von Gesetzen machen.[154]

(2) Finnland

Die Institution des finnischen Parlamentsbeauftragten, des *Eduskunnan oikeusasiamies*, lehnt sich stark an das schwedische Vorbild an.[155] Grundlage in der Verfassung ist Art. 49, der das Amt eines Justizbeauftragten des Reichstages vorsieht, der vom Reichstag mit einfacher Mehrheit gewählt wird.[156] Der finnische Ombudsman wird wegen der Ähnlichkeit seines Amtes auch als der „Zwilling“ des schwedischen Vorbildes bezeichnet.[157] Im Gegensatz zu seinen schwedischen Kollegen muß der finnische Ombudsman aber über eine juristische Ausbildung verfügen.[158] Als Wächter über Recht und Gesetz ist er unabhängig von den drei Staatsgewalten und hat umfassende Kontrollbefugnisse gegenüber den Gerichten und allen staatlichen Stellen und Behörden mit Ausnahme des Parlaments und des Staatspräsidenten.[159] Ihm steht ein fast uneingeschränktes Informationsrecht zu. So

---

[151] Kastari, in: JöR (NF), Bd. 21, 1972, S. 223 (225).

[152] Bexelius, in: Rowat, S. 22 (25).

[153] Marti, in: FS Huber 1961, S. 178; Bexelius, in: Rowat, S. 22 (26); Kempf, in: Aus Politik und Zeitgeschichte, 1973, B 44, S. 20.

[154] Bexelius, in: Rowat, S. 33; Kastari, in: JöR (NF), Bd. 21, 1972, S. 225; Kempf, Aus Politik und Zeitgeschichte, 1973, B 44, S. 17 (21).

[155] Marti, in: FS Huber 1961, S. 177.

[156] European Parliament, Working Papers W 6, S. 27.

[157] Kastari, in: JöR (NF), Bd. 21, 1972, S. 222.

[158] Mauerer, in: Ombudsmann für Europa, S. 123 (130).

[159] Kastari, in: Rowat, The Ombudsman, S. 58 (62); Mauerer, in: Ombudsmann für Europa, S. 123 (131).

ist er berechtigt, Zugang zu allen Akten und Dokumenten zu erhalten, und darf an allen Sitzungen der Gerichte oder anderer Stellen teilnehmen.[160] Stellt er strafrechtlich oder disziplinarrechtlich relevante Vorgänge fest, so kann er Anklage erheben und Disziplinarverfahren anregen. Eine eigene Abhilfekompetenz steht ihm nicht zu. Der finnische Ombudsman wird aufgrund eigener Initiative oder aufgrund einer Beschwerde, die auch Ausländer einlegen können, tätig.[161] Gem. Art. 49 Abs. 3 der Verfassung ist der finnische Ombudsman dem finnischen Reichstag verantwortlich, indem er diesem einen jährlichen Bericht vorzulegen hat.

b. Das dänische Modell

Das dänische Modell folgt in weiten Teilen dem skandinavischen Modell, unterscheidet sich aber in den Befugnissen. Es konzentriert sich auf die Überwachung der öffentlichen Verwaltung und hat keine Befugnisse gegenüber der Justiz. Besonderes Augenmerk legt der Bürgerbeauftragte des dänischen Modells auf Mißstände in der Verwaltung. Im Rahmen seiner Befugnisse darf er lediglich Empfehlungen abgegeben; das dänische Modell ist insofern gegenüber dem klassischen Modell das „weichere Modell".[162]

(1) Dänemark

In Dänemark gibt es seit der Verfassung vom 5. Juni 1953 den in § 55 vorgesehenen *Folketingets Ombudsman.*[163] Waren zunächst zwei Personen für diese beiden Ämter vorgesehen, so wird das Amt nun in Personalunion ausgeübt.[164] Der Parlamentsbeauftragte wird vom Folketing, dem dänischen Parlament, gewählt und legt

---

[160] Mauerer, in: Ombudsmann für Europa, S. 123 (131).

[161] European Parliament, Working Papers W 6, S. 28.

[162] Söderman, The Ombudsman concept, S. 2.

[163] „Durch Gesetz wird bestimmt, daß das Folketing eine oder zwei Personen wählt, die nicht Mitglieder des Folketing sind und Einblick in die bürgerliche und militärische Verwaltung haben sollen.", zitiert nach Mayer-Tasch, S. 31.

[164] Marti, in: FS Huber 1961, S. 177.

diesem jährlich einen Tätigkeitsbericht vor; er unterliegt jedoch nicht den Weisungen des Parlaments, sondern ist völlig unabhängig.[165]

Gegenüber den ähnlichen Institutionen in Schweden und Finnland sind die Befugnisse des dänischen Ombudsman eingeschränkt.[166] Aufgabe der dänischen Einrichtung ist es, die zivile und militärische Zentralverwaltung Dänemarks zu überwachen, § 55 der Verfassung. Er hat keine Befugnis gegenüber der Judikative und gegenüber der Legislative.[167] Maßstab seiner Überwachungstätigkeit sind grundsätzlich die dänischen Gesetze, doch darf er die öffentliche Verwaltung Dänemarks auch an den Menschenrechten messen, wie sie die EMRK, die Dänemark ratifiziert hat, vorschreibt.[168] Der Ombudsman wird aufgrund der Beschwerden von Bürgern oder aufgrund eigener Initiative tätig. Zu diesem Zwecke steht ihm ein umfassendes Informations- und Untersuchungsrecht zu.[169] Eine eigene Exekutivbefugnis hat er nicht, doch deckt er Straftaten oder Disziplinarvergehen auf, so kann er die Anklagebehörde zur Erhebung der Anklage anweisen oder ein Disziplinarverfahren einleiten. Schließt der Ombudsman eine Untersuchung regulär ab, so stehen ihm drei Reaktionsmöglichkeiten zur Verfügung: Liegt kein Mißstand vor, so schließt er die Untersuchung förmlich ab. Stellt er hingegen einen Mißstand fest, so kann er die Untersuchung mit einer kritischen Bemerkung abschließen, oder aber er kann eine entsprechende Empfehlung aussprechen.[170] Gem. §§ 10, 11 des Ombudsman-Gesetzes[171] darf der Ombudsman das Parlament auf Mängel in Gesetzen und Verordnungen hinweisen; ein eigenes Initiativrecht in der Gesetzgebung hat er hingegen nicht.[172]

---

[165] Möller, in: Ombudsmann in Europa, S. 37 (38).

[166] Kastari, in: JöR (NF), Bd. 21, 1972, S. 226.

[167] Pedersen, in: Rowat, S. 75 (78 f.); Kim, S. 28; Möller, in: Ombudsmann in Europa, S. 37 (37).

[168] Möller, in: Ombudsmann in Europa, S. 37 (39).

[169] European Parliament, Working Papers W 6, S. 12.

[170] Möller, in: Ombudsmann in Europa, S. 37.

[171] Gesetz Nr. 203 vom 11. Juni 1954.

[172] Kim, S. 27.

Dänemark hat keine Verwaltungsgerichtsbarkeit, doch können unter Umständen administrative Entscheidungen von der ordentlichen Gerichtsbarkeit überprüft werden.[173] Vornehmlich ist dies aber Aufgabe des Parlamentsbeauftragten.
Ein Petitionsrecht sieht die dänische Verfassung nicht vor.

(2) Irland

Die Idee des *Ombudsman* hat über Neuseeland Eingang in das angloamerikanische Recht gefunden. Dort wurde Anfang der 60er Jahre das erste derartige Amt in enger Anlehnung an das dänische Modell[174] in einem Land mit angloamerikanischer Rechtstradition geschaffen.[175] 1980 folgte Irland diesem Beispiel und schuf auf der Grundlage eines Gesetzes das Amt des *Ombudsman*, das sich an dem dänischen Modell orientiert. Am 1. Januar 1984 nahm der erste Amtsträger seine Arbeit auf.[176]

Der Ombudsman wird vom *House of Oireachtas*, dem Parlament, gewählt, vom Präsidenten ernannt und genießt weitgehende Unabhängigkeit.[177] Sein Aufgabenbereich wird durch sieben untersuchungswürdige Verwaltungsfehler vorgegeben.[178] Neben der Überwachung der Zentralverwaltung mit Ausnahme der Minister[179] ist er u.a. auch für lokale Behörden und die Gesundheits- und Wohlfahrtsverwaltung zuständig.[180] Im Rahmen dieser Zuständigkeiten kann der Ombudsman

---

173 Pedersen, in: Rowat, S. 75 (76).

174 Das gegenüber dem schwedischen und dem finnischen Modell weichere Modell des dänischen Bürgerbeauftragten hat den meisten ähnlichen Einrichtungen jüngeren Datums als Vorbild gedient (Söderman, The Ombudsman concept, S. 2).

175 Hansen, S. 21.

176 European Parliament, Working Papers W 6, S. 17.

177 Mauerer, Ombudsmann für Europa, S. 123 (145).

178 European Parliament, Working Papers W 6, S. 17 Fn. 1: *„without proper authority; on irrelevant grounds; as a result of negligence or carelessness; based on erroneous or incomplete information; improperly discriminatory; based on an undesirable administrative practice; otherwise contrary to fair or sound administration"*.

179 Pietzner, in: EvStL, Bd. II, Sp. 2312 (2317); European Parliament, Working Papers W 6, S. 17.

180 European Parliament, Working Papers W 6, S. 17.

Informationen verlangen und Untersuchungen durchführen. Zu diesem Zwecke hat der irische Bürgerbeauftragte ein sehr umfassendes Informationsrecht, das es ihm erlaubt, nicht nur staatliche Stellen, sondern auch Personen dazu zu verpflichten, ihm Informationen und Unterlagen zugänglich zu machen oder persönlich vor ihm zu erscheinen.[181] Im Anschluß an seine Untersuchungen gibt der irische Bürgerbeauftragte Empfehlungen, um den Mißstand zu beheben. Wird diesen nicht Folge geleistet, so kann er dem Parlament darüber berichten.[182]

Der irische Ombudsman kann auf eigene Initiative hin tätig werden und kann direkt von Bürgern angerufen werden, wobei die Beschwerde gegenüber anderen Rechtsbehelfen subsidiär ist.[183]

Ein Petitionsrecht sieht die irische Verfassung nicht vor.

c. Das spanische Modell

Gem. Art. 54 der Verfassung von 1978 und einem entsprechenden Ausführungsgesetz vom 6. April 1981 gibt es in Spanien den *Defensor del Pueblo*. Als hoher Kommissar des Parlaments, der *Cortes Generales*, das ihn mit 3/5-Mehrheit beider Häuser (Kongreß und Senat) wählt, ist seine einzige Aufgabe, in Unabhängigkeit den Schutz der Grundrechte (Titel I der spanischen Verfassung) durch die gesamte nationale Verwaltung zu überwachen.[184]

Erreicht den Parlamentsbeauftragten eine Beschwerde, die jede – auch ausländische[185] – natürliche oder juristische Person an ihn richten kann, so hat er ein umfangreiches Untersuchungs- und Informationsrecht. Deckt er ein strafrechtlich relevantes Verhalten auf, so kann er den Staatsanwalt informieren.[186] Darüber hinaus kann er auf eigene Initiative hin tätig werden und Vorschläge und Empfehlungen

---

[181] Murphy, S. 4.

[182] Mauerer, Ombudsmann für Europa, S. 123 (146).

[183] Pietzner, in: EvStL, Bd. II, Sp. 2312 (2317).

[184] Peces-Barba, in: Ombudsmann in Europa, S. 83 (84).

[185] So wenden sich nicht wenige illegale Einwanderer, deren Zahl in den neunziger Jahren deutlich zugenommen hat, an den *Defensor del Pueblo*. (Peces-Barba, in: Ombudsmann in Europa, S. 83 (87)).

[186] European Parliament, Working Papers W 6, S. 13.

sowohl an die zuständige Verwaltungsstelle wie an das Parlament richten.[187] Im Gegensatz zu den meisten außergerichtlichen Beschwerdeeinrichtungen, hat der *Defensor del Pueblo* das Antragsrecht im Normenkontroll- oder Verfassungsbeschwerdeverfahren vor dem Verfassungsgerichtshof, wenn Gesetze gegen die Verfassung verstoßen oder Grundrechte durch staatliche Maßnahmen betroffen sind.[188] Ein eigenes Entscheidungsrecht hat er hingegen nicht; er ist darauf beschränkt, Untersuchungen durchzuführen, korrigierend einzuwirken und anhand seiner Berichte über Mißstände zu informieren.[189]

Das spanische Modell ähnelt in vieler Hinsicht dem klassischen Modell. Der wesentliche Unterschied ist jedoch, daß der *Defensor del Pueblo* in seiner Arbeit durch regionale Beauftragte in den autonomen Provinzen unterstützt und ergänzt wird.

Neben dem Beschwerderecht zum *Defensor del Pueblo* sieht die spanische Verfassung grundsätzlich ein Petitionsrecht vor, das aber der gesetzlichen Konkretisierung bedarf.

d. Das britische Modell

Seit dem 22. März 1967 gibt es in Großbritannien die Einrichtung des *Parliamentary Commissioner for Administration (PCA)*, der durch den *Parliamentary Commissioner Act 1967* geschaffen wurde.[190] Die Einführung diese Amtes ist vor dem Hintergrund zu sehen, daß es im Vereinigten Königreich keine Verwaltungsgerichtsbarkeit wie etwa in Frankreich oder Deutschland gibt. Grundsätzlich kann sich der Bürger vor den ordentlichen Gerichten gegen Verwaltungsmaßnahmen zur Wehr setzen,[191] doch ist nach britischem Rechtsverständnis eigentlich das Parla-

---

[187] European Parliament, Working Papers W 6, S. 14.

[188] Pietzner, in: EvStL,Bd. II, Sp. 2312 (2320); Kim, S. 54; European Parliament, Working Papers W 6, S. 14.

[189] Peces-Barba, in: Ombudsmann für Europa, S. 83 (91).

[190] Neben dem PCA gibt es im U.K. das Amt des Health Service Commissioner, der das nationale Gesundheits- und Sozialsystem überwacht, und zahlreiche Ombudsleute im privaten Sektor, wie in der Industrie oder den Versicherungen (Yardley, Ombudsmann in Europa, S. 73 (78 f.)).

[191] Kempf, in: Aus Politik und Zeitgeschichte 1973, B 44, S. 17 (21).

ment die Kontrollinstanz, welche die Verwaltung zu überwachen hat.[192] Zudem spielen in der britischen Rechtswirklichkeit die Grundrechte eine große Rolle, obwohl sie nicht schriftlich fixiert sind.[193] Es gibt aber keinen Verfassungsgerichtshof, der über individuelle Grundrechtsbeeinträchtigungen wacht. Auch dies ist letztlich die Aufgabe des Parlaments.

Dabei leistet diesem der PCA wichtige Dienste. Laut Gesetzespräambel hat er die „Funktion eines Beauftragten des Parlaments zur Untersuchung von Verwaltungsmaßnahmen, die im Namen der Krone und für deren Zwecke durchgeführt werden".[194] Seine alleinige Aufgabe ist es, Beschwerden, die sich gegen die zentralstaatliche Verwaltung[195] wenden und die in Anhang 2 des Gesetzes aufgeführt sind, nachzugehen, diese in rechtlicher und tatsächlicher Hinsicht zu prüfen und den am Beschwerdeverfahren Beteiligten darüber zu berichten. Sind juristische Schritte gegen die Beschwerde möglich, so sind diese auszuschöpfen; der PCA ist insoweit nicht zuständig, § 5 Abs. 2 des Parliamentary Commissioner Act 1967. Die Judikative ist von seiner Kontrolle ausgenommen.[196]

Zur Aufklärung der Sachverhalte und zur Klärung der Beschwerden hat er – ähnlich dem *High Court* - ein umfangreiches Untersuchungs- und Informationsrecht gegenüber der zuständigen Verwaltung und dem zuständigen Minister, jedoch kommt ihm kein eigenes Initiativrecht zu.[197] Bei Nichtbehandlung seiner Empfehlungen hat er keine Exekutivbefugnis; er kann lediglich beiden Häusern des Parlaments Bericht darüber erstatten.

Im Gegensatz zum schwedischen Ombudsman kann sich der Bürger, der behauptet, vom Beschwerdegegenstand der *maladministration* selbst betroffen zu sein, nicht persönlich an den Parlamentsbeauftragten wenden. Gem. § 5 Abs. 1 des Gesetzes darf der PCA nur in den Fällen aktiv werden, die ihm von einem Abgeordneten des Unterhauses überwiesen werden. D.h. der Bürger, der eine persönli-

---

[192] Bernhardt, in: FS Simson 1983, S. 33 (34).

[193] Bernhardt, in: FS Simson 1983, S. 33 (37).

[194] Zitiert nach Hansen, S. 21.

[195] Auf lokaler Ebene existieren zusätzliche *Local Government Ombudsmen*, die die dortige Verwaltung überwachen (Yardley, in: Ombudsmann in Europa, S. 73 (75)).

[196] Mauerer, in: Ombudsmann für Europa, S. 123 (136).

[197] European Parliament, Working Papers W 6, S. 34.

che Beschwer geltend machen muß, wendet sich an den Abgeordneten seines Wahlkreises. Dieser Umstand unterstreicht die starke, hervorgehobene Stellung des britischen Parlaments und die im Mehrheitswahlrecht begründete enge Bindung des einzelnen Abgeordneten an seinen Wahlkreis. Die Überwachung der Exekutive ist – wie oben dargelegt - vorrangig Aufgabe der Legislative.

Grundsätzlich erstreckt sich die Zuständigkeit des PCA auch auf Nordirland, doch hat die dortige halbautonome Regierung 1969 die Ämter des *Parliamentary Commissioner for Administration* und des *Parliamentary Commissioner of Complaints* geschaffen, die seit 1972 in Personalunion geführt werden und deren Aufgabenprofil sich nicht vom britischen PCA unterscheidet.[198]

Einen Petitionsausschuß gibt es im Vereinigten Königreich nicht. Das *House of Commons* hat lediglich ein *Select Committee on the Parliamentary Commissioner for Administration* eingerichtet, das dessen Berichte berät, den Kontakt hält und dazu beiträgt, daß die Berichte des PCA die erforderliche Beachtung finden.[199] Ein eigener Petitionsausschuß wurde 1974 abgeschafft; Petitionen, die das Parlament oder die Abgeordneten erreichen, werden heute dem zuständigen Minister zugeleitet.[200]

Entscheidender Unterschied des britischen Modells gegenüber anderen Modellen ist, daß sich der Bürger nicht direkt an den PCA wenden kann, sondern seine Beschwerde an einen Abgeordneten richten muß. Insofern ist dem Beschwerderecht ein gewisser politischer Filter vorgeschaltet.[201]

---

198 European Parliament, Working Papers W 6, S. 32 f.

199 Yardley, in: Ombudsmann in Europa, S. 73 (81).

200 Schick, S. 27.

201 Söderman, The Ombudsman concept, S. 3.

e. Das französische Modell

Mit dem Gesetz Nr. 73-6 vom 3. Januar 1973 wurde in Frankreich neben der vorhandenen Verwaltungsgerichtsbarkeit[202] die Einrichtung eines *Médiateur de la République* geschaffen. Im Gegensatz zu vergleichbaren Institutionen[203] wird er nicht vom Parlament gewählt oder vorgeschlagen, sondern er wird vom Kabinett ernannt, Art. 2 des Gesetzes.[204]

Gem. Art. 1 des Gesetzes umfaßt seine Zuständigkeit sowohl die französische Zentral- wie die Lokalverwaltung und die Einrichtungen und Körperschaften, die öffentliche Aufgaben wahrnehmen (mittelbare Staatsverwaltung),[205] nicht aber die Judikative.[206] Bei seinen Untersuchungen hat er weit gefaßte Befugnisse (Zugang zu allen Dokumenten, umfassende Informationsrechte gegenüber allen Behörden, einschließlich der Ministerialverwaltung[207]), bis hin zur Möglichkeit, Disziplinarverfahren anzustrengen.[208]

Wie sein britischer Kollege kann der Médiateur gem. Art. 6 Abs. 2 des Gesetzes nur Fälle aufgreifen, von denen er durch Senatoren oder Abgeordnete der Nationalversammlung Kenntnis erlangt hat.[209] Zulässig sind nur Individualbeschwerden.[210] Zuvor müssen gem. Art. 7 des Gesetzes die verwaltungsinternen Beschwerdemöglichkeiten ausgeschöpft worden sein.[211] Der Médiateur richtet Empfehlungen an die betreffende Verwaltungsstelle und kann diese veröffentlichen, wenn die zuständige Stelle nicht reagiert; darüber hinaus kann er in solchen Fällen

---

202 Kempf, in: Aus Politik und Zeitgeschichte 1973, B 44, S. 17 (22).

203 Das französische Modell enthält sowohl Elemente des britischen wie des skandinavischen Modells, Kempf, in: Aus Politik und Zeitgeschichte 1973, B 44, S. 17 (23).

204 Raschauer, in: ZaöRV, Bd. 33, 1973, S. 503 (510).

205 European Parliament, Working Papers W 6, S. 15.

206 Pietzner, in: EvStL, Bd. II, Sp. 2312 (2319).

207 European Parliament, Working Papers W 6, S. 15.

208 Pietzner, EvStL, Bd. II, Sp. 2312 (2318).

209 Pietzner, EvStL, Bd. II, Sp. 2312 (2318); Kempf, Aus Politik und Zeitgeschichte, 1973, B 44, S. 17 (23) (Hintergrund ist die Parlamentssouveränität in Fragen des Petitionsrechts.).

210 Raschauer, in: ZaöRV 1973, S. 502 (507); Matthes, S. 55.

211 Raschauer, in: ZaöRV 1973, S. 502 (508); Matthes, S. 55.

Berichte an das Parlament und an den Staatspräsidenten verfassen.[212] Schließlich kann er Reformen materieller oder formeller Gesetze vorschlagen.[213]

Neben der Einrichtung des Médiateur besteht in Frankreich grundsätzlich das Petitionsrecht, das auf den Gesetzen vom 6. 1. 1973 und 24. 12. 1976 beruht. Doch besteht weder beim Senat noch bei der Nationalversammlung ein Petitionsausschuß. Petitionen, die an eines der beiden Häuser gerichtet sind, können aber auf Verlangen der zuständigen Fachausschüsse von den Präsidenten der Häuser an den Médiateur weitergeleitet werden.[214]

3. *Das „Parallel-Modell“*

Eine dritte Gruppe von Mitgliedstaaten verfügt sowohl über einen Petitionsausschuß wie über einen Parlaments- oder Bürgerbeauftragten. Auch wenn es innerhalb dieser Gruppe Unterschiede in der Ausgestaltung beider Einrichtungen gibt, so bedarf sie im Hinblick auf die gleiche Situation auf Gemeinschaftsebene besonderer Beachtung, denn von Interesse ist, wie in diesen Ländern die Zuständigkeiten und die Zusammenarbeit zwischen beiden Institutionen geregelt ist.

a. Österreich

Seit 1977 gibt es in Österreich die *Volksanwaltschaft*.[215] Beruhte diese Institution zunächst auf einem Bundesgesetz[216], ist die rechtliche Grundlage seit 1981 in der Verfassung zu finden (Art. 148a-j Bundesverfassungsgesetz). Die Volksanwaltschaft besteht aus drei Personen, die vom Nationalrat, der ersten Kammer des

---

[212] European Parliament, Working Papers W 6, S. 16.

[213] European Parliament, Working Papers W 6, S. 15.

[214] European Parliament, Working Papers W 6, S. 15.

[215] Zur vorherigen Diskussion vgl.: Ermacora, in: FS Jahrreiß, 1974, S. 35-43; Bauer/Rossmann, in: Kempf/Uppendahl, S. 90-92.

[216] Gesetz vom 24. 7. 1977, BGBl. Nr. 21.

Parlaments, gewählt werden.[217] Diesem müssen die Volksanwälte jährlich Bericht erstatten, sind aber gem. Art. 148a Abs. 4 B-VG vom Parlament unabhängig und bei der Ausübung ihres Amtes weisungsfrei.[218] Hinsichtlich ihrer eigenen Kontrolle und Verwaltung sind die Volksanwälte autonom.[219]

Anhand ihrer fast lückenlosen Kontrollbefugnis – die Volksanwaltschaft ermittelt, indem sie Akten einsieht, Zeugen oder Sachverständige vernimmt und Informationen einholt -[220] überwacht die Volksanwaltschaft die österreichische Bundesverwaltung, kann sich aber, soweit ihr die Bundesländer die Kompetenz dazu einräumen, auch auf die Länderverwaltung erstrecken.[221] Sie startet ihre Untersuchungen aufgrund von Beschwerden, die „Jedermann" einreichen darf, nachdem er die ordentlichen und außerordentlichen Rechtsmittel und Rechtsbehelfe ausgeschöpft hat.[222] Daneben können die Volksanwälte bei Mißständen von Amts wegen ermitteln. Prüfungsmaßstab sind alle nationalen Gesetze einschließlich der verfassungsrechtlich gewährleisteten Grundrechte.[223]

Alle Gebietskörperschaften – Bund, Länder, Gemeinden – sind gem. Art. 148b Abs. 1 B-VG dazu verpflichtet, die Volksanwaltschaft bei ihren Untersuchungen zu unterstützen und ihr Informationen zukommen zu lassen. Die Untersuchungen enden mit einer Empfehlung, wie der aufgezeigte Mißstand behoben werden kann, oder mit der förmlichen Feststellung, daß ein Mißstand vorliege.[224] Folgt die angegangene Behörde der Empfehlung nicht, so kann die Volksanwaltschaft den Verfassungsgerichtshof zur Klärung des Problems anrufen.[225] Die Tätigkeit der Volksanwaltschaft beschränkt sich nicht darauf, Mißstände in der Verwaltung zu ahnden; darüber hinaus überwacht sie die Gesetzgebung. Am Gesetzgebungsver-

---

[217] Zum Wahlverfahren und zur Organisation vgl. Bauer/Rosssmann, in: Kempf/Uppendahl, S. 90 (92-94).

[218] Bauer/Rossmann, in: Kempf/Uppendahl, S. 94.

[219] Pickl, in: FS Matscher, 1993, S. 355 (358).

[220] Bauer/Rossmann, in: Kempf/Uppendahl, S. 90 (96); Pickl, in: FS Schwind, 1993, S. 193 (198).

[221] European Parliament, Working Papers W 6, S. 23.

[222] Bauer/Rossmann, in: Kempf/Uppendahl, S. 90 (95).

[223] Messner, in: Ombudsmann in Europa, S. 109 (110).

[224] Bauer/Rossmann, in: Kempf/Uppendahl, S. 90 (97).

[225] European Parliament, Working Papers W 6, S. 23.

fahren wird sie beteiligt, indem sie Gesetzesvorhaben im sog. Begutachtungsverfahren überprüfen kann.[226] Verhindern kann sie ein Gesetz jedoch nicht. Ist die Volksanwaltschaft der Ansicht, eine Verordnung sei verfassungswidrig, so hat sie das Antragsrecht im Rahmen eines abstrakten Normenkontrollverfahrens.[227]

Neben der Möglichkeit, die Volksanwaltschaft anzurufen, garantiert Art. 11 des Staatsgrundgesetzes vom 21. 12. 1867, das gem. Art. 149 Abs. 1 B-VG Teil der österreichischen Verfassung ist, das Petitionsrecht.[228] Zu diesem Zwecke hat der Nationalrat gem. § 100b seiner Geschäftsordnung einen Petitionsausschuß eingerichtet. Bei der Erledigung der an das Parlament gerichteten Petitionen und Bürgerinitiativen unterstützt die Volksanwaltschaft den Ausschuß und wird insofern als Hilfsorgan des Parlaments tätig.[229]

b. Die Niederlande

In den Niederlanden sieht die Verfassung seit 1981 gem. Art. 108 § I das Amt eines *Nationale Ombudsman* vor. Dieser wird vom Parlament, *Tweede Kamer der Staten Generaal,* gewählt, ist aber kein parlamentarisches Hilfsorgan, sondern ein unabhängiger Amtsträger.[230] Seine Aufgabe ist es, Maßnahmen der zentralstaatlichen Verwaltung der Niederlande mit Ausnahme der allgemeinen Regierungspolitik zu untersuchen und zu beurteilen. Nicht davon umfaßt sind der Monarch, die *Hoge Colleges van Staat*[231] und die Judikative.

Zur Erfüllung dieser Aufgaben hat der Ombudsman ein umfassendes Informationsrecht gegenüber der Verwaltung und kann im Rahmen seiner Untersuchungen Befragungen – wenn nötig auch mit staatlicher Gewalt – der Verwaltung, des Be-

---

[226] Messner, in: Ombudsmann für Europa, S. 109 (117).

[227] Bauer/Rossmann, in: Kempf/Uppendahl, S. 90 (96).

[228] Art. 11: „Das Petitionsrecht steht jedermann zu. Petitionen unter einem Gesamtnamen dürfen nur von gesetzlich anerkannten Körperschaften oder Vereinen ausgehen." (zit. nach Mayer-Tasch, S. 411).

[229] Pickl in: FS Matscher, S. 355 (358).

[230] Rang, in: Kempf / Uppendahl, S. 102 (115).

[231] Neben dem Ombudsman selbst gehören dazu beide Häuser des Parlaments, der *Raad van Staat* (Staatsrat) und die *Allgemene Rekenkamer* (Rechnungshof).

schwerdeführers, von Zeugen und Sachverständigen durchführen.[232] Abschließend legt er eine Beurteilung und – falls erforderlich – eine Empfehlung hinsichtlich des untersuchten Vorganges vor.[233]

Gem. § 12 des Gesetzes über den *Nationale Ombudsman*[234] sind natürliche und juristische Personen beschwerdebefugt, wenn sie zunächst ein Abhilfeverlangen an die zuständige Stelle gerichtet haben, dieses aber nicht erfolgreich war.[235] Darüber hinaus kann der Ombudsman auch auf eigene Initiative hin tätig werden.

Neben der Möglichkeit, sich an den Ombudsman zu wenden, gibt es in den Niederlanden die weitverbreitete Praxis der „Briefe an die Königin". Diese Briefe, die an das Staatsoberhaupt der Niederlande gerichtet sind, beinhalten Bitten und Beschwerden und werden an das zuständige Ministerium weitergeleitet.[236]

In Art. 5 sieht die niederländische Verfassung ein Petitionsrecht vor.[237] Die zweite Kammer des Parlaments (*Tweede Kamer der Staten Generaal*) hat dementsprechend gem. § 142 der Geschäftsordnung einen Petitionsausschuß eingerichtet.

Der Gegenstand der Petitionen muß eine Beschwerde über individuelle Unzufriedenheit im Hinblick auf staatliches Handeln oder Unterlassen sein, das in die Zuständigkeit des Zentralstaates fällt. Bitten um Änderung der Gesetzgebung und allgemein politische Fragen werden direkt den zuständigen Fachausschüssen zugeleitet.[238] Daneben hat das Parlament keine materielle Abhilfekompetenz und darf nicht in die judikative Arbeit eingreifen.[239] Gem. § 9 seiner Geschäftsordnung hat der Petitionsausschuß das Recht, zu im Rahmen der Behandlung der Petitionen den Ministern Fragen zu stellen. Will der Ausschuß weitere Untersuchungen an-

[232] European Parliament, Working Papers W 6, S. 19.

[233] Rang, in: Kempf/Uppendahl, S. 102 (113).

[234] Gesetz vom 4. 2. 1981, Staatsblad 35.

[235] Mauerer, in: Ombudsmann in Europa, S. 123 (144).

[236] Riezbos, in: ZParl 1992, 16 (22).

[237] Art. 5: „Jeder hat das Recht, schriftlich Bitten bei den zuständigen Stellen einzureichen." (zitiert nach Riezbos, in: ZParl 1992, S. 16 (18)).

[238] Riezbos, in: ZParl 1992, S. 16 (20).

[239] Riezbos, in: ZParl 1992, S. 16 (19).

stellen, kann er das Parlament bitten, ihm besondere parlamentarische Untersuchungsbefugnisse zu übertragen.[240]

c. Portugal

In Portugal gibt es seit der Gesetzesverordnung 212/75 vom 21. April 1975 und auf der Grundlage von Art. 23 der Verfassung von 1982 das Amt des *Provedor de Justicia*, der mit 2/3-Mehrheit vom Parlament gewählt wird. Er ist unabhängig vom Parlament, legt diesem aber einen jährlichen Tätigkeitsbericht vor.

Ähnlich wie der spanische Parlamentsbeauftragte überwacht er die Einhaltung der Grundrechte und achtet auf eine gerechte und gesetzestreue Verwaltung in ganz Portugal. Ausgenommen von seiner Kontrolle sind der Präsident, die Regierung und das Parlament.[241] Auf Beschwerden hin, die sowohl inländische wie ausländische natürliche und juristische Personen an ihn richten dürfen, unternimmt der *Provedor de Justicia* Untersuchungen, bei denen alle Verwaltungsstellen mit ihm zusammenzuarbeiten und ihm die gewünschten Informationen und Zutritt zu gewähren haben.[242]

Abschließend kann der *Provedor de Justicia* Empfehlungen gegenüber der Verwaltung aussprechen, den Erlaß, die Aufhebung oder Änderung eines Gesetzes empfehlen oder den Verfassungsgerichtshof um Klärung bitten.[243]

Art. 52 der portugiesischen Verfassung garantiert ein Petitionsrecht zu den zuständigen Stellen. Dementsprechend hat das Parlament einen Petitionsausschuß eingerichtet, der sich mit den Eingaben befaßt, die an das Parlament gerichtet werden.

---

[240] Riezbos, in: ZParl 1992, S. 16 (20).

[241] Mauerer, in: Ombudsmann für Europa, S. 123 (138).

[242] European Parliament, Working Papers W 6, S. 25.

[243] Mauerer, in: Ombudsmann in Europa, S. 123 (138 f.).

d. Belgien

In Belgien gibt es die Einrichtung des Bürgerbeauftragten erst seit kurzer Zeit. Das belgische Bundesparlament verabschiedete am 22. März 1995 das Gesetz über die Einführung von Bundesbürgerbeauftragten.[244] In der Verfassung ist dieses Amt nicht vorgesehen. Getreu dem belgischen Dualismus sieht das Gesetz zwei Bürgerbeauftragte vor – einen französisch-sprachigen und einen flämisch-sprachigen -, die beide vom Repräsentantenhaus gewählt werden und denen Unabhängigkeit garantiert wird.[245] Aufgabe der Bürgerbeauftragten ist es, Beschwerden von Personen oder Nachfragen von Abgeordneten, welche die belgische Bundesverwaltung betreffen, zu untersuchen.[246]

Zur Erfüllung dieser Aufgaben haben die Amtsträger umfassende Informations- und Untersuchungsbefugnisse gegenüber der Bundesverwaltung, die verpflichtet sind, Auskünfte zu erteilen und die auch unangemeldet überprüft werden können.[247] Stellen die belgischen Bürgerbeauftragten einen Mißstand fest, so sind sie ähnlich wie ihre Kollegen in den übrigen europäischen Staaten darauf beschränkt, Empfehlungen abzugeben, die nicht bindend sind. Stoßen sie auf einen Straftatbestand, so müssen sie die Staatsanwaltschaft benachrichtigen; entdecken sie ein Dienstvergehen, müssen sie dieses dem Disziplinarvorgesetzten des jeweiligen Beamten melden.[248] Jährlich berichten die Bürgerbeauftragten dem Parlament über ihre Tätigkeit.

---

[244] Grundlage war die Gesetzesinitiative Doc. 1436/1-93/94 vom 18. 5. 1994. Zum Hintergrund dieses Gesetzes vgl. Chidiac, in: Europäischer Bürgerbeauftragter, Die Rechte der Bürger der Europäischen Union, 1996, H S. 1, die insbesondere auf die belgische Staatsverdrossenheit abstellt, die u. a. in der mit dem belgischen Föderalismus zusammenhängenden, überbordenden Regelungsflut begründet liege.

[245] European Parliament, Working Papers W 6, S. 40.

[246] European Parliament, Working Papers W 6, S. 40.

[247] European Parliament, Working Papers W 6, S. 41.

[248] European Parliament, Working Papers W 6, S. 41.

Nicht nur auf der Ebene des Bundesstaates, sondern auch auf der Ebene der Gemeinschaften[249] existiert in Belgien die Einrichtung der Bürgerbeauftragten. Seit 1992 hat die flämische Gemeinschaft innerhalb der belgischen Föderation einen Ombudsman, den *Ombudsman van de Vlaamse Gemeenschap*, der von der flämischen Regierung ernannt wird und Beschwerden behandelt, die sich gegen die Verwaltung der flämischen Gemeinschaft richten.[250] Seit dem 22. 12. 1994 hat auch die Region Wallonien einen Bürgerbeauftragten, der vom Regionalparlament gewählt wird und an den Beschwerden gerichtet werden können, die sich gegen die Exekutive der Region Wallonien richten.[251]

Art. 21 der belgischen Verfassung garantiert das Petitionsrecht. Danach hat jeder das Recht, an öffentliche Behörden Bittschriften zu richten, die von einer oder mehreren Personen unterzeichnet sind. Eingaben, die sich an das Parlament wenden, werden vom dort zuständigen Petitionsausschuß behandelt.

e. Griechenland

Griechenland ist der Mitgliedstaat der Gemeinschaft, der bislang als letzter das Amt eines Bürgerbeauftragten geschaffen hat. Zunächst gab es in Griechenland nur ein Petitionsrecht, das in Art. 10 der Verfassung niedergelegt ist und das ermöglicht, sich mit Beschwerden gegen Akte der nationalen Behörden mit Ausnahme der Regierung zu wenden und Schadensersatz zu fordern.[252] Gegenüber dem neu geschaffenen Amt des Bürgerbeauftragten, der seinem niederländischen Kollegen vergleichbar ist und insofern auch dem dänischen Modell des Bürgerbeauftragten folgt, hat der Petitionsausschuß des griechischen Parlaments nur eine nachgeordnete Rolle.[253] Eine Beschwerde zum griechischen Bürgerbeauftragten

---

[249] Der Bundesstaat Belgien besteht einerseits aus den drei Regionen Wallonien, Flandern und Brüssel und andererseits aus der flämischen, der französischsprachigen und der deutschsprachigen Gemeinschaft, die jede für sich über entsprechende verwaltungsrechtliche Kompetenzen verfügen.

[250] Vgl. ausführlich zu dieser Einrichtung: European Parliament, Working Papers W 6, S. 38 f.

[251] Vgl. ausführlich zu dieser Einrichtung: Chidiac, in: Europäischer Bürgerbeauftragter, Die Rechte der Bürger der Europäischen Union, 1996, H S. 1-7.

[252] European Parliament, Working Papers W 6, S. 55.

[253] Söderman, The Citizen, the Administration and Community Law, S. 25.

setzt nicht voraus, daß der Beschwerdeführer selbst von der Beschwerde betroffen ist; wie beim skandinavischen Ombudsman ist das Beschwerderecht eine *actio popularis.*[254]

f. Italien

In Italien gibt es Beschwerdeeinrichtungen, die den Bürgerbeauftragten der anderen europäischen Staaten vergleichbar sind, nur auf regionaler Ebene, den *Difensore civico*. Grundlage in der Verfassung sind die Art. 117, 123, die den Regionen gewisse Zuständigkeiten einräumen und aus denen sich die Möglichkeit der regionalen Ernennung ableiten läßt.[255] Die Mehrzahl der Regionen und die autonomen Provinzen Trento und Bolzano/Bozen haben von der Möglichkeit Gebrauch gemacht und derartige Bürgerbeauftragte ernannt.

Grundsätzlich wird dieser tätig aufgrund der Beschwerde von Bürgern oder von gesellschaftlichen Gruppen, die ein eigenes Interesse an dem Einschreiten haben; daneben kann er aus eigener Initiative tätig werden.[256] Im Rahmen seiner Tätigkeit hat der *Difensore civico* das Recht, sich umfassend über den Beschwerdegegenstand und dessen Hintergrund zu informieren und Empfehlungen an die betroffenen Verwaltungsstellen zu richten.[257] Seine vornehmste Aufgabe ist es, darüber zu wachen, daß das Prinzip des fairen Verwaltungsverfahrens mit all seinen Anforderungen eingehalten wird, indem er zwischen Bürgern und Behörden vermittelt.[258]

In Art. 50 sieht die italienische Verfassung von 1948 ein Petitionsrecht vor. Danach können alle Bürger Petitionen an die beiden Kammern des Parlamentes richten, um gesetzliche Maßnahmen zu beantragen oder um auf allgemeine Notwendigkeiten hinzuweisen.

---

[254] Söderman, The Citizen, the Administration and Community Law, S. 27.

[255] European Parliament, Working Papers, S. 42, Fn. 1.

[256] European Parliament, Working Papers W 6, S. 47.

[257] European Parliament, Working Papers W 6, S. 44.

[258] European Parliament, Working Papers W 6, S. 44.

Die dargestellten Modelle und Einrichtungen haben durchweg gezeigt, daß sie sich ausschließlich mit Anliegen befassen, welche die nationale Zuständigkeit betreffen. Europarechtliche Bezüge bekommt deren Tätigkeit nur dann, wenn es um die Umsetzung des Gemeinschaftsrechts in nationales Recht geht.[259] Die Tätigkeit der Organe und Einrichtungen der Gemeinschaft, ihre Verwaltung und ihre Politik können nicht Gegenstand der nationalen außergerichtlichen Beschwerdeverfahren sein.

Aus dieser Feststellung lassen sich zwei Schlüsse ziehen. Erstens können die nationalen außergerichtlichen Beschwerdeeinrichtungen den gerichtlichen Rechtsschutz gegenüber der Gemeinschaft nicht ergänzen und die Lücken, die dieser aufweist und die oben dargestellt wurden, nicht auffüllen. Zweitens läßt die fast flächendeckende Verbreitung derartiger Einrichtungen innerhalb der Mitgliedstaaten darauf schließen, daß diese Institutionen in einem modernen Verwaltungsstaat einen nicht unwesentlichen Nutzen haben.

Nimmt man einen ersten Vergleich vor zwischen den dargestellten nationalen Modellen und dem Modell auf Gemeinschaftsebene, so stellt man fest, daß der EG-Vertrag dem „Parallelmodell", also dem Nebeneinander von Parlamentsausschuß und Bürgerbeauftragtem, den Vorzug gegeben hat. Im weiteren Verlauf der Arbeit gilt es festzustellen, welchen Einfluß die verschiedenen nationalen Modelle auf das europäische Modell ausgeübt haben und welche Konsequenzen für das europäische Modell daraus zu ziehen sind. Allein die Tatsache, daß es in einigen Mitgliedstaaten schon über einen längeren Zeitraum ein Nebeneinander beider Einrichtungen gibt, zeigt, daß das Nebeneinander beider Einrichtungen nicht generell abgelehnt werden kann. Besonderes Augenmerk ist darauf zu richten, wie die Zuständigkeiten beider Einrichtungen voneinander abgegrenzt werden kann und wie beide zusammenarbeiten können.

---

[259] Europäischer Bürgerbeauftragter, Jahresbericht 1997, S. 278.

V. Fazit

Die dargestellten Möglichkeiten in diesem Kapitel haben gezeigt, daß den Unionsbürgern ein vielfältiges Rechtsschutzsystem zur Verfügung steht, das aus Einrichtungen auf Gemeinschaftsebene und auf nationaler Ebene besteht. Dennoch ist deutlich geworden, daß die genannten Beschwerdeeinrichtungen nicht jeden Fall von Bitten und Beschwerden erfassen können. So können verwaltungsrechtliche Mißstände auf der Ebene der EG nicht unabhängig von unmittelbarer und individueller Betroffenheit vor den Gerichten der EG gerügt werden. Auch war keine der bislang vorgestellten Einrichtungen zuständig für Bitten und Beschwerden, welche die Politik der Gemeinschaft betreffen. Diese Bereiche sind bislang offen geblieben. Im weiteren ist zu untersuchen, inwieweit die beiden außergerichtlichen Beschwerdemöglichkeiten der EG diese Lücken schließen können.

2. Kapitel: Der Petitionsausschuß des Europäischen Parlaments

In diesem Kapitel werden Ausführungen zum Petitionsrecht im Allgemeinen und dem europäischen Petitionsrecht im Speziellen gemacht, und es wird untersucht, inwieweit das Petitionsrecht zum Europäischen Parlament den oben dargestellten Rechtsschutz durch die Gerichte auf Gemeinschaftsebene zu ergänzen vermag und ob das Petitionsrecht zum Schutze individueller und politischer Rechte beitragen kann.

I. Allgemeines zum Petitionsrecht

1. Begriff und dogmatische Grundlagen des Petitionsrechtes

Das Wort ‚Petition' leitet sich vom lateinischen „*petitio*" ab, was mit „Ersuchen, Bitte"[260], aber auch „Verlangen, Begehren, Anliegen" übersetzt werden kann.[261] Nach heutigem Verständnis und nach derzeitiger Gesetzeslage in den Ländern, die ein Petitionsrecht garantieren, bezeichnet das Petitionsrecht die Berechtigung, sich außerhalb der formalisierten Gerichtsverfahren mit Bitten und Beschwerden (letztere sind nach teleologischer Auslegung hinzugekommen[262]) an die öffentlichen Organe zu wenden.[263] Es ist ein Freiheitsrecht - insofern ein subjektives öffentli-

---

[260] Menge/Pertsch, S. 395. Eigentlicher Wortursprung ist das Verb „petere" = verlangen, wünschen; erbitten, bitten.

[261] Seidel, S. 18.

[262] Seidel, S. 18.

[263] Thormann, S. 14; Schumann, in: EvStL, Sp. 2487 (2487); Kaufmann-Bühler, in:Lenz, Art. 138e Rn. 1; Läufer, in: Grabitz/Hilf, Art. 138e Rn. 2.

ches Recht – und entspricht altliberalem Gedankengut.[264] Jellinek, seinem eigenen System der öffentlichen Rechte folgend,[265] ordnet das Petitionsrecht dem positiven Status, dem *status civitatis,* zu.[266] Dieser positive Status besagt, daß der Staat, indem er in Erfüllung seiner Aufgaben dem einzelnen die Fähigkeit zuerkennt, die Staatsmacht für sich in Anspruch zu nehmen bzw. die staatlichen Institutionen zu benutzen, also dem Individuum positive Ansprüche gewährt, dem Individuum den positiven Status zuerkennt, der als die Basis für die Gesamtheit staatlicher Leistungen im individuellen Leben sich darstellt.[267]

Konkret auf das Petitionsrecht bezogen bedeutet das, daß ein Anspruch des Individuums darauf besteht, daß die adressierte Stelle die Bitte, die in ihre Kompetenz fällt, annimmt und erledigt.[268] Doch hat das Petitionsrecht im Jellinek'schen Sinne einen Doppelcharakter. Unstreitig begründet es die Pflicht des Adressaten, die Eingabe zur Kenntnis zu nehmen und zu behandeln; mit dieser Pflicht korrespondiert das Recht, also das materielle Element, des Petenten auf sachliche Prüfung des Anliegens und auf dessen Verbescheidung durch den Adressaten.[269] Das Petitionsrecht beinhaltet gleichzeitig die Freiheit des einzelnen, sich an den Petitionsausschuß bzw. die zuständige Stelle zu wenden, ohne rechtliche Nachteile zu erleiden. Insofern ist es auch ein Freiheitsrecht, das dem *status negativus*, der individuellen Freiheitssphäre[270], zuzuordnen ist.

Erst diese Aspekte zusammen machen aus dem Petitionsrecht ein effektives Grundrecht. Die bloße Freiheit, eine Petition einzureichen, wäre wertlos, wenn nicht die Pflicht zu ihrer Bescheidung damit korrespondierte.[271] Diese Freiheit ist zudem eine Meinungsäußerung und als solche von der Meinungsäußerungsfreiheit mitumfaßt; beschränkte man das Petitionsrecht alleine auf seinen negativen Aspekt, so bedürfte es neben dem Grundrecht, seine Meinung frei zu äußern, kei-

---

264 Mattern, in: Neumann/Nipperdey/Schenner, 2. Bd., S. 627.

265 Jellinek, S. 81 ff.

266 Jellinek, S. 131.

267 Jellinek, S. 87.

268 Jellinek, S. 131.

269 Vitzthum/März, in: Schneider/Zeh, § 45 Rn. 6; Seidel, S. 19.

270 Jellinek, S. 87.

271 Burmeister, in: Isensee/Kirchhof, Bd. II, § 32 Rn. 9.

ner ausdrücklichen Gewährleistung des Petitionsrechtes. Das Petitionsrecht garantiert daher zusätzlich die Pflicht der betreffenden Stelle, sich mit dem Anliegen zu befassen. Damit ist aber kein Anspruch auf eine richtige Bescheidung in der Sache selbst[272] oder auf Auskunftserteilung verbunden.[273]

2. *Funktion und Bedeutung des Petitionsrechtes*

Im modernen Verwaltungsstaat – und unabhängig von der Frage nach der Staatsqualität der EG läßt sich dies auf diese übertragen - kommt dem Petitionsrecht heute eine besondere Bedeutung zu. Zum einen ist da der bereits erläuterte Grundrechtscharakter des Petitionsrechts, der es dem Staatsbürger als dem Souverän der Demokratie erlaubt, sich bei seiner Volksvertretung – oder der sonst zuständigen Stelle – über Vorgänge zu beschweren oder sich mit Bitten an dieselbe zu wenden. Diesem Recht kommt unter dem Aspekt, daß die Verwaltung heutiger Prägung mit ihren teilweisen Unübersichtlichkeiten den Bürger manchmal trotz oder gerade wegen der Vielzahl der Rechtsmittel überfordert, besondere Bedeutung zu. Darüber hinaus ist es für die Verwaltung gerade in Massenverfahren schwierig, aus dem Rahmen fallende Einzelfälle gebührend zu berücksichtigen. Das Petitionsrecht kollidiert in diesem Zusammenhang nicht mit dem gerichtlichen Rechtsschutz; vielmehr ergänzt es diesen und kann die Gerichte entlasten, indem eine außergerichtliche Einigung herbeigeführt werden kann. Neben dieser Interessen- und Rechtsschutzfunktion kommt dem Petitionsrecht im Verhältnis zum Bürger die Aufgabe zu, den Bürger an den Entscheidungsprozessen außerhalb von Wahlen zu beteiligen und zu integrieren.

Mit dem Petitionsrecht des Bürgers korrespondiert die Pflicht des Adressaten, die Petition zu behandeln. Diese Pflicht ist nicht nur lästige Aufgabe der betreffenden Stelle, sondern sie ist unverzichtbares Hilfsmittel bei der Kontrolle der Verwaltung

---

[272] Vitzthum, S. 30.

[273] Seidel, S. 19

durch die Volksvertretung.[274] Die Behandlungspflicht des Parlaments impliziert dessen Recht, die Petition an die zuständige Stelle innerhalb der Verwaltung weiter zu verweisen bzw. entsprechende Informationen von der betroffenen Stelle zu erhalten. Dem kann nicht entgegengehalten werden, ein Rückschluß von der Informationsfunktion auf Inhalt, Umfang und Grenzen des Petitionsrechts sei unzulässig.[275] Das Petitionsrecht als Grundrecht muß so ausgelegt und angewandt werden, daß es den hinter ihm stehenden Zweck auch erfüllen kann und nicht zum bloßen Gnadenerweis verkommt, dessen Nutzen mangels effektiver Durchsetzbarkeit gegen Null geht.

Neben dem Nutzen, den die Petitionen für das Kontrollrecht des Parlaments haben, können sie auch ein Initiativrecht unterstützen. Diese Funktion fällt in erster Linie den Bitten und Vorschlägen unter den Petitionen zu. Dieser Aspekt verdient im Hinblick auf das Europäische Parlament besondere Beachtung. Bislang kann alleine die Kommission gem. Art. 251 Abs. 2, 252 lit. a (ex-Art. 189b Abs. 2, 189c lit. a) EG-Vertrag verbindliche Gesetzesinitiativen auf Gemeinschaftsebene starten. Das Parlament kann gem. Art. 192 S. 2 (ex-Art. 138b S. 2) EG-Vertrag lediglich die Kommission auffordern, eine solche Initiative zu starten. Wird es nun durch eine Petition auf einen verbesserungswürdigen Zustand aufmerksam, so kann es sein Ersuchen an die Kommission auf einen aktuellen Fall stützen und – insbesondere, wenn es aufgrund einer Massenpetition handelt – ihm zusätzlichen Nachdruck verleihen. So kann das Europäische Parlament seine Positionen im europäischen Institutionengefüge um so besser durchsetzen, je mehr Unterstützung es von den Unionsbürgern erhält.[276] Die beiden Aspekte der Kontrolle und der Initiative sind im Hinblick auf die im Vergleich zu nationalen Parlamenten schwächere Position des Europäischen Parlaments für letzteres nicht zu unterschätzen.

---

[274] Vitzthum/März, in: Schneider/Zeh, § 45 Rn. 22; Jahresbericht des Petitionsausschusses 1997-98, A4-0250/98, S. 4, Erwägung A.

[275] Burmeister, in: Isensee/Kirchhof, § 32 Rn. 8.

[276] Neßler, S. 186.

Angesichts vielfältiger Massenpetitionen, die auch an den Petitionsausschuß des Europäischen Parlaments adressiert werden,[277] wird teilweise von einem Funktionswandel des Petitionsrechts gesprochen.[278] Danach habe sich das Petitionsrecht vom Bitt- und Beschwerderecht über ein kollektives „aktivbürgerschaftliches" Anregungs- und Vorschlagsrecht in Angelegenheiten des Gemeinwohls zu einem allgemeinen Recht zur Partizipation am Prozeß der staatlichen Willensbildung und Entscheidungsfindung gewandelt.[279] Das Petitionsrecht werde dadurch vermehrt zum Rechtstitel zur Mitwirkung an der staatlich-politischen Willensbildung gedeutet. Insofern sei eine Tendenz zur Instrumentalisierung des Petitionsrechts zu erkennen, was aus der Zunahme der Massenpetitionen mit allgemein politischem Inhalt geschlossen wird.[280]

Diese Entwicklung läßt sich an der Tätigkeit des Petitionsausschusses am Europäischen Parlament nachweisen. So hat nicht nur die Zahl der Massenpetitionen zugenommen, sondern auch die Zahl derjenigen, welche die einzelnen Petitionen unterschrieben haben.[281] Der Inhalt dieser Petitionen läßt von persönlicher, direkter Betroffenheit der Petenten wenig erahnen. Vielmehr geht es in diesen Petitionen um Eingaben, die eine Änderung oder einen Wechsel der Gemeinschaftspolitik auf den verschiedensten Feldern fordern.[282] Die Anliegen verfolgen zunehmend politische Ziele, weniger die Abhilfe einer persönlichen Beschwer. Diese Ent-

---

[277] Im Berichtszeitraum 1995/96 wurden 32 Petitionen eingereicht, die jeweils von mehr als 1.000 Menschen unterzeichnet waren, vgl. Jahresbericht des Petitionsausschusses 1995-96, A4-0191/96, S. 18-20.

[278] Burmeister, in: Isensee/Kirchhof, § 32 Rn. 1.

[279] Burmeister, in: Isensee/Kirchhof, § 32 Rn. 1.

[280] Burmeister, in: Isensee/Kirchhof, § 32 Rn. 1.

[281] Im Berichtszeitraum 1995/96 (Jahresbericht 1996, A4-0191/96, S. 18-20) erreichten den Ausschuß 32 Petitionen mit mehr als 1.000 Unterschriften, im Berichtszeitraum 1996/97 (Jahresbericht 1997, A4-0190/97, S. 11) erreichten ihn 21 Petitionen mit mehr als 1.000 Unterschriften, die insgesamt von über 4 Mio. Personen unterzeichnet waren.

[282] Im Berichtszeitraum 1995-96 hatten zehn Massenpetitionen den Umweltschutz im weitesten Sinne zum Thema (u.a. zwei, die sich gegen die französischen Atomwaffentests wandten). Zwei Massenpetitionen betrafen den Balkan-Konflikt. (Jahresbericht des Petitionsausschusses 1995-96, A4-0191/96, S. 18-20).

wicklung belegt diesen Funktionswandel und verdeutlicht gleichzeitig den Wunsch der Bevölkerung, auch während der laufenden Legislaturperiode über die Volksvertretung auf die politischen Geschehnisse und Entscheidungen Einfluß zu nehmen.

3. Geschichtliche Entwicklung des Petitionsrechtes

Das Recht, sich an die zuständige Stelle mit Bitten und Beschwerden zu wenden, ist so alt wie die ersten Formen eines verwalteten bzw. organisierten Zusammenlebens von Menschen. In der europäischen Rechtskultur läßt es sich – wie so vieles in diesem Bereich – auf das römische Recht zurückführen. Die späteren Staatswesen haben dieses Recht in verschiedenen Ausprägungen übernommen bzw. selbst geschaffen.

a. Römisches Reich

Im europäischen Raum erhält die Beschwerdemöglichkeit erstmals im römischen Recht eine konkrete Ausgestaltung im sog. Supplizieren.[283] Ursprung des Wortes ist das lat. Verb *supplicare (demütig bitten, anflehen*[284]). Zunächst umfaßte die Supplik (*supplicium = flehentliche Bitte*[285]) einerseits alle Bitten, Eingaben und Klagen von Privatpersonen an den Kaiser, die dieser nach einem entsprechenden Verfahren durch Urteil entschied.[286] Spektakulärste Anhörung dieser Art war schon in vor-kaiserlicher Zeit eine Anhörung, die Gaius Iulius Caesar an den Iden des März 46 v. Chr. abhielt und in deren Verlauf er von als Bittstellern verkleideten Attentätern umgebracht wurde.[287] Andererseits unterfiel dem Begriff der Supplik die dem Kaiser vorgetragene Bitte, während eines Zivilrechtsstreites gutachterlich Stellung zu nehmen. Beantwortete der Kaiser diese Anfrage in Form

---

[283] Vitzthum, S. 15.

[284] Menge/Pertsch, S. 509.

[285] Menge/Pertsch, S. 509.

[286] Schick, S. 13.

[287] Schick, S. 12.

eines *rescriptum (lat. kaiserlicher Erlaß*[288]), eines Gutachtens, so war dies für die Rechtsfindung des betroffenen Gerichts verbindlich.[289]

Erst im *Codex Iustinianus*, der Gesetzessammlung des Kaisers Justinian (527-565) aus dem Jahre 534[290], erfolgte eine rechtliche Regelung der Bittgesuche. Danach waren Suppliken während laufender Gerichtsverhandlungen ausgeschlossen und im übrigen nur dann zulässig, wenn die Appellationsmöglichkeiten wahrgenommen worden waren.[291]

b. Deutschland

Auch die römisch-deutschen Kaiser, die sich in der Tradition der römischen Kaiser sahen, nahmen Bitten ihrer Untertanen entgegen. Ein Recht zur Beschwerde oder zur Bitte bestand im mittelalterlichen Reich für den einzelnen allerdings nicht; dies stand ausschließlich den Ständen zu, die sich mit ihren Anliegen – Bitten und Beschwerden – entsprechend der Zuständigkeit (Land oder Reich) an Kaiser, Reichstag, Reichshofrat oder Reichskammergericht bzw. die Institutionen auf Landesebene wenden konnten.[292] Das Eingaberecht war ausschließlich im öffentlichen Interesse begründet.[293] Die Eingaben dienten als Mittel, Mißstände aufzudekken und auf diese Weise zur Kontrolle der Reichsverwaltung beizutragen. Unterschieden wurden *gravamina*, Beschwerden auf deren Entsprechung die Stände ein Recht hatten, und *desidera, petita* und *monita politica,* deren Erfüllung die Stände nicht beanspruchen konnten.[294] Der Reichstag, ebenfalls Adressat ständischer Suppliken, richtete im 16. Jahrhundert während seiner Sitzungsperiode Ausschüsse ein, die sich mit den von den Ständen vorgetragenen Bitten und Beschwerden zu befassen hatten.[295]

---

[288] Menge/Pertsch, S. 455.

[289] Bretone, S. 338, Anm. 10.

[290] Söllner, § 22.

[291] Schick, S. 13.

[292] Eitel, S. 31.

[293] Terbille, S. 3.

[294] Rosegger, S. 96.

[295] Schick, S. 15.

Im Zeitalter des Absolutismus rückte der Monarch vermehrt als Adressat von Bitten und Beschwerden in den Vordergrund. Die Effektivität derartiger Eingaben richtete sich ausschließlich danach, wie der jeweilige Monarch diesen Bitten gegenüberstand. So begrüßte Friedrich der Große (1712 – 1786) grundsätzlich Bitten und Beschwerden seiner Untertanen als Kontrolle seines Verwaltungswesens.[296] Demgegenüber hatte sein Vater, Friedrich Wilhelm I. (1688–1740), sich derartiger Schreiben noch mit Verboten, die selbst die Todesstrafe androhten, zu erwehren versucht.[297]

Im preußischen Allgemeinen Landrecht, einem Gesetzeswerk, das von Friedrich dem Großen initiiert worden war und das unter seinem Nachfolger, Friedrich Wilhelm II. in Kraft trat, wurde in II 20 § 156 die Möglichkeit eingeräumt, individuelle Nöte und Bedenken der Obrigkeit zur Kenntnis zu bringen, und damit die Pflicht der Verwaltung verbunden, diese Eingaben zu behandeln. Damit war erstmals eine Vorschrift geschaffen, die dem Bürger einen Anspruch einräumte und damit den Wandel vom bloßen Gnadenerweis des Supplizierens hin zum staatsbürgerlichen Anspruch des Petitionierens markierte.

Erst 1848 formulierte die deutsche Nationalversammlung ein Petitionsrecht, das als subjektives Recht ausgestaltet war und für das gesamte Deutschland gelten sollte, Art. VII § 159 der Paulskirchenverfassung.[298] Art. 23 RV vom 16. 4. 1871 gab dem Reichstag ein Petitionsüberweisungsrecht, das zunächst nur die parla-

---

[296] „Jeder darf seine Bitten, Gesuche und Beschwerden eigenhändig bei mir vorbringen und der genauesten Erwägung sicher sein.", Bekanntmachung Friedrichs des Großen 1744, zitiert nach Schick, S. 11; Eitel, S. 33.

[297] „Von morgen über acht Tage ab, wenn ein Advokat oder Procurator oder andere dergleichen Mensch Sr. K. M. durch Soldaten Memoralien in Prozeß- oder Gnadensachen einreichen zu lassen sich unterstehen oder auch wenn ein oder der andre Leut aufwiegeln wird, um in abgethanen und in abgedroschenen Sachen Sr. K. M. Memoralien zu übergeben, alsdann Sr. K. M. einen solchen ohne Gnade aufhängen und neben ihn einen Hund hängen lassen wollen.", Friedrich Wilhelm I. , Verordnung aus 1739, zitiert nach Schick, S. 10 f.

[298] „Jeder Deutsche hat das Recht, sich mit Bitten und Beschwerden schriftlich an die Behörden, an die Volksvertretungen und an den Reichstag zu wenden. Dieses Recht kann sowohl von einzelnen als von Korporationen und von mehreren im Vereine ausgeübt werden..."

mentarischen Rechte des Reichstags gegenüber der Regierung betonte.[299] Art. 126 WRV räumte Deutschen ein Petitionsrecht als Grundrecht ein.[300] Art. 17 GG hat diese Tradition aufgegriffen und weitet den persönlichen Anwendungsbereich über die Deutschen auf Jedermann aus.[301]

c. Großbritannien

In Großbritannien als der ältesten modernen Demokratie in Europa hat das Petitionsrecht eine weit längere Tradition. Nach dem Verständnis Blackstones ist das Petitionsrecht neben der Parlamentsverfassung, dem Rechtsschutz und der Beschränkung der königlichen Prärogative zur Sicherung der Hauptrechte (Sicherheit, Freiheit, Eigentum) da.[302] Ältestes Dokument der Rechte englischer Untertanen ist die *Magna Charta Libertatum* (1215), in welcher der König seinen Untertanen unter anderem zusagte, *„nulli vendemus, nulli negabimus aut differemus, rectum aut iusticiam".*[303] Das eigentliche Petitionsrecht läßt sich in Großbritannien bis in das 14. Jahrhundert zurückverfolgen. Waren die Petitionen zunächst noch echte Rechtsmittel, die sich an den König als die rechtsprechende Gewalt wandten, regelten die Verfahrensnormen der Parlamente aus dem 14. Jahrhundert, der *„Modus Tenendus Parliamentum"*, die Behandlung der Petitionen, die zumeist Rechtsstreitigkeiten zum Inhalt hatten, durch das Parlament während seiner Sitzungsperiode.[304]

Unterschieden wurden zum einen *„private petitions"*, die eine Änderung oder Ergänzung des geltenden Rechts zugunsten des Petenten zum Inhalt hatten (diese Form kennt das englische Recht bis heute), und *„public petitions"*, die eine generelle Änderung oder Ergänzung von Gesetzen zum Inhalt hatten.[305] Zum anderen

---

[299] Schmidt-Bleibtreu/Klein, Art. 17 Rn. 2.

[300] Vitzthum, S. 25 f.; Vonderbeck, in: ZParl 1975, S. 178 (181).

[301] Schmidt-Bleibtreu/Klein, Art. 17 Rn. 8.

[302] Jellinek, S. 2.

[303] Zitiert nach Hoffmann, S. 15; zu deutsch: „Wir werden niemand das Recht oder die Gerechtigkeit verkaufen, noch sie ihm verwehren oder verzögern.", Übersetzung zitiert nach Dennwitz, S. 37.

[304] Hoffmann, S. 16.

[305] Hoffmann, S. 17.

unterschied man Individualpetitionen, die von Privatpersonen eingereicht wurden, und Parlamentspetitionen, die vom Parlament an den König gerichtet wurden. Die wichtigste Parlamentspetition war die *„Petition of Rights"*, in der beide Häuser des Parlaments 1627 den König darum baten, das Steuerprivileg und den Gesetzesvorbehalt bei Verhaftungen zu garantieren, was dieser tat.[306]

Kodifiziert wurde das Petitionsrecht als subjektives Recht des Einzelnen 1689 in der *„Declaration of Rights"*. Darin findet sich die Zusicherung, *„that it is the right of all subjects to petition the king and all committments and prosucutions for such petitioning are illegal"*[307]. Wenn auch nur die Petition an den König erwähnt wird, so folgt daraus, daß die Petition an das Parlament als selbstverständlich galt und damit keiner ausdrücklich Erwähnung bedurfte.[308] Mit der ständig wachsenden Zunahme der Petitionen wurde im 19. Jahrhundert durch Änderung der Geschäftsordnung des Unterhauses ein eigener Petitionsausschuß (*Committee on public petitions*) eingerichtet.[309] Nach dem Rückgang der Petitionen in diesem Jahrhundert wurde der eigene Ausschuß abgeschafft (1974), so daß die Petitionen, die das Parlament erreichen, heute von diesem dem zuständigen Minister zugeleitet werden.[310]

d. Frankreich

In Frankreich, das durch seine Revolution von 1789 und durch die Erklärung der Menschenrechte (1791) republikanische und demokratische Maßstäbe gesetzt hat, entwickelte sich das Petitionsrecht aus einer Tradition heraus, nach der es den

---

[306] Vgl. Übersetzung bei Dennwitz, S. 38 ff.

[307] Zitiert nach Eitel,S. 35; zu Deutsch: „Daß es das Recht der Untertanen ist, Bittgesuche an den König zu richten und daß alle Verhaftungen und gerichtlichen Verfolgungen für solche Petitionen ungesetzlich sind.", Übersetzung zitiert nach Dennwitz, S. 42.

[308] Hoffmann, S. 20.

[309] Eitel, S. 35 f.

[310] Schick, S. 27.

Franzosen zur Zeit der Monarchie möglich war, dem König Petitionen zu überreichen. Einer Vermittlung durch die Generalstände bedurfte es nicht.[311]

Vor und während der Revolution wurde die beratende Versammlung Adressatin der Eingaben, deren Anzahl während der Beratungen der Generalstände und später der Nationalversammlung (ab 17. 6. 1789) im Verlauf der Ereignisse des Jahres 1789 anstieg.[312] Wenn auch die Nationalversammlung die Eingaben behandelte und damit ein entsprechendes Recht anerkannte, fand das Petitionsrecht keinen Eingang in die Erklärung der Menschen- und Bürgerrechte vom 26. August 1789. Lediglich in einer Geschäftsordnung, welche die Nationalversammlung am 29. Juli 1789 verabschiedete, wurde das Petitionsrecht in Kap. II Nr. 11, 12 anerkannt. Erst in der Verfassung vom 3. September 1791, der die Erklärung der Menschenrechte vorangestellt wurde, wurde das Petitionsrecht in Titel I, *Grundeinrichtungen, von der Verfassung verbürgt,* aufgeführt.[313] Auch wenn die Massenpetition nicht ausdrücklich erwähnt wurde, mußte sich die Nationalversammlung weiterhin mit zahlreich eingereichten Massenpetitionen auseinandersetzen.[314] In die Verfassung von 1793 wurde das Petitionsrecht ohne die Einschränkung der Individualität aufgenommen.[315]

Während des napoleonischen Kaiserreiches und der nachfolgenden restaurativen Regime verlor das Petitionsrecht an Bedeutung. In der *Charte constitutionelle* von 1814 war das Petitionsrecht zwar noch in Art. 53 normiert, doch durften die Petitionen nicht mehr persönlich vom Petenten überbracht werden und das Recht erschien nicht mehr im Grundrechtekatalog. Das Petitionsrecht verkam zu einem Gnadenerweis des Herrschers. Erst in der Verfassung von 1830 erscheint das Peti-

---

[311] Hoffmann, S. 23.

[312] Hoffmann, S. 24.

[313] „...La liberté d'adresser aux autorités constituées des pétitions signées individuellement.", zu deutsch: „ Die Freiheit, an die errichteten Behörden persönlich unterzeichnete Bittschriften zu richten.", Franz, S. 308 f.

[314] Hoffmann, S. 28.

[315] Art. 32: „Le droit, de présenter des pétitions aux dépositaires de l'autorité publique, ne peut en aucun cas être interdit, suspendu ni limité.", zu deutsch: „Das Recht, den öffentlichen Behörden Gesuche einzureichen, kann in keinem Fall untersagt, aufgehoben oder eingeschränkt werden.", Original und Übersetzung zitiert nach Franz, S. 378 f.

tionsrecht wieder als Ausfluß der Volkssouveränität. In die französischen Verfassungen dieses Jahrhunderts (1946, 1958) fand das Petitionsrecht keinen Eingang. Heute garantieren lediglich zwei Gesetze das Petitionsrecht in Frankreich.[316]

II. Allgemeines zum Petitionsrecht zum Europäischen Parlament

1. Entstehungsgeschichte

Schon die erste parlamentarische Versammlung auf Gemeinschaftsebene, die Versammlung der am 18. 4. 1952 gegründeten Europäischen Gemeinschaft für Kohle und Stahl, sah in Art. 44 ihrer Geschäftsordnung von 1953[317] ein Petitionsrecht vor. Diese Vorschrift konnte aber nur ein Recht gegenüber der Versammlung begründen. Als Selbstorganisationsrecht der Versammlung konnte es keine Wirkung gegenüber den anderen europäischen Institutionen begründen, so daß diese auch nicht zur Unterstützung der Versammlung bei der Behandlung der Petitionen verpflichtet werden konnten.[318] An dieser Situation änderte sich auch nichts, als mit Gründung der EWG am 1.1. 1958 eine gemeinsame parlamentarische Versammlung für alle drei Gemeinschaften eingerichtet wurde.

In einer „Entschließung zur Zuerkennung besonderer Rechte an die Bürger der Europäischen Gemeinschaft in Durchführung des Beschlusses der Gipfelkonferenz von Paris vom Dezember 1974" vom 12. 12. 1977[319] forderte das Parlament die

---

[316] Gesetze vom 6. 1. 1973 und vom 24. 12. 1974.

[317] ABl. EGKS, Anhang „Verhandlungen der Gemeinsamen Versammlung, Sitzung vom 10. 1. 1953", S. 146.

[318] Haag in: v.d.Groeben/Thiesing/Ehlermann, Art. 138d Rn. 1.

[319] ABl. Nr. C 299 vom 12. 12. 1977 S. 26 f.. Hintergrund dieser Entschließung war ein Beschluß der Staats- und Regierungschefs der Gemeinschaft über die Zuerkennung besonderer Rechte an die Bürger der Gemeinschaft. In dieser Entschließung stellte das Parlament einen Forderungskatalog zur Verbesserung der Rechtsstellung der Bürger gegenüber der Gemeinschaft auf. Neben dem Petitionsrecht fand sich darin die Forderung nach dem aktiven und passiven Wahlrecht zum Europaparlament und den kommunalen Gebietskörperschaften und andere insbesondere politische Rechte.

Kommission auf, Vorschläge zur Erweiterung der Rechte der Bürger der Gemeinschaft zu machen, die unter anderem die Anerkennung eines Petitionsrechts beinhalten sollten. Eine andere Forderung dieser Resolution, die Direktwahl des Parlaments, wurde 1979 verwirklicht. Im Mai 1981 anerkannte das Europäische Parlament in seiner ersten eigenen Geschäftsordnung ein Petitionsrecht. Aber auch diese Vorschrift konnte aufgrund ihres Charakters als Selbstorganisationsrecht, das sich aus Art. 142 EWG-Vertrag (jetzt EG-Vertrag) ableitet,[320] nicht die anderen Institutionen binden.

Dieses Manko vor Augen verabschiedete das Parlament auf der Grundlage des sog. „Chanterie-Berichtes“[321] am 14. 6. 1985 eine „Entschließung zur Stärkung des Rechts der Bürger, beim Europäischen Parlament Petitionen einzureichen“.[322] Darin fordert das Parlament vom Rat die Anerkennung eines Petitionsrechts und von der Kommission deren Unterstützung bei der Behandlung von Petitionen durch das Parlament. Hintergrund dieser Entschließung war die Einrichtung eines Adhoc-Ausschusses zum Thema „Europa der Bürger“ durch die Staats- und Regierungschefs auf ihrer Tagung in Fontainebleau 1984. Die Ergebnisse dieses Ausschusses wurden später in zwei Berichten[323] zusammengefaßt, die der Rat auf seiner Tagung in Mailand im Juni 1985 billigte und in denen er sich für eine interinstitutionelle Vereinbarung zur Stärkung des Petitionsrechts aussprach.[324]

Das Parlament wiederum reagierte auf der Grundlage des sog. „Amadei-Berichtes“[325] mit einer „Entschließung zu den Initiativen zur Stärkung der institu-

---

[320] Surrel, in: RMC 1990, S. 219 (220).

[321] Dok. A2-41/85.

[322] ABl. Nr. C 175 vom 15. 7. 1985 S. 273-275.

[323] Sog. „Adonnino-Berichte“, EG-Bulletin 1985, Beilage 7. Neben der Schaffung von Bürgerrechten regten diese Berichte u.a. den Abbau der Grenzkontrollen, die gegenseitige Anerkennung von Hochschul- und Prüfungszeugnissen sowie verstärkten Kultur-, Jugend- und Sportaustausch an.

[324] In Kapitel 2 mit der Überschrift „Die besonderen Bürgerrechte“ unter dem Titel „Der Bürger und seine Beteiligung am politischen Prozeß in der Gemeinschaft“ fordert der Bericht (2.1.a): „Der Europäische Rat sollte die Bemühungen des Europäischen Parlaments unterstützen, im Rahmen eines interinstitutionellen Abkommens das Petitionsrecht der Bürger zu stärken und in geeigneter Weise zu erleichtern.“, Beilage zum EG-Bulletin, 7/85 S. 21.

[325] Dok. A2-74/86.

tionellen Zusammenarbeit sowie der Zusammenarbeit bei der Prüfung der Petitionen, die an das Europäische Parlament gerichtet werden"[326] vom 9. 10. 1986. Darin wurde die Kommission aufgefordert, Vorschläge für eine Rechtsvorschrift zu machen, welche die anderen Institutionen der EG in das Petitionsrecht mit einbeziehen und die ein Informationssystem zugunsten des Parlamentes schaffen, um eine effektivere Behandlung der Petitionen zu gewährleisten. Im Januar 1987 richtete das Parlament einen eigenen Petitionsausschuß ein, nachdem zuvor die Zuständigkeit bei einem Ausschuß für Geschäftsordnungsfragen und Petitionen gelegen hatte.

Am 12. 4. 1989 kam es endlich zu einer interinstitutionellen Vereinbarung[327] das Petitionsrecht betreffend, dem „Briefwechsel zwischen dem Europäischen Parlament, dem Rat und der Kommission der Europäischen Gemeinschaften".[328] Unter Würdigung des Stellenwertes, den das Petitionsrecht bis zu dem Zeitpunkt im Verhältnis zwischen Bürgern und Gemeinschaft erreicht hatte, verpflichtete sich insbesondere die Kommission, das Parlament bei der Behandlung der Petitionen zu unterstützen und die Zusammenarbeit mit den Mitgliedstaaten, die an ihre Loyalitätspflichten aus Art. 5 EWG-Vetrag (jetzt Art 5 EGV) erinnert wurden, zu fördern. Am gleichen Tag verabschiedete das Europäische Parlament eine „Erklärung der Grundrechte und Grundfreiheiten"[329], in der in Art. 23 das Petitionsrecht aufgeführt wurde.[330]

Im Vertrag von Maastricht vom 7. 2. 1992 schließlich fand das Petitionsrecht in den Art. 8d Abs. 1 und 138d EG-Vertrag Eingang in das Primärrecht der Gemeinschaft und wurde mit Inkrafttreten des Vertrages am 1. 11. 1993 ein Recht der Uni-

---

[326] ABl. Nr. C 283 vom 10. 11. 1986, S. 86 f.

[327] Zur rechtlichen Einordnung und Reichweite derartiger Vereinbarungen siehe Bieber, S. 187 ff., der ausdrücklich davon ausgeht, daß derartige Vereinbarungen auch Rechte Dritter begründen können, so insbesondere bei der Petitionsvereinbarung (S. 195). Demgegenüber geht Surrel (in: RMC 1990, S. 219 (221)) davon aus, daß eine derartige Vereinbarung lediglich moralische Verpflichtungen begründe.

[328] Abl. Nr. C 120 vom 16. 5. 1989, S. 90.

[329] Abl. Nr. C 120 vom 16. 5. 1989, S. 51. Vgl. zu dieser Erklärung: Clapham, S. 70 f.

[330] Artikel 23 (Petitionsrecht): „Jeder hat das Recht, sich schriftlich mit Bitten und Beschwerden an das Europäische Parlament zu wenden. Die Modalitäten für die Ausübung diese Rechts werden vom Europäischen Parlament festgelegt." (zitiert nach EuGRZ 1989, S. 204 (206)).

onsbürger. So fand das Petitionsrecht erstmalig eine verbindliche rechtliche Grundlage und bewegte sich nicht mehr im rechtlich unsichereren Bereich gemeinsamer Absprachen der Organe. Es wurde zu einer gesicherten Rechtsposition des begünstigten Personenkreises. Durch die Übernahme in den EG-Vertrag manifestierte sich zudem eine Akzeptanz des Petitionsrechts durch die Mitgliedstaaten, so daß diese im Zusammenhang mit diesem Recht auch eher in Anspruch genommen werden können, wenn es darum geht, Anliegen der Petenten unter Einbeziehung nationaler Behörden zu bearbeiten.

2. *Inhalt und Funktion des Petitionsrechtes*

a. Das Petitionsrecht als individuelles Grundrecht

Art. 194 (ex-Art. 138d) EG-Vertrag[331] normiert für das Gemeinschaftsrecht ein Petitionsrecht zum Europäischen Parlament als ein subjektives öffentliches Recht,[332] als ein individuelles Grundrecht,[333] das dem Petenten neben den Rechtsschutzmöglichkeiten im Rahmen eines formalisierten Gerichtsverfahrens zusteht.[334] Vorrangig räumt es dem Petenten die Möglichkeit ein, seine eigenen Interessen wahrzunehmen und im Falle von Ungerechtigkeiten und Unbilligkeiten sich mit der Bitte um Abhilfe an das Europäische Parlament zu wenden.[335] Mit Hilfe einer Petition kann der Bürger – wenn auch nur in sehr bescheidenem Maße – außerhalb von Wahlen Einfluß auf die Volksvertretung nehmen und an deren Entscheidungsfindungsprozeß partizipieren.

---

[331] Für den Bereich der Atomgemeinschaft ist das Petitionsrecht in Art. 107c EAG-Vertrag, für den Bereich der Montanunion in Art. 20c EGKS-Vertrag geregelt.

[332] Haag, in: v.d.Groeben/Thiesing/Ehlermann, Art. 138d Rn. 3; Kaufmann-Bühler, in: Lenz, Art. 138d Rn. 2; Läufer, in: Grabitz/Hilf, Art. 138d Rn. 2; Schweitzer/Hummer, Rn. 838.

[333] Kaufmann-Bühler, in: Lenz, Art. 138d Rn. 1.

[334] Kaufmann-Bühler, in: Lenz, Art. 138d Rn. 1.

[335] Haag, in: v.d.Groeben/Thiesing/Ehlermann, Art. 138d Rn. 3.

b. Die Definition der Petition im Sinne des EG-Vertrages

Der Begriff der Petition steht in einer – oben dargelegten – alten Rechtstradition und läßt sich – wie geschehen - dogmatisch einordnen, doch hat sich das Parlament schwer getan, den Begriff näher auszulegen. Der EG-Vertrag schweigt sich in dieser Hinsicht aus, und der Europäische Gerichtshof, der alleine eine rechtsverbindliche Definition geben könnte, hat sich mit diesem Thema bislang nicht befassen müssen. Zwar gibt es in Mitgliedstaaten mit einer langen Tradition im Petitionswesen verschiedene Definitionen, doch gilt es auf Gemeinschaftsebene eine autonome europarechtliche Auslegung zu finden.

1994 verabschiedete das Parlament im Zusammenhang mit dem Jahresbericht des Petitionsausschusses 1993-94 eine „Definition“ nach der eine Petition „jede Beschwerde, jedes Ersuchen um Stellungnahme oder jede Aufforderung zum Tätigwerden, ferner Reaktionen auf Entschließungen des Parlaments oder auf Beschlüsse anderer Gemeinschaftsorgane oder –institutionen, soweit diese Beschwerden etc. dem Parlament von Einzelpersonen oder Personenvereinigungen übermittelt werden“, sei.[336] Diese „Definition“ wurde nicht durch eine entsprechende Anweisung an die Dienststellen umgesetzt, so daß die Diskussion um die korrekte Definition andauert.[337] Problematisch ist in diesem Zusammenhang, ob und inwieweit das Parlament rechtlich dazu in der Lage ist, den Begriff der Petition nach außen hin verbindlich zu definieren. Seitdem das Petitionsrecht im EG-Vertrag verankert ist, entzieht sich eine derartige Definition dem Selbstorganisationsrecht des Parlaments, da es sich dabei nicht um Parlamentsinnenrecht handelt. Zwar kann das Parlament den Begriff der Petition auslegen, doch muß diese Auslegung letztlich vor dem Gerichtshof Bestand haben, der alleine gem. Art. 220 (ex-Art. 164) EG-Vertrag rechtsverbindlich darüber entscheiden kann.

Wenn auch die Merkmale einer Petition i.S.d. Art. 194 (ex-Art. 138d) EG-Vertrag bislang nicht festgezurrt sind, so wird aus der o. g. Definition und aus der bisherigen Praxis des Ausschusses deutlich, daß das Parlament den Begriff weit definiert und sich einen großen Spielraum offen hält. Dies ist nicht zu beanstanden,

---

[336] Beschluß vom 3. 5. 1994, zitiert nach Jahresbericht des Petitionsausschusses 1996-97, A4-0190/97, S. 9 f.

[337] Jahresbericht 1996-97, A4-0190/97, S. 10.

denn der Vertrag selbst enthält keine Umschreibung der Petition, so daß eine Auslegung dieses Begriffes den Rahmen des Vertrages nicht sprengt, solange die Interpretation auf dem Boden einer gemeinsamen Rechtsauffassung der Mitgliedstaaten bleibt. Die Petition umfaßt grundsätzlich Bitten und Beschwerden.[338] Beide Begriffe sind so interpretationsoffen, daß sie auch die oben genannten Definition decken.

Dennoch hat sich der Petitionsausschuß um eine andere Auslegung bemüht. So schlägt er in seinem Jahresbericht 1996-97 vor, unter Petitionen „Aufforderungen zum Tätigwerden, zu einer Änderung der Politik oder zur Abgabe einer Stellungnahme, soweit sie dem Parlament von Bürgern der Union oder von natürlichen oder juristischen Personen vorgelegt werden, die ihren Wohnsitz oder ihren satzungsmäßigen Sitz in einem Mitgliedstaat haben, wobei ein solches Ersuchen von einer Person allein oder auch gemeinsam mit anderen vorgebracht werden kann" zu verstehen.[339]

Diese Definition zielt eher auf ein Initiativrecht für jedermann ab als auf eine Petition. In Anbetracht des bereits angesprochenen Funktionswandels des Petitionsrechts hin zum politischen Teilhaberecht, was sich insbesondere in der Zunahme und dem Inhalt der Massenpetitionen ausdrückt,[340] ist diese Interpretation nicht fernliegend. Doch wird vernachlässigt, daß Petitionen auch eine Möglichkeit darstellen sollen, sich zu beschweren. Unabhängig davon, daß der Begriff gemeinschaftsautonom interpretiert werden muß, kann sich eine Definition nicht von einer in Europa weit verbreiteten Rechtsauffassung und der Rechtstradition der Gemeinschaft entfernen. Beide sehen in der Petition ein Beschwerderecht, was in einer Definition nicht völlig ausgeblendet werden kann. Dieses Charakteristikum als Beschwerderecht wird durch den Wortlaut des Art. 194 (ex-Art. 138d) EG-Vertrag gestützt, der ausdrücklich eine Betroffenheit des Petenten fordert. Eine Betroffenheit liegt typischerweise vor, wenn ein Grund zur Beschwerde gegeben ist. Unter diesen Aspekten ist die letztgenannte Definition nicht sehr geglückt. Die erstere ist präziser und mit der primärrechtlichen Grundlage des Art. 194 (ex-Art. 138d) EG-Vertrag vereinbar. Sie erscheint zutreffender als Auslegung des Art. 194 (ex-Art. 138d) EG-Vertrag.

---

[338] Marias, in: ELR 1994, S. 169 (171).

[339] Jahresbericht 1996-97, A4-0190/97 (PE 221.940/endg.), S. 10, Ziff. 10.

[340] Vgl. 2. Kap. I.2.

c. Das Petitionsrecht als Beitrag zur Transparenz

Das Petitionsrecht steht im unmittelbaren Zusammenhang mit der in Art. 17 (ex-Art. 8) EG-Vertrag niedergelegten Unionsbürgerschaft. Gemeinsam mit dem in Art. 19 (ex-Art. 8b) EG-Vertrag geregelten Wahlrecht bildet das Petitionsrecht eine unmittelbare Verbindung zwischen den Unionsbürgern und den Abgeordneten bzw. dem Europäischen Parlament, das einen eigenen Ausschuß zu diesem Zwecke eingerichtet hat, und soll auf diese Weise zu mehr Bürgernähe und Transparenz der EU insgesamt beitragen.[341] Diese enge Verbindung zwischen der Unionsbürgerschaft und dem Parlament verdeutlicht, daß sich die Rolle des Parlaments an den Interessen der Bürger orientieren soll.[342] Gleichzeitig erfüllt das Petitionsrecht Rückkopplungsfunktionen[343], d.h. das Parlament erhält Kenntnis von der öffentlichen Meinung über seine eigene Tätigkeit und die der Gemeinschaft insgesamt.

Inwieweit das Petitionsrecht zur Bürgernähe beiträgt, läßt sich am besten in den Statistiken über die Tätigkeit des Petitionsausschusses ablesen. Die Anzahl der Eingaben ist zunächst stetig angestiegen und hat insbesondere nach der Verankerung des Petitionsrechts im Vertrag von Maastricht deutlich zugenommen (auf 1.112 Petitionen). Seit der Ernennung des ersten Europäischen Bürgerbeauftragten nimmt die Zahl der Petitionen ab (vom Höchststand 1.307 in 1994 auf 1.164 in 1997).[344] Trotz sinkender Tendenz bleibt eine nicht unerhebliche Anzahl von Petitionen, die für das Vertrauen, das in den Petitionsausschuß und in das Parlament gesetzt wird, spricht und die auf entsprechende Akzeptanz schließen läßt. So sind seit 1987 ca. 10.000 Petitionen eingegangen, die insgesamt von mehr als 10 Millionen Menschen unterschrieben worden sind.[345] Unabhängig davon ist der Petitionsausschuß darum bemüht, das Petitionsrecht einer breiten Öffentlichkeit bekannt zu

---

[341] Haag, in: v.d.Groeben/Thiesing/Ehlermann, Art. 138d Rn. 3; Jahresbericht des Petitionsausschusses 1989-90, Dok. A3-107/90, S. 8; Jahresbericht des Petitionsausschusses1994-95, A4-0151/95, S. 6; Jahresbericht des Petitionsausschusses 1997-98, A4-0250/98, S. 5, Ziff. 3.

[342] Saalfrank, S. 158.

[343] Suski, S. 135.

[344] Jahresbericht 1995-96, A4-0191/96, S. 17; Jahresbericht 1996-97, A4-0190/97, S. 11.

[345] Jahresbericht 1996-97, A4-0190/97, S. 8, Ziff. 5.

machen, weil er sich als wichtigster Kommunikationsweg zwischen Parlament und Bürgern sieht.[346]

Indem der Ausschuß seine Arbeit sowie die Bitten und Beschwerden der Öffentlichkeit in seinen jährlichen Berichten zugänglich macht und indem er die Petenten über die Behandlung der Petitionen unterrichtet, kann jeder Einblick auch in die Dinge bekommen, die in der Gemeinschaft nicht zufriedenstellend abgewickelt worden sind. Gleichzeitig demonstriert der Ausschuß, daß derartige Mängel aufgearbeitet und nach Möglichkeit abgestellt werden. Auf diese Weise kann der Ausschuß zur Transparenz und Akzeptanz der Gemeinschaft und der Union beitragen und Vorurteile abbauen.

d. Die Pflichten des Europäischen Parlaments

Mit dem Recht des Petenten korrespondiert die Pflicht des Parlaments, die Petition zu behandeln.[347] Da diese Pflicht nicht ausdrücklich im Gesetzestext erwähnt ist, ist sie nicht unbestritten.[348] Doch liefe das Petitionsrecht ins Leere, wenn nicht eine Behandlungspflicht mit ihm korrespondierte. Ein Grundrecht muß so ausgestaltet sein und angewandt werden, daß es einen effektiven Schutz für denjenigen bietet, der sich darauf beruft.[349] Das bloße Einreichen einer Petition ist schon vom Schutzbereich der freien Meinungsäußerung[350] mitumfaßt.[351] Auch sei ein Hinweis auf Art. 17 GG erlaubt, der ein dem Petitionsrecht zum Europäischen Parlament

---

[346] Jahresbericht 1994-95, A4-0151/95, S. 11, Ziff. 15.

[347] Pliakos, in: CDE 1993, S. 317 (335).

[348] Vgl. zum Streitstand: Haag, v.d.Groeben/Thiesing/Ehlermann, Art. 138d Rn. 5.

[349] Vgl. dazu die Ausführungen im 2. Kap. I.2.

[350] Vgl. Rspr. des EuGH (Slg. 1991, I, S. 2925), Erklärung der Menschenrechte des Europäischen Parlaments Art. 5 und Art. 10 EMRK.

[351] Haag, in: v.d.Groeben/Thiesing/Ehlermann, Art. 138d Rn. 5.

sehr ähnlich ausgestaltetes Petitionsrecht in Deutschland[352] gewährt und aus dem die h.M. ebenfalls eine Behandlungspflicht des Petitionsadressaten ableitet.[353]

Die Funktion des grundrechtlich gesicherten Petitionsrechts hat sich gewandelt. Ursprünglich garantierte es dem Petenten, daß er nicht dem Unbilden der Exekutive ausgesetzt würde und die Petition ihm nicht zum Nachteil gereichen dürfte. Dieser Schutz vor der staatlichen Übermacht ist im modernen Staat mit seinen zahlreichen Rechtsbehelfen und Rechtsmitteln in den Hintergrund getreten. Heute steht im Vordergrund, mit seinen Bitten und Beschwerden angehört und ernst genommen zu werden. Dies erfordert eine adäquate Reaktion der angegangenen Stelle, die sich des Anliegens annehmen muß, überprüfen muß, ob und wie sie im Sinne des Petenten verfahren kann, und diesem schließlich begründet darüber zu berichten hat, was sie unternommen hat.

e. Das Petitionsrecht als Mittel zur parlamentarischen Kontrolle

Die Kontrolle der anderen Staatsorgane ist die grundlegende und wesentliche Aufgabe eines Parlaments.[354] Auch wenn die EG mangels Staatsqualität keine Staatsorgane besitzt, so bedarf die Tätigkeit der EG einer parlamentarisch-demokratischen Kontrolle, weil der Kommission, dem Rat und den Mitgliedstaaten sehr weitreichende politische und administrative Kompetenzen im Rahmen der europäischen Integration zukommen.[355] Neben der demokratischen Gesamtleitung, der Rechtsetzung und der Kreationsbefugnis ist die Kontrolle des Parlaments über die Exekutive im klassischen Parlamentsrecht eine der vier Hauptfunktionen eines Parlaments.[356] Während das Europäische Parlament hinsichtlich der übrigen drei

---

[352] Vgl. zu den Parallelen: Betz, in: FS Hanisch, 1994, S. 13 (24); Kaufmann-Bühler, in: Lenz, Art. 138d Rn. 2.

[353] Burmeister, in: Isensee/Kirchhof, Bd. II, § 32 D Rn. 9; Vitzthum/März, in: Schneider/Zeh, § 45 Rn. 6.

[354] Kipke, in: ZParl 1989, S. 488 (491).

[355] Beckedorf, in: EuR 1997, S. 237 (237).

[356] Schoo, in: Osnabrücker Rechtswissenschaftl. Abhandlungen, Bd. 33, 1992, S. 1 (1 f.). Aufgrund der Besonderheiten des Europäischen Parlaments gegenüber den nationalen Parlamenten teilt Bieber (in: v.d.Groeben/Thiesing/Ehlermann, Art. 137, Rn. 10 ff) abweichend von der klassischen Eintei-

Funktionen noch sehr eingeschränkt ist – von einer demokratischen Gesamtleitung kann angesichts der Übermacht des Rates und der Kommission keine Rede sein, im Rahmen der Rechtsetzung kann trotz des Art. 192 S. 2 (ex-Art. 138b S. 2) EG-Vertrag nicht von einem Initiativrecht gesprochen werden, die Kreationsbefugnis beschränkt sich auf die kumulative Zustimmung zur Kommission als Gremium gem. Art. 214 Abs. 2 UAbs. 3 (ex-Art.158 Abs. 2 UA 3) EG-Vertrag –, ist die Kontrollfunktion des Parlaments[357] wirkungsvoller ausgestaltet.

Am weitesten reicht diese Befugnis gegenüber der Kommission. Diese hat Berichts- und Informationspflichten gegenüber den Volksvertretern und letztere haben gegenüber der Kommission ein Fragerecht und einen Beantwortungsanspruch, das sog. Interpellationsrecht gem. Art. 197 Abs. 3 (ex-Art. 140 Abs. 3) EG-Vertrag.[358] Eine wichtige Rolle spielen im Rahmen der Kontrolle die parlamentarischen Untersuchungsausschüsse gem. Art. 193 (ex-Art. 138c) EG-Vertrag, die Aussprache über

---

lung die Befugnisse des Europäischen Parlaments folgendermaßen ein: die **Beratungsbefugnis** als Forum für die politische Diskussion und Willensbildung auf Unionsebene (Rn. 11), die **Ernennungsbefugnis** in den Art. 188b Abs. 3, 158 Abs. 2, 109a Abs. 2, 109f Abs. 1, 138e EG-Vertrag a.F. (Rn. 12), die **Kontrollbefugnisse** (Rn. 18 ff.), die **Rechtsetzungsbefugnisse** in Art. 138b EG-Vertrag a.F. (Rn. 30), die **Haushaltsbefugnisse** in Art. 203 EG-Vertrag a.F. (Rn. 31; vgl. dazu ausführlich: Rossi, EP und Haushaltsverfassungsrecht), die Befugnisse hinsichtlich der **Außenbeziehungen** der Gemeinschaft bzw. der Union in Art. 228 EG-Vertrag a.F. und Art. O EU-Vertrag a.F. (Rn. 32) und die Befugnisse hinsichtlich der **interparlamentarischen Beziehungen** zu den Parlamenten der Mitgliedstaaten und Drittstaaten und zur parlamentarischen Versammlung des Europarates (Rn. 41-44).

[357] Die Kontrollbefugnisse des Parlaments lassen sich in informative und sanktionierende Befugnisse einteilen. Die **informativen Befugnisse** umfassen das Fragerecht (Art. 140 Abs. 3 EG-Vertrag), die Berichtspflichten der Kommission (Art. 143, 122, 205a EG-Vertrag), die Unterstützung durch den Rechnungshof (Art. 188c EG-Vertrag), die Informationsrechte und die Geheimhaltungspflicht (Art. 214 EG-Vertrag). Die **sanktionierenden Befugnisse** beinhalten das Mißtrauensvotum gegen die Kommission (Art. 144 EG-Vertrag), die Verweigerung der Entlastung (Art. 206 EG-Vertrag), die Festlegung des Haushaltsplans (Art. 203 Abs. 7 EG-Vertrag) und das Antragsrecht vor dem EuGH (Bieber, in: v.d.Groeben/Thiesing/Ehlermann, Art. 137 Rn. 18-29). Das Petitionsrecht gehört zu den informativen Kontrollrechten (Suski, S. 135).

[358] Schoo, S. 1 (3); Dauses/Fugmann, in: Aus Politik und Zeitgeschichte 1995, B 3-4, S. 24 (25 f.).

den Gesamtbericht der Kommission gem. Art. 200 (ex-Art. 143) EG-Vertrag und das Budgetrecht[359] gem. Art. 272 Abs. 4 (ex-Art. 203 Abs. 4) EG-Vertrag.

Im Rahmen der Kontrolltätigkeit spielt das Petitionsrecht eine wichtige Rolle. So sind die Petitionen eine wichtige Informationsquelle, denn anhand der Bitten und Beschwerden werden dem Parlament manche Mißstände bekannt, auf die das Parlament dann mit seinen – teilweise eingeschränkten – Möglichkeiten reagieren kann.[360] In diesem Zusammenhang kommt dem Petitionsrecht neben der individualrechtlichen Gewährleistung eine eigenständige parlamentarische Funktion zu. Auf dieser Funktion gründen die Zulässigkeit und die konstitutive Wirkung der zunächst parlamentsinternen Regelung des Petitionsrechts in der Geschäftsordnung des Europäischen Parlaments, denn andernfalls hätte es an einer entsprechenden Rechtsgrundlage für die Einführung des Petitionsrechts durch parlamentarisches Geschäftsordnungsrecht gefehlt, weil das Petitionsrecht mangels Anerkennung in allen Mitgliedstaaten kein allgemein in der EG anerkannter Rechtsgrundsatz ist.[361]

Beruhen die Bitten und Beschwerden auf nachlässiger oder unterlassener Umsetzung oder Anwendung des Gemeinschaftsrechts in den Mitgliedstaaten, so unterrichtet das Parlament mangels eigener Möglichkeiten die Kommission, die dann in ihrer Aufgabe als „Hüterin der Verträge“ gefragt ist und ein Vertragsverletzungsverfahren nach Art. 226 (ex-Art. 169) EG-Vertrag gegen den jeweiligen Mitgliedstaat initiieren kann. Die Mitteilungen des Parlaments spielen in diesem Zusammenhang eine wichtige Rolle.[362] Auf diesem Gebiet hat das Parlament zwar keine eigenen Kontrollbefugnisse, doch kann es über den Umweg der Kommission dafür Sorge tragen, daß die Einhaltung und Umsetzung des Gemeinschaftsrechts überwacht wird.

---

[359] Dauses/Fugmann, in: Aus Politik und Zeitgeschichte 1995, B 3-4, S. 24 (29).

[360] Jahresbericht 1995-96, A4-0191/96, S.5, Ziff. 1.

[361] Bieber, S. 175.

[362] Jahresbericht 1994-95, A4-151/95, S. 12, 17; Jahresbericht 1995-96, A4-0191/96, S. 10, 16; Jahresbericht 1996-97, A4-0190/97, S. 13, 16.

f. Die Sammelpetition

Neben der Individualpetition räumt Art. 194 (ex-Art. 138d) EG-Vertrag den berechtigten Personen die Möglichkeit ein, sich in Form einer Sammelpetition gemeinsam mit mehreren an das Parlament zu wenden. Gerade dieser Form der Petition kommt eine große politische Bedeutung zu. In ihr wird die Funktion des Petitionsrechts als Partizipationsrecht des Bürgers besonders deutlich.

Enthält die Individualbeschwerde in der Regel eine Bitte oder Beschwerde, die den Petenten selbst betrifft, und wendet sich ein solcher Petent damit an das Parlament als Beschwerdeinstanz, so befassen sich Sammelpetitionen meistens mit viel allgemeineren Problemen, welche die Bevölkerung umtreiben. Derartige Petitionen richten sich an das Parlament in seiner Rolle als politisches Organ oder als demokratischer Repräsentant der Union. Sie zeigen weniger problematische Einzelfälle in der Gemeinschaft auf, sondern sie geben ein Bild der öffentlichen Meinung wieder. Viele sehen in dieser Form eine Möglichkeit, während der laufenden Wahlperiode und unabhängig von Wahlen die Meinung zu äußern und so auf die Politik Einfluß zu nehmen bzw. an ihr zu partizipieren.

Die Anzahl der Sammelpetitionen und die Anzahl derer, die diese mit ihrer Unterschrift unterstützt haben, ist in den vergangenen Jahren stark angestiegen.[363] Dies ist nicht zuletzt ein Vertrauensbeweis gegenüber dem Parlament. Doch stellt sich die Frage, ob das Parlament diesem Vertrauen gerecht werden kann, denn diese Petitionen sind eine unmißverständliche Aufforderung zum Handeln. Normalerweise ist ein Parlament dann in seiner Funktion als Gesetzgeber gefragt. Dem Europäischen Parlament mangelt es aber immer noch an einem echten Initia-

---

[363] In 1994/95 gab es 27 Petitionen mit mehr als 1.000 Unterzeichnern (Spitzenreiter war die Petition Nr. 1034/94, die von der „Internationalen Pferdeschutzliga" initiiert wurde und sich gegen die Dauer und die Umstände beim Transport von Schlachtpferden wandte. Diese Petition wurde von 3.286.647 Unterzeichnern mitgetragen und unterstützte den von einem MdEP eingereichten Entschließungsantrag (Dok. B4-0183/94)), Jahresbericht 1994-95, A4-151/95, S. 20-29. In 1995/96 gab es 32 Petitionen mit mehr als 1.000 Unterschriften (Jahresbericht 1995-96, A4-0191/96, S. 18-20). 1996 wandten sich mehr als 4 Mio. Menschen in einer Petition gegen Tierversuche in der Kosmetikindustrie (Jahresbericht 1996-97, A4-0190/97, S. 14). Im Berichtszeitraum 1997-98 gab es 21 Petitionen mit mehr als 1.000 Unterzeichnern (Jahresbericht 1997-98, A4-0250/98, S. 20-22).

tivrecht.[364] Es ist gem. Art. 192 S. 2 (ex-Art. 138b S. 2) EG-Vertrag darauf beschränkt, die Kommission aufzufordern, ihrerseits eine Gesetzesinitiative zu starten. Geschieht dies aufgrund einer Petition, die von vielen Menschen unterstützt wird, so erhält die Aufforderung zusätzlichen Nachdruck in Form des politischen Gewichts der Petition. Insofern haben Petitionen auch die Funktion, das Parlament in seinem Recht aus Art. 192 S. 2 (ex-Art. 138b S. 2) EG-Vertrag zu unterstützen.

Diese Verknüpfung von Petitionsrecht und Initiativrecht steht in einer langen historischen Tradition, denn ursprünglich stand das Petitionsrecht den Ständen, den mittelalterlichen Volksvertretungen, zu, denen dadurch erlaubt wurde, sich an den Landesherrn, den Souverän und Gesetzgeber, zu wenden und den Erlaß oder die Änderung von Gesetzen anzuregen.[365]

g. Zusammenfassung

Zusammenfassend kann festgehalten werden, daß das Petitionsrecht gem. Art. 194 (ex-Art. 138d) EG-Vertrag dem berechtigten Personenkreis das Recht einräumt, sich mit Bitten und Beschwerden an das Europäische Parlament zu wenden. Mit diesem Recht korrespondiert die Pflicht des Parlaments, die Petition zu behandeln. Im Rahmen der Aufgaben des Parlaments unterstützt das Petitionsrecht in nicht zu unterschätzender Weise die Kontrollfunktion des Parlaments und dessen Möglichkeiten, die Änderung von Gesetzen anzuregen.

Dieser zuletzt genannte Aspekt zeigt, daß das Petitionsrecht hinsichtlich seiner Funktion einen Wandel erfahren hat. Stand ursprünglich die Beschwerde über Versäumnisse staatlicher Stellen im Vordergrund, so hat sich das Petitionsrecht zu einem Recht zur allgemeinen Partizipation am Prozeß der staatlichen Willensbildung und Entschließungsfreiheit gewandelt. Diese Modifikation läßt sich beim Petitionsrecht zum Europäischen Parlament an der Zunahme von Massenpetitionen festmachen, die, unterstützt von einer großen Anzahl an Unterschriften, allgemeinpolitische Ziele verfolgen und die Gemeinschaft auffordern, ihre Politik in den betroffenen Punkten zu ändern.

---

[364] Dauses/Fugmann, in: Aus Politik und Zeitgeschichte 1995, B 3-4, S. 24 (27).

[365] Vonderbeck, in: ZParl 1975, S. 178 (179).

III. Verfahren

Das Petitionsverfahren ist im EG-Vertrag nicht geregelt. Eine ausdrückliche Ermächtigung zum Erlaß von Durchführungsbestimmungen fehlt. Doch hat das Europäische Parlament die entsprechenden Regelungen im Rahmen seines Selbstorganisationsrechts in seiner Geschäftsordnung, Art. 156, 157 GOEP, geregelt. In diesen Vorschriften ist ein formalisiertes Ausschußverfahren für die Behandlung der Petitionen vorgesehen.

1. Adressat

Art. 194 (ex-Art. 138d) EG-Vertrag garantiert lediglich das Petitionsrecht zum Europäischen Parlament und nicht zu anderen eventuell zuständigen Stellen.[366] Alleiniger Adressat ist das Parlament. Die Petitionen müssen dementsprechend an dieses gerichtet sein, doch akzeptiert der Petitionsausschuß auch Petitionen, die an den Parlamentspräsidenten, einen anderen Ausschuß oder einzelne Abgeordnete gerichtet sind. Anliegen, die an eine Fraktion gerichtet sind, werden nicht ausdrücklich genannt, doch handelt es sich bei den Fraktionen um Gruppen von Abgeordneten, so daß letztlich mit den Anliegen so verfahren werden kann, wie mit denen, die an einzelne Abgeordnete adressiert sind. D.h. auch diese sind als Petition zu behandeln.

Vom Grundsatz der Diskontinuität, Art. 67 Abs. 1 GOEP, sind die Petitionen gem. Art. 167 Abs. 2 GOEP ausgenommen. Für sie gilt der Grundsatz der Kontinuität, d.h. am Ende der Legislaturperiode noch nicht behandelte Petitionen werden nach der Neuwahl des Parlaments weiterhin behandelt.[367]

Innerhalb des Parlaments ist der Petitionsausschuß zuständig, der als ständiger Parlamentsausschuß eingerichtet ist[368] und „für die Prüfung und Weiterbehandlung

---

[366] Insoweit unterscheidet sich Art. 194 (ex-Art. 138d) EG-Vertrag von Art. 17 GG, der neben den Parlamentspetitionen auch Petitionen zu den zuständigen Stellen gewährleistet.

[367] Kaufmann-Bühler, in: Lenz, Art. 138d Rn. 5; Läufer, in: Grabitz/Hilf, Art. 138d Rn. 4.

[368] Vgl. zur Einsetzung ständiger Ausschüsse Art. 135 GOEP.

von Petitionen sowie für die Beziehung zum Bürgerbeauftragten zuständig" ist.[369] Die Mitglieder des Ausschusses werden auf Vorschlag der Fraktionen - unter Berücksichtigung des Parteienproporzes – vom Plenum gewählt, Art. 137 GOEP. Bei seiner Arbeit wird der Ausschuß von einem Sekretariat unterstützt.

2. Form

Besondere Formvorschriften enthält Art. 194 (ex-Art. 138d) EG-Vertrag nicht, doch hat das Europäische Parlament gewisse Formerfordernisse in Art. 156 Abs. 2, 3 GOEP normiert. Diese Vorschriften können das Petitionsrecht nicht einschränken, doch sind gewisse vorgeschriebene Voraussetzungen unverzichtbar für die Erfüllung der Behandlungspflicht durch das Parlament bzw. den Ausschuß. So muß die Petition den Urheber und den Grund beinhalten und muß in einer Amtssprache der Gemeinschaft abgefaßt sein. Dieses Erfordernis erscheint schon fragwürdig, da es impliziert, daß eine Petition schriftlich zu verfassen ist.[370] So könnte man vertreten, das Schriftformerfordernis sei mit Art. 194 (ex-Art. 138d) EG-Vertrag nicht vereinbar, da es das Petitionsrecht unerlaubt einschränke.[371] Doch beinhaltet Art. 194 (ex-Art. 138d) EV-Vertrag auch eine Parlamentsfunktion, so daß die konkrete Ausgestaltung, insbesondere die Formerfordernisse, dem Selbstorganisationsrecht des Parlaments unterliegen.[372] Darüber hinaus ist das Erfordernis der Schriftform für eine effektive Behandlung der Petition unverzichtbar und schränkt deshalb das Petitionsrecht nicht unverhältnismäßig ein.[373] Andere in der GOEP genannte

---

[369] Siehe Anlage VI zur GOEP – Zuständigkeiten der ständigen Ausschüsse des Parlaments, Ziff. XX.

[370] Darauf läßt der Wortlaut des Art. 156 Abs. 2, 3 GOEP schließen.

[371] Pliakos, in: CDE 1993, S. 317 (325).

[372] Haag, in: v.d.Groeben/Thiesing/Ehlermann, Art. 138d Rn. 12.

[373] Inzwischen ist der Petitionsausschuß bemüht, den Bürgern die Möglichkeit zu eröffnen, ihre Petitionen via Internet einzureichen. (Jahresbericht des Petitionsausschusses 1997-98, A4-0250/98, S. 5, Ziff. 4).

Formvorschriften, wie der Beruf des Petenten, sind Ordnungsvorschriften, welche die Zulässigkeit der Petition alleine nicht ausschließen können.[374]

Die beim Europäischen Parlament eingehenden Petitionen werden – soweit sie den formalen Anforderungen genügen - gem. Art. 156 Abs. 4 GOEP der Reihenfolge des Eingangs nach in ein Register eingetragen. Verstoßen die Petitionen gegen die wesentlichen Formvorschriften, so wird der Petent darüber unterrichtet. Gem. Art. 156 Abs. 5 GOEP überweist der Parlamentspräsident die registrierten Petitionen an den Petitionsausschuß, der die Eingaben zunächst auf ihre Zulässigkeit hin zu untersuchen hat.

IV. Zulässigkeitsprüfung

Die eigentliche Zulässigkeit einer Petition bestimmt sich anhand dreier Kriterien. Der Petent muß in den persönlichen Anwendungsbereich des Art. 138d EG-Vertrag fallen, der Gegenstand der Petition muß vom sachlichen Anwendungsbereich des Art. 194 (ex-Art. 138d) EG-Vertrag mitumfaßt sein, und der Petent muß geltend machen, daß ihn der Gegenstand der Petition unmittelbar betrifft.
Wurde die Zulässigkeit ursprünglich in der Runde der Fraktionskoordinatoren geprüft, liegt die Zuständigkeit seit Oktober 1989 beim Vorsitzenden des Petitionsausschusses, der dem Ausschuß entsprechende Vorschläge hinsichtlich der Zulässigkeit machen kann. Diesen Vorschlägen können die Ausschußmitglieder innerhalb einer bestimmten Frist widersprechen. Erfolgt kein Widerspruch, gelten die Petitionen als zulässig, andernfalls steht die Entscheidung beim Ausschuß.[375]

---

[374] Kaufmann-Bühler, in: Lenz, Art. 138d Rn. 2; Haag, in: v.d.Groeben/Thiesing/Ehlermann, Art. 138d Rn. 11.

[375] Jahresbericht des Petitionsausschusses 1989/90, Dok. A3-107/90, S. 9.

I. Persönlicher Anwendungsbereich

Im Gegensatz zum deutschen Petitionsrecht, Art. 17 GG, ist das Petitionsrecht zum Europäischen Parlament nicht als ein „Jedermann-Recht“[376] ausgestaltet. Nach Art. 194 (ex-Art. 138d) EG-Vertrag i.V.m. Art. 156 Abs. 1 GOEP lassen sich die petitionsberechtigten Personen in drei Gruppen unterteilen: Unionsbürger, natürliche Personen mit Wohnsitz in einem Mitgliedstaat, juristische Personen mit Sitz in einem Mitgliedstaat. Diesen drei Gruppen steht das Petitionsrecht uneingeschränkt zu, so daß sie bei Zulässigkeit im übrigen einen Anspruch auf Behandlung ihrer Petition haben. Natürlichen oder juristischen Personen, die keinen Wohnsitz bzw. Sitz im Geltungsbereich des EG-Vertrags haben, räumt Art. 156 Abs. 9 GOEP ein Petitionsrecht ein, das im Ermessen des Petitionsausschusses steht.

a. Unionsbürger

An erster Stelle im Kreise der Petitionsberechtigten stehen die Unionsbürger. Sie definieren sich gem. Art. 17 (ex-Art. 8) EG-Vertrag als die Staatsangehörigen der Mitgliedstaaten. Die Regelungen über die Unionsbürgerschaft wurden durch den Vertrag von Maastricht in den EG-Vertrag eingefügt. Art. 17 Abs. 2 (ex-Art. 8 Abs. 2) EG-Vertrag weist den Unionsbürgern sowohl Rechte wie Pflichten zu, die sich aus dem Vertrag ergeben. Ausdrücklich weist der Vertrag in Art. 21 Abs. 1 (ex-Art. 8d Abs. 1) EG-Vertrag den Unionsbürgern das Petitionsrecht gem. Art. 194 (ex-Art. 138d) EG-Vertrag zu. Dieses Recht leitet sich direkt aus der Unionsbürgerschaft ab.[377] Das Petitionsrecht der Unionsbürger besteht unabhängig von deren Wohnort. Auch solche, die denselben außerhalb der Union genommen haben, dürfen vom Recht des Art. 194 (ex-Art. 138d) EG-Vertrag Gebrauch machen.[378]

Eine interessante Frage ist, ob den Abgeordneten des Europäischen Parlaments, die gem. Art. 19 Abs. 2 (ex-Art. 8b Abs. 2) EG-Vertrag Unionsbürger sein müssen, das Petitionsrecht zusteht. Der Petitionsausschuß hat dies zunächst in einer Ent-

---

[376] Ein solches „Jedermann-Recht“ sah die „Erklärung der Grundrechte und Grundfreiheiten“ des Europäischen Parlaments (ABl. EG 1989 Nr. C S. 51, Art. 23) vor.

[377] Marias, in: ELR 1994, S. 169 (173).

[378] Haag, in: v.d.Groeben/Thiesing/Ehlermann, Art. 138d Rn. 6.

scheidung, die aus der Zeit vor dem Maastricht-Vertrag stammt, abgelehnt.[379] Nach der jetzigen Rechtslage, nach der das Petitionsrecht der Unionsbürger in Art. 21 (ex-Art. 8d) EG-Vertrag primärrechtlich uneingeschränkt festgeschrieben ist, muß diese Frage neu beantwortet werden. Art. 21 Abs. 1 (ex-Art. 8d Abs. 1) i.V.m. Art. 194 (ex-Art. 138d) EG-Vertrag räumt den Unionsbürgern ein subjektives öffentliches Recht ein, das auf der Grundlage des Selbstorganisationsrechts des Parlaments nicht eingeschränkt werden kann. Das Petitionsrecht kann dem Abgeordneten jedoch versagt werden, wenn die Berufung auf dieses Recht rechtsmißbräuchlich wäre. So ist dem Abgeordneten das Petitionsrecht abzusprechen, wenn er sein mit der Petition verfolgtes Ziel auch mit seinen eigenen Statusrechten erreichen kann.[380]. Ein einzelner Abgeordneter hat nach der Geschäftsordnung lediglich die Möglichkeit, gem. Art. 41 Abs. 2 GOEP Fragen im Rahmen von Fragestunden an Kommission und Rat zu stellen oder gem. Art. 42 GOEP schriftliche Anfragen an diese zu richten. Eine Debatte über aktuelle, dringliche und wichtige Fragen können gem. Art. 47 Abs. 1 GOEP nur eine Fraktion oder eine Gruppe von 29 Abgeordneten beantragen. Gleiches gilt gem. Art. 96 Abs. 1 GOEP für die Änderung der Tagesordnung. Die Möglichkeiten des einzelnen Abgeordneten sind dementsprechend beschränkt, so daß in Situationen, in denen der einzelne Abgeordnete seine eigenen Rechtspositionen mangels Unterstützung anderer Abgeordneter nicht vorbringen kann, die Berufung auf das Petitionsrecht nicht rechtsmißbräuchlich ist und ein Abgeordneter des Europäischen Parlaments das Recht aus Art. 194 (ex-Art. 138d) EG-Vertrag bemühen kann.

Das Petitionsrecht der Unionsbürger und der übrigen natürlichen Personen ist an kein Mindestalter geknüpft, so daß auch Minderjährige Petitionen einlegen können, soweit sie in der Lage sind, ihr Anliegen selbst zu formulieren; fehlt es daran, muß der gesetzliche Vertreter die Petition vorbringen.[381]

---

[379] Jahresbericht des Petitionsausschusses 1981/82, ABl. EG 1982 Nr. C 40, S. 40. Die gegenteilige Meinung findet sich im Jahresbericht 1989/90 A3-107/90, S. 14, Fn. 1.

[380] Zustimmend: Bieber, S. 148.

[381] Haag, in: v.d.Groeben/Thiesing/Ehlermann, Art. 138d Rn. 6.

b. Natürliche Personen mit Wohnsitz in einem Mitgliedstaat

Neben den Unionsbürgern steht das Petitionsrecht auch den natürlichen Personen zu, die ihren Wohnort in der EU genommen haben. Der Begriff des Wohnortes bemißt sich ausschließlich nach den tatsächlichen Verhältnissen, so daß kein Wohnsitz im Rechtssinne begründet sein muß und der nicht nur vorübergehende Aufenthalt genügt.[382]

Problematisch ist, ob Personen, die sich illegal in der EU aufhalten, petitionsberechtigt sind. Der Wortlaut des Art. 194 (ex-Art. 138d) EG-Vertrag nennt zumindest nicht ausdrücklich die Voraussetzung des legalen Aufenthaltes bzw. Wohnsitzes. Auch Art. 156 Abs. 1 GOEP nennt dies nicht ausdrücklich. Das Parlament hat jedoch in einer Entschließung[383] das Wohnortkriterium eingeschränkt und verlangt, daß sich der Petent legal in der EU aufhalte. Diese Einschränkung ist nicht unproblematisch, weil sie das Petitionsrecht nicht in seiner Eigenschaft als Hilfsinstrument zur Kontrollfunktion des Parlaments betrifft, sondern den Grundrechtscharakter dieses Rechtsanspruchs betrifft. Dieser könnte aber nur im Rahmen einer Vertragsänderung, zu der das Parlament alleine nicht befugt ist, verändert werden. Zudem ist diese Einschränkung im Hinblick auf andere Entschließungen des Parlaments nicht konsequent. So hat das Parlament in seiner eigenen „Erklärung der Grundrechte und Grundfreiheiten“[384] das Petitionsrecht in Art. 23 als Jedermann-Recht ausgestaltet, und es hat die Anwendung der Grundrechte in Art. 25 Abs. 1 dieser Erklärung ausdrücklich auf „alle Personen innerhalb des Geltungsbereiches des Gemeinschaftsrechts“ ausgeweitet.

In Art. 156 Abs. 9 GOEP hat das Parlament die Entscheidung, ob die Petition einer Person, die keinen Wohnsitz innerhalb der Gemeinschaft hat, behandelt wird, in das eigene Ermessen gestellt. Soweit dadurch das Recht aus Art. 194 (ex-Art. 138d) EG-Vertrag eingeschränkt wird, ist dies nicht mit dem Vorrang des Primärrechts vereinbar. Das Parlament kann das Wohnortkriterium des Art. 194 (ex-Art. 138d) EG-Vertrag nicht durch sein eigenes Innenrecht einschränken oder interpretieren. Das Petitionsrecht ist ein wichtiges Grundrecht, das unter rechtsstaatlichen

---

[382] Haag, in: v.d.Groeben/Thiesing/Ehlermann, Art. 138d Rn. 6.

[383] Entschließung zum Jahresbericht 1995/95 vom 12. 7. 1995, ABl. 1995 Nr. C 249, S. 71, lit. B.

[384] ABl. 1989 Nr. C 120, S. 51.

Gesichtspunkten ebenso wie die gerichtlichen Beschwerdemöglichkeiten allen zugänglich sein muß, die mit der staatlichen Verwaltung in Berührung kommen. Eine rechtsverbindliche Auslegung des Wohnortkriteriums kann nur vom Europäischen Gerichtshof getroffen werden.

c. Juristische Personen mit satzungsmäßigem Sitz in einem Mitgliedstaat

Die dritte Gruppe der Petitionsberechtigten bilden die juristischen Personen, die ihren durch die Satzung festgelegten Sitz in der EU haben. Satzungsmäßiger Sitz ist der formelle Sitz der Gesellschaft, der in der Organisationssatzung bestimmt ist.[385] Der zusätzlichen Anforderungen, die Art. 48 (ex-Art. 58) EG-Vertrag für juristische Personen normiert, die von der Niederlassungs- oder von der Dienstleistungsfreiheit (vgl. Art. 55 (ex-Art. 66) EG-Vertrag) Gebrauch machen wollen, bedarf die Petitionsbefugnis nach Art. 194 (ex-Art. 138d) EG-Vertrag nicht. Insbesondere ist keine Gewinnerzielungsabsicht erforderlich.[386] Mangels einer ausdrücklichen Einschränkung steht das Petitionsrecht auch juristischen Personen des öffentlichen Rechts zu.

Die Einordnung als juristische Person richtet sich nach dem Recht des Staates, deren Rechtsordnung die juristische Person untersteht. Ausschlaggebend ist, daß sie den Status der Rechtspersönlichkeit hat. Ist staatliches Recht nicht einschlägig, weil die juristische Person beispielsweise auf der Grundlage supranationalen Rechts gegründet worden ist, so richtet sich ihre Rechtsfähigkeit nach diesem Recht oder nach Völkerrecht.[387]

Die Einbeziehung der juristischen Personen in den Kreis der Petitionsberechtigten ist konsequent, weil der EG-Vertrag in erheblichem Maße auf die Teilnehmer am Wirtschaftsleben ausgerichtet ist, und diese vielfach als juristische Personen

---

[385] Haag, in: v.d.Groeben/Thiesing/Ehlermann, Art. 138d Rn. 6.

[386] Haag, in: v.d.Groeben/Thiesing/Ehlermann, Art. 138d Rn. 6.

[387] Krück, in: v.d.Groeben,/Thiesing/Ehlermann, Art. 173 Rn. 39. Zur Auslegung des Begriffs darf auf die Kommentierung zu einer andere Vorschrift zurückgegriffen werden, da diese eine Vorschrift des EGV ist und im weiteren Zusammenhang des Rechtsschutzes steht.

auftreten.[388] Darüber hinaus steht den juristischen Personen auch die Klagemöglichkeit zum Europäischen Gericht erster Instanz offen.

Bei fehlender Rechtsfähigkeit können die Mitglieder einer Personenvereinigung den Weg einer Sammelpetition wählen.

d. Übrige Personen

Der in Art. 194 (ex-Art. 138d) EG-Vertrag genannte petitionsbefugte Personenkreis ist grundsätzlich abschließend, doch hat das Europäische Parlament den Kreis der Begünstigten in Art. 156 Abs. 9 GOEP insofern erweitert, als es Petitionen von juristischen oder natürlichen Personen, die nicht unter die o.g. Kategorien fallen, behandeln kann, wenn der Petitionsausschuß dies für angebracht hält. Schon in der vorhergehenden Geschäftsordnung vom Januar 1993 räumte Art. 128 Abs. 6 Personen, die keinen Wohnsitz in der EU haben, ein Petitionsrecht ein. Die Entscheidung über die Behandlung behielt sich der Petitionsausschuß auch in der älteren Version vor. Einen Anspruch auf Behandlung der Petition räumt das Parlament dieser Personengruppe nicht ein.[389]

Diese Ausweitung des Petitionsrechts über den Anwendungsbereich des Art. 194 (ex-Art. 138d) EG-Vertrag hinaus rechtfertigt das Europäische Parlament unter Hinweis auf sein Selbstorganisationsrecht.[390] Darüber hinaus läßt sich dies auf das allgemeine Beratungsrecht stützen, das dem Parlament als Forum für die politische Diskussion und Willensbildung auf Unionsebene zusteht.[391]

Fraglich bzw. problematisch ist allerdings, inwieweit die übrigen EU-/EG-Institutionen und die Mitgliedstaaten dazu verpflichtet werden können, zur Aufklärung bzw. Lösung derartiger Petitionen beizutragen, die über den Personenkreis des Art. 194 (ex-Art. 138d) EG-Vertrag hinausgehen. Auch wenn diese Petitionen primärrechtlich nicht gedeckt sind, so ist dem Parlament ein Ermessen einzuräumen, das es ihm gestattet diese Anfragen zu behandeln. Solange diese Petitionen sachlich in den Bereich des Gemeinschaftsrechts fallen, kann die Mithilfe der anderen

[388] Kaufmann-Bühler, in: Lenz, Art. 138d Rn. 3.

[389] Marias, in: ELR 1994, S. 169 (175).

[390] Bericht des Abg. de la Groete, PE 202.009 vom 13. 10. 1992, S. 5.

[391] Haag/Bieber, in: v.d.Groeben/Thiesing/Ehlermann, Art. 137 Rn. 11.

Organe aus einer dem Gemeinschaftsrecht immanenten Verpflichtung abgeleitet werden, welche die Organe und Einrichtungen zu einer loyalen Zusammenarbeit anhält und ohne welche die Gemeinschaft nicht funktionieren könnte. Auch die Mitgliedstaaten müssen dem Parlament dieses Ermessen zugestehen und bleiben aus Art. 10 (ex-Art. 5) EG-Vertrag zur Mithilfe verpflichtet.

2. *Sachlicher Anwendungsbereich*

a. Tätigkeitsbereiche der EG

Den sachlichen Anwendungsbereich schränkt Art. 194 (ex-Art. 138d) EG-Vertrag auf „Angelegenheiten, die in die Tätigkeitsbereiche der Gemeinschaft fallen" ein. Die gleiche Einschränkung macht Art. 20c EGKS-Vertrag für den Bereich der Montanunion, Art. 107c EAG-Vertrag für den Bereich der Atomgemeinschaft. Das europäische Primärrecht begrenzt das Petitionsrecht damit auf den Bereich der „ersten Säule" der Union. Der Tätigkeitsbereich der Gemeinschaft wird in den Art. 3, 4 (ex-Art. 3, 3a) EG-Vertrag konkretisiert und definiert.[392] Dementsprechend umfaßt das Petitionsrecht sämtliche Tätigkeiten auf den dort genannten Feldern.[393] Daneben treten die potentiellen Tätigkeitsbereiche der EG, für die Art. 308 (ex-Art. 235) EG-Vertrag die Zuständigkeit eröffnet. Diese Vorschrift räumt der Union für die Maßnahmen eine Handlungsbefugnis ein, die zwar über die Kompetenzen der Art. 3, 4 (ex-Art. 3, 3a) EG-Vertrag hinausgehen, die aber dennoch erforderlich sind, um Ziele der Gemeinschaft im Rahmen des Gemeinsamen Marktes zu verwirklichen. Die entsprechenden Ziele bzw. Aufgaben gibt Art. 2 EG-Vertrag vor. Ungeachtet dessen, daß die EG über keine Kompetenz-Kompetenz verfügt, stellt Art. 308 (ex-Art. 235) EG-Vertrag eine kompetenzrechtliche Generalklausel dar, die den Wirkungskreis der EG nicht unerheblich erweitert.

---

[392] Die Zuständigkeit der Montanunion ergibt sich aus Art. 2, 3 EGKS-Vertrag, die der Atomgemeinschaft aus Art. 2 EAG-Vertrag.

[393] Kaufmann-Bühler, in: Lenz, Art. 138d Rn. 7; Läufer, in: Grabitz/Hilf, Art. 138d Rn. 5; Haag, in: v.d.Groeben/Thiesing/Ehlermann, Art. 138d Rn. 9.

Innerhalb dieses Zuständigkeitsrahmens verfährt der Petitionsausschuß großzügig mit der sachlichen Zulässigkeit einer Petition. Im Jahresbericht 1997 hat der Ausschuß die Zulässigkeit in den Grenzen der Zuständigkeit präzisiert.[394] Danach muß eine an das Europäische Parlament gerichtete Petition den Inhalt der Verträge einschließlich der Präambeln (EG-, EAG-, EGKS-Vertrag) und das daraus abgeleitete Gemeinschaftsrecht betreffen. Darüber hinaus werden Themen umfaßt, die zwar nicht an die Buchstaben der einzelnen Vorschriften des Gemeinschaftsrechts gebunden sind, sich aber dennoch in das Muster der Gemeinschaft im Hinblick auf ihre voraussichtliche Entwicklung einfügen. Schließlich befaßt sich der Ausschuß mit Petitionen, deren Inhalt mit der Tätigkeit einer Institution oder eines Gemeinschaftsorgans in Verbindung steht. Da diese Voraussetzungen alternativ und nicht kumulativ vorliegen müssen, hat der Petitionsausschuß ein weites Aufgabenfeld.

Auch das Verhalten der Behörden der Mitgliedstaaten akzeptiert der Ausschuß als Gegenstand einer Petition, wenn es um die Einhaltung des Gemeinschaftsrechts in den Mitgliedstaaten geht. Die Gemeinschaft ist in vielen Fällen darauf angewiesen, daß ihr Recht durch nationale Stellen umgesetzt wird. Der Tätigkeitsbereich der Gemeinschaft läßt sich daher nicht auf die Organe und Einrichtungen der EG beschränken, so daß auch die Mitgliedstaaten und deren Einrichtungen in die Zuständigkeit des Petitionsausschusses fallen. Die entsprechenden Petitionen betreffen den Fall, daß ein Mitgliedstaat seinen Verpflichtungen aus dem EG-Vertrag – insbesondere der Umsetzung und Anwendung gemeinschaftsrechtlichen Sekundärrechts - nicht nachkommt und dies von einem Beschwerdeführer gerügt wird.[395] Diese Fälle spielen in der Praxis des Petitionsausschusses eine große Rolle. In einer Vielzahl von Fällen wenden sich Bürger gegen Diskriminierungen durch Behörden anderer Mitgliedstaaten, die auf der fehlerhaften Anwendung von Gemeinschaftsrecht beruhen. Grundsätzlich könnten sich die Petenten in diesen Fällen im Rahmen eines Beschwerdeverfahrens direkt an die Kommission wenden. Die Kommission kann daraufhin ein Vertragsverletzungsverfahren gegen den betreffenden Staat einleiten. Der Umweg über den Petitionsausschuß bietet für den Bürger den Vor-

[394] Jahresbericht 1996/97, A4-0190/97, S. 11 Fn. 2.

[395] Vgl. dazu: Jahresberichte des Petitionsausschusses 1995-96 (A4-0191/96, S. 11-15), 1996-97 (A4-0190/97, S. 13-15), 1997-98 (A4-0250/98, S. 8-10).

teil, daß er sich eines mächtigeren Fürsprechers bedient, der aufgrund seiner politischen Möglichkeiten und aufgrund der Stellung des Parlaments als Gemeinschaftsorgan größeren Einfluß auf die Kommission nehmen kann, als es ihm selbst möglich wäre. Soweit es ausschließlich um die Anwendung nationalen Rechts geht, mischt sich der Petitionsausschuß nicht in die internen Angelegenheiten der Mitgliedstaaten ein.[396]

Der Inhalt einer Petition muß nicht zwingend verwaltungsrechtlichen Charakter haben. Der Petitionsausschuß befaßt sich in zunehmendem Maße mit Petitionen, die einen politischen Inhalt haben.[397] Diese Eingaben rügen keinen Mißstand in der Verwaltung, sondern sie zielen auf eine Änderung der Gemeinschaftspolitik ab. D. h. sie fordern Gesetzesänderungen oder auch außenpolitische Beschlüsse.[398] Diese politischen Petitionen sind grundsätzlich mit dem sachlichen Anwendungsbereich des Art. 194 (ex-Art. 138d) EG-Vertrag vereinbar, solange sie eine Angelegenheit betreffen, die zum Tätigkeitsbereich der Gemeinschaft gehört, denn Art. 194 (ex-Art. 138d) EG-Vertrag beschränkt das Petitionsrecht nicht auf Beschwerden mit verwaltungsrechtlichem Inhalt.

b. Ausnahmen zugunsten der Judikative auf Gemeinschaftsebene

Besonderer Aufmerksamkeit bedarf die Frage, ob Petitionen, welche die europäische Judikative betreffen, zulässig sind. Art. 194 (ex-Art. 138d) EG-Vertrag nimmt – im Gegensatz zu Art. 195 (ex-Art. 138e) EG-Vertrag – keinen Bereich des Gemeinschaftsrechts vom Petitionsrecht aus. Daher können grundsätzlich alle Organe der Gemeinschaft Gegenstand einer Petition sein.[399] Gem. Art. 7 (ex-Art. 4) EG-

---

[396] So zum Bsp.: Nr. 652/92, bei der es um die angebliche Verletzung von Eigentumsrechten auf den Azoren ging, Nr. 550/92 und Nr. 554/92, die sich gegen das deutsche Scheidungsrecht wandten, Nr. 839/92, die das spanische Rentenrecht betraf.

[397] Das betrifft insbesondere die Sammelpetitionen.

[398] Im Berichtszeitraum 1995-96 betrafen zwei Petitionen die Politik der EG bzw. EU im Balkan-Konflikt (498/95 und 836/95), zwei weitere betrafen die französischen Atomtests (982/95 und 1067/95).

[399] Jahresbericht 1996-97, A4-0190/97, S. 11 Fn. 2.

Vertrag gehört auch der Europäische Gerichtshof zu den Gemeinschaftsorganen. Eine ausdrückliche Regelung, welche die Gerichtsbarkeit aus dem Anwendungsbereich des Petitionsrechts ausschlösse, fehlt im Gegensatz zu Art. 195 (ex-Art. 138e) bei Art. 194 (ex-Art. 138d) EG-Vertrag. Dennoch widerspräche es den Prinzipien der Gewaltenteilung und der Rechtsstaatlichkeit, denen die Gemeinschaft, die in der Rechtstradition der Mitgliedstaaten steht, verpflichtet ist, wenn eine politische Instanz, wie es das Parlament ist, die Unabhängigkeit der gerichtlichen Kontrollinstanz beeinträchtigen dürfte. So verbietet sich ein Intervenieren des Petitionsausschusses in einer Sache, die vor den europäischen oder nationalen Gerichten anhängig war oder ist, aus systematischen Erwägungen. Gegen den Urteilsspruch kann das Parlament nicht vorgehen, doch bleibt ihm die Möglichkeit, die rechtlichen Grundlagen, auf denen das Urteil beruht, zu überprüfen und eventuell eine Gesetzesänderung anzuregen.

Der Petitionsausschuß verfährt in der Praxis so, daß er eine Petition, die gleichzeitig Gegenstand eines Gerichtsverfahrens ist, erst nach Beendigung des Verfahrens behandelt.[400] Dies sieht auch Art. 2 Abs. 3 des Beschlusses über die Ausübung des Untersuchungsrechts[401] für die Untersuchungsausschüsse des Europäischen Parlaments vor. So bleibt gewährleistet, daß der Urteilsspruch frei von Einflüssen der Legislative zustande kommt, die Legislative aber mit ihren Möglichkeiten, sprich Gesetzesänderungen, darauf reagieren kann. Petitionen, die sich auf die Justizverwaltung beziehen, kann der Petitionsausschuß ohne jede Einschränkung behandeln, da sie nicht den Kernbereich der Judikative, die Rechtsprechung, betreffen und die Justizverwaltung nicht von der richterlichen Unabhängigkeit mitumfaßt ist.

c. Das Problem der Einbeziehung von Tätigkeitsbereichen der EU

Im Gegensatz zu Art. 194 (ex-Art. 138d) EG-Vertrag bezieht Art. 156 Abs. 1 GOEP, der entsprechende Artikel in der Geschäftsordnung, „Angelegenheiten, die in die Tätigkeitsbereiche der Union fallen", mit in den Anwendungsbereich des Petitionsrechts ein. Der Petitionsausschuß weitet dadurch seinen Tätigkeitsbereich nicht unerheblich aus, da unter den Tätigkeitsbereich der Union neben den Ge-

---

[400] Jahresbericht 1994-95, A4151/95, S. 10.

[401] ABl. Nr. L 113 vom 19. 5. 1995, S. 2.

meinschaften die Gemeinsame Außen- und Sicherheitspolitik und die Zusammenarbeit in den Bereichen Justiz und Inneres fallen. Im Rahmen seines Selbstorganisationsrechts, seines Beratungsrechts und seiner Aufgabe, zur politischen Willensbildung innerhalb der Gemeinschaft beizutragen, kann dem Parlament niemand verwehren, sich mit Angelegenheiten zu befassen, die über den Tätigkeitsbereich der Gemeinschaften hinausgehen,[402] zumal sich die Tätigkeit des Europäischen Parlaments auf den gesamten aktuellen und potentiellen Tätigkeitsbereich der EU erstreckt.[403] So kann sich das Parlament im Rahmen des Petitionsrechts mit allen Eingaben befassen, die Gegenstand einer Debatte sein könnten.[404] Doch können die Befugnisse und Rechte, die das Parlament gegenüber den anderen Institutionen und den Mitgliedstaaten im Zusammenhang mit dem Petitionsrecht hat, nicht in gleichem Ausmaß in Anspruch genommen werden, wie dies bei der Aufklärung von Petitionen aus dem Gemeinschaftsrecht der Fall ist. Insbesondere werden sich einige Mitgliedstaaten nicht dazu verpflichtet fühlen, bei der Behandlung von Petitionen mitzuwirken, die Gegenstände der Titel V und VI des EU-Vertrages betreffen. Deren Verpflichtung zur Unterstützung des Parlaments im Rahmen des Petitionsrechtes beruht auf Art. 194 (ex-Art. 138d) und Art. 10 (ex-Art. 5) EG-Vertrag und auf der Interinstitutionellen Vereinbarung.[405] Diese Rechtsgrundlagen beziehen sich aber nur auf die EG.

Die Anwendung des Petitionsrechts im Bereich der Art. K ff. EU-Vertrag a.F. ließ sich vor der Novellierung des EU-Vertrages durch den Amsterdamer Vertrag nicht aus Art. K.8 EU-Vertrag ableiten,[406] da diese Vorschrift nicht auf die Art. 138 bis 142 EG-Vertrag verwies, sondern die Vorschriften einzeln aufzählte und Art. 138d – ebenso wie Art. 138e – aussparte. Gleiches galt für Art. J.11 für den Bereich der Art. J ff. EU-Vertrag.[407] Auch nach der Novellierung findet Art. 194 (ex-Art. 138d) EG-Vertrag nicht auf den EU-Vertrag Anwendung. Weder die neue Verweisungsvorschrift im Bereich des zweiten Pfeilers, Art. 28 Abs. 1 EU-Vertrag,

---

[402] Haag, in: v.d.Groeben/Thiesing/Ehlermann, Art. 138d Rn. 9.

[403] Haag/Bieber, in: v.d.Groeben/Thiesing/Ehlermann, Art. 137 Rn. 5-7.

[404] Baviera, S. 116.

[405] ABl. Nr. C 120 vom 16. 5. 1989, S. 90.

[406] Diese Auffassung vertritt Kaufmann-Bühler, in: Lenz, Art. 138d Rn. 7.

[407] Haag, in: v.d.Groeben/Thiesing/Ehlermann, Art. 138d Rn. 9.

noch die entsprechende Vorschrift im dritten Pfeiler, Art. 41 EU-Vertrag, verweisen auf Art. 194 (ex-Art. 138d) EG-Vertrag.

Vor dem Hintergrund einer wachsenden Anzahl von Petitionen, die Bereiche des EU-Vertrages betreffen, bemüht sich der Petitionsausschuß des Europäischen Parlaments, den Petenten zu erklären, daß die Handlungsmöglichkeiten des Parlaments in diesem Bereich sehr eingeschränkt sind.[408] Dies stößt nicht immer auf Verständnis und führt zu Verwirrung,[409] da dies Einblick in die nicht leicht zu verstehende Unterscheidung zwischen Gemeinschaftsrecht und dem lediglich zwischenstaatlichen Recht des EU-Vertrages erfordert. Nichtsdestotrotz ist die Zuständigkeit des Parlaments im Petitionswesen auf das Gemeinschaftsrecht beschränkt. Daran vermögen auch anders lautende Regelungen in der GOEP nichts ändern. Solange die Politikbereiche des zweiten und dritten Pfeilers des EU-Vertrages in die Verantwortlichkeit der Mitgliedstaaten fallen und die Maßnahmen über die nationalen Parlamente ihre demokratische Legitimation erhalten, fallen diese Maßnahmen in deren Verantwortungsbereich. Bei Beschwerden gegen derartige Maßnahmen sind folglich die nationalen Parlamente zuständig. Befaßt sich der Petitionsausschuß dennoch mit Eingaben, die diese Bereiche des EU-Vertrages betreffen, so kann er sich dabei nicht auf Art. 194 (ex-Art. 138d) EG-Vertrag stützen und insofern nicht die Unterstützung der Gemeinschaftseinrichtungen und der Mitgliedstaaten einfordern.

Im Vorfeld des Amsterdamer Vertrages gab es Bestrebungen, die sachliche Zuständigkeit des Petitionsausschusses durch eine Änderung des Art. 194 (ex-Art. 138d) EG-Vertrag auf den EU-Vertrag auszuweiten.[410] Dies ist nicht geschehen, doch wurden einige Teile der bisherigen Art. K ff. EU-Vertrag in das Gemeinschaftsrecht übernommen[411], so daß sie dann in den Zuständigkeitsbereich des Petitionsausschusses fallen.

---

[408] Jahresbericht 1994-95, A4-0151/95, S. 13 f.

[409] Jahresbericht 1996-97, A4-0190/97, S. 14.

[410] Stellungnahme des Petitionsausschusses zum Bericht des Institutionellen Ausschusses über den Vertrag von Amsterdam, A4-0347/97/Anlage, S. 104.

[411] Streinz, in: EuZW 1998, S. 137 (141): Bei der Zusammenarbeit in den Bereichen Justiz und Inneres soll die Asyl-, Visa- und Einwanderungspolitik in das Gemeinschaftsrecht übernommen werden.

Neben den dargelegten Zulässigkeitserfordernissen des sachlichen und persönlichen Anwendungsbereiches ist eine Petition nur dann zulässig, wenn ihr Gegenstand den Petenten unmittelbar betrifft, Art. 194 (ex-Art. 138d) EG-Vertrag. Im Gegensatz zur Klagebefugnis des Art. 230 Abs. 4 (ex-Art. 173 Abs. 4) EG-Vertrag ist das Petitionsrecht nicht darüber hinaus von einer individuellen Betroffenheit abhängig.[412]

Diskutiert wird die Frage, ob diese unmittelbare Betroffenheit eine rechtliche sein muß.[413] Geht man vom Wortlaut des Art. 194 (ex-Art. 138d) EG-Vertrag aus, so normiert dieser lediglich das Erfordernis der Betroffenheit, nicht aber das einer rechtlichen Betroffenheit. Eine weitere Einschränkung dieses Grundrechts bedürfte aber einer Rechtfertigung durch höherrangige Interessen. Derartige Gründe, die eine verhältnismäßige Einschränkung des Rechtes zuließen, sind nicht ersichtlich und werden auch von denjenigen, die eine rechtliche Betroffenheit verlangen, nicht genannt.[414] Zieht man nun noch den Zweck des Petitionsrechts hinzu, die Beschwerdemöglichkeit des Bürgers einerseits und die Unterstützung der Kontrolltätigkeit des Parlaments andererseits, so sprechen beide Intentionen dafür, das Petitionsrecht nicht zusätzlich über die ausdrücklichen Schranken hinaus einzuschränken. Gerade die Möglichkeit der Sammelpetition macht deutlich, daß das Petitionsrecht nicht nur ein Instrument zur Wahrnehmung eigener Interessen ist.[415] Erst eine großzügigere Zulässigkeitspraxis gewährleistet, daß das Parlament umfassend über Mißstände im Bereich der EG informiert wird. Dem kann nicht entgegengehalten werden, ein zu weit gefaßtes Petitionsrecht erschwere die Tätigkeit des Ausschusses, denn das Petitionsrecht des Art. 194 (ex-Art. 138d) EG-Vertrag ist schon an einige einschränkende Zulässigkeitsvoraussetzungen gebunden, wie sie oben dar-

---

[412] Pliakos, in: CDE 1993, S. 317 (328 f.); Marias, in: ELR 1994, S. 169 (179); Haag, in: v.d.Groeben/Thiesing/Ehlermann, Art. 138d Rn. 10.

[413] Für eine rechtliche Betroffenheit tritt Kaufmann-Bühler, in: Lenz, Art. 138d Rn. 7, ein; dagegen ist Haag, in: v.d.Groeben/Thiesing/Ehlermann, Art. 138d Rn. 10.

[414] Vgl. Kaufmann-Bühler, in: Lenz, Art. 138d Rn. 7.

[415] Haag, in: v.d.Groeben/Thiesing/Ehlermann, Art. 138d Rn. 10.

gestellt worden sind. Das Recht an sich darf aber nicht durch ein Übermaß an Zulässigkeitsvoraussetzungen ausgehöhlt werden.

Das Parlament hat die Gefahr einer übermäßigen Einschränkung des Rechts gesehen[416] und verlangt nur, daß der Petent eine ernst zu nehmende und tatsächliche Besorgnis bezüglich des Gegenstandes der Petition darlegt.[417] Der Petent muß lediglich nachweisen, daß der Gegenstand der Petition für ihn nicht von ganz unerheblicher Bedeutung ist. Diese Interpretation des Parlaments befindet sich in den Grenzen des Art. 194 (ex-Art. 138d) EG-Vertrag, weitet ihn nicht über Gebühr aus. Die anderen Institutionen und Organe der Gemeinschaft und der Mitgliedstaaten können dem Parlament insoweit nicht vorwerfen, es weite seinen Zuständigkeitsbereich unrechtmäßig aus.

Die weite Auslegung unterstreicht den politischen Charakter des Petitionsrechts, denn dieses soll wesentlich dazu beitragen, daß die Gemeinschaft demokratisch funktioniert, und es soll den Kontakt zwischen Parlament und Bevölkerung aufrechterhalten. Darüber hinaus unterstreicht die weite Interpretation des Begriffs der Betroffenheit den festgestellten Funktionswandel des Petitionsrechts weg vom reinen Beschwerderecht hin zum Recht auf Partizipation am politischen Entscheidungsprozeß.[418] Wäre eine rechtliche Betroffenheit des Petenten Voraussetzung der Zulässigkeit einer Petition, so wären alle Petitionen mit politischem Inhalt von vornherein unzulässig. Das wiederum stände im Gegensatz dazu, daß das Europäische Parlament als das eigentliche politische Organ der Gemeinschaft und als der demokratische Repräsentant sich aller Anliegen – auch der politischen – des Wahlvolkes annehmen können muß.

Nicht erforderlich ist, daß der Petent vorher seine Rechtsmittel in der Angelegenheit oder andere Verfahrensmöglichkeiten ausgeschöpft hat.[419] Das Petitionsrecht ist für ihn neben den behördlichen und gerichtlichen Verfahren eine zusätzliche Möglichkeit, seine Interessen wahrzunehmen.

---

[416] Jahresbericht des Petitionsausschusses 1990/91, A3-122/91, S. 7.

[417] Stellungnahme des Petitionsausschusses für den Institutionellen Ausschuß zu den Ergebnissen der Regierungskonferenz und zum Vertrag über die Europäische Union, PE 156.133/endg., S. 5.

[418] Vgl. 2. Kap. II.2.g.

[419] Läufer, in: Grabitz/Hilf, Art. 138d Rn. 3; Haag, in: v.d.Groeben/Thiesing/Ehlermann, Art. 138d Rn. 10.

V. Reaktionsmöglichkeiten des Petitionsausschusses

1. Ablehnung unzulässiger Petitionen

Kommt der Ausschuß zu dem Ergebnis, daß eine Petition unzulässig ist,[420] so legt er gem. Art. 156 Abs. 6 GOEP die Petition ab und unterrichtet den Petenten unter Angabe von Gründen hierüber. Gegen einen solchen Bescheid kann der Petent mit der Nichtigkeitsklage nach Art. 230 S. 4 (ex-Art. 173 S. 4) EG-Vertrag vorgehen.[421]

Fällt eine Petition nicht in die Zuständigkeit des Petitionsausschusses, sondern in die einer nationalen Beschwerdeinstanz, oder ist der Ausschuß der Ansicht, daß die Petition von einer nationalen extrajudiziellen Beschwerdeeinrichtung besser und effektiver behandelt werden kann, so wird dem Petenten geraten, sich an diese nationale Stelle zu wenden.[422] Der Petitionsausschuß sieht sich nicht als Konkurrenz zu den nationalen Beschwerdeeinrichtungen, sondern als Ergänzung zu diesen.[423] Damit den Petenten innerhalb dieses europäischen Systems von außergerichtlichen Rechtsbehelfen effektiv geholfen werden kann und damit sich die Petenten in diesem System zurechtfinden, ist eine enge Kooperation zwischen den einzelnen Einrichtungen dringend erforderlich. Nur so können die Beschwerdeeinrichtungen zur demokratischen Legitimation der Staatsgewalt beitragen.

Ist das Begehren des Petenten als Petition im Sinne des Art. 194 (ex-Art. 138d) EG-Vertrag unzulässig, fällt es aber in die Zuständigkeit der Europäischen Menschenrechtskommission, so teilt der Petitionsausschuß des Europäischen Parlaments dem Petenten dies mit und weist diesen auf die Möglichkeit hin, sich an die

---

[420] Der Anteil der unzulässigen Petitionen bewegte sich in den letzten drei Jahren zwischen 40 und 50 % (1995: 41,5 %, 1996: 47 %, 1997: 45 %), vgl. Jahresbericht 1995-96, A4-0191/96, S. 8; Jahresbericht 1996-97, A4-0190/97, S. 11.

[421] Haag, in: v.d.Groeben/Thiesing/Ehlermann, Art. 138d Rn. 13. Bislang ist diese Möglichkeit eine theoretische geblieben, da es bisher noch nicht zu einem solchen Rechtsstreit gekommen ist.

[422] Jahresbericht des Petitionsausschusses 1989/90, A3-107/90, S. 16; Jahresbericht 1994-95, A4-151/95, S. 11.

[423] Jahresbericht 1994-95, A4-151/97, S. 5 lit. K.

Menschenrechtskommission zu wenden.[424] Petenten, deren Anliegen in die Zuständigkeit des Europäischen Bürgerbeauftragten fällt, werden an diesen verwiesen.[425]

2. Verfahren bei zulässigen Petitionen

Ist die an das Parlament gerichtete Petition zulässig, so beginnt die inhaltliche Prüfung der Petition, welche die Ermittlung des Sachverhaltes und die Prüfung der Rechtslage umfaßt.[426] Dafür stehen dem Petitionsausschuß grundsätzlich drei Instrumente zur Verfügung: Er kann die Kommission um Auskunft oder Dokumenteneinsicht bitten, er kann Anhörungen durchführen, oder er kann Tatsachenfeststellungen vor Ort vornehmen. Soweit er auf die Unterstützung anderer Behörden angewiesen ist, sind diese grundsätzlich dazu verpflichtet, ihm diese zu gewähren. Nach Abschluß der ersten Prüfungsphase wird die Petition grundsätzlich in der Ausschußsitzung erörtert. Seit Oktober 1997 verfährt der Petitionsausschuß nach Leitlinien[427], die er im September 1997 verabschiedet hat und die nicht mehr in jedem Fall eine Aussprache über die einzelnen Petitionen im Ausschuß vorsehen. Danach werden die Petitionen in drei verschiedene Gruppen eingeteilt, A, B, C. Nur über die Petitionen der Gruppe A findet eine Aussprache statt. Petitionen der Gruppe B gelten nach Stellungnahme der Kommission als abgeschlossen. In Gruppe C finden sich die Petitionen, zu deren Aufklärung weitere Informationen abgewartet werden müssen.[428] Erachtet der Ausschuß die erhaltenen Informationen der anderen Stellen als nicht ausreichend, so kann er um eine erneute Überprüfung durch die betreffende Stelle bitten.[429]

Ist die Petition sowohl tatsächlich wie rechtlich hinreichend aufgeklärt, wird eine das Petitionsverfahren abschließende Entscheidung getroffen, die gem. Art. 157

---

[424] Jahresbericht des Petitionsausschusses 1989/90, A3-107/90, S. 16.

[425] Im Berichtszeitraum 1996/97 geschah dies in 10 Fällen (Jahresbericht 1996/97, A4-0190/97, S. 16).

[426] Betz, in: FS Hanisch 1994, S. 13 (19).

[427] PE 223.544.

[428] Vgl. dazu: Jahresbericht 1997-98, A4-0250/98, S. 15.

[429] Betz in: FS Hanisch 1994, S. 13 (19).

Abs. 6 GOEP in Form eines Beschlusses ergeht und eine Begründung enthalten muß. Konnte das Petitionsverfahren abgeschlossen werden, weil dem Petenten entsprochen werden konnte – d.h. die Beschwerde in seinem Sinne gelöst werden konnte - oder weil keine Verletzung des Gemeinschaftsrechts vorlag und die Petition daher unbegründet war, so ergeht ein dahin lautender Beschluß.[430] Unterläßt es das Parlament, einen solchen abschließenden Beschluß zu fassen, so kann der Petent mit der Untätigkeitsklage gem. Art. 232 Abs. 3 (ex-Art. 175 Abs. 3) EG-Vertrag gegen das Parlament vorgehen. Sofern die Petition zulässig ist, hat der Beschwerdeführer ein Recht auf einen abschließenden Bescheid, nicht jedoch auf einen bestimmten Inhalt desselben. Kommt das Parlament dieser Pflicht nicht nach, steht der Gerichtsweg offen. Zuvor muß der Petent den Petitionsausschuß gem. Art. 232 Abs. 2 (ex-Art. 175 Abs. 2) EG-Vertrag auffordern, tätig zu werden. Bislang ist diese Möglichkeit rein theoretischer Natur, da eine solche Klage wegen Nichtbehandlung einer Petition bisher nicht angestrengt worden ist.

Mißt der Ausschuß der Petition grundsätzliche Bedeutung zu, so kann er gem. Art. 157 Abs. 1 GOEP einen Bericht dazu ausarbeiten oder in anderer Weise dazu Stellung nehmen. Berichte werden vornehmlich auf der Grundlage von Sammelpetitionen (mehreren Petitionen zum selben Thema) oder Massenpetitionen (Petitionen mit einer Vielzahl von Unterzeichnern) verfaßt. Diese Berichte beinhalten Entschließungsanträge, die an die Kommission, den Rat oder einen Mitgliedstaat gerichtet sind, Lösungsvorschläge enthalten und ausführlich begründet sind.[431] Ist die abschließende Empfehlung an einen Mitgliedstaat gerichtet, so kann der Ausschuß den Parlamentspräsidenten bitten, sich gem. Art. 19 Abs. 4 GOEP an den Vertreter des jeweiligen Mitgliedstaats zu wenden und diesen zu ersuchen, den Fall nach Maßgabe der Auffassung des Petitionsausschusses zu prüfen.[432]

Die Beschlüsse haben lediglich empfehlenden Charakter; das Parlament kann die Durchsetzung der in den Entschließungsanträgen genannten Vorschläge nicht erzwingen.[433] Ebenso kann das Parlament der Petition nicht selbst abhelfen,[434] es

[430] Betz in: FS Hanisch 1994, S. 13 (20).

[431] Betz in: FS Hanisch 1994, S. 13 (20).

[432] Betz in: FS Hanisch 1994, S. 13 (19); Marias in: ELR 1994, S. 169 (180).

[433] Betz in: FS Hanisch 1994, S. 13 (20).

[434] Kaufmann-Bühler, in: Lenz, Art. 138d Rn. 10.

hat keine Exekutivbefugnis. Das Parlament ist in diesem Bereich – wie in vielen anderen Bereichen – auf seine politische Einflußnahme beschränkt. Es hat nicht die Möglichkeit, den Organen oder den Institutionen, die von der Petition betroffen sind, Anweisungen zu geben, wie diese den Mißstand abstellen könnten. Es ist darauf beschränkt, Empfehlungen zu geben, die einen politischen Charakter haben und nicht verbindlich sind.

Petitionen, die den Tätigkeitsbereich eines anderen Ausschusses betreffen, die legislative Maßnahmen fordern oder allgemeinpolitische Zielsetzungen verfolgen, überweist der Petitionsausschuß einer eigenen Praxis folgend an den zuständigen Fachausschuß oder die entsprechende Delegation[435] am Europäischen Parlament zur Kenntnisnahme, Stellungnahme oder weiteren Veranlassung.[436] Hintergrund dieser Überweisung ist, daß der zuständige Ausschuß die jeweilige Petition besser behandeln und den darin enthaltenen politischen Gedanken besser aufgreifen könne, z.B. im Rahmen eines Initiativberichtes gem. Art. 50, 148 GOEP.[437] Der andere Ausschuß ist jedoch nicht verpflichtet, eine Stellungnahme abzugeben. So kommt es zu sehr unterschiedlichen Reaktionen der verschiedenen Ausschüsse, und der Petitionsausschuß beklagt, daß seine Anfragen und Überweisungen teilweise nur sehr zögerlich oder gar nicht beantwortet werden.[438] Diese mangelhafte Kooperation innerhalb des Parlaments ist sehr bedenklich, denn einerseits kann von den anderen Stellen eine zügige Beantwortung der Anfragen schwerlich verlangt werden, solange die parlamentsinternen Stellen den Petitionsausschuß nicht uneingeschränkt unterstützen. Andererseits repräsentiert der Petitionsausschuß das Parla-

---

[435] Gem. Art. 153 GOEP bildet das Europäische Parlament ständige interparlamentarische Delegationen, welche die Beziehungen zu den Parlamenten der Mitgliedstaaten und assoziierter Staaten pflegen.

[436] Jahresbericht des Petitionsausschusses 1997-98, A4-0250/98, S. 13.

[437] Jahresbericht des Petitionsausschusses 1989/90, A4-107/90, S. 17; Jahresbericht des Petitionsausschusses 1992/93, A3-0147/93, S. 13 Nr. 17. Im Jahresbericht 1995/96, A4-0191/96, S. 10 Nr. 14, und im Jahresbericht 1996/97, A4-0190/97, S. 12, wird bemängelt, daß es in den verschiedenen Ausschüssen keine einheitliche Praxis gebe und die Informierung des Petitionsausschusses durch den betreffenden Ausschuß teilweise mangelhaft sei.

[438] Jahresbericht 1995-96, A4-0191/96, S. 10, Ziff. 14; Jahresbericht 1996-97, A4-0190/97, S. 12, Ziff. 15.

ment nach außen, den Wählern gegenüber. Wenn diese erfahren, daß ihre Anliegen von den anderen Ausschüssen nicht mit der nötigen Eile behandelt werden, beschädigt dies das Ansehen des Parlaments insgesamt.

Gem. Art. 157 Abs. 5 GOEP unterrichtet der Ausschuß das Parlament halbjährlich über die Ergebnisse seiner Arbeit. Gängige Parlamentspraxis ist es, daß der Petitionsausschuß jeweils im Frühjahr einen detaillierten Jahresbericht mit Begründung vorlegt,[439] der im Plenum verabschiedet wird und dessen Entschließungsanträge im Amtsblatt veröffentlicht werden.[440] Auch diese Entschließungsanträge haben keine verpflichtende Wirkung.

3. Befugnisse des Petitionsausschusses

a. Rechtliche Grundlagen

Die Rechtsgrundlagen, aus denen sich das Petitionsrecht ergibt und aus denen sich die Befugnisse des Petitionsausschusses ableiten, ergeben sich aus dem EG-Vertrag, insbesondere Art. 194 (ex-Art. 138d) EG-Vertrag, aus der GOEP und der Interinstitutionellen Erklärung. Art. 194 (ex-Art. 138d) EG-Vertrag verpflichtet das Europäische Parlament immanent zur Prüfung und Behandlung der eingehenden Petitionen; ausdrückliche Befugnisse des Parlaments oder des Petitionsausschusses ergeben sich aus dieser Vorschrift nicht. Anders als im Zusammenhang mit den Untersuchungsausschüssen und dem Europäischen Bürgerbeauftragten sieht Art. 194 (ex-Art. 138d) EG-Vertrag nicht den Erlaß konkretisierender Ausführungsbestimmungen vor. Im Gegensatz zum Petitionsausschuß wurden die Untersuchungsausschüsse und der Europäische Bürgerbeauftragte mit zusätzlichen Durchführungsbestimmungen versehen, die ihre primärrechtliche Grundlage in den Vorschriften des Art. 193 Abs. 3 (ex-Art. 138c Abs. 3) und des Art. 195 Abs. 4 (ex-Art. 138e Abs. 4) EG-Vertrag haben. Diese Beschlüsse regeln nicht nur das Verhältnis der Gemeinschaftsinstitutionen untereinander, sondern sie entfalten unmit-

---

[439] Vgl. dazu Jahresberichte 1996/97 (A4-0190/97) und 1997/98 (A4-0250/98,

[440] ABl. 1996 Nr. C 261, S. 195; ABl. 1997 Nr. C 200, S. 26.

telbare Drittwirkung auch gegenüber Mitgliedstaaten und Individuen.[441] Dies kann die Interinstitutionelle Erklärung[442] in dieser Form nicht für sich in Anspruch nehmen, weil sie lediglich auf einem Briefwechsel, nicht aber auf einem förmlich gefaßten Beschluß beruht. Auch die Geschäftsordnung, die Ausfluß des Selbstorganisationsrechts des Parlaments ist, kann dieses Defizit nicht ausgleichen.

Diese Zurückstellung des Petitionsausschusses gegenüber dem Europäischen Bürgerbeauftragten und den Untersuchungsausschüssen steht im Widerspruch zu der Aufwertung des Petitionsrechts an sich durch die primärrechtliche Verankerung in Art. 194 (ex-Art. 138d) EG-Vertrag und ist daher nicht konsequent. Diese rechtlichen Grundlagen weisen dem Petitionsausschuß bzw. dem Parlament im Hinblick auf die Behandlung von Petitionen keine ausdrücklichen, zusätzlichen Befugnisse zu, so daß das Parlament bei der Behandlung der Petitionen alle übrigen ihm zustehenden Befugnisse ausnutzen muß.[443]

b. Befugnisse gegenüber Institutionen der EG

Im Rahmen ihrer Verpflichtungen aus dem EG-Vertrag sind die anderen Institutionen und Organe der Gemeinschaft und die Mitgliedstaaten dazu verpflichtet, das Parlament bei der Behandlung der Petitionen zu unterstützen. Die wichtigste Rolle spielt in diesem Zusammenhang die Kommission[444], die schon wegen ihrer Rolle als „Hüterin der Verträge“, Art. 211 (ex-Art. 155) EG-Vertrag, dazu verpflichtet ist, Mißstände aufzugreifen und zu untersuchen.[445] Neben der allgemeinen Kooperationspflicht[446], die alle Gemeinschaftsorgane betrifft, beruht diese Pflicht der

---

[441] Beckedorf, in: EuR 1997, S. 237 (244).

[442] ABl. Nr. C 120 vom 12. 4. 1989, S. 90.

[443] Haag, in: v.d.Groeben/Thiesing/Ehlermann, Art. 138d Rn. 13.

[444] Im Berichtszeitraum 1996/97 wurde die Kommission in 394 Fällen um Auskunft ersucht (Jahresbericht des Petitionsausschusses 1996/97, A4-0190/97, S. 16), in 1997/98 in 361 Fällen (Jahresbericht des Petitionsausschusses 1997/98, A4-0250/98, S. 17).

[445] In diesem Zusammenhang beklagt der Petitionsausschuß, die Kommission würdige nicht ausreichend, daß er bei der Aufdeckung von Vertragsverletzungen eine wichtige Rolle spiele (Jahresbericht 1996/97, A4-0190/97, S. 13).

[446] Bieber, S. 108.

Kommission auf Art. 194 (ex-Art. 138d) EG-Vertrag und auf der Interinstitutionellen Vereinbarung.[447] Die primärrechtliche Verankerung des Petitionsrechts und dessen Charakter als subjektiv-öffentliches Recht verpflichten die Kommission, und darüber hinaus alle Organe und Einrichtungen der EG, das Parlament bei seiner daraus erwachsenden Aufgabe zu unterstützen und das Petitionsrecht zu einem effektiven Recht der Bürger zu machen.

In der Interinstitutionellen Vereinbarung vom 12. 4. 1989[448] hat die Kommission ausdrücklich und verbindlich vereinbart, das Parlament bei der Bearbeitung von Petitionen zu unterstützen und Anträge, die sich an nationale Stellen richten, weiterzuleiten. Unabhängig von der Frage, inwieweit diese Erklärung Dritte binden kann, erwächst dem Parlament aus dieser Verpflichtung der Kommission eine rechtlich gesicherte Befugnis, weil die Kommission, vertreten durch ihren Präsidenten, an dieser Vereinbarung beteiligt war. Was das Parlament konkret unter dieser Befugnis versteht, hat es in Art. 157 Abs. 3 GOEP verdeutlicht. Die Kommission soll danach Akten vorlegen, Auskunft erteilen und Zutritt zu ihren Einrichtungen gestatten. In der Praxis spielen die beiden ersteren Befugnisse die größere Rolle. So legt die Kommission dem Petitionsausschuß Akten, soweit sie nicht der Geheimhaltung oder der Vertraulichkeit unterliegen, vor und schickt ihre Mitarbeiter in die Sitzungen des Ausschusses.

Sowohl Parlament wie Kommission sind auf eine enge und gute Zusammenarbeit angewiesen. Die Kommission erhält vielfältige Informationen, die für sie in ihrer Rolle als „Hüterin der Verträge" von Interesse sind. Für den Ausschuß ist die Unterrichtung der Kommission ungemein wichtig, weil die Kommission als das Exekutivorgan der Gemeinschaft im Gegensatz zum Parlament die Möglichkeit hat, aufgedeckte Mißstände abzustellen. Darüber hinaus wendet sich der Petitionsausschuß vielfach an die Kommission, weil diese Anlaß zu der Petition gegeben hat. In der Praxis gestaltet sich die Zusammenarbeit mit der Kommission so, daß diese Anfragen des Ausschusses beantwortet, diesem Dokumente zur Verfügung stellt und im Rahmen der Ausschußsitzungen Auskünfte durch anwesende Mitarbeiter erteilt.

---

[447] ABl. Nr. C 120 vom 16. 5. 1989, S. 90.

[448] ABl. Nr. C 120 vom 16. 5. 1989, S. 90.

Die Zusammenarbeit mit der Kommission hat sich in den letzten Jahren verbessert; deren Auskunftsfreudigkeit hat zugenommen, und sie ist bemüht, die Verfahren schneller abzuwickeln.[449] Zu dieser positiven Entwicklung haben drei Aspekte beigetragen. Zum ersten ist die Interinstitutionelle Erklärung von 1989 zu nennen, welche die Rechte des Parlaments und die Pflichten der Kommission im Petitionsverfahren festlegt. Zum zweiten hat die primärrechtliche Verankerung des Petitionsrechts zu dessen Aufwertung geführt. Zum dritten ist der Einfluß des Parlaments als Organ der Gemeinschaft gewachsen. Die Volksvertretung ist nicht mehr die beratende Versammlung, sondern sie hat für sich – insbesondere seit dem Vertrag von Maastricht – stetig mehr parlamentarische Funktionen erringen können, so daß das Parlament nicht mehr ein zu vernachlässigendes Organ ist.

Im Gegensatz zur Kommission haben sich die anderen Organe der EG in der Interinstitutionellen Erklärung nicht zu einer besonderen Kooperation mit dem Parlament auf dem Gebiet der Petitionen verpflichtet. An der Vereinbarung selbst war nur der Ratspräsident neben den Präsidenten der Kommission und des Parlaments beteiligt. Die Pflichten der übrigen Einrichtungen und die daraus resultierenden Befugnisse des Parlaments lassen sich daher nur aus der primärrechtlichen Verankerung des Petitionsrechts und aus der allgemeinen Kooperationspflicht[450] ableiten. Danach kann das Parlament auf seine üblichen Befugnisse zurückgreifen, die es ihm auch gegenüber den übrigen Organen erlauben, Akten einzusehen und Vertreter dieser Organe anzuhören.[451]

Neben den Organen der EG und den diesen nachgeordneten Einrichtungen kann sich das Parlament seiner eigenen Einrichtungen bedienen und seine eigenen

---

[449] Jahresbericht 1994-95, A4-151/95, S. 12, Ziff. 21; Jahresbericht 1995-96, A4-0191/96, S. 10, Jahresbericht 1996-97, A4-0190/97, S. 8; Jahresbericht 1997-98, A4-0250/98, S. 5, Ziff. 5, S. 11.

[450] Bieber, S. 108. Diese allgemeine Kooperationspflicht leitet sich aus Art. 7 (ex-Art. 4) EG-Vertrag ab, der den Grundsatz der Erhaltung der Funktionsfähigkeit der Gemeinschaft und ihrer einzelnen Organe beinhaltet (EuGH vom 23. 9. 1986, Rs. 5/85 (AKZO./.Kommission), Slg. 1986 S. 2585 (2615)).

[451] Im Gegensatz zur Zusammenarbeit mit der Kommission ist der Ausschuß über die Kooperation des Rates unzufrieden, weil dieser der Aufforderung des Ausschusses, Ratsbeamte mögen regelmäßig an den Sitzungen des Ausschusses teilnehmen, nicht gefolgt ist (Jahresbericht des Petitionsausschusses 1997-98, A4-0250/98, S. 6, Ziff. 6).

Dienststellen mit der Aufklärung eines Falles betrauen.[452] Zu diesem Zwecke steht dem Petitionsausschuß ein eigenes Sekretariat zur Verfügung, das wie die übrigen Ausschußsekretariate der Generaldirektion II des Parlaments zugeordnet ist. Neben dem eigenen Sekretariat kann der Petitionsausschuß auf den Informationsdienst und den juristischen Dienst des Parlaments zurückgreifen.[453]

c. Befugnisse gegenüber nationalen Stellen

In den Zuständigkeitsbereich des Petitionsausschusses fällt der gesamte Tätigkeitsbereich der Gemeinschaft. Dieser Tätigkeitsbereich betrifft in vielen Fällen nationale Stellen, weil das Recht der EG bzw. der EU auf der Ebene der Mitgliedstaaten umgesetzt und angewandt wird. In der Konsequenz wendet sich eine Vielzahl von Petitionen gegen die mangelhafte Anwendung des Gemeinschaftsrechts durch nationale Behörden. Mangels ausdrücklicher Vorschriften, die dem Petitionsausschuß Befugnisse gegenüber den Mitgliedstaaten einräumen, ist zu prüfen, welche Befugnisse dem Petitionsausschuß zustehen und worauf sie sich stützen.

Die schon mehrfach zitierte Interinstitutionelle Vereinbarung[454], aus der der Petitionsausschuß einen Teil seiner Befugnisse herleitet, erwähnt zwar die Mitgliedstaaten, begründet aber keine zusätzlichen Pflichten dieser,[455] sondern verweist lediglich auf Art. 5 EWG-Vertrag (jetzt Art. 10 EG-Vertrag), der die Mitgliedstaaten zu loyaler Zusammenarbeit mit der Gemeinschaft und ihren Organen verpflichtet. Da auch die GOEP als Selbstorganisationsrecht des Parlaments keine Pflichten der Mitgliedstaaten begründen kann, stützen sich die Befugnisse des Petitionsausschusses gegenüber den Mitgliedstaaten auf die primärrechtliche Veran-

---

[452] Marias, in: ELR 1994, S. 169 (180).

[453] Jahresbericht 1994-95, A4-151/95, S. 12, Ziff. 19; Jahresbericht 1995-96, A4-0191/96, S. 10, Ziff. 13.

[454] ABl. Nr. C 120 vom 16. 5. 1989, S. 90.

[455] Vgl. zur Drittwirkung derartiger Vereinbarungen: Bieber, S. 195; Surrel, in: RMC 1990, S. 219 (221).

kerung des Petitionsrechts in Art. 194 (ex-Art. 138d) EG-Vertrag und die schon erwähnte allgemeine Loyalitätsverpflichtung des Art. 10 (ex-Art. 5) EG-Vertrag.[456]

Durch die Ratifizierung des Vertrags von Maastricht haben die Mitgliedstaaten das Petitionsrecht auf Gemeinschaftsebene verbindlich anerkannt. Dieses Anerkenntnis impliziert in der Konsequenz die Verpflichtung, dem Petitionsrecht zur Wirksamkeit zu verhelfen, indem dem Parlament die erforderliche Unterstützung gewährt wird. Darüber hinaus sind die Mitgliedstaaten aus Art. 10 (ex-Art. 5) EG-Vertrag zur Unterstützung verpflichtet. Diese Vorschrift der „Gemeinschaftstreue" besagt, daß die Mitgliedstaaten Sorge zu tragen haben, daß die Pflichten, die sich aus dem Vertrag ergeben, erfüllt werden. Treten nun in diesem Zusammenhang Mißstände auf, die im Rahmen einer Petition dem Parlament zugeleitet werden, so ist der betroffene Mitgliedstaat gem. Art. 10 (ex-Art. 5) EG-Vertrag dazu verpflichtet, diesem Mißstand auf den Grund zu gehen und ihn abzustellen. Zudem hat der betroffene Mitgliedstaat dem Parlament bei dessen Aufgabe, die Petition zu beantworten, Hilfe zu leisten und diesem das Ergebnis seiner Untersuchungen mitzuteilen. Betrifft eine Petition einen Mitgliedstaat, so sind dessen Behörden verpflichtet, dem Petitionsausschuß all die Informationen und Dokumente zur Verfügung zu stellen, die erforderlich sind, um den tatsächlichen und den rechtlichen Hintergrund der Petition aufzuklären und um zu einer Lösung derselben beizutragen.[457] Kommen die Mitgliedstaaten dieser Pflicht nicht nach, so liegt darin eine Verletzung ihrer vertraglichen Pflichten.

Zum Leidwesen des Ausschusses zeigen sich die nationalen Behörden häufig nur bedingt auskunftsfreudig; dies gilt insbesondere dann, wenn es um die Nichtumsetzung von Gemeinschaftsrecht geht.[458] Dem Ausschuß bleibt in dieser Situation die Möglichkeit, die Kommission zu informieren, die unter Umständen ein

---

[456] Nach Art. 10 Abs. 1 S. 2 (ex-Art. 5 Abs. 2 S. 2) EG-Vertrag unterliegen die Mitgliedstaaten einer allgemeinen Pflicht zur Unterstützung gegenüber den Organen der EG (EuGH, Rs. 203/81 (Luxemburg./.Europäisches Parlament), Slg. 1983 S. 255 (287)).

[457] Im Rahmen seiner Untersuchungen nimmt der Petitionsausschuß auch Ortsbesichtigungen vor, indem er Delegationen in die betreffenden Mitgliedstaaten schickt. Gerade in diesem Bereich ist er auf die Unterstützung nationaler Behörden angewiesen. (Jahresbericht des Petitionsausschusses 1997-98, A4-0250/98, S. 12 f.).

[458] Jahresbericht 1995-96, A4-0191/96, S. 5, Ziff. 8; Jahresbericht 1996-97, A4-0190/97, S. 8.

Vertragsverletzungsverfahren einleiten kann, was – nach Auffassung des Petitionsausschusses – teilweise zu zögerlich geschieht.[459] Im übrigen kann das Parlament auf seine politischen Möglichkeiten zurückgreifen und das Verhalten des betreffenden Staates publik machen, indem es Resolutionen verabschiedet oder Berichte veröffentlicht.

d. Befugnisse bei Verweigerung der betreffenden Stelle

Verweigern ein Organ oder eine Einrichtung auf Gemeinschaftsebene oder die zuständigen Stellen der Mitgliedstaaten ihre Zusammenarbeit mit dem Parlament, so hat dieses die Möglichkeit, mit seinen politischen Instrumenten Druck auf die verweigernde Stelle auszuüben. So kann das Parlament Resolutionen verabschieden oder die Verweigerungshaltung in seinen Berichten öffentlich machen und verurteilen.

Darüber hinaus ist grundsätzlich daran zu denken, daß das Parlament die Hilfe des Europäischen Gerichtshofes anruft, wenn ihm nicht die erforderliche Unterstützung durch Organe der Gemeinschaft oder Behörden der Mitgliedstaaten gewährt wird. Ursprünglich wurde die Aktivlegitimation des Europäischen Parlaments aufgrund seiner Kontrollbefugnisse von der Literatur in Frage gestellt.[460] Der Gerichtshof hat aber in einer Entscheidung die Aktivlegitimation ausdrücklich bejaht.[461] Verweigert ein Organ der Gemeinschaft gänzlich seine Mitwirkung, ist an eine Untätigkeitsklage gem. Art. 232 (ex-Art. 175) EG-Vertrag zu denken. Problematisch ist aber, daß es sich dabei um eine Vertragsverletzung handeln muß, die Mitwirkung der anderen Organe aber nicht primärrechtlich festgelegt ist. Lehnt das Organ die Mithilfe ausdrücklich ab, so ist eine Nichtigkeitsklage gem. Art. 230 Abs. 3 (ex-Art. 173 Abs. 3) EG-Vertrag in Erwägung zu ziehen. Eine solche Klage scheitert aber am tauglichen Klagegegenstand, da sich die Klage gegen eine Maßnahme richten muß, die dazu bestimmt ist, Rechtswirkung zu erzeugen.[462] Die

---

[459] Jahresbericht 1994-95, A4-151/95, S. 12, Ziff. 21.

[460] Krück, in: v.d.Groeben/Thiesing/Ehlermann, Art. 175 Rn. 6.

[461] EuGH vom 22. 5. 1985, Rs. 13/83 (Parlament./.Rat), Slg. 1985, S. 1513 (1588).

[462] EuGH vom 31. 3. 1971, Rs. 22/70 (Kommission./.Rat), Slg. 1971, S. 263 (277); EuGH vom 9. 10. 1990, Rs. C-366/88 (Frankreich./.Kommission), Slg. 1990 I, S. 3571 (3598 f.).

Verweigerung der Zusammenarbeit entfaltet aber keine Rechtswirkung, so daß eine Nichtigkeitsklage am erforderlichen Klagegegenstand scheitert. Fehlt es an der Unterstützung durch die Behörde eines Mitgliedstaates, kann darin eine Vertragsverletzung liegen, so daß das Parlament die Kommission bitten kann, ein Vertragsverletzungsverfahren gem. Art. 226 (ex-Art. 169) EG-Vertrag einzuleiten.[463]

Die Fragen der gerichtlichen Durchsetzung sind bislang theoretischer Natur. Letztlich wird das Parlament mit seinen eigenen politischen Möglichkeiten, wie der Verabschiedung von Resolutionen und der Veröffentlichung der Verweigerungshaltung, öffentlichen Druck ausüben können, der effektiver ist, als ein Gerichtsverfahren anzustrengen.

VI. Fazit

Zusammenfassend läßt sich feststellen, daß das Petitionsrecht zum Europäischen Parlament ein subjektives öffentliches Recht ist, das eng mit der Unionsbürgerschaft verbunden ist und das einem bestimmten Personenkreis erlaubt, sich mit Bitten und Beschwerden, die den Tätigkeitsbereich der Gemeinschaft betreffen, an das Europäische Parlament zu wenden. Mit diesem Recht korrespondiert die Pflicht des Parlaments, dem Anliegen auf den Grund zu gehen und seinen politischen Einfluß zugunsten des Petenten einzusetzen. Bezogen auf das Parlament unterstützen die Petitionen die parlamentarische Kontrollfunktion, und sie geben ihm Anlaß, gegenüber der Kommission initiativ tätig zu werden. Schließlich bieten Petitionen den Unionsbürgern die Möglichkeit, außerhalb der Wahl Einfluß auf die Volksvertretung auszuüben.

Es bleibt die Frage, ob die dem Parlament zustehenden Befugnisse ausreichen, dem Petenten zufriedenstellend zu helfen. Die eigentliche Hilfe, die das Parlament

[463] Beckedorf (in: EuR 1997, S. 237 (246)) geht für den Fall, daß ein Mitgliedstaat einem Untersuchungsausschuß die Unterstützung versagt, von einer Pflicht der Kommission aus, ein Verfahren nach Art. 226 (ex-Art. 169) EG-Vertrag einzuleiten. Angesichts der sehr viel konkreteren und in einem Beschluß festgelegten Verpflichtungen der Mitgliedstaaten im Zusammenhang mit dem Untersuchungsrecht des Parlaments kann eine solche Verpflichtung nicht auf den Bereich des Petitionsrechts übertragen werden.

dem Petenten mangels eigener Exekutivbefugnis gewähren kann, ist, sein politisches Gewicht zu dessen Gunsten einzubringen. Mit zunehmendem Einfluß und mit wachsendem Ansehen konnte das Parlament dieses Gewicht in den vergangenen Jahren stärken. Die Jahresberichte des Parlaments geben keine absoluten Zahlen darüber, in wie vielen Fällen den Petenten geholfen werden konnte, indem der Mißstand beseitigt werden konnte, doch zählen sie jedesmal eine beachtliche Anzahl von Fällen auf und ziehen eine positive Bilanz.[464] Zudem wendet sich eine große Zahl von Menschen einzeln oder zusammen mit Petitionen an das Parlament.[465] Diese Entwicklung zeigt, daß dem Parlament Vertrauen entgegengebracht wird, daß die Menschen am Geschehen in der Union aktiv teilnehmen und daß der Petitionsausschuß so tatsächlich zum „Sprachrohr"[466] der Bürger geworden ist. Gleichzeitig ist die Entwicklung ein Indiz, daß es in der Gemeinschaft nach wie vor zahlreiche Anlässe zur Beschwerde gibt.

Betrachtet man die Befugnisse, die das Parlament im Zusammenhang mit dem Petitionsrecht hat, so stellt man fest, daß diese nicht sehr umfassend sind. Das Parlament ist weitgehend auf die Hilfe anderer angewiesen; die eigenen Mittel beschränken sich darauf, Anhörungen durchzuführen oder Ortsbesichtigungen vorzunehmen. Die Befugnisse gegenüber der Kommission, dem Rat und den Mitgliedstaaten sind nicht gesetzlich fixiert, sondern sind in der Interinstitutionellen Erklärung vom 12. 4. 1989[467] niedergelegt. Diese ist zwar grundsätzlich verbindlich,[468] doch schreibt sie keine genauen Rechte und Pflichten fest, sondern enthält nur die Erklärung, daß Rat, Kommission und Mitgliedstaaten dem Parlament bei der Bearbeitung der Petitionen die notwendige Unterstützung leisten sollen.

Im Gegensatz dazu haben Rat, Kommission und Parlament die Befugnisse der Untersuchungsausschüsse gem. Art. 193 UAbs. 3 (ex-Art. 138c UAbs. 3) EG-

---

[464] Vgl. Jahresbericht 1994-95, A4-151/95, S. 13-16; Jahresbericht 1995-96, A4-0191/96, S. 11-15; Jahresbericht 1996-97, A4-0190/97, S. 13-15.

[465] Vgl. zur statistischen Entwicklung in den letzten Jahren: Jahresbericht 1996-97, A4-0190/97, S. 18.

[466] Jahresbericht 1995-96, A4-0191/96, S. 11.

[467] ABl. Nr. C 120 vom 16. 5. 1989, S. 90.

[468] Bieber, S. 195.

Vertrag gesetzlich festgelegt.[469] Diese sind umfassender als die Befugnisse des Petitionsausschusses.[470] So kann der Untersuchungsausschuß gem. Art. 3 Abs. 4 des Beschlusses direkt von den Mitgliedstaaten Dokumente anfordern, muß also nicht den Umweg über die Kommission nehmen. Gem. Art. 3 Abs. 2 des Beschlusses kann er Mitglieder eines Organs oder der Regierung eines Mitgliedstaates ersuchen, an den Arbeiten des Ausschusses teilzunehmen.[471] Zudem darf der Untersuchungsausschuß gem. Art. 3 Abs. 8 des Beschlusses Zeugen vernehmen. Abschließend verabschiedet er wie der Petitionsausschuß einen Bericht, Art. 193 (ex-Art. 138c) EG-Vertrag, d.h. er hat keine Exekutivbefugnis, was dem System der Gewaltenteilung widerspräche, und ist wie der Petitionsausschuß auf sein politisches Gewicht angewiesen.

Auch wenn die Befugnisse des Untersuchungsausschusses die des Petitionsausschusses nicht sehr übersteigen, so ist doch nicht zu unterschätzen, daß die Befugnisse des ersteren auf einer rechtlich verbindlichen Grundlage beruhen. Es wäre aufgrund der großen Anzahl von Petitionen, die nationale Stellen betreffen, von Vorteil, wenn dem Petitionsausschuß gegenüber den Mitgliedstaaten weiter reichende Befugnisse eingeräumt würden, wie die den Untersuchungsausschüssen garantierte Möglichkeit, Mitglieder nationaler Regierungen anzuhören. Um beide

---

[469] Beschluß des Europäischen Parlaments, des Rates und der Kommission vom 19. April 1995 über Einzelheiten der Ausübung des Untersuchungsrechts des Europäischen Parlaments, in: ABl. Nr. L 113 vom 19. 5. 1995, S. 2. Vor dem Vertrag von Maastricht, durch den Art. 193 (ex-Art. 138c) EGV Eingang in den EGV gefunden hat, wurde die Befugnis, Untersuchungsausschüsse einzurichten, direkt aus Art. 137 EWGV abgeleitet, obwohl dies in der Lit. teilweise auf Ablehnung stieß. So wurde teilw. vertreten, ein solches Untersuchungsrecht komme dem Europ. Parlament nicht zu, weil ihm der charakteristische Gegensatz von Regierungs- und Oppositionsfraktionen fehle. (vgl. dazu: Haag, in: v.d.Groeben/Thiesing/Ehlermann, Art. 138c Rn. 2) Dennoch hat das Europ. Parlament seit seiner Direktwahl im Jahre 1979 einige Untersuchungsausschüsse eingerichtet (vgl. zu diesem Fragenkreis: Kipke, in: ZParl. 1989, S. 488-494).

[470] Vgl. ausführlich zum Untersuchungsrecht des Parlaments: Beckedorf, Das Untersuchungsrecht des Europäischen Parlaments (Diss.).

[471] Der Begriff der Teilnahme umfaßt die aktive Beteiligung der geladenen Mitglieder, d.h. diese sind dazu gehalten, den Ausschußmitgliedern Rede und Antwort zu stehen. (Beckedorf, in: EuR 1997, S. 237 (242)).

Ausschüsse und deren Arbeit gleichzustellen, wäre es zu begrüßen, wenn der Petitionsausschuß die Stellung eines ständigen Untersuchungsausschusses erhielte. Dies würde die positive Arbeit des Petitionsausschusses aufwerten und effektiver machen.

Mit einer solchen Gesetzesänderung ist in nächster Zeit nicht zu rechnen, zumal der Petitionsausschuß selbst bislang keine dahingehenden Initiativen gestartet hat. Auch die Reformen der Union und der Gemeinschaft durch den Amsterdamer Vertrag, der am 1. Oktober 1997 von den Außenministern der Mitgliedstaaten unterzeichnet wurde, betreffen das Petitionsrecht nur indirekt. Der Wortlaut des Art. 194 (ex-Art. 138d) EG-Vertrag wird nicht verändert. Die Unionsbürger erhalten in einem neuen Art. 21 UAbs. 3 (ex-Art. 8d UAbs. 3) EG-Vertrag die nun primärrechtlich garantierte Möglichkeit, sich in ihrer Sprache an die Organe und Einrichtungen der Gemeinschaft zu wenden. Die ständige Parlamentspraxis, Petitionen in allen Amtssprachen entgegenzunehmen und zu beantworten, ist jetzt zur Pflicht geworden.

Wichtiger als diese Formalien ist, daß sich der sachliche Anwendungsbereich des Petitionsrechts erweitert hat, indem einige Teile der Zusammenarbeit in den Bereichen Justiz und Inneres in das Gemeinschaftsrecht übernommen worden sind.[472] So fallen demnächst die problematischen Bereiche Asyl-, Visa- und Einwanderungspolitik in die Zuständigkeit des Petitionsausschusses. Zudem erfahren die Unionsbürgerschaft und die damit verbundenen Grundrechte im neuen Unionsvertrag eine bedeutende Aufwertung.[473] An diesen Maßstäben müssen sich die Or-

---

[472] Streinz, in: EuZW 1998, S. 137 (140).

[473] Stellungnahme des Petitionsausschusses zum Bericht über den Vertrag von Amsterdam, A4-0347/97/Anl., S. 105: Über die in Art. 6 Abs. 2 (ex-Art. F Abs. 2) EU-Vertrag genannte Bindung an Grund- und Menschenrechte hinaus bekennt sich die Union (und damit jeder Mitgliedstaat) zu den Grundsätzen der Freiheit, der Demokratie und der Rechtsstaatlichkeit. Verstößt ein Mitgliedstaat gegen diese Verpflichtung, so kann sein Stimmrecht suspendiert werden, Art. 7 EU-Vertrag n.F. und Art. 309 EG-Vertrag n.F. Eine Gruppe von Abg. der deutschen Grünen hatte der Regierungskonferenz vorgeschlagen, einen eigenen Grundrechtskatalog in den neuen Unionsvertrag aufzunehmen (vgl. Preuß, in: Kritische Justiz, 1998, S. 1 ff.). In diesem Katalog war ein Petitionsrecht vorgesehen, das jedem zustehen sollte (Preuß, a.a.O., S. 20).

gane und Einrichtungen der Gemeinschaft und der Union und die Mitgliedstaaten messen lassen. Dem Petitionsausschuß wird es zukünftig vermehrt obliegen, zu überprüfen, ob diesen Verpflichtungen Rechnung getragen wird. Angesichts der Vergemeinschaftung der Einwanderungspolitik im weiteren Sinne, die eine hohe Grundrechtsrelevanz aufweist, ist damit zu rechnen, daß das Petitionsrecht in diesem Bereich eine erhebliche Rolle spielen wird. Diese Entwicklung vor Augen, hat der Petitionsausschuß eine höhere Finanzausstattung angemahnt.[474]

Der Zeitaufwand zur Prüfung der einzelnen Petitionen – insbesondere der Massenpetitionen – ist stark angestiegen, denn jede Petition wird bislang zusammengefaßt und in alle Amtssprachen der Gemeinschaft übersetzt. Versuche, das Verfahren zu ändern und zu straffen, sind bislang gescheitert.[475] Dennoch ist eine Änderung weiterhin im Gespräch; konkrete Ergebnisse liegen noch nicht vor.[476] Es scheint sehr schwierig, einen Ansatzpunkt für die Überarbeitung des Verfahrens zu finden. Insbesondere das Sprachenproblem, das inzwischen viele Bereiche des Parlaments beschäftigt, wird sich im Petitionsrecht nicht vermeiden lassen.[477] Versteht sich der Petitionsausschuß als Sprachrohr der Bürger, und will er diesen Gehör beim Parlament verschaffen, so muß jeder Bürger sich in seiner Sprache an den Ausschuß wenden können und in seiner Sprache eine Antwort erhalten.

Trotz dieser Schwierigkeiten und trotz wünschenswerter Verbesserungen hinsichtlich des Verfahrens und der Befugnisse ist das Petitionsrecht i.S.d. Art. 194 (ex-Art. 138d) EG-Vertrag ein Petitionsrecht im klassischen Sinne. Es ist individualrechtlich garantiert und räumt einen Rechtsanspruch auf Anhörung und Behandlung ein. Es richtet sich an das Parlament und verpflichtet dieses, mit den ihm zur Verfügung stehenden Befugnissen und Mitteln zu reagieren.[478] Es trägt zu Akzeptanz und Transparenz der Gemeinschaft bei und gibt dem Bürger die Möglichkeit,

---

[474] Stellungnahme des Petitionsausschusses zum Bericht über den Vertrag von Amsterdam, A4-0347/97/Anl., S. 107 lit. f.

[475] Jahresbericht 1995-96, A4-0191/96, S. 8.

[476] Jahresbericht 1996-97, A4-0190/97, S. 9.

[477] Vgl. zu diesem Problem: Jahresbericht 1997-98, A4-0250/98, S. 14 f.

[478] Daß das Europäische Parlament in diesem Zusammenhang weniger umfassende Befugnisse hat als die nationalen Parlamente (Baviera, S. 111), kann an dieser Bewertung nicht ändern.

am parlamentarischen Entscheidungsprozeß zu partizipieren. Auf Seiten des Parlaments trägt es zur Kontrollfunktion bei und unterstützt das Initiativrecht.

Unabhängig von der klassischen Gestaltung des Petitionsrechts haben die Ausführungen gezeigt, daß der Inhalt der Petitionen politischer geworden ist. Ausdruck dieses Funktionswandels sind die zahlreichen Massenpetitionen, die das Ziel haben, politische Vorstellungen und Wünsche zu artikulieren und auf die politischen Entscheidungen innerhalb der Gemeinschaft Einfluß zu nehmen.[479] Diese Hinwendung zum Vorschlags- und Teilhaberecht zeigt, daß ein großer Bedarf der Bürger besteht, neben dem Wahlrecht zum Europäischen Parlament auch während der laufenden Legislaturperiode Einfluß auf die Politik der Gemeinschaft zu nehmen. Es reicht nicht aus, die Unionsbürger alle fünf Jahre zu einer Wahl aufzurufen, bei der sich nationale Parteien und nationale Abgeordnete präsentieren und bei der daher nationale Themen manchmal eine größere Rolle spielen als europäische Politik. Dieses Defizit läßt sich über Art. 194 (ex-Art. 138d) EG-Vertrag ausgleichen.

Diese Möglichkeit der Partizipation steht neben dem Individualschutz, den die Gerichte auf Gemeinschaftsebene gewähren,[480] und ergänzt diesen insofern. Eine andere Funktion, die auch vom Petitionsausschuß wahrgenommen werden kann und bislang auch wahrgenommen wird, ist die Bearbeitung von Beschwerden, welche die Verwaltung der Gemeinschaft, d.h. die Anwendung und Umsetzung des Gemeinschaftsrechts auf der Ebene der Gemeinschaft und der Mitgliedstaaten, betreffen. Vor dem Hintergrund der Politisierung des Petitionsrechts und dem politischen Charakter des Europäischen Parlaments stellt sich die Frage, ob diese Tätigkeit bei dem Petitionsausschuß noch optimal aufgehoben ist oder ob in diesem Bereich Bedarf für eine weitere außergerichtliche Beschwerdeeinrichtung besteht.

---

[479] Vgl. Jahresbericht des Petitionsausschusses 1995-96, A4-0191/96, S. 18-20.

[480] Vgl. 1. Kap. I.1.

3. Kapitel: Der Europäische Bürgerbeauftragte

Im dritten Kapitel steht die Frage im Vordergrund, ob neben den aufgezeigten Rechtsschutzmöglichkeiten Bedarf für eine zusätzliche Beschwerdeinstanz, den Europäischen Bürgerbeauftragten, besteht und worin deren spezifischer Aufgabenbereich liegt bzw. liegen kann. Um ein umfassendes Bild von dieser Einrichtung zu geben, werden zunächst allgemeine Ausführungen zu dieser Einrichtung und ihrer europäischen Ausprägung gemacht, bevor die oben genannten Fragen eingehender untersucht wird.

I. Allgemeines zur Einrichtung von Bürgerbeauftragten

1. Begriff

Die Institution des Bürger- oder Parlamentsbeauftragten kommt ursprünglich aus der schwedischen Rechtstradition und wird dort als *Ombudsmän* bezeichnet. Hergeleitet wird der Begriff *ombud* vom alt-schwedischen Wort *umbup* (Macht, Autorität), das ursprünglich aus dem isländischen Sprachkreis kommt.[481] Das schwedische Wort *ombud* bezeichnet eine Person, die als Sprecher oder Bevollmächtigter eines anderen handelt.[482]

Der Ombudsman – in der deutschen Übersetzung Parlaments- oder Bürgerbeauftragter – ist nach grundsätzlichem Verständnis eine vom Parlament gewählte Person, die auf der Grundlage weitgehender Unabhängigkeit und Selbständigkeit staatliche Verwaltung kontrolliert. Zudem trägt er dafür Sorge, daß die Rechte der Bürger – insbesondere die Grundrechte - gegenüber der Exekutive Beachtung fin-

---

481 Hansen, S. 3.

482 Hansen, S. 3; Erler, in: HRG, Bd. II, Sp. 1247 (1247).

den. Auf diese Weise trägt er zu Gerechtigkeit und Menschlichkeit staatlichen Handelns bei.[483]

Ausgehend von Schweden hat der Ombudsman Eingang in die Verfassungen und Gesetze vieler Staaten gefunden.[484] Nur die wenigsten Länder haben das schwedische Modell einfach kopiert, vielmehr hat fast jedes Land die Einrichtung an die jeweiligen Bedürfnisse angepaßt, so daß es heute variierende Ausprägungen gibt.[485] Die allermeisten dieser Einrichtungen aber lassen sich unter die o.g. Definition subsumieren und weisen zehn, sie verbindende Merkmale[486] auf:

1. Der Bürgerbeauftragte wird von der Volksvertretung als deren Hilfsorgan zur Verwaltungskontrolle und zur Entgegennahme von Beschwerden gewählt.
2. Er ist unabhängig.
3. Er hat ein umfangreiches Untersuchungsrecht.
4. Er kann auch auf eigene Initiative hin tätig werden.
5. Der unbürokratische Zugang zu ihm muß gewährleistet sein.
6. Er soll zwischen Verwaltung und Bürger als Vermittler auftreten.
7. Er muß seine Empfehlungen veröffentlichen können.
8. Er muß ein Vorschlagsrecht hinsichtlich der Anwendung von Gesetzen haben.

---

[483] Hansen, S. 4; Pietzner, in: EvStL, Bd. II, Sp. 2312 (2312); Pickl, in: FS Klecatsky 1990, S. 237 (237). Die Internationale Juristenkommission entwickelte eine Definition zum Ombudsman, wonach *„die gesetzgebende Versammlung einen hohen Beamten auf eine festgesetzte Zeit ernennen soll, der von der Exekutive völlig unabhängig und nur dem Parlament verantwortlich...berechtigt und verpflichtet sein soll, aus eigener Initiative oder aufgrund von Individualbeschwerden tätig zu werden. Er soll wie ein Gericht das Recht haben, Zeugen zu laden und zu vernehmen. Wenigstens einmal jährlich soll er einen Tätigkeitsbericht vorlegen, der in geeigneter Weise zu veröffentlichen ist“.* (Rechtsstaatlichkeit und Menschenrechte - Grundsätze und Definitionen ausgearbeitet auf Kongressen und Konferenzen der Internationalen Juristen-Kommission 1955-1967, 1967, S. 21f., zitiert nach: Hummer, Stellung und Funktion des Bürgerbeauftragten, S. 8).

[484] 1996 gab es diese Einrichtung in 84 Ländern (Söderman, The Ombudsman concept and types of control of maladministration in Greece and Europe, S. 1).

[485] Vgl. zu den verschiedenen Ausprägungen und Unterschiede in Europa: 1. Kap. VI.

[486] Kempf/Mille, in: ZParl. 1992, S. 29 (33 f.); Mickel, S. 46.

9. Er muß diese Vorschläge den parlamentarischen Gremien unterbreiten dürfen.

10. Er muß über einen entsprechenden Mitarbeiterstab verfügen.

Die Schaffung dieser Einrichtung in den verschiedenen Staaten hat unterschiedliche Ausprägungen hervorgebracht. So kann man die heutigen Erscheinungsformen in drei Typen unterteilen: den Parlamentsbeauftragten, der dem klassischen Modell am nächsten kommt und der dem Parlament verantwortlich ist, den Regierungsbeauftragten[487], der von der Regierung ernannt wird und seine Kontrolltätigkeit in deren Auftrag erfüllt, und den spezialisierten Bürgerbeauftragten[488], dessen Zuständigkeit auf einen bestimmten Kompetenzbereich beschränkt ist.

2. Bedeutung und Funktion

Im modernen Verwaltungsstaat, der aufgrund zunehmender Komplexität für einen nicht unerheblichen Teil der Bevölkerung immer undurchsichtiger und schwieriger verständlich wird, fühlen sich die Bürger schon deshalb zunehmend ungerecht behandelt, weil sie Entscheidungen der Verwaltung nicht oder nur unzureichend verstehen. Auch die Vielzahl von Rechtsmitteln und Rechtsbehelfen kann hieran nichts ändern, denn gerade dem gerichtlichen Rechtsschutz wird – schon wegen des damit verbundenen Kostenrisikos - nicht selten distanzierender Respekt entgegengebracht.[489] Bevorzugt wird vielfach der direkte Weg, gesucht wird ein direkter Ansprechpartner, der seine Hilfeleistung anbietet, der sich als personalisierte Notrufinstanz der Sorgen und Wünsche der Bürger gegenüber Verwaltung und Parlament annimmt.[490] Dieser Vorstellung wird der Bürgerbeauftragte gerecht, wenn er dem Bürger beim Umgang mit der Verwaltung behilflich ist und auf die Recht- und Zweckmäßigkeit des Verwaltungshandelns achtet. Neben diesen Aufgaben des Individualschutzes und der Kontrolle hat der Bürgerbeauftragte moderner Prägung

[487] Z. B. der französische Médiateur (siehe 1. Kapitel, IV.2.e).

[488] Z. B. der Wehrbeauftragte des Deutschen Bundestages.

[489] Uppendahl, in: FS Hennis, 1988, S. 437 (444)

[490] Pietzner, in: EvStL, Bd. II, Sp. 2312 (2313).

die Funktion, Konflikte zu lösen, Reformen anzustoßen und die demokratischen Strukturen des Staates zu repräsentieren.[491]

Im Rahmen der *Kontrollfunktion* trifft den Bürgerbeauftragten die Pflicht, sicherzustellen, daß die staatlichen Behörden die Verfahrensgrundsätze, die ein überparteiliches und gesetzmäßiges Verfahren vorschreiben, und die Grund- und Freiheitsrechte der Beteiligten beachten.[492] Dabei wird der Bürgerbeauftragte in den meisten Ländern nicht nur aufgrund einer Beschwerde, sondern auch aufgrund eigener Initiative tätig. In einigen Ländern kann auch das Parlament den Bürgerbeauftragten bitten oder anweisen, tätig zu werden.[493]

Die *Konfliktlösungsfunktion* trägt der Tatsache Rechnung, daß aufgrund der Komplexität des modernen Verwaltungsstaates und der damit einhergehenden wachsenden Übernahme von Aufgaben durch die öffentliche Hand die Konflikte zwischen „verwaltetem Bürger" und Behörde zunehmen. Das führt dazu, daß die Rechtsmittel – insbesondere die gerichtlichen – vermehrt ausgeschöpft werden. Die Konsequenz sind überlastete Gerichte und langwierige Prozesse. Um dieses Problem zu lösen und aufkommende Frustrationen zu vermeiden, wird dem Bürgerbeauftragten teilweise die Aufgabe zugedacht, im Vorfeld die Konflikte zwischen Bürger und Verwaltung zu entschärfen[494] und auf deren Vermeidung hinzuwirken, indem er frühzeitig auf Fehlentwicklungen und schädliche Tendenzen hinweist.[495]

Auch die jüngsten Tendenzen, die der ständigen Ausweitung von Staatsaufgaben entgegentreten und vom „schlanken Staat" sprechen, der sich auf die notwendigen staatlichen Hoheitsaufgaben konzentrieren soll, werden nicht erreichen, daß die Konflikte ausbleiben. Abgesehen davon, daß die Verschlankung an sich reich an Konfliktstoff ist, werden weiterhin Konflikte zu lösen sein. So sehen etwa eini-

---

[491] Pickl, in: FS Schwind, 1993, S. 193 (196).

[492] Pickl, in: FS Schwind 1993, S. 193 (196).

[493] Vgl. z.B. § 2 Abs. 1 WbG, der dem Deutschen Bundestag ein Weisungsrecht gegenüber dem Wehrbeauftragten einräumt.

[494] Pickl, in: FS Schwind 1993, S. 193 (199).

[495] Hahnenfeld, in: ZRP 1973, S. 60 (60).

ge Verwaltungsreformen die Verkürzung der gerichtlichen Rechtsschutzmöglichkeiten vor,[496] so daß zusätzliche Ansatzpunkte für den außergerichtlichen Rechtsschutz geschaffen werden.

Nimmt der Bürgerbeauftragte eine *Reformfunktion* wahr, so wird er damit präventiv tätig. Der Bürgerbeauftragte soll aus gelösten Konflikten Konsequenzen ziehen und mit dafür Sorge tragen, daß derartige Konflikte nicht noch einmal auftreten, indem strittige Gesetzeslagen geändert oder entschärft werden.[497] Aber auch unabhängig von konkreten Anhaltspunkten kann der Bürgerbeauftragte im Rahmen seiner eigenen Initiativen auf Lücken, Mängel oder Unklarheiten der geltenden Gesetze aufmerksam machen und neue Gesetze oder Ergänzungen bestehender Gesetze anregen. Auch wenn er kein Initiativrecht im Sinne des parlamentarischen Gesetzgebungsverfahrens hat, so ist es dem Bürgerbeauftragten nicht verwehrt, das Parlament auf derartige gesetzestechnische Mißstände hinzuweisen und dadurch eine Gesetzesinitiative des Parlaments auszulösen.

Darüber hinaus ergibt sich in diesem Zusammenhang die Aufgabe des Bürgerbeauftragten, über die einheitliche Rechtsanwendung und –auslegung zu wachen und dafür Sorge zu tragen, daß der Gleichheitssatz insbesondere bei der Ausübung von Ermessen und der Anwendung allgemeiner Rechtsgrundsätze beachtet wird. Dieser Aspekt spielt in den Ländern eine besondere Rolle, die kein kodifiziertes Verwaltungsrecht oder keine Verwaltungsgerichte haben, wie das Vereinigte Königreich und die skandinavischen Staaten. Gerade in diesen Ländern kann der Bürgerbeauftragte, schon weil er durch seine Tätigkeit die vielfältige Praxis der Verwaltung kennt, die Korrektur falscher Verfahrensweisen anraten und Empfehlungen bei falscher Rechtsauslegung und Rechtsanwendung geben, um die Sicherheit und Gleichmäßigkeit der Rechtsanwendung zu sichern.[498]

Schließlich hat der Bürgerbeauftragte eine *demokratiepolitische Repräsentationsfunktion*. Der Staat wird durch seine Verwaltungsorgane repräsentiert. Auch der

---

[496] So z.B. die Reform der VwGO durch das 6. Gesetz zur Änderung der VwGO vom 1. 11. 1996 (BGBl. I S. 1626). Danach sind z.B. die Rechtsmittel zulassungsbedürftig (§§ 124, 132 VwGO).

[497] Pickl, in: FS Schwind 1993, S. 193 (200).

[498] Hansen, S. 136.

Bürgerbeauftragte als eine staatliche Institution repräsentiert den Staat, und durch seine Tätigkeit trägt er dazu bei, die Akzeptanz der Verwaltung – und dadurch des gesamten demokratischen Staatswesens - bei den Bürgern zu erhöhen.[499]

3. Befugnisse

Zur Erfüllung seiner Aufgaben und Funktionen stehen dem Bürgerbeauftragten – mit von Land zu Land unterschiedlicher Ausprägung – verschiedene Befugnisse zu, die ihn dazu ermächtigen, die Verwaltung zu beaufsichtigen und bestimmte Vorgänge zu überprüfen und zu untersuchen.[500] Anhand dieser Befugnisse kann der Bürgerbeauftragte seine Kontrollaufgaben gegenüber der Verwaltung erfüllen und den an ihn adressierten Beschwerden effektiv nachgehen. So stehen ihm regelmäßig umfassende Informations- und Anhörungsrechte gegenüber der Verwaltung und den einzelnen Bediensteten zu. Als abschließendes Reaktionsmittel hat der Bürgerbeauftragte meistens die Möglichkeit, eine Empfehlung öffentlich abzugeben oder dem Parlament seine Untersuchungsergebnisse in einem Bericht vorzulegen. In einigen Staaten kann er Disziplinar-, Straf- oder Verfassungsverfahren einleiten.[501] Bei all seinen Handlungen ist der Bürgerbeauftragte an das geltende Recht gebunden. D.h. seine Empfehlungen und Maßnahmen müssen im Einklang mit den geltenden Gesetzen stehen; er kann keine Lösungen *praeter* oder *contra legem* vorschlagen.[502]

Eine eigene Exekutivbefugnis, die es ihm erlaubte, die umstrittene Verwaltungsmaßnahme aufzuheben, steht dem Bürgerbeauftragten nicht zu. Diese wichtige Einschränkung der Befugnisse des Bürgerbeauftragten ist notwendig, denn ein Vetorecht birgt die Gefahr in sich, Rechte Dritter zu beeinträchtigen. Dies führte dazu, daß dem Dritten gegen den Bürgerbeauftragten ein Klagerecht zustehen

---

[499] Pickl, in: FS Schwind 1993, S. 193 (203).

[500] Hansen, S. 73 bzw. S. 84.

[501] So z. B. in Schweden und Finnland (vgl. 1. Kap. IV.2.a).

[502] Redeker, in: NJW 1967, S. 1297 (1300).

müßte, dieser zur Partei eines Rechtsstreites würde und dadurch seine Überparteilichkeit und Unabhängigkeit verlöre.[503]

Die Effektivität des Bürgerbeauftragten ist zu einem großen Teil von seinen politischen Einflußmöglichkeiten abhängig. Dies setzt wiederum voraus, daß sich der Bürgerbeauftragte auf eine hohe Akzeptanz stützen kann, die sich sowohl auf das Amt selbst als auch auf die Person des jeweiligen Amtsinhabers beziehen muß. Wesentliche Voraussetzung für diese Akzeptanz und die darauf aufbauende Autorität und den damit verbundenen Einfluß eines Bürgerbeauftragten sind dessen Unabhängigkeit, dessen persönliche Eignung und das Vertrauen der öffentlichen Meinung.[504]

4. Dogmatische Einordnung

Eine wichtige und viel diskutierte Frage ist, wo und wie sich das Institut des Bürgerbeauftragten in das Rechtssystem eines demokratischen Rechtsstaates einfügt. Ausgangspunkt ist das klassische Modell Montesquieus, der die öffentliche Gewalt in die drei Bereiche Legislative, Exekutive und Judikative einteilt.[505] Die Idee, die hinter dieser Einteilung steckt, ist, daß die Gewalten voneinander abgegrenzt sind und sich so im positiven Sinne gegenseitig Einhalt gebieten sollen.[506] Auf diese Weise soll ein Kräftegleichgewicht hergestellt werden, welches das Funktionieren des Staates garantiert. In der Praxis demokratischer Staaten des 20. Jahrhunderts ist die Lehre von der Gewaltenteilung weiterentwickelt worden. So macht die parlamentarische Demokratie, in der eine Regierung ihre demokratische Legitimation vom Parlament beziehen muß, eine strikte Trennung in personeller wie funktioneller Hinsicht zwischen Exekutive und Legislative schwerlich möglich.[507] Dennoch hält man an dem System der Gewaltenteilung unter dem Gesichtspunkt der

---

[503] Redeker, in: NJW 1967, S. 1297 (1300).

[504] Marti, in: FS Huber, 1961, S. 174 (182).

[505] Montesqiueu entwickelte diese Lehre in seinem Werk *Über den Geist der Gesetze* (1748). Vgl. v.d.Heydte, in: Staatslexikon (5. Bd.), Sp. 835 (836).

[506] BVerfGE 3, 225 (247).

[507] Vogel, in: Staatslexikon (4. Bd.), Sp. 435.

gegenseitigen Machtbegrenzung und der Kontrolle fest. Gerade der Bürgerbeauftragte ist dazu berufen, diese beiden Aspekte der Kontrolle und der Machtbegrenzung gegenüber der Exekutive zu verfolgen. Daher liegt es nahe, zu prüfen, ob und wie er einem der drei Bereiche zugeordnet werden kann. Zudem bedarf der Bürgerbeauftragte als staatliche Einrichtung seinerseits einer Einordnung in das System der Kontrolle und des Gleichgewichtes, um seinen Einfluß in einer rechtsstaatlich gebotenen Weise zu begrenzen.

Der typische Bürgerbeauftragte vereinigt Elemente in seinem Amt, die unterschiedlichen Bereichen zugeordnet werden können. So verbindet ihn seine kontrollierende Tätigkeit mit der Judikative, die demokratische Legitimation durch das Parlament nähert ihn der Legislative an, und die Überwachung der Verwaltung verbindet ihn mit der Exekutive. Allen Anknüpfungspunkten stehen trennende Elemente gegenüber, die dafür sprechen, daß der Bürgerbeauftragte eben nicht zu der jeweiligen staatlichen Gewalt gehört. Diesen Widerspruch vor Augen wird der Bürgerbeauftragte teilweise als selbständige vierte, „aufsehende“ Gewalt angesehen.[508] Eine solche Lösung ist angesichts der bewährten Dreiteilung und aufgrund der vielfältigen, sich teilweise überschneidenden Aufgaben und Funktionen der hergebrachten staatlichen Gewalten nicht befriedigend. So muß zunächst versucht werden, den Bürgerbeauftragten einer der traditionellen Gewalten zuzuordnen. Das System der Dreiteilung soll gerade auch den Schutz der Bürger vor staatlicher Übermacht gewährleisten und kann insofern kein Widerspruch zum Bürgerbeauftragten sein, der u.a. dem gleichen Zweck dient. Darüber hinaus wird in einem demokratischen Staatswesen die Dreiteilung der Gewalten in sich zwar nicht immer strikt durchgeführt, doch ist sie so komplex und umfassend, daß sie eine vierte Gewalt bzw. eine Einrichtung außerhalb der drei klassischen Gewalten ausschließt. Auch die Kontrollorgane sind daher einem der drei Bereiche zuzuordnen.[509]

Mit der Judikative, dem eigentlichen kontrollierenden Organ innerhalb eines Rechtsstaates, verbindet den Bürgerbeauftragten die Überwachung der Exekutive. Auch die Stellung eines Bürgerbeauftragten, die vor allem auf dessen Unabhängigkeit beruht, ist der eines Richters angenähert. Im Gegensatz zu den Gerichten kann der Bürgerbeauftragte aber keine verbindlichen Entscheidungen erlassen, die

---

[508] Marti, in: FS Huber 1961, S. 174 (186).

[509] Redeker, in: NJW 1967, S. 1297 (1299).

u.U. staatliche Maßnahmen suspendieren können.[510] Gerade diese gestaltende Möglichkeit, die der Judikative zusteht, fehlt dem Bürgerbeauftragten. Darüber hinaus soll der Bürgerbeauftragte insbesondere außerhalb des gerichtlichen Verfahrens, das nicht selten langwierig und kostspielig ist, eine Beschwerdemöglichkeit bieten. Insofern soll er den gerichtlichen Rechtsschutz ergänzen, nicht aber ersetzen.[511] Der Bürgerbeauftragte kann daher nicht der Judikative zugeordnet werden.

In Anbetracht seiner Aufgabe, die Verwaltung zu überwachen, könnte es nahe liegen, den Bürgerbeauftragten der Exekutive zuzurechnen. Das wiederum stände im eklatanten Widerspruch zu seiner Unabhängigkeit, die impliziert, daß der Bürgerbeauftragte außerhalb der Verwaltung steht.[512] Der Bürgerbeauftragte ist gerade nicht eine interne Kontrolleinrichtung, ein Selbstzweck der Verwaltung, sondern er soll zumindest auch ein Vermittler zwischen der Verwaltung und den Bürgern sein, die sich mit ihren Beschwerden an ihn wenden können.[513]

Will man das Amt des Bürgerbeauftragten einer der drei staatlichen Gewalten zuordnen, so bleibt als letzte Möglichkeit die Legislative. Da der Bürgerbeauftragte in einer parlamentarischen Demokratie als Ausdruck der parlamentarischen Souveränität vom Parlament gewählt wird und diesem verantwortlich ist,[514] liegt diese Zuordnung nicht fern. Stellt man auf die Befugnisse dieser staatlichen Gewalt ab, so trifft man zunächst auf die originäre Aufgabe der Parlamente, nämlich die – wie der Begriff der Legislative schon sagt – Rechtsetzung. Mit diesem Bereich verbindet den Bürgerbeauftragten gar nichts, doch nimmt die Volksvertretung auch eine Kontrollfunktion gegenüber der Exekutive wahr. Auch wenn die parlamentarische Kontrolle in der parlamentarischen Demokratie, in der die Spitze der Exekutive, die Regierung, vom Parlament gewählt wird und sich auf die Parlamentsmehrheit stützt, nicht unerheblich relativiert wird, bleibt die außergerichtliche Kontrolle über die Verwaltung eine Domäne des Parlaments. Wenn nun das Parlament eine Person wählt, die Kontrollaufgaben wahrnehmen soll, die grund-

---

[510] Wild, S. 168.

[511] Haller, in: FS Eichenberger 1982, S. 705 (715).

[512] Haller, in: FS Eichenberger 1982, S. 705 (717).

[513] Wild, S. 169.

[514] Pickl, in: FS Schwind 1993, S. 193 (195).

sätzlich in die Zuständigkeit des Parlaments fallen, so ist diese Person bzw. deren Amt zur Legislative zu zählen, weil sie Aufgaben, die ursprünglich der Legislative zugeteilt waren, übernimmt.[515] Im Umkehrschluß heißt dies, daß Einrichtungen, wie der französische Médiateur, der seine Legitimation und seine Aufgaben nicht vom Parlament ableitet, nicht ein Teil der Legislative sein können, sondern der Exekutive zugeordnet werden müssen.[516]

II. Geschichtliche Entwicklung der Einrichtung

1. Schweden

Die Einrichtung des Bürger- oder Parlamentsbeauftragten, des *Ombudsman*, ist schwedischen Ursprungs und hat dort ihre historischen Wurzeln.[517] Die Institution, wie sie auch heute noch mit einigen Abwandlungen besteht, geht auf die schwedische Verfassung vom 6. Juni 1809 zurück, die in § 96 die Einsetzung eines Justizbeauftragten der Reichsstände (*riksens ständers justitieombudsman,* seit 1866 *justitieombudsman*) vorsah. Sein Aufgabenbereich war es zunächst, die Befolgung der Gesetze durch Richter und Beamte zu überwachen und die allgemeinen und individuellen Rechte des Volkes wahrzunehmen.[518]

Schon im 11. Jahrhundert war die Bezeichnung *ombudsman* für den Repräsentanten des Königs auf dem Thing, der verwaltenden und richtenden Versammlung, in den schwedischen Provinzen gebräuchlich.[519] Unmittelbares Vorbild des *Justitieombudsman* war das Amt des *justitiekansler* (Justizkanzler), ein internes Kontrollorgan der Exekutive, ursprünglich in Abhängigkeit des Königs, das seine Anfänge im 16. Jahrhundert hatte und seit 1720 verfassungsrechtlich (Kap. 11 § 6)

---

[515] Im Ergebnis zustimmend: Wild, S. 172; Matthes, S. 106.

[516] Wegen der unterschiedlichen Ausgestaltung der einzelnen Beauftragten und deren Einordnung in das System der Gewaltenteilung siehe Matthes, S. 97-112.

[517] Vgl. zur geschichtlichen Entwicklung des Ombudsman in Schweden: Hahn, in: AöR, 87. Bd., 1962, S. 389-467.

[518] Hahn, in: AöR, 87. Bd., 1962, S. 389 (398); Kastari, in: JöR, Bd. 21, 1972, S. 219 (220).

[519] Hansen, S. 1.

garantiert ist.[520] 1809 räumte der König dem Reichstag das Recht ein, einen Justizbevollmächtigten zu wählen, der als Gegengewicht zum königlichen Justizkanzler und als selbständige Kontrollinstanz dienen sollte.[521]

Mit der Wandlung des Staates hin zur parlamentarischen Monarchie wandelte sich das Aufgabenprofil beider Einrichtungen. Stand beim Ombudsman zunächst die Regierungskontrolle im Vordergrund, kontrolliert er heute die Verwaltung und die Gerichte und bemüht sich als Beschwerdeadressat um individuellen Rechtsschutz[522]; demgegenüber wacht der Justizkanzler heute in erster Linie über die Wahrung des objektiven Rechts.[523] Das zu Beginn diese Jahrhunderts geschaffene Amt des *Riksdagens militieombudsman*, des Wehrbeauftragten, wurde 1968 abgeschafft und der Aufgabenbereich der Militärkontrolle wurde dem Ombudsman unterstellt. Heute gibt es in Schweden vier Justizbevollmächtigte, die verschiedene Aufgabenbereiche innerhalb des gesamten Tätigkeitsbereichs des Ombudsman haben und von denen einer der administrative Vorgesetzte der anderen und des Arbeitsstabes ist.

2. *Vergleichbare historische Einrichtungen*

Wenn auch die heutigen Einrichtungen eines Parlaments- oder Bürgerbeauftragten sich vielfach auf das schwedische Modell zurückführen lassen bzw. dieses zum Vorbild genommen haben, so gab es außerhalb Schwedens ähnliche Einrichtungen.

---

[520] Kastari, in: JöR, Bd. 21, 1972, S. 219 (219); Pietzner, in: EvStL, Bd. II, Sp. 2312 (2313).

[521] Hansen, S. 2; Kastari, in: JöR, Bd. 21, 1972, S. 219 (220).

[522] In Schweden komplettiert der Ombudsman nicht den verwaltungsgerichtlichen Rechtsschutz wie in anderen Ländern, sondern er ersetzt diesen, da Schweden keine Verwaltungsgerichtsbarkeit hat. (Vgl. dazu: 1.Kap. IV.2.a.(1)).

[523] Pietzner, in: EvStL, Bd. II, Sp. 2312 (2313).

a. Sparta

Eine der frühesten Einrichtungen vergleichbarer Art in Europa war das *Ephorat* in Sparta. Dieses fünfköpfige Gremium aus dem 8. Jahrhundert vor Chr. wurde zunächst vom König, später von der Volksversammlung eingesetzt und hatte die Aufgabe, die gesamte Staatstätigkeit – einschließlich derjenigen des Königs – und die Befolgung der Gesetze zu überwachen.[524] Zur Erfüllung dieser Aufgaben hatten sie umfassende kontrollierende und judikative Befugnisse, die lediglich durch die Kürze der Amtszeit (ein Jahr) und durch die Rechenschaftspflicht gegenüber den Amtsnachfolgern eingeschränkt war.[525]

b. Athen

Im benachbarten Athen wurden aus dem Rat der Fünfhundert durch Los zehn *Euthynoi* bestimmt. Ihre Aufgabe bestand in der Überwachung der Gesetzmäßigkeit der Beamtentätigkeit und in der Behandlung von Beschwerden, die Athener und Fremde an sie richten durften.[526]

c. Rom

In Rom wurde zu einem ähnlich frühen Zeitpunkt (494 v. Chr.) das Volkstribunat, *tribuni plebis*, bestehend aus zehn Tribunen, geschaffen, deren Aufgabe es zunächst war, das Volk, die *plebs*, vor Übergriffen des Magistrats zu schützen und die Straf- und Polizeibefugnisse innerhalb des Volkes auszuüben.[527] Ihre Macht war durch gegenseitige Kontrolle beschränkt, doch konnten sie ihre Befugnisse, welche die Aufsicht über die Beamten mitumfaßte, so stark ausdehnen, daß sie schließlich hohe Beamte bis hin zu den Konsuln absetzen konnten.[528] Diese Ent-

---

[524] Hansen, S. 5; Matthes, S. 24.

[525] Matthes, S. 24.

[526] Hansen, S. 5; Matthes, S. 23.

[527] Kübler, S. 85; Söllner, S. 33.

[528] Kübler, S. 87, der aufgrund dieser Machtfülle auf die negative und destruktive Rolle dieser Einrichtung im römischen Staatswesen hinweist (S. 85).

wicklung zeigt, daß das Volkstribunat in seiner Spätphase eher einem Parlament als einer Beschwerdeinstanz glich. Parallelen zu den späteren extrajudiziellen Beschwerdeeinrichtungen lassen sich nur in der ursprünglichen Ausgestaltung diese Gremiums erkennen, als die Volkstribunen das Volk vor Übergriffen der Verwaltung zu schützen hatten.

d. Fränkisches Reich

Im Reich der Merowinger und Karolinger, insbesondere unter Karl dem Großen, spielten die *missi dominici* oder Königsboten in der Verwaltung des Reiches eine bedeutende Rolle.[529] Sie dienten den Interessen der zentralen Reichsverwaltung und zur Beaufsichtigung der Provinzialbeamten, indem sie das Land – aufgeteilt in Missatsprengel – bereisten und Gerichtstage und Versammlungen abhielten, um bestehende Mißbräuche in der Verwaltung der Beamten zu beseitigen.[530] Für jeden Sprengel wurden in der Regel für die Dauer eines Jahres zwei Boten – ein geistlicher und ein weltlicher – ernannt, denen es oblag, die Rechte der Zentralverwaltung wahrzunehmen.[531] Neben dieser Kontrolltätigkeit, die sich auf die gesamte Verwaltung erstreckte, nahmen sie Beschwerden entgegen.[532]

Diese Einrichtung zeigt, daß die Befugnisse der Exekutive und der Judikative nicht sauber von einander getrennt waren und daß es mangels einer kontrollierenden Legislative lediglich personalisierte Kontrollorgane gab, die sowohl exekutiv wie judikativ tätig werden konnten. Schon unter Ludwig dem Frommen, dem Sohn Karls des Großen, büßte das System der *missi dominici* seine Funktionsfähigkeit ein.[533]

[529] Waitz, S. 442.

[530] Conrad, S. 146 f.

[531] Schröder/Künßberg, S. 143; Conrad, S. 147.

[532] Mitteis/Lieberich, S. 107.

[533] Conrad, S. 147.

e. Aragonien und Venedig

Eine weitere historische Einrichtung, die gewisse Parallelen zum schwedischen Ombudsman aufweist, ist neben dem *Justitiat* des Königreichs Aragonien, der die königlichen Beamten überwachte,[534] der *Rat der Zehn* der Republik Venetien. Dieses Gremium überwachte im Interesse der Republik deren Beamten und erfüllte gleichzeitig die Aufgaben des Anklägers und des Strafgerichts.[535] Im Rahmen der Verwaltungskontrolle hatte der Zehnerrat ein Selbsteintrittsrecht.[536]

3. *Staatsphilosophische Ansätze und Hintergründe*

Die historische Entwicklung der Beschwerdeinstanzen zeigt, daß man sich in den unterschiedlichsten Zeiten und in den unterschiedlichsten Ländern Gedanken darüber gemacht hat, wie die Staatstätigkeit überwacht werden konnte. Dieses Thema hat auch die Staatsphilosophen herausgefordert, und einige von ihnen haben sich überlegt, wie der Idealtypus einer solchen Einrichtung aussehen müßte.

In Anlehnung an die Athener Einrichtung der Euthynoi hat *Platon* (427-347 v. Chr.) in seinem Werk über die Gesetze in seinem zwölften Buch Ausführungen darüber gemacht, welche Form eine Kontrollbehörde erhalten sollte, um allen Anforderungen zu genügen.[537] Platon befaßte sich insbesondere mit den Auswahlkriterien für dieses Amt und forderte, daß die dafür ausersehenen Beamten die übrigen an sittlicher Tüchtigkeit überragen müßten.[538] Darüber hinaus befaßt er sich mit der Rechenschaftspflicht[539] und dem Untersuchungsverfahren.[540]

---

534 Hansen, S. 7; Matthes, S. 26.

535 Matthes, S.27.

536 Hachert, S. 55.

537 Apelt, S. 478 ff. (484).

538 Apelt, S. 485.

539 Apelt, S. 486.

540 Apelt, S. 488.

Zu Beginn der Neuzeit griff der Naturrechtslehrer Johannes *Althusius* (1557-1638) die Idee der spartanischen Ephoren in seinem Werk *Politica methodice digesta et exemplis sacris et profanis illustra* wieder auf. Althusius wies ihnen eine umfassende Kontrollfunktion gegenüber der Staatsgewalt zu. So sollten sie die Staatsgewalt konstituieren, sie verteidigen und sie daraufhin kontrollieren, ob sie sich in den Grenzen ihrer Vorgaben hielten.[541] Angesichts dieser Aufgabenfülle, insbesondere der Konstitution und Kontrolle der Staatsgewalt, erinnert das Aufgabenprofil, das Althusius diesem Gremium zudachte, eher an das eines Parlaments nach heutigem Verständnis.

Blieb dieser Ansatz zunächst unbeachtet, so griff ihn Johann Gottlieb *Fichte* (1762-1814) in seinem Werk *Grundlage des Naturrechts nach Principien der Wissenschaftslehre* wieder auf. Fichte sah die Notwendigkeit einer Kontrollinstanz, die in völliger Unabhängigkeit zur Exekutive diese überwacht.[542] Im Falle von Mißständen im Bereich der Exekutive sollte das Ephorat zunächst in Verhandlungen mit der Exekutive diese zur Beseitigung der Mißstände bewegen. Erst wenn dies nicht möglich sei, sollte das Ephorat kraft des ihm zustehenden Rechts die öffentliche Gewalt suspendieren (Recht zum Staatsinterdikt).[543]

Dieses Modell zeigt, daß es aus einer Zeit heraus geboren war, in der es keine funktionierende Verwaltungsgerichtsbarkeit gab, denn in einem modernen Staatswesen muß grundsätzlich jeder hoheitliche Akt gerichtlich überprüfbar sein. Nach dem heutigen Staatsverständnis obliegt die Kontrolle der Exekutive den beiden anderen Gewalten, der Legislative und der Judikative, so daß grundsätzlich gewährleistet ist, daß Individualrechte nicht gegenüber der Staatsgewalt untergehen.

Eine weitere theoretische Beschäftigung mit dem Institut einer Kontrollinstanz findet sich bei Jean Jaques *Rousseau* (1712-1778), einem der Protagonisten der französischen Aufklärung. In seinem Werk *Du Contrat Social* (*ou Principes du*

---

541 Reibstein, S. 231 f.

542 Matthes, S. 30.

543 Matthes, S. 30.

Droit Politique),[544] einer politischen Utopie, widmete Rousseau das fünfte Kapitel des vierten Buches der Einrichtung eines Tribunates. Die Grundvorstellung dieses Tribunates orientierte sich sowohl an den spartanischen Ephoren wie an dem römischen Volkstribunat.[545] Aufgabe dieses Tribunates sollte es sein, einen Ausgleich zwischen Volk und Obrigkeit zu schaffen und diese wechselseitig voreinander zu schützen.[546] Darüber hinaus sollte das Gremium die Gesetze und die gesetzgebende Gewalt überwachen[547] und die Exekutive mäßigen, selbst aber keine Exekutiv- oder Legislativbefugnisse erhalten, da dies zur Tyrannei führte.[548] Diese Einschränkung zeigt, daß Rousseau um die Schwächen des römischen Volkstribunates in dessen Spätzeit und um deren negative Auswirkungen auf das römische Staatswesen wußte und diese Auswüchse ausschließen wollte. Das Tribunat im Sinne Rousseaus hat mit den kontrollierenden Bürger- oder Parlamentsbeauftragten heutiger Prägung deutliche Ähnlichkeit. So steht bei beiden die Kontrolle der Exekutive im Vordergrund. Eigene Exekutivbefugnisse hingegen fehlen beiden.

Dieser kurze Abriß zeigt, daß der Bürger- oder Parlamentsbeauftragte heutiger Prägung in einer rechtphilosophischen Tradition steht. Ein Vergleich mit den historischen Vorbildern macht deutlich, daß die großen Denker ihrer Zeit jeweils voraus waren oder aber, daß sich ihre theoretischen Vorstellungen nicht in die Praxis umsetzen ließen. Bis heute ist die Kontrolle der Exekutive in jedem Rechtsstaat ein wichtiges Anliegen. Ein Blick auf die Kontrollinstanzen heutiger Prägung zeigt, daß Erfahrungen aus der Vergangenheit und theoretische Betrachtungen neben praktischen Anforderungen, die sich am modernen Verwaltungsstaat orientieren, bei der konkreten Ausgestaltung Berücksichtigung gefunden haben.

---

[544] Der Gesellschaftsvertrag, 1762. Kernthema dieses Werkes ist die Frage, wie das Postulat unverzichtbarer menschlicher Freiheit mit dem Erfordernis politischer Herrschaft in Einklang gebracht werden kann. (Forschner, in: Staatslexikon, 4. Bd., Sp. 946 (947)).

[545] Matthes, S. 29.

[546] Rousseau, Der Gesellschaftsvertrag, Buch IV, Kap. 5.

[547] Rousseau, S. 172.

[548] Rousseau, S. 173.

II. Allgemeines zum Europäischen Bürgerbeauftragten

1. Entstehungsgeschichte

Wie die Entwicklung des Petitionsrechts und des Petitionsausschusses des Europäischen Parlaments zeigt, hat man sich innerhalb der Europäischen Gemeinschaft schon früh darüber Gedanken gemacht, wie man zur Akzeptanz der Gemeinschaft bei den Bürgern der Mitgliedstaaten beitragen könne. In Art. 1 Abs. 2 (ex-Art. A Abs. 1 UAbs. 2) EU-Vertrag ist die Bürgernähe ausdrücklich erwähnt. Bei den Möglichkeiten, um dieses Ziel zu erreichen, hat sich die Gemeinschaft an den bewährten Instrumenten der Mitgliedstaaten orientiert, in deren Rechtstraditionen sie steht.

Vor dem Hintergrund, daß die Institution des Bürgerbeauftragten in einigen Mitgliedstaaten auf eine längere Tradition zurückblicken kann und in anderen Mitgliedstaaten ein solches Amt neu geschaffen wurde, kam in den 70er Jahren[549] die Diskussion um die Einführung eines Ombudsman auf der Ebene der Europäischen Gemeinschaften auf, die sich zunächst in Anfragen von Abgeordneten artikulierte.[550] Die Europäische Konservative Fraktion im Europäischen Parlament griff dieses Thema auf und schlug in einem Schreiben an den Parlamentspräsidenten[551] vom 20. 1. 1978 die Schaffung einer Arbeitsgruppe vor, die sich mit der Frage eines Ombudsman auf Gemeinschaftsebene befassen sollte.

---

[549] Ausschlaggebend war, daß zum Jahreswechsel 1969/70 die Übergangszeit der EG beendet wurde und der Eintritt in die Endphase des Gemeinsamen Marktes erfolgte. In diesem Zusammenhang erwartete man eine starke Zunahme der Rechtsetzungstätigkeit, die einen besonderen Schutz der Rechtspositionen der Marktbürger erforderlich machen werde (Hummer, Stellung und Funktion des Bürgerbeauftragten, S. 5).

[550] ABl. Nr. C 55 vom 7. 3. 1975, S. 13 (Abg. Lord O'Hagan, Anfrage 562/74); ABl. Nr. C 86 vom 17. 4. 1975, S. 54 (Abg. O'Hagan, Anfrage an die Kommission, 663/74); ABl. Nr. C 50 vom 28. 2. 1977, S. 42 (Abg. Dondelinger, Anfrage an die Kommission, 150/76); ABl. Nr. C 70 vom 21. 3. 1977, S. 14 (Abg. Dondelinger, Anfrage an den Rat, 751/76).

[551] PE 52 301/Präs.

Dieser Vorschlag wurde an den Rechtsausschuß, den Politischen Ausschuß und den Ausschuß für Geschäftsordnung und Petitionen des Europäischen Parlaments überwiesen. Auf der Grundlage eines Berichtes des Abgeordneten Holst[552] befürwortete der Politische Ausschuß in einem Schreiben vom 28. 10. 1978[553] grundsätzlich die Einsetzung eines Ombudsman und regte weitere Untersuchungen an. Beim Ausschuß für Geschäftsordnung und Petitionen blieb es bei einem Entwurf einer Stellungnahme[554], in der dafür plädiert wurde, zunächst die Rechte dieses Ausschusses im Zusammenhang mit Petitionen zu stärken, bevor die Einführung eines Ombudsman erwogen werde. Zudem wurden Zweifel an der Befugnis des Parlaments geäußert, eine solche Einrichtung zu schaffen. Der Rechtsausschuß befürwortete in seinem Bericht die Schaffung eines Ombudsman für die Europäischen Gemeinschaften.[555]

Auf der Grundlage dieses Berichtes verabschiedete das Europäische Parlament am 11. 5. 1979 eine Entschließung, in der es die Einsetzung eines Ombudsman für die Gemeinschaft forderte.[556] Nach Meinung des Parlaments war dies wünschenswert, weil das Gemeinschaftsrecht einen immer stärkeren Einfluß auf die Bürger der Mitgliedstaaten ausübe und „die Rechtsbehelfsmöglichkeiten der Bürger gegenüber Handlungen der Behörden im Rahmen der Verwaltung des Gemeinschaftsrechts nicht immer ausreichend" seien.[557] Um dieser Problemlage abzuhelfen, solle ein Parlamentsbeauftragter eingesetzt werden, dessen Aufgabe es sein

---

[552] PE 53 447.

[553] Dok. 29/79.

[554] PE 54 056. Es blieb bei einem Entwurf, weil sich der Ausschuß nicht weiter damit befaßte und der Entwurf durch die spätere Parlamentsentschließung vom 11. 5. 1979 „überholt" wurde.

[555] Dok. 29/79 (Bericht des Abg. Sir Derek Walter-Smith). In einem weiteren Dokument (PE 56 100) hatte der Abg. Sir Walter-Smith bezweifelt, daß das Petitionsverfahren eine sorgfältige und eingehende Prüfung von Beschwerden gewährleiste.

[556] ABl. Nr. C 140 vom 5. 6. 1979, S. 153 f. Vgl. zur Debatte im Parlament: Dok. A2-79/89/Anl. (Anlage zum Bericht des Abg. Chanterie vom 25. 4. 1989), S. 11. Darin wird insbesondere von den Abgeordneten des Petitionsausschusses vorgetragen, daß der Petitionsausschuß die Aufgaben eines Ombudsman wahrnehme.

[557] ABl. Nr. C 140 vom 5. 6. 1979, S. 153 f., 2. und 3. Erwägungsgrund.

solle, „Beschwerden im Namen des Gemeinschaftsbürgers zu prüfen und ihn über die vorhandenen Rechtsbehelfe zu belehren".[558]

Daraufhin – insbesondere auf die in Ziffer 2 der Entschließung vom 11. 5. 1979 enthaltene Anweisung[559] hin - wurden im Auftrag des Ausschusses für Geschäftsordnung und Petitionen vom 23. 4. 1981 zwei Arbeitsdokumente erstellt, die sich mit den Problemen befaßten, die bei Einführung eines Ombudsman oder Parlamentsbeauftragten zu lösen wären.[560] Während der Berichterstatter die Idee eines Europäischen Ombudsman unterstützte und die Einsetzung eines solchen auf der Grundlage eines interinstitutionellen Übereinkommens propagierte,[561] sprach sich in der anschließenden ausschußinternen Debatte vom 1. 2. 1984 die Mehrheit der Ausschußmitglieder gegen die Schaffung eines Parlamentsbeauftragten aus.[562] Insbesondere wurde die Notwendigkeit einer zusätzlichen Beschwerdeinstanz neben dem Petitionsausschuß und dem Gerichtshof bezweifelt.[563] Statt dessen sprach man sich mehrheitlich dafür aus, den vorhandenen Ausschuß mit weitergehenden Befugnissen und effektiveren Möglichkeiten auszustatten.[564]

In einem anschließenden Bericht des Ausschusses für Geschäftsordnung und Petitionen[565] unterstrich der Ausschuß wiederum, daß er dem praktizierten Ausschußmodell bei der Behandlung von Petitionen gegenüber dem Ombudsman-Modell den Vorzug gebe.[566] In einer Stellungnahme zum Chanterie-Bericht kam

---

[558] ABl. Nr. C 140 vom 5. 6. 1979, S. 153 f., Ziff. 1.

[559] „...beauftragt seinen Ausschuß für Geschäftsordnung und Petitionen, einen Bericht darüber vorzulegen, nach welchem Verfahren die Einsetzung des Parlamentsbeauftragten erfolgen soll und wie seine Zuständigkeiten im Verhältnis zu denen des Ausschusses für Geschäftsordnung und Petitionen festgelegt werden sollen;", ABl. Nr. C 140 vom 5. 6. 1979, S. 153.

[560] Berichte des Abg. van Minnen, PE 78.116, PE 84.068.

[561] PE 84.068.

[562] Vgl. dazu die Zusammenfassung der Debatte in Dok. A2-79/89/Anl. (PE 130.219/endg./Anl.), S. 14-16.

[563] Dok. A2-79/89/Anl., S. 15.

[564] Dok. A2-79/89/Anl., S. 16.

[565] Dok. A2-41/85 vom 28. 5. 1985 „Zwischenbericht über die Stärkung des Rechts der Bürger, beim Europäischen Parlament Petitionen einzureichen" (Abg. Chanterie).

[566] Dok. A2-41/85, S. 8.

der Ausschuß für Recht und Bürgerrechte ebenfalls zu dem Schluß, daß sich die Struktur der Gemeinschaft nicht für eine einfache Übernahme des Ombudsman eigne, da dieser durch das Vertragswerk zu sehr gebunden und dadurch in seiner Effizienz stark eingeschränkt wäre.[567] Wenn der Ausschuß auch zum damaligen Zeitpunkt dem „Ausschußmodell" den Vorzug gab, so wies er doch darauf hin, daß die Einrichtung eines Ombudsman im Rahmen einer Europäischen Union in Erwägung gezogen werden könne.[568] Der politische Ausschuß äußerte in seiner Stellungnahme zum bereits erwähnten Bericht des Abgeordneten Chanterie[569] keine Präferenzen zugunsten des „Ausschuß-Modells" oder der Einrichtung eines Bürgerbeauftragten.[570]

Vorläufiger Schlußpunkt dieser Diskussion war eine Entschließung des Parlaments[571] auf der Grundlage des Berichts des Abgeordneten Chanterie[572], in der das Parlament forderte, das Petitionsrecht der Bürger zu stärken, und sich in den Erwägungen gegen die Institution eines Bürgerbeauftragten auf Gemeinschaftsebene aussprach, da die Unterschiede zwischen den nationalen Rechtsordnungen und der EG-Rechtsordnung dies nicht gestatteten.[573] Hintergrund dieser Entschließung war, daß das Parlament annahm – wie sich später herausstellte, zu recht -, der spätere „Adonnino-Bericht" des Rates[574], der sich u.a. mit der Stärkung der Rechte der Bürger befaßte, werde die Einrichtung eines Bürgerbeauftragten auf EG-Ebene vorschlagen.

---

[567] Bericht der Abg. Vayssade vom 15. 5. 1985, Dok. A2-79/89/Anl. (PE 130.219/endg./Anl.), S. 4.

[568] Dok. A2-79/89/Anl., S. 5.

[569] A2-41/85

[570] Bericht der Abg. Lady Ellis vom 3. 3.1986, Dok. 79/89/Anl. (PE 130.219/endg./Anl.), S. 20.

[571] ABl. Nr. C 175 vom 15. 7. 1985, S. 273.

[572] Dok. A2-41/85.

[573] ABl. Nr. C 175 vom 15. 7. 1985, S. 273, Erwägung G.

[574] Europa der Bürger, Bulletin der Europäischen Gemeinschaften, Beilage 7/85. Auf S. 21 schlägt der Bericht die Ernennung eines europäischen Bürgerbeauftragten vor, beläßt die Entscheidung darüber aber dem Parlament.

Nachdem daraufhin die Diskussion um die Einführung eines Ombudsman oder Parlamentsbeauftragten zunächst ruhte,[575] wurde sie 1990 mit den Vorschlägen des spanischen Ministerpräsidenten[576], eine Unionsbürgerschaft einzuführen, und mit den beginnenden Verhandlungen über einen Unionsvertrag, den späteren Vertrag von Maastricht, wieder aufgenommen. Die spanische Initiative beinhaltete einen Katalog von speziellen Rechten für die Unionsbürger, die anhand besonderer, zu schaffender Gremien zu schützen wären.[577] Die dänische Delegation legte im März 1991 Entwürfe von Vertragsartikeln über die Ernennung eines Bürgerbeauftragten vor.[578] Zuvor hatte die spanische Delegation eine Vorlage in die Regierungskonferenz eingebracht, die substantielle Rechte der Unionsbürger und deren Schutz durch jeweils einen nationalen Bürgerbeauftragten auf der Ebene der Mitgliedstaaten vorsah.[579] Die Entwürfe der luxemburgischen und der niederländischen Präsidentschaft, die für einen parlamentarischen Bürgerbeauftragten auf europäischer Ebene plädierten,[580] haben sich schließlich im Vertrag von Maastricht durchsetzen können.

Das Europäische Parlament reagierte auf diese Ansinnen zunächst ablehnend. So machte der Bericht des Petitionsausschusses für 1990/91, den das Parlament als Entschließung am 14. 6. 1991 verabschiedete, deutlich, daß das Parlament die Ein-

---

[575] In der „Erklärung der Grundrechte und Grundfreiheiten" durch das Europäische Parlament vom 12. 4. 1989 (ABl. Nr. C 120 vom 16. 5. 1989, S. 51) ist von einem Bürgerbeauftragten keine Rede; lediglich das Petitionsrecht wird in Art. 23 genannt.

[576] Brief des damaligen spanischen Ministerpräsidenten Felipe Gonzales vom 4. 5. 1990 an die übrigen Mitglieder des Rates. Diesem Brief folgte am 24. 9. 1990 eine diplomatische Note der spanischen Delegation in der Regierungskonferenz zu Fragen der Unionsbürgerschaft mit dem Titel „Der Weg zur Europäischen Union".(Marias, Der Europäische Ombudsmann, S. 3).

[577] Marias, Der Europäische Ombudsmann, S. 1, 3; ausführlich zu dieser Entwicklung: Hummer, Stellung und Funktion des Bürgerbeauftragten, S. 18-20.

[578] Europäischer Bürgerbeauftragter, Jahresbericht 1995, S. 8. Dem war ein Memorandum der dänischen Regierung vom 4. 10. 1990 vorausgegangen (Marias, Der Europäische Ombudsmann, S. 3).

[579] Hummer, Stellung und Funktion des Bürgerbeauftragten, S. 19 f. Der Vorschlag der Kommission beinhaltete ebenfalls eine gemeinschaftsrechtliche Verpflichtung zur Schaffung nationaler Bürgerbeauftragter (Hummer, a.a.O.).

[580] Agence Europe Nr. 1722/23 vom 5. 7. 1991, S. 16, und Nr. 1746/1747 vom 20. 11. 1991, S. 13.

setzung eines Bürgerbeauftragten ablehnte, da eine solche Einrichtung die Befugnisse des Parlaments schwächte und die Arbeit des Petitionsausschusses beeinträchtigte. Dem Petitionsausschuß wurde als alleiniger extrajudizieller Beschwerdeeinrichtung auf Gemeinschaftsebene der Vorzug gegeben.[581] Nicht ein Jahr später, am 7. 4. 1992, hingegen begrüßte das Europäische Parlament die Einführung eines Europäischen Bürgerbeauftragten.[582]

Im Rahmen des Maastricht-Vertrages vom 7. 2. 1992 wurden die Art. 8d und 138e (jetzt Art. 21 und 194) in den revidierten EG-Vertrag mit Wirkung zum 1. 11. 1993 eingefügt, welche die Schaffung des Amtes eines Bürgerbeauftragten primärrechtlich festlegen. Indem der Vertrag diese neue Institution neben dem bestehenden Petitionsrecht vorsieht, hat er sich für ein Parallelmodell von Ausschuß und Bürgerbeauftragten entschieden.

Das Parlament reagierte auf diese Entwicklung, indem es am 9. 3. 1992 den Institutionellen Ausschuß mit der Ausarbeitung eines Berichtes zu diesem Thema beauftragte.[583] Dieser Bericht bildete den Ausgangspunkt und die Grundlage der „Regelungen und allgemeinen Bedingungen für die Ausübung der Aufgaben des Bürgerbeauftragten“[584], die als „Ausführungsgesetz“ gem. Art. 195 Abs. 4 (ex-Art. 138e Abs. 4) EG-Vertrag den Umfang der Befugnisse zur Durchführung von Untersuchungen durch den Bürgerbeauftragten beschreiben und Anforderungen an Amt und Person des Bürgerbeauftragten normieren. Der Bericht unterteilte sich in einen Entschließungsantrag, einen entsprechenden Beschlußentwurf zu den Regelungen zum Bürgerbeauftragten und eine Begründung. Als Zweck des Amtes eines

---

[581] Entschließung zu den Beratungen des Petitionsausschusses im Parlamentsjahr 1990-91, ABl. Nr. C 183 vom 15. 7. 1991, S. 448 (449, Ziff. 10 und 11). Unterstützung fand das Parlament bei den nationalen Bürgerbeauftragten und den nationalen Petitionsausschüssen, die massive Bedenken gegen die Einführung eines europäischen Bürgerbeauftragten äußerten (A3-0122/91 vom 19. 3. 1991, S. 18 f.).

[582] Entschließung zu den Ergebnissen der Regierungskonferenz, ABl. Nr. C 125 vom 18. 5. 1992, S. 81 (84, Ziff. 4).

[583] Bericht des Institutionellen Ausschusses über die Stellung des europäischen Bürgerbeauftragten und die Bedingungen für die Ausübung seiner Aufgabe (Abg. Bindi), A3-0298/92 (PE 200.788/endg.) vom 14. 10. 1992.

[584] ABl. Nr. L 113 vom 4. 5. 1994, S. 15.

Bürgerbeauftragten wurde insbesondere die Überwindung der „Bürgerferne" und des Bürokratismus der europäischen Institutionen genannt.[585] Der Bürgerbeauftragte sollte den Bürgern die Möglichkeit geben, außerhalb eines teuren Gerichtsverfahrens ihre Rechte gegenüber der EU-Verwaltung durchzusetzen. Der Bericht erläuterte die dem Bürgerbeauftragten zugedachten Befugnisse und entwarf ein bestimmtes Untersuchungsverfahren, das dem später beschlossenen sehr nahe kommt.[586] Besondere Aufmerksamkeit wurde dem Verhältnis zum Petitionsausschuß gewidmet. Danach sollten vor allem politische Fragen in die Zuständigkeit des Petitionsausschusses fallen.[587] Abschließend befaßte sich der Bericht mit der Stellung des Bürgerbeauftragten, die der eines Richters am Europäischen Gerichtshof entsprechen sollte.[588]

Zu dem oben genannten Bericht hat der Ausschuß für Grundfreiheiten und innere Angelegenheiten Stellung genommen.[589] Dieser Bericht unterstützte grundsätzlich die Linie des Berichtes der Abgeordneten Bindi[590], machte aber einige Änderungsvorschläge. Insbesondere betonte er die Rolle des Bürgerbeauftragten als Bindeglied zwischen Bürger und Verwaltung und dessen Schutzfunktion gegenüber der Verwaltung.[591] Die Stellungnahme des Petitionsausschusses befaßte sich insbesondere mit dem Verhältnis von Bürgerbeauftragtem und Petitionsausschuß.[592] Danach sollten deren Tätigkeiten sich weder überschneiden noch konkurrieren, sondern beide Institutionen sollten ergänzend tätig werden, was eine entsprechende Zusammenarbeit voraussetzte.[593] In seinen Schlußfolgerungen forderte der Bericht u.a., daß die vermittelnden Tätigkeiten zwischen Parlament und Bürgerbeauftragtem vom Petitionsausschuß wahrgenommen werden sollten.[594]

---

585 Dok. A3-0298/92, S. 12.

586 Dok. A3-0298/92, S. 14-16.

587 Dok. A3-0298/92, S. 14.

588 Dok. A3-0298/92, S. 17.

589 Bericht des Abg. Ramirez-Heredia vom 23. 9. 1992, A3-0298/92, S. 19-21.

590 Dok. A3-0298/92

591 Dok. A3-0298/92, S. 20.

592 Bericht des Abg. Gutiérrez Díaz vom 23. 9. 1992, A3-0298/92 (PE 200.788/endg.), S. 22-27.

593 Dok. A3-0298/92, S. 23.

594 Dok. A3-0298/92, S. 27.

Am 1. 11. 1993 trat der Vertrag von Maastricht in Kraft und damit wurde Art. 138e (jetzt Art. 195) EG-Vertrag geltendes Recht in der Gemeinschaft. Bis zur Ernennung eines Bürgerbeauftragten und damit zur tatsächlichen Möglichkeit, von diesem Beschwerderecht Gebrauch zu machen, bedurfte es aber noch einiger Schritte. Am 17. 11. 1993 veröffentlichte das Europäische Parlament einen „Entwurf eines Beschlusses des Europäischen Parlaments über die Regelungen und allgemeinen Bedingungen für die Ausübung der Aufgaben des Bürgerbeauftragten“[595]. Am 7. 2. 1994 faßte der Rat den gem. Art. 195 Abs. 4 (ex-Art. 138e Abs. 4) EG-Vertrag erforderlichen entsprechenden Billigungsbeschluß[596]. Am 9. 3. 1994 verabschiedete das Parlament die Regelungen den Bürgerbeauftragten betreffend per Beschluß[597], so daß diese rechtsverbindlich wurden.[598]

Am 30. 7. 1994 veröffentlichte das Europäische Parlament einen „Aufruf zur Einreichung von Bewerbungen im Hinblick auf die Ernennung des europäischen Bürgerbeauftragten“[599], in dem es unter Angabe der Rechtsgrundlagen und der Voraussetzungen, die an die Person und an die Bewerbung gestellt wurden, dazu aufforderte, Bewerbungen bis zum 23. 9. 1994 an den Parlamentspräsidenten zu richten. Der Parlamentspräsident übermittelte daraufhin dem Petitionsausschuß sechs Kandidatennamen. Der Petitionsausschuß hörte diese Kandidaten in seiner Sitzung am 5./6. 10. 1994 an. Dieses erste Verfahren führte zu keiner Wahl, weil sich der Petitionsausschuß entgegen Art. 159 GOEP a.F., der verlangte, daß der Ausschuß dem Plenum einen Kandidaten vorschlüge, nicht auf einen solchen einigen konnte.[600]

---

[595] ABl. Nr. C 329 vom 6. 12. 1993, S. 136-141.

[596] ABl. Nr. L 54 vom 25. 2. 1994, S. 25.

[597] ABl. Nr. C 91 vom 28. 3. 1994, S. 60.

[598] ABl. Nr. L 113 vom 4. 5. 1994, S. 15-18.

[599] ABl. Nr. C 210 vom 30. 7. 1994, S. 21.

[600] Jahresbericht des Petitionsausschusses 1994-95 (Abg. Kuhn) vom 22. 6. 1995, A4-0151/95 (PE 212.500/endg.), S. 9. Die Kandidaten Alber und Gil-Robles y Gil-Delgado erhielten jeweils die gleiche Stimmenzahl, und für eine solche Pattsituation sah Art. 159 GOEP a.F. keine Lösung vor. Im weiteren Verlauf der Wahl traten zwischen den einzelnen politischen Gruppen deutliche Differenzen auf, die darauf hinweisen, daß das Parlament dem neuen Amt eine erhebliche politische Bedeutung beimißt (Hummer, Stellung und Funktion des Bürgerbeauftragten, S. 29-37).

Unabhängig davon verabschiedete der Ausschuß in seiner Sitzung am 23./24. 10. 1994 einen weiteren „Bericht über die Rolle des vom Europäischen Parlament ernannten Europäischen Bürgerbeauftragten“[601]. In diesem Bericht wurde betont, daß der Bürgerbeauftragte zum Schutz der Bürger vor mißbräuchlicher Verwaltung und zur Verbesserung der Beziehungen der Bürger zur europäischen Verwaltung beitragen solle.[602] Bei dieser Aufgabe solle er von allen europäischen Institutionen die benötigte Unterstützung erfahren[603] und eng mit dem Parlament – insbesondere mit dem Petitionsausschuß – zusammenarbeiten.[604] In der Begründung ging der Bericht darauf ein, daß die GOEP in den Art. 159-161 Änderungen erfahren hat. Der Bericht erläuterte ausführlich die Anforderungen, die an die Person des Bürgerbeauftragten zu stellen sind, und er befaßte sich mit dem Verhältnis zwischen Bürgerbeauftragtem und Petitionsausschuß.[605]

Nach Änderung der anwendbaren Vorschriften, insbesondere des Art. 159 GOEP,[606] wurde am 23. 5. 1995 ein erneuter Aufruf veröffentlicht.[607] Am 12. 7. 1995 wählte das Parlament den Kandidaten der SPE, den früheren finnischen Minister und Bürgerbeauftragten Jacob Magnus Söderman,[608] zum ersten Europäi-

---

[601] Bericht des Abg. Newman, A4-0083/94 (PE 209.768/endg.).

[602] A4-0083/94, S. 5, Ziff. 1.

[603] A4-0083/94, S. 5, Ziff. 6.

[604] A4-0083/94, S. 5, Ziff. 4.

[605] A4-0083/94, S. 7 ff.

[606] Die Änderung erfolgte auf der Grundlage des sog. „Dritten Bericht Fayot“ (A4-0094/95 vom 16. 5. 1995), dem zwei Berichte des Abg. Fayot (A4-0085/94 und A4-0024/95) vorausgegangen waren, die jedoch nicht die Mehrheit des Plenums erreichten.

[607] ABl. Nr. C 127 vom 23. 5. 1995, S. 4.

[608] Herr Söderman wurde im dritten Wahlgang mit 241 von 468 Stimmen gewählt. Unterlegener Kandidat mit 221 Stimmen war der Kandidat der EVP-Fraktion, Siegbert Alber, MEP. Herr Söderman ist Lizenziat in Rechtswissenschaften und war zuvor finnischer Minister für Justiz, Soziales und Gesundheit, Parlamentsabgeordneter, Gouverneur der Provinz Uusimaa und Mitglied des Staatsgerichtshofes. Seit 1989 war er Ombudsman des finnischen Parlaments.

schen Bürgerbeauftragten.[609] Am 27. 9. 1995 wurde Herr Söderman vor dem Gerichtshof in Luxemburg feierlich vereidigt.[610]

Unmittelbar nach seiner Vereidigung nahm Herr Söderman seine Arbeit an seinem Amtssitz in Straßburg im Palais de l'Europe auf. Am 22. 4. 1996 veröffentlichte er seinen ersten Jahresbericht[611].

2. Rechtsgrundlagen

Das Amt des Europäischen Bürgerbeauftragten erhält seine Ausgestaltung durch verschiedenen Rechtsnormen. Zunächst und in erster Linie beruht das Amt auf den relativ ausführlichen primärrechtlichen Regelungen des Art. 195 (ex-Art. 138e) EG-Vertrag. Hinzukommen die Art. 159-161 GOEP und als Ausführungsbestimmungen zu Art. 195 Abs. 4 (ex-Art. 138e Abs. 4) EG-Vertrag die „Regelungen und allgemeinen Bedingungen für die Ausübung der Aufgaben des Bürgerbeauftragten"[612] – im folgenden als *Statut* bezeichnet -, die nach Stellungnahme der Kommission von Rat und Parlament verabschiedet wurden.[613] In Art. 14 des Statuts wird der Bürgerbeauftragte dazu ermächtigt, Durchführungsbestimmungen zu

---

[609] Ernennungsbeschluß in ABl. Nr. L 225 vom 22. 9. 1995, S. 17.

[610] Im Juli 1995 versuchte ein weiterer Bewerber um das Amt des Bürgerbeauftragten, Giorgio Bernardi, dessen Bewerbung an den notwendigen Unterstützungsunterschriften von 29 Abgeordneten aus mindestens zwei Ländern gescheitert war, die Ernennung von Herrn Söderman per Antrag auf Erlaß einer einstweiligen Anordnung gem. Art. 186 EG-Vertrag zu stoppen, da er die Rechtmäßigkeit des Bewerbungsverfahrens und die damit einhergehende Ablehnung seiner Bewerbung anzweifelte. Mangels Darlegung der Dringlichkeit und mangels überragender eigener Interessen des Antragstellers wurde der Antrag zurückgewiesen. EuG, Rs. T-146/95 R, Beschluß vom 18. 8. 1995, Slg. II, S. 2256-2264.

[611] Dok. A4-0176/96 (PE 217.098/endg.).

[612] ABl. Nr. L 113 vom 4. 5. 1994, S. 15.

[613] Im Rahmen des Rechtsetzungsverfahrens kam dem Parlament ausnahmsweise ein echtes Initiativrecht zu, da es dem Rat einen eigenen Gesetzesentwurf vorlegen durfte und sich nicht darauf beschränken mußte, Vorlagen der Kommission lediglich zu ändern. (Haag, in: v.d.Groeben/Thiesing/Ehlermann, Art. 138e Rn. 3).

den Regelungen zu schaffen, die der Bürgerbeauftragte am 16. 10. 1997 zum 1. 1. 1998 erlassen hat und die das Beschwerdeverfahren in Übereinstimmung mit den höherrangigen Normen detailliert regeln. Auf diesen verschiedenen Vorschriften basiert das Amt des Bürgerbeauftragten. Danach bestimmen sich seine Aufgaben und seine Befugnisse.

3. Inhalt des Art. 195 (ex-Art. 138e) EG-Vertrag

Inhaltlich umfaßt Art. 195 (ex-Art. 138e) EG-Vertrag zwei Aspekte: das individuelle Beschwerderecht und die Kontrolle der Tätigkeit der Organe und Einrichtungen der Gemeinschaft. Art. 195 (ex-Art. 138e) EG-Vertrag garantiert ausdrücklich das Recht eines bestimmten Personenkreises, sich mit Beschwerden an den Bürgerbeauftragten zu wenden. Darin enthalten ist ein Diskriminierungsverbot, das sich an die gesamte öffentliche Gewalt der EG, d.h. der Mitgliedstaaten und der Gemeinschaft richtet, und das besagt, daß den Personen, die von dem Recht des Art. 195 (ex-Art. 138e) EG-Vertrag Gebrauch machen, dadurch oder aufgrund dessen keine Nachteile entstehen dürfen. Den in Art. 195 (ex-Art. 138e) EG-Vertrag Berechtigten steht aus dieser Vorschrift ein subjektives öffentliches Recht zu, den Bürgerbeauftragten ungehindert anzurufen.[614]

Teil des Beschwerderechts ist der Rechtsanspruch des Beschwerdeführers darauf, daß der Bürgerbeauftragte die Beschwerde entgegennimmt, den Gegenstand prüft und den Beschwerdeführer über das weitere Verfahren unterrichtet.[615] Mit dem Rechtsanspruch des Beschwerdeführers korrespondieren entsprechende Pflichten des Bürgerbeauftragten. Innerhalb seines Pflichtenkreises verbleibt dem Bürgerbeauftragten jedoch ein weites Ermessen hinsichtlich seines Tätigwerdens, das an bestimmte Voraussetzungen geknüpft ist. Es besteht weder ein Anspruch auf Durchführung einer Untersuchung, noch auf einen Beschluß, welcher der Beschwerde abhilft.[616]

---

[614] Kaufmann-Bühler,in: Lenz, Art. 138e Rn. 1, 4; Haag, Art. 138e Rn. 2.

[615] Haag, in: v.d.Groeben/Thiesing/Ehlermann, Art. 138e Rn. 14.

[616] Haag, in: v.d.Groeben/Thiesing/Ehlermann, Art. 138e Rn. 14.

Das Recht des Art. 195 (ex-Art. 138e) EG-Vertrag weist Parallelen zu dem Petitionsrecht nach klassischem Verständnis auf. So beinhaltet das Petitionsrecht neben dem Recht, eine Beschwerde einzulegen, das Recht, daß diese von der zuständigen Stelle behandelt wird. Mit diesem Recht korrespondiert die Pflicht der zuständigen Stelle, die Beschwerde zu prüfen. Das Recht des Art. 195 (ex-Art. 138e) EG-Vertrag folgt damit einem bewährten Schema, das ihm die nötige Effektivität und das erforderliche Durchsetzungsvermögen verleiht.

Der zweite eigenständige Aspekt des Art. 195 (ex-Art. 138e) EG-Vertrag ist die Kontrolle der Tätigkeiten der Institutionen der EG. Damit bezweckt das Beschwerderecht zum Bürgerbeauftragten, die Transparenz und die demokratische Kontrolle der Gemeinschaftstätigkeit zu fördern.[617] Gemeinsam mit Petitionsausschuß und den Untersuchungsausschüssen trägt der Bürgerbeauftragte zur parlamentarischen Kontrolle der Gemeinschaft bei.

4. *Aufgabe und Funktion des Europäischen Bürgerbeauftragten*

Wie der Petitionsausschuß ist der Bürgerbeauftragte eine nichtrichterliche Einrichtung, die zum Schutz politischer, bürgerlicher und sozialer Rechte der Unionsbürger im Verhältnis zu den Gemeinschaftsorganen und –institutionen berufen ist.[618]

Die eigentliche Aufgabe des Bürgerbeauftragten definiert sich nach Art. 195 Abs. 1 UAbs. 2 (ex-Art. 138e Abs. 1 UAbs. 2) EG-Vertrag und Art. 2 Abs. 1 des Statuts. Der derzeitige Bürgerbeauftragte faßt dieses Aufgabenprofil selbst so zusammen: „The task of the European Ombudsman is to deal with instances of maladministration in the activities of the Community institutions and bodies with exception of the Court of Justice and the Court of First Instance acting in their judical role.“[619]. Griffiger ist es, die Aufgaben dieses Amtes an drei Punkten festzumachen: Der Bürgerbeauftragte soll Mißstände in der Verwaltung untersuchen und Lösungen vorschlagen, wiederholte Mißstände publik machen und zwischen Bür-

---

[617] Hummer, Stellung und Funktion des Bürgerbeauftragten, S. 37.

[618] Marias, Der Europäische Ombudsmann, S. 1.

[619] Söderman, The Role of the European Ombudsman, S. 2.

gern und Verwaltung vermitteln, um außerhalb der Gerichte einen schnellen Konsens zu finden.[620]

Insbesondere der letzte Punkt verdeutlicht, daß die Schaffung eines Bürgerbeauftragten ebenso wie die primärrechtliche Normierung des Petitionsrechts eng mit der Schaffung der Unionsbürgerschaft in Art. 17 (ex-Art. 8) EG-Vertrag verbunden ist. Diese Unionsbürgerschaft durfte keine Worthülse bleiben, sondern mußte mit bestimmten Rechten ausgestattet werden. Neben diesen zusätzlichen Rechten mußte ein System installiert werden, das den Unionsbürgern die Einhaltung ihrer Rechte garantierte. Darüber hinaus war es angesichts einer gewissen Verdrossenheit gegenüber der scheinbar erdrückenden „Brüsseler Bürokratie" erforderlich, die Bürger für ihre Union zu gewinnen.

Der Bürgerbeauftragte soll zu diesem Ansehensgewinn der EG beitragen. Er räumt dem Bürger die Möglichkeit ein, sich ohne die Gefahren eines kostspieligen Gerichtsverfahrens vor der Übermacht der Verwaltung zu schützen.[621] In diesem Rahmen soll er das Verwaltungshandeln[622] der Organe und Institutionen der Gemeinschaft kontrollieren und die Stellung der einzelnen Bürger gegenüber der europäischen Bürokratie verbessern.[623] Er soll sich um spezifische Mißstände im Rahmen dieser Verwaltung kümmern und den berechtigten Personen einen wirkungsvollen Rechtsbehelf an die Hand geben, wenn diesen Rechtsansprüche vorenthalten werden oder sie von den Behörden oder Organen der Gemeinschaft nicht korrekt behandelt werden.[624] Der Bürgerbeauftragte soll zur Wahrung der Rechte der Bürger beitragen, und er soll die Akzeptanz der EG und ihrer Entscheidungen in der Bevölkerung erhöhen, indem er zu mehr Transparenz und Bürgernähe der

---

620 Giraud, S. 8.

621 Dok. A3-0298/92 (Abg. Bindi) vom 14. 10. 1992 (PE 200.788/endg.), S. 12; Dok. A4-0083/94 (Abg. Newman) vom 25. 11. 1994 (PE 209.768/endg.), S. 7.

622 Für das Verwaltungshandeln der EG-Behörden gelten Prinzipien, die sich aus der Rechtsprechung des EuGH ableiten. Danach sollen die Verwaltungsbehörden konsequent und in gutem Glauben handeln, sie sollen Anträge bearbeiten und fristgerecht tätig werden, sie sollen Entscheidungen begründen, und sie sollen die Grundsätze der Verhältnismäßigkeit und des fairen Verfahrens berücksichtigen. (Europäischer Bürgerbeauftragter, Jahresbericht 1995, S. 11).

623 Läufer, in: Grabitz/Hilf, Art. 138e Rn. 2.

624 Europäischer Bürgerbeauftragter, Jahresbericht 1995, S. 10.

Gemeinschaftsorgane beiträgt.[625] Im Rahmen der Behandlung der Beschwerden soll er die Gerichte entlasten, indem er die außergerichtliche gütliche Einigung fördert.[626]

Neben dieser Tätigkeit aufgrund konkreter Beschwerden hat der Bürgerbeauftragte die Befugnis – und daraus erwächst ihm eine Aufgabe – auf eigene Initiative hin kontrollierend gegenüber der EG-Bürokratie tätig zu werden, das sog. Investigationsrecht.[627] Er vereint damit verschiedene Aufgaben in seinem Amt. So ist er zunächst – wie dargelegt – Sachwalter der Bürger gegenüber der „Eurokratie", denen Art. 195 (ex-Art. 138e) EG-Vertrag das subjektive öffentliche Recht garantiert, sich mit Beschwerden an ihn zu wenden. Daneben bezweckt Art. 195 (ex-Art. 138e) EG-Vertrag die objektive Kontrolle der Gemeinschaftsorgane,[628] d. h. der Bürgerbeauftragte soll anhand der an ihn gerichteten Beschwerden und anhand seiner eigenen Untersuchungen zur Transparenz und zur demokratischen Kontrolle der Gemeinschaft insgesamt beitragen.

Diese Funktion des Bürgerbeauftragten ist angesichts der zunehmenden Skeptik gegenüber der öffentlichen Verwaltung, die teilweise bis zur Staatsverdrossenheit reicht, nicht zu unterschätzen, und der Sinn und Zweck dieses Amtes ist nicht zuletzt daran zu messen, ob der Bürgerbeauftragte dieser Entwicklung durch seine Tätigkeit entgegenwirken kann.

5. Die rechtliche Einordnung des Europäischen Bürgerbeauftragten

Der Europäische Bürgerbeauftragte ist eine der jüngsten Einrichtungen der EG, die – wie oben dargestellt wurde – der Rechtstradition einiger Mitgliedstaaten entstammt. Es stellen sich daher zwei Fragen. Zum einen ist zu überprüfen, an welchem der oben aufgezeigten Modelle sich das Amt des Europäischen Bürgerbe-

---

[625] Haag, in: v.d.Groeben/Thiesing/Ehlermann, Art. 138e Rn. 2.

[626] Europäischer Bürgerbeauftragter, Jahresbericht 1995, S. 10.

[627] Läufer, in: Grabitz/Hilf, Art. 138e Rn. 2.

[628] Kaufmann-Bühler, in: Lenz, Art. 138e Rn. 1; Haag, in: v.d.Groeben/Thiesing/Ehlermann, Art. 138e Rn. 2.

auftragten orientiert. Zum anderen gilt es festzustellen, wie dieses Amt in das Gefüge der Organe und Einrichtungen der Gemeinschaft einzuordnen ist.

a. Verhältnis zu den Beauftragtenmodellen in den Mitgliedstaaten

Vergleicht man das Amt des Europäischen Bürgerbeauftragten mit ähnlichen Einrichtungen in anderen europäischen Ländern, so unterscheidet es sich sowohl von dem schwedischen Modell eines sehr starken, mit umfassenden Exekutivbefugnissen ausgestatteten Ombudsman[629], wie von dem Modell des Regierungsbeauftragten in Frankreich, der von der Regierung eingesetzt wird und dessen Verbindung zum Parlament weit weniger intensiv ist.[630] Das europäische Modell, das insbesondere einen direkten Zugang der Bürger zum Beauftragten vorsieht, nimmt demgegenüber eine Mittelstellung ein.

Die rechtliche Gestaltung des Europäischen Bürgerbeauftragten zeigt deutlich, daß die Initiative zur Schaffung dieses Amtes von der dänischen Delegation ausging und das Modell des dänischen *Folketingets Ombudsman*[631] den Bürgerbeauftragten auf Gemeinschaftsebene nachhaltig beeinflußt hat.[632] So konzentriert sich die Zuständigkeit beider Modelle auf Mißstände in der öffentlichen Verwaltung auf der zentralen Ebene, d.h. der dänische Ombudsman ist grundsätzlich nicht zuständig, wenn es um die lokale Verwaltung geht.[633] Ebenso beschränkt sich die Zuständigkeit des Europäischen Bürgerbeauftragten auf die Ebene der Gemeinschaft. Beider Kompetenzen umfassen nicht die Rechtsprechung, beide nehmen individuelle Beschwerden entgegen, und sowohl der dänische wie der Europäische Bürgerbeauftragte haben eine enge Beziehung zum jeweiligen Parlament, welches den Amtsinhaber wählt und dem dieser berichtspflichtig ist. Im Unterschied zu seinem dänischen Kollegen muß der Europäische Bürgerbeauftragte sich aber den

---

[629] Siehe oben: 1. Kap. IV.2.a.(1).

[630] Siehe oben: 1. Kap. IV.2.e.

[631] Vgl. dazu ausführlich: 1. Kap. IV.2.b.

[632] Das dänische Modell hat nicht nur den Europäischen Bürgerbeauftragten beeinflußt. Es hat sich als das erfolgreichste Modell erwiesen, insofern als es das am weitesten verbreitete Modell ist (Söderman, The Ombudsman concept, S. 2).

[633] European Parliament, Working Papers, S. 12.

Aufgabenbereich der extrajudiziellen Beschwerdeinstanz mit dem Petitionsausschuß teilen.

b. Verhältnis zu den Organen der EG

(1) Das Verhältnis zum Europäischen Parlament

Die besondere Konstellation des Nebeneinanders von Petitionsausschuß und Bürgerbeauftragtem bedingt eine enge Beziehung zwischen Parlament und Beauftragtem, wodurch im Rahmen der Einordnung in das System der EG die Frage aufgeworfen wird, ob der Europäische Bürgerbeauftragte ein eigenständiges Organ der Gemeinschaft oder ein Hilfsorgan des Parlaments ist. Dem Parlament kommen im Hinblick auf den Bürgerbeauftragten vielfältige Zuständigkeiten und Befugnisse zu. So ernennt ihn das Parlament gem. Art. 195 Abs. 1 (ex-Art. 138e Abs. 1) EG-Vertrag für die Dauer der eigenen Amtsperiode. Wenn auch die Parlamentarier nicht selbst den jeweiligen Amtsinhaber seines Amtes entheben können, so können sie ein solches Verfahren gem. Art 195 Abs. 2 UAbs. 2 (ex-Art. 138e Abs. 2 UAbs. 2) EG-Vertrag vor dem Gerichtshof betreiben. Der Bürgerbeauftragte ist gem. Art. 195 Abs. 1 UAbs. 2, 3 (ex-Art. 138e Abs. 1 UAbs. 2, 3) EG-Vertrag gegenüber dem Parlament berichtspflichtig. Wird ihm im Rahmen seiner Untersuchungen die erforderliche Unterstützung nicht geleistet, so kann er gem. Art. 3 Abs. 8 des Statuts das Parlament um Hilfe bitten. Hinsichtlich der Ausführungsbestimmungen i.S.d. Art. 195 Abs. 4 (ex-Art. 138e Abs. 4) EG-Vertrag hat das Europäische Parlament ausnahmsweise das alleinige Initiativrecht. Schließlich ist sein Haushaltsposten ein Posten im Haushalt des Parlaments, Art. 12 des Statuts, und er hat seinen Sitz am Ort des Parlaments, Art. 13 des Statuts.[634] All dies spricht dafür, daß der Europäische Bürgerbeauftragte ein parlamentarischer Bürgerbeauftragter, eine Institution des Parlaments ist.[635]

---

[634] Gem. Beschluß der Vertreter der Regierungen der Mitgliedstaaten über die Festlegung der Sitze der Organe und bestimmter Einrichtungen und Dienststellen der Europäischen Gemeinschaft (ABl. Nr. C 341 vom 23. 12. 1992, S. 1) ist dies Straßburg.

[635] Dok. A3-0298/92 (Abg. Bindi) vom 14. 10. 1992 (PE 200.788/endg.), S. 13; Terrenoire, S. 105 f.; Kaufmann-Bühler, in: Lenz, Art. 138e Rn. 13, Pierucci in: RMC 1993, 818 (819).

Dagegen wird vor allem die in Art. 195 Abs. 3 (ex-Art. 138e Abs. 3) EG-Vertrag garantierte Unabhängigkeit des Bürgerbeauftragten als Indiz dafür gesehen, daß der Bürgerbeauftragte ein „selbständiges Nebenorgan" der Gemeinschaft sei.[636] Daneben wird aus der Kontrollfunktion des Bürgerbeauftragten abgeleitet, daß dieser ein eigenständiges Kontrollorgan innerhalb des Systems der EU-Organe sei.[637]

Dieser letztgenannten Meinung ist der Vorzug zu geben. Obwohl der Bürgerbeauftragte vom Parlament gewählt wird und er dem Parlament gegenüber berichtspflichtig ist, Art. 3 Abs. 8 des Statuts, gewährt ihm die garantierte Unabhängigkeit, Art 195 Abs. 3 (ex-Art. 138e Abs. 3) EG-Vertrag, Art. 9 Abs. 1 des Statuts, weitgehende Freiheit bei der Ausübung seines Amtes. So ist das Parlament ihm gegenüber nicht weisungsbefugt, Art. 195 Abs. 3 (ex-Art. 138e Abs. 3) EG-Vertrag. Der Bürgerbeauftragte entscheidet nach eigenem Ermessen darüber, ob, wann und wie er tätig wird. Im Gegensatz zum Petitionsausschuß hat er gem. Art. 195 Abs. 1 UAbs. 2 S. 1, 1. Alt. (ex-Art. 138e Abs. 1 UAbs. 2 S. 1, 1. Alt.) EG-Vertrag ein eigenes Initiativrecht, das ihm eigene Untersuchungen ermöglicht. Der Petitionsausschuß darf grundsätzlich nur tätig werden, wenn ihn eine Petition erreicht, die den Petenten betrifft.

Ein weiteres Indiz für die Eigenständigkeit des Bürgerbeauftragten sind die Umstände seiner Demission. So wird der Bürgerbeauftragte zwar vom Parlament gewählt, Art. 195 Abs. 2 UAbs. 1 (ex-Art. 138e Abs. 2 UAbs. 1) EG-Vertrag[638], doch ist das Parlament nicht befugt, ihn wieder zu entlassen. Als Ausfluß der Unabhängigkeit des Bürgerbeauftragten kann das Parlament lediglich unter den Voraussetzungen des Art. 195 Abs. 2 UAbs. 2 (ex-Art. 138e Abs. 2 UAbs. 2) EG-Vertrag die Amtsenthebung durch den Gerichtshof, ein weiteres unabhängiges Organ, beantragen.

Der Bürgerbeauftragte wird nicht nur als Instrument und zu den Zwecken des Parlaments tätig, sondern er verfolgt als autonome Kontrolleinrichtung gegenüber

---

[636] Haag, in: v.d.Groeben/Thiesing/Ehlermann, Art. 138e Rn. 4.

[637] Rodriguez Iglesias, S. 1.

[638] Laut Gesetzestext wird er „ernannt", doch ist darunter gem. Art. 159 Abs. 5 GOEP eine Wahl zu verstehen.

der Gemeinschaftsverwaltung einen eigenen Zweck. Er ist daher kein Hilfsorgan des Europäischen Parlaments oder dessen Petitionsausschusses.

(2) Das Verhältnis zur Kommission

Im Rahmen dieser Kontrolltätigkeit wird er zudem nicht zum Hilfsorgan der Kommission, der „Hüterin der Verträge" gem. Art. 211 (ex-Art. 155) EG-Vertrag.[639] Zweck seiner Tätigkeit ist es nicht ausschließlich, die Verwaltung auf der Ebene der EG zu kontrollieren. Seine Aufgabe ist es darüber hinaus, die Rechte der Unionsbürger und der anderen berechtigten Personen im Rahmen des Gemeinschaftsrechts zu wahren, die Akzeptanz der Gemeinschaft bei der Bevölkerung zu erhöhen und zu deren demokratischer Legitimation beizutragen. Diese kontrollierende und schützende Tätigkeit rückt den Europäischen Bürgerbeauftragten zwar in die Nähe der Kommission, die ihrerseits die Anwendung des Gemeinschaftsrechts zu überwachen hat, doch wird der Europäische Bürgerbeauftragte in einer Vielzahl von Fällen kontrollierend gegenüber der Kommission tätig. Diese Überwachung der Kommission auch im Interesse der Öffentlichkeit, also nicht als bloßer Selbstzweck, und die Unabhängigkeit des Europäischen Bürgerbeauftragten ständen im Widerspruch zu einer Zuordnung zur Kommission. Daher ist der Europäische Bürgerbeauftragte auch kein Hilfsorgan der Europäischen Kommission. Er verfolgt im System der Gemeinschaftsorgane eine eigenständige Kontrollfunktion.

(3) Zuordnung zur Legislative, Exekutive oder Judikative auf Gemeinschaftsebene

Eine nächste Frage, die sich im Zusammenhang mit der rechtlichen Einordnung des Bürgerbeauftragten in das System der Organe und Einrichtungen stellt und die aus dem gerade gezogenen Schluß folgt, ist die, ob sich der Bürgerbeauftragte in die Funktionenteilung auf Gemeinschaftsebene einfügt. Nach klassischem Verständnis teilt sich die staatliche Gewalt in einem Rechtsstaat in drei Bereiche auf:

---

[639] Pierucci, in: RMC 1993, S. 818 (819), der darauf hinweist, daß der Bürgerbeauftragte kein Organ der Verwaltung ist.

die Legislative, die Exekutive und die Judikative.[640] Dieser Grundsatz der Gewaltenteilung schafft ein System der gegenseitigen Kontrolle und des Machtgleichgewichts zwischen den Staatsorganen[641] und trägt auf diese Weise zum Funktionieren eines Rechtsstaates bei.

Die EG und die EU unterscheiden sich bislang von der Struktur ihrer Mitgliedstaaten, die entweder Zentral- oder Bundesstaaten sind. Während die EG gem. Art. 281 (ex-Art. 210) EG-Vertrag eigene Rechtspersönlichkeit besitzt,[642] ist die EU nach der weit herrschenden Meinung keine Rechtsperson.[643] Eine strikte Trennung der Gewalten im klassischen Sinne kennt die Gemeinschaft nicht. Das liegt nicht zuletzt daran, daß die demokratische Legitimation der Gemeinschaftsentscheidungen bislang – neben dem Europäischen Parlament – auch von den nationalen Parlamenten gewährleistet wird. Dennoch steht die EG in der Tradition ihrer Mitglieder und deren Rechtsstaatlichkeit. So sind die fünf in Art. 7 (ex-Art. 4) EG-Vertrag genannten Gemeinschaftsorgane an die Befugnisse, die der Vertrag ihnen zuweist, gebunden, d.h. jedes Organ ist auf einen Aufgabenbereich, der vertraglich festgelegt ist, beschränkt. Diese Funktionsteilung ist eine Form der Gewaltenteilung, denn sie begrenzt die Macht, indem sie spezielle Befugnisse zuweist und die einzelnen Organe vertraglich dazu verpflichtet, zusammenzuarbeiten.[644] Durch die Pflicht zur Kooperation sind die Organe dazu gehalten, die eigenen Befugnisse auszuschöpfen, aber nicht zu überschreiten und den anderen Organen gegenüber Loyalität zu wahren.[645]

Diese Konstellation hat dazu geführt, daß sich ein Gleichgewicht zwischen Rat und Kommission sowie Rat und Gerichtshof eingestellt hat.[646] Das Parlament, dem

---

640 Vgl. dazu 3. Kap., I.4.

641 Geiger, Art. 4 Rn. 17.

642 Weil die EG eine eigene Rechtspersönlichkeit besitzt, ist sie rechtsfähig, d.h. sie hat die Fähigkeit, Trägerin von Rechten und Pflichten zu sein. Diese Fähigkeit bemißt sich nach drei Rechtsordnungen: dem Völkerrecht, dem Gemeinschaftsrecht und dem staatlichen Recht, die alle drei von Art. 210 EG-Vertrag umfaßt sind (Geiger, Art. 210 Rn. 1).

643 Jacqué, in: v.d.Groeben/Thiesing/Ehlermann, Art. A Rn. 12.

644 Geiger, Art. 4 Rn. 17.

645 Bieber, in: v.d.Groeben/Thiesing/Ehlermann, Art. 4 Rn. 63.

646 Badura, in: VVDStRL 23 (1966), S. 34 (71).

als der Legislative die Aufgabe der demokratischen Legitimation der Exekutive und der Rechtsetzung zukommen müßte, darf diese klassischen Funktionen bislang nur sehr eingeschränkt wahrnehmen.[647] Statt dessen nehmen Rat und Kommission neben ihren exekutiven Aufgaben wichtige Funktionen im Rahmen der Rechtsetzung wahr. So liegt das Initiativrecht gem. Art. 251 Abs. 2 (ex-Art. 189b Abs. 2), Art. 252 lit. a (ex-Art. 189c lit. a) EG-Vertrag bei der Kommission. Das eigentliche Entscheidungsorgan bleibt trotz der verbesserten Möglichkeiten des Parlaments im Verfahren der Mitentscheidung gem. Art. 251 (ex-Art. 189b) EG-Vertrag der Rat.[648] Lediglich der Gerichtshof bzw. das Gericht erster Instanz nehmen die klassischen Aufgaben der Judikative wahr, denn sie sind – neben anderen wichtigen richterlichen Eigenschaften – unabhängig und treffen verbindliche Entscheidungen, die für alle Rechtssubjekte innerhalb der Gemeinschaft gelten.

Im Rahmen der allgemeinen dogmatischen Ausführungen zum Bürgerbeauftragten wurde festgestellt, daß dieser, sofern er dem Parlament verantwortlich ist und von diesem gewählt wird, keine eigene Gewalt innerhalb des staatlichen Systems darstellt, sondern der Legislative zuzurechnen ist.[649] Angesichts der besonderen Situation, die sich im Hinblick auf das Verhältnis und die Kompetenzen der Organe ergibt, ist für den Europäischen Bürgerbeauftragten gesondert festzustellen, welchem Funktionsbereich im Gemeinschaftsgefüge er zuzuordnen ist.

Auch wenn der Bürgerbeauftragte durch seine Unabhängigkeit, seinen protokollarischen Rang und seine Vergütung Ähnlichkeiten zu den Richtern der Gerichtsbarkeit der Gemeinschaft aufweist, kann er aufgrund mangelnder eigener Entscheidungsbefugnis nicht der Judikative zugerechnet werden. Ein Teil der Exekutive ist der Bürgerbeauftragte nicht, weil er diese gerade kontrollieren soll. Seine Unabhängigkeit und seine Funktion, gem. Art. 195 Abs. 1 (ex-Art. 138e Abs. 1) EG-Vertrag Beschwerden von Personen entgegenzunehmen und so als extrajudizielle Beschwerdeinstanz zu dienen, lassen ihn außerhalb der Exekutive stehen. Anders als beim Europäischen Rechnungshof[650] ist die Kontrolltätigkeit des Bürger-

---

[647] Ipsen, in: FS Börner 1992, S. 163 (168).

[648] Oppermann, Rn. 209.

[649] Vgl. 3.Kap., I.4.

[650] Der Europäische Rechnungshof (Art. 246-248 (ex-Art. 188a-188c) EG-Vertrag) ist ein Organ zur externen Haushaltskontrolle, das die Haushaltsführung der Gemeinschaft im Hinblick auf ihre

beauftragten kein Selbstzweck der Gemeinschaft, denn dieser ist im Gegensatz zu jenem auch zum Individualschutz berufen.

Es bleibt die Frage, ob der Bürgerbeauftragte eine Einrichtung des Funktionsbereichs des Parlaments ist. Eine solche Zuordnung läßt sich aus dem EG-Vertrag entnehmen, der vielfältige Berührungspunkte zwischen Parlament und Bürgerbeauftragtem vorsieht.[651] Darüber hinaus läßt sich die Zugehörigkeit des Europäischen Bürgerbeauftragten zum Funktionsbereich des Europäischen Parlaments aus grundsätzlichen Erwägungen ableiten. Die klassische Einteilung der Gewalten gibt es auf Gemeinschaftsebene nicht. Insbesondere ist das Europäische Parlament nicht das alleinige Legislativorgan. In einem komplizierten Verfahren wird die eigentliche legislative Tätigkeit auf Gemeinschaftsebene von Rat, Kommission und Parlament wahrgenommen.[652] Mit der klassischen Rechtsetzungstätigkeit, also dem Verabschieden von Gesetzen, kommt der Bürgerbeauftragte nicht in Berührung. Er hat kein Inititativrecht hinsichtlich neuer Gesetze und Verordnungen, er ist im übrigen nicht an der Rechtsetzung beteiligt, und er ist grundsätzlich darauf beschränkt, Mißstände im Bereich der Verwaltung, nicht des Rechtes zu kritisieren. Diese Unterschiede sprechen gegen eine Zuordnung des Bürgerbeauftragten zur Legislative. Doch beschränkt sich der Aufgabenbereich des Parlaments nicht auf die Rechtsetzung. So nimmt das Europäische Parlament neben seiner Rolle im Rahmen der Gesetzgebung kontrollierende Funktionen gegenüber den übrigen Organen und Einrichtungen der Gemeinschaft wahr.[653] Neben dem Petitionsrecht sind vor allem das Haushaltsrecht gem. Art. 272 (ex-Art. 203) EG-Vertrag und das Recht, Untersuchungsausschüsse einzurichten, wichtige parlamentarische Instru-

---

Rechtmäßigkeit, Ordnungsmäßigkeit und Wirtschaftlichkeit überprüft (Schweitzer/Hummer, § 4 Rn. 284 ff.).

[651] Vgl. dazu 3. Kap. III.5.b.(1).

[652] Aufgrund der gegenüber den anderen beiden Organen schwächeren Stellung des Europäischen Parlaments wird ihm von einer Mindermeinung die Legislativfunktion und damit die Eignung als Parlament abgesprochen (Gramberger, S. 55).

[653] Dem Parlament stehen insbesondere gegenüber der Kommission inzwischen einige Kontrollmöglichkeiten zu, die ihre besondere Ausprägung in der Zustimmung zur Ernennung der Kommission (Art. 214 Abs. 2 (ex-Art. 158 Abs. 2) EG-Vertrag) und in dem Mißtrauensantrag gegen die Kommission (Art. 201 (ex-Art. 144) EG-Vertrag) finden. (Vgl. dazu: Saalfrank, S. 195 f.).

mente, um der Kontrollfunktion nachzukommen. Diese Möglichkeiten zeigen, daß das Parlament das eigentliche politische Kontrollorgan[654] auf Gemeinschaftsebene ist.[655] Der Europäische Bürgerbeauftragte wurde durch den Vertrag mit einem Teil der Kontrollaufgaben betraut, die eigentlich dem Europäischen Parlament im Rahmen seiner kontrollierenden Funktion zustehen müßten. Er nimmt daher an der Kontrolltätigkeit des Parlaments teil und ist dadurch dessen Funktionsbereich zuzurechnen.

Diesem Schluß widerspricht nicht, daß der Bürgerbeauftragte – wie oben festgestellt wurde - kein Hilfsorgan des Parlaments ist, sondern der Volksvertretung gegenüber unabhängig ist. Beide Einrichtungen, Parlament und Bürgerbeauftragter, nehmen selbständig und unabhängig nebeneinander, als Teile der kontrollierenden, legislativen Gewalt ihre unterschiedlichen Aufgaben wahr.

6. Die rechtliche Stellung des Europäischen Bürgerbeauftragten

Der inneren Struktur des Amtes nach ist der Bürgerbeauftragte ein monokratisches Organ.[656] D.h. er ist kein Kollegialorgan wie der Petitionsausschuß, sondern er allein, also der jeweilige Amtsinhaber, ist das Organ, und dementsprechend ist er allein für sein Handeln verantwortlich.[657] Sein Mitarbeiterstab, das Sekretariat,

---

[654] Lenz (in: EuR 1998, S. 103 (103)) bezeichnet das Europäische Parlament in diesem Zusammenhang als „Hüter der Rechtmäßigkeit" der Amtsführung der Organe.

[655] Dieser Einschätzung steht nicht entgegen, daß die Kommission die „Hüterin der Verträge" ist. Diese Hüterfunktion, die sich aus Art. 211 (ex-Art. 155) EG-Vertrag ergibt, richtet sich, wie Art. 226 (ex-Art. 169) EG-Vertrag zeigt, der das „scharfe Schwert" zum Art. 211 (ex-Art. 155) EG-Vertrag ist, an die Mitgliedstaaten. Demgegenüber wacht das Parlament auch und vor allem über die Organe und Einrichtungen der Gemeinschaft.

[656] Pierucci, in: RMC 1993, S. 818 (819); Haag, in: v.d.Groeben/Thiesing/Ehlermann, Art. 138e Rn. 5.

[657] Giraud, S. 12.

Art. 11 des Statuts,[658] hat lediglich die Aufgabe, ihn bei seiner Arbeit zu unterstützen.

Hinsichtlich der Bezahlung und des protokollarischen Ranges ist der Bürgerbeauftragte einem Richter am Gerichtshof der Europäischen Gemeinschaften gleichgestellt, Art. 10 Abs. 2 des Statuts. Die Art. 12 bis 15 und 18 des Protokolls über die Vorrechte und Befreiungen der Europäischen Gemeinschaften[659] finden gem. Art. 10 Abs. 3 des Statuts auf den Bürgerbeauftragten und seine Beamten Anwendung. In Personalangelegenheiten ist der Bürgerbeauftragte gem. Art. 11 Abs. 4 des Statuts den Hauptorganen der Gemeinschaft gleichgestellt. Die Beamten und Bediensteten des Sekretariates unterliegen gem. Art. 11 Abs. 2 des Statuts den Verordnungen und Regelungen für die Beamten und sonstigen Bediensteten der Europäischen Gemeinschaft.

Besonders wichtig für den Mitarbeiterstab des Bürgerbeauftragten ist, daß dieser möglichst überschaubar ist und schnell und effektiv arbeiten kann. Nur so kann vermieden werden, daß sich diese Einrichtung selbst dem Vorwurf des Bürokratismus' aussetzt, dessen Bekämpfung eine wichtige Aufgabe des Bürgerbeauftragten ist.

7. Die Unabhängigkeit des Europäischen Bürgerbeauftragten

Eine wichtige – vielleicht die wichtigste – rechtliche Eigenschaft des Bürgerbeauftragten ist seine vertraglich garantierte Unabhängigkeit. Sie ist unverzichtbare Voraussetzung für das Kernstück seines Aufgabenbereiches, die Kontrolltätigkeit, und Indiz für seine Selbständigkeit gegenüber dem Parlament und allen anderen Gemeinschaftsorganen und –institutionen. Das Modell des Europäischen Bürgerbeauftragten knüpft in dieser Hinsicht an die Traditionen der klassischen Parlaments- oder Bürgerbeauftragten an, die von Skandinavien aus ähnliche Einrich-

---

[658] Am 20. 4. 1998, zum Zeitpunkt der Veröffentlichung des Jahresberichtes 1997 arbeiteten 18 Personen für den Bürgerbeauftragten (Europäischer Bürgerbeauftragter, Jahresbericht 1997, S. 304).

[659] ABl. 1967 Nr. 152 S. 13.

tungen in vielen Ländern geprägt haben. In dieser Tradition gehört die Unabhängigkeit zu den Grundvoraussetzungen des Ombudsman.[660]

Die Unabhängigkeit ist in Art. 195 Abs. 3 (ex-Art. 138e Abs. 3) EG-Vertrag primärrechtlich garantiert und wird in Art. 9 Abs. 1 des Statuts ausdrücklich wiederholt. Auch in den Verlautbarungen des Parlaments wird die Unabhängigkeit des Bürgerbeauftragten als ein wichtiger Aspekt des Amtsverständnisses gewürdigt.[661] Diese Unabhängigkeit definiert sich nach den Gesetzestexten in erster Linie durch die Freiheit von Weisungen, Art. 195 Abs. 3 S. 2 (ex-Art. 138e Abs. 3 S. 2) EG-Vertrag. Sie wird in Art. 9 Abs. 1 des Statuts insofern konkretisiert, als sich die Arbeit des Bürgerbeauftragten allein am Wohle der Gemeinschaft und der Bürger der Union zu orientieren hat. Neben dem Bürgerbeauftragten wird den Mitgliedern der Kommission (Art. 213 Abs. 2 (ex-Art. 157 Abs. 2) EG-Vertrag), den Mitgliedern des Rechnungshofes (Art. 247 Abs. 4 (ex-Art. 188b Abs. 4) EG-Vertrag) und den Richtern am Europäischen Gerichtshof bzw. am Gericht erster Instanz (Art. 223 (ex-Art. 167) EG-Vertrag) Unabhängigkeit zugesichert. Verbindende Voraussetzungen der Unabhängigkeit sind in allen Fällen die Weisungsfreiheit der Amtsinhaber gegenüber den Regierungen ihrer Herkunftsländer, die Verpflichtung allein dem Gemeinschaftsrecht gegenüber und die persönliche Freiheit, d.h. die Amtsinhaber dürfen sich nicht in die Abhängigkeit einer zusätzlichen entgeltlichen oder unentgeltlichen Berufstätitgkeit begeben.[662]

Wichtige Voraussetzung für die Unabhängigkeit des Bürgerbeauftragten ist neben seiner Personalhoheit, Art. 11 des Statuts, und seiner eigenen finanziellen Unabhängigkeit, Art. 10 Abs. 2 des Statuts, die Inkompabilität. D.h. der Bürgerbeauftragte hat jede Handlung und jede Tätigkeit zu unterlassen, die mit seinem Amt nicht vereinbar ist, Art. 9 Abs. 1 S. 2 des Statuts. Insbesondere darf er neben seinem Amt keiner anderen Berufstätigkeit nachgehen, wie Art. 195 Abs. 3 S. 3 (ex-Art. 138e Abs. 3 S. 3) EG-Vertrag bestimmt. Daneben darf er auch keine anderen

---

660 Marti, in: FS Huber 1961, S. 174 (175).

661 A3-0298/92 (Bindi-Bericht), S. 13; A4-0083/94 (Newman-Bericht), S. 7. Auch die Kommission hat in ihrer Stellungnahme zum Statut des Bürgerbeauftragten ausdrücklich auf die Wichtigkeit der Unabhängigkeit hingewiesen (EG-Bulletin 4/1993, S. 10).

662 Geiger, Art. 157 Rn. 7, Art. 167 Rn. 2, Art. 188b Rn. 2.

politischen oder administrativen Tätigkeiten ausüben, Art. 10 Abs. 1 des Statuts. Diese Beschränkungen sind unabhängig von der Entgeltlichkeit der Tätigkeiten.

Hintergrund dieser Unvereinbarkeitsregelung ist, daß der Bürgerbeauftragte sich in keinerlei Abhängigkeit oder anderweitige Verpflichtung bringen soll. Bei seiner Arbeit soll er keinerlei Rücksichten nehmen müssen, sondern er soll einzig das Wohl der Gemeinschaft und der berechtigten Personen im Auge haben. Alle Verfahrensbeteiligte, die Beschwerdeführer aber auch die Organe und Institutionen der Gemeinschaft sollen Vertrauen in die Fairneß und Neutralität seiner Tätigkeit haben können.[663] Neben diesem Aspekt dient die Inkompabilität dazu, daß der Bürgerbeauftragte seine ungeteilte Kraft zum Nutzen seines Amtes einsetzt, denn das Amt erfordert seine vollständige Aufmerksamkeit und Einsatzbereitschaft.

Die Inkompatibilität verbindet den Bürgerbeauftragten mit den oben genannten anderen hohen Würdenträgern der EG bzw. EU. Die Gemeinschaft unterstreicht mit ihrem Anspruch auf die ungeteilte Arbeitskraft dieser Personen ihre Eigenständigkeit und Wichtigkeit. Während die Ratsmitglieder eine Doppelfunktion als Regierungsmitglied des Mitgliedstaates und als Ratsmitglied haben, üben die o.g. Berufsgruppen ausschließlich und hauptberuflich Gemeinschaftsfunktionen aus. Die Gemeinschaft ist eben kein bloßer Staatenverbund[664] dessen Aufgaben von den Mitgliedstaaten wahrgenommen werden, sondern sie verfügt über eigene, von den Mitgliedstaaten unabhängige Strukturen mit Personen, die ihr die volle Arbeitskraft und Loyalität schulden.

Die dargestellten Maßnahmen und Regelungen sind Voraussetzungen, welche die Unabhängigkeit des Bürgerbeauftragten auch tatsächlich garantieren können. Die Unabhängigkeit wird nicht lediglich als Ziel vorgegeben, sondern es wird detailliert geregelt, wie sie zu gewährleisten ist. So wird dem Bürgerbeauftragten Weisungsfreiheit zugesichert und eine zusätzliche Berufstätigkeit, die ihn in persönliche Abhängigkeit brächte, verboten. Grundlage der Unabhängigkeit ist aber auch, daß dem Bürgerbeauftragten zur Erfüllung seiner Arbeit finanzielle Mittel und Personal im ausreichenden Maße zur Verfügung stehen. Weil der Etat des Bürgerbeauftragten ein Teil des Haushaltsplanes des Parlaments ist, Art. 12 des

---

663 Europäischer Bürgerbeauftragter, Jahresbericht 1995, S. 12.

664 Als solchen bezeichnete das deutsche BVerfG die EG in seinem „Maastricht-Urteil" vom 12. 10. 1993 (2 BvR 2134/92, 2 BvR 2159/92).

Statuts, liegt es in der Verantwortlichkeit des Parlaments, die Unabhängigkeit des Bürgerbeauftragten in dieser Hinsicht zu gewährleisten.

8. Persönliche Anforderungen an den Amtsinhaber

An die Person des Bürgerbeauftragten werden gewisse Anforderungen gestellt. Zwar sind diese nicht primärrechtlich in Art. 195 (ex-Art. 138e) EG-Vertrag normiert, doch konkretisiert Art. 6 Abs. 2 des Statuts die persönlichen Voraussetzungen für den Amtsinhaber. So muß er Unionsbürger sein, was sich nach Art. 17 Abs. 1 S. 2 (ex-Art. 8 Abs. 1 S. 2) EG-Vertrag bestimmt. Daneben muß er die bürgerlichen Ehrenrechte besitzen. Nicht ausdrücklich gesagt wird, nach welchem Recht sich dies richtet. Theoretisch kann sich dies nach dem Recht des Mitgliedstaates richten, dessen Staatsangehöriger der Bürgerbeauftragte ist, es kann sich nach dem Recht sämtlicher Mitgliedstaaten richten und es kann sich nach Gemeinschaftsrecht bestimmen. Im Gemeinschaftsrecht gibt es keine ausdrücklichen Bestimmungen die bürgerlichen Ehrenrechte betreffend. Die Unionsbürgerschaft definiert sich gem. Art. 17 Abs. 1 (ex-Art. 8 Abs. 1) EG-Vertrag über die Staatsangehörigkeit der Mitgliedstaaten.[665] Auch das Wahlrecht der Unionsbürger, das gem. Art. 19 (ex-Art. 8b) EG-Vertrag das Kommunalwahlrecht und das Wahlrecht zum Europäischen Parlament beinhaltet, richtet sich nach dem Mitgliedstaat, innerhalb dessen Grenzen der Unionsbürger seinen Wohnsitz hat, und wird in nationalen Regelungen konkretisiert.[666]

Die bürgerlichen Ehrenrechte spielen bei der Frage des Wahlrechts und der Wählbarkeit eine wichtige Rolle. So ist ein Unionsbürger in Deutschland gem. § 6 a Abs. 2 Nr. 2 bzw. § 6 b Abs. 4 Nr. 2 EuWG nicht wahlberechtigt und nicht wählbar, wenn ihm dies in seinem Herkunftsland, d.h. in dem Land, dessen Staatsangehörigkeit er besitzt, gerichtlich aberkannt wurde. Da Wahlberechtigung und Wählbarkeit wichtige Bestandteile der bürgerlichen Ehrenrechte sind und es sich beim Bürgerbeauftragten ähnlich wie beim Abgeordneten des Europäischen Par-

---

[665] Hobe, in: Der Staat, Bd. 32, 1993, S. 245 (254).

[666] Gesetz über die Wahl der Abgeordneten des Europäischen Parlaments aus der Bundesrepublik Deutschland (Europawahlgesetz – EuWG) vom 8. 3. 1994 (BGBl. I S. 424).

laments um einen demokratisch legitimierten Mandatsträger der Gemeinschaft handelt, läßt sich aus dieser nationalen Regelung, die im Einklang mit dem Gemeinschaftsrecht steht, ableiten, daß sich die Frage der bürgerlichen Ehrenrechte nach dem Recht des Herkunftslandes bestimmt. Zudem sind die bürgerlichen Ehrenrechte Teil der staatsbürgerlichen Rechte und Pflichten.[667] Die Staatsbürgerschaft, das Rechtsinstitut, durch das der einzelne Staatsangehörige in den konkreten Wirkzusammenhang des Staates mitwirkend einbezogen wird, wiederum richtet sich nach der Staatsangehörigkeit.[668]

Unabhängig von den persönlichen Qualifikationen muß der Bürgerbeauftragte gem. Art. 6 Abs. 2 des Statuts fachlich für das Amt geeignet sein. So muß er in seinem Heimatstaat die Voraussetzungen für die höchsten richterlichen Ämter erfüllen. Tut er dies nicht, muß er äquivalente Fähigkeiten nachweisen, d. h. er muß „anerkanntermaßen über die Erfahrung und Befähigung zur Wahrnehmung der Aufgaben eines Bürgerbeauftragten verfügen", Art. 6 Abs. 2 des Statuts. Diese Voraussetzung, die nicht näher konkretisiert wird und damit letztlich in das Ermessen des Parlaments gestellt wird, muß sich an der Qualifikation eines Richters aufgrund der Parallelität der Voraussetzungen messen lassen. Einer Person, die vorher ein vergleichbares Amt innegehabt hat oder als Mitglied eines Parlamentes im Petitionswesen Erfahrungen gesammelt hat, wird man die erforderlichen Fähigkeiten zusprechen können.[669] Anhand dieser Anforderungen soll gewährleistet werden, daß der Europäische Bürgerbeauftragte fachlich dazu in der Lage ist, juristisch komplexe Fragen korrekt zu behandeln.[670]

Der Erfolg des Bürgerbeauftragten bzw. der Einrichtung ist in hohem Maße abhängig von der Persönlichkeit des jeweiligen Amtsinhabers. Vor diesem Hintergrund dürfen die persönlichen und fachlichen Anforderungen an die Person nicht

---

[667] Diese umfassen alle öffentlich-rechtlichen Rechte und Pflichten der Staatsbürger, so das Recht an Wahlen und Abstimmungen teilzunehmen, das Recht auf Zugang zu staatlichen Aus- und Weiterbildungseinrichtungen, die Sozialrechte, aber auch die Pflicht, die öffentlichen Abgaben zu entrichten (Battis, in: Sachs, Art. 33 Rn. 15).

[668] Grawert, in: Isensee/Kirchhof, § 14 Rn. 35 und 47.

[669] Haag, in: v.d.Groeben/Thiesing/Ehlermann, Art. 138e Rn. 6.

[670] A3-0298/92 (Bindi-Bericht), S. 17; A4-0083/94 (Newman-Bericht), S. 7.

vernachlässigt werden, sondern müssen bei der Auswahl eine wichtige Rolle spielen. Neben den ausdrücklich genannten Voraussetzungen ist es daher sehr wichtig, daß der Bürgerbeauftragte eine integere und unbescholtene Persönlichkeit ist. Erst dies macht ihn weitgehend unangreifbar und akzeptabel.

9. Beginn und Ende der Amtszeit

Beginn, Ende und Dauer der Amtszeit unterstreichen die Unabhängigkeit des Bürgerbeauftragten, auch wenn sie regelmäßig mit der Legislaturperiode des Parlaments deckungsgleich sind. Denn ist der Bürgerbeauftragte erst einmal ernannt bzw. gewählt, so ist er nur schwer seines Amtes zu entheben.

Die Auswahl der Kandidaten muß nach einem transparenten Verfahren erfolgen,[671] damit von vornherein gewährleistet ist, daß sich die Kandidaten eine weitgehende Unabhängigkeit bewahren und das Verfahren strengen demokratischen Spielregeln folgt. Nur so kann von Anfang an Vertrauen der Bevölkerung in das Amt begründet werden.

Art. 6 Abs. 1 des Statuts bestimmt, daß der Bürgerbeauftragte vom Parlament zu Beginn dessen Legislaturperiode für deren Dauer gewählt wird. Das Prozedere der Wahl ist in Art. 159 GOEP geregelt. Danach beginnt das Verfahren mit der öffentlichen Ausschreibung des Postens durch den Parlamentspräsidenten im Amtsblatt, Art. 159 Abs. 1 GOEP. Grundsätzlich ist jeder Unionsbürger, der die fachlichen und persönlichen Voraussetzungen erfüllt, berechtigt, sich zu bewerben, doch muß eine Bewerbung von 29 Abgeordneten des Europäischen Parlaments[672] aus mindestens zwei Ländern unterstützt werden, Art. 159 Abs. 2 GOEP.[673]

---

[671] A3-0298/92 (Bindi-Bericht) S. 17.

[672] Diese Anzahl von Abgeordneten ist auch grundsätzlich bei der Bildung von Fraktionen gem. Art. 29 Abs. 2 GOEP, bei dem Antrag auf aktuelle Debatten gem. Art. 47 Abs. 1 GOEP und bei dem Antrag auf Änderung der Tagesordnung gem. Art. 96 Abs. 1 GOEP erforderlich.

[673] In einem Verfahren auf Antrag einer einstweiligen Anordnung, mit der die Ernennung des ersten Bürgerbeauftragten ausgesetzt werden sollte, hat das EuG die darin aufgeworfene Frage, ob die Anforderung des Art. 159 Abs. 2 GOEP mit dem Primärrecht vereinbar sei, nicht geprüft, da der Antrag schon wegen fehlender Dringlichkeit und mangels überwiegender Interessen des Antrag-

Die Bewerbungen werden gem. Art. 159 Abs. 3 GOEP dem Petitionsausschuß[674] zugeleitet, der die Kandidaten anhören kann. Anschließend wird dem Parlament die Kandidatenliste vorgelegt, Art. 159 Abs. 4 GOEP, und das Parlament wählt in geheimer Wahl einen Kandidaten, Art. 159 Abs. 5 GOEP. Mangels abweichender Regelung in Art. 195 (ex-Art. 138e) EG-Vertrag ergibt sich das Mehrheitserfordernis bei der Wahl aus Art. 198 (ex-Art. 141) EG-Vertrag. Danach ist der Kandidat gewählt, der die absolute Mehrheit der abgegebenen Stimmen auf sich vereinen kann.[675] Erreicht in den ersten beiden Wahlgängen kein Kandidat die erforderliche Mehrheit, stehen im dritten Wahlgang nur noch die beiden Kandidaten zur Wahl, die in der zweiten Wahl die meisten Stimmen erhalten haben. Bei Stimmengleichheit ist der Kandidat mit dem höheren Lebensalter gewählt, Art. 159 Abs. 5 GOEP. Bei den Wahlen muß mindestens die Hälfte der Mitglieder des Parlaments anwesend sein, Art. 159 Abs. 5 GOEP.

Der gewählte Kandidat wird – wie die Mitglieder der Kommission (Art. 213 Abs. 2 (ex-Art. 157 Abs. 2) EG-Vertrag) und die Richter der beiden Gerichte (Art. 2 Abs. 2, 4 Abs. 2, 44 EuGH-Satzung) - vor dem Gerichtshof vereidigt, Art. 159 Abs. 7 GOEP.[676] Der Inhalt dieser feierlichen Verpflichtung ergibt sich aus Art. 9 Abs. 2 des Statuts. Danach verpflichtet sich der Bürgerbeauftragte zur Unabhängigkeit und Unparteilichkeit sowie zur Erfüllung seiner Amtspflichten. Für den Zeitraum nach seiner Amtstätigkeit verpflichtet er sich zu Ehrenhaftigkeit und Zurückhaltung hinsichtlich der An- bzw. Übernahme gewisser Vorteile und Ämter. Diese Anforderungen, die sich in besonderer Weise in dem Wortlaut der Ver-

---

stellers zurückgewiesen wurde (EuG, Beschluß vom 18. 7. 1995, Rs. T-146/95 R, Slg. 1995, II, S. 2256-2264). Eine Rechtswidrigkeit dieser Bestimmung ist dennoch abzulehnen, da es vor dem Hintergrund der Bedeutung, die das Amt des Bürgerbeauftragten für die Gemeinschaft und die Bürger hat, das hohe Ansehen und die erforderlichen Qualifikationen nicht unverhältnismäßig ist, wenn die Unterstützung von 29 Abgeordneten, einer im Vergleich zur Gesamtzahl der Abgeordneten kleinen Zahl, erforderlich ist, um eine Kandidatur zu unterstützen.

[674] Der Petitionsausschuß ist gem. Anlage VI zur GO, Kap. XX, der Ausschuß, der für die Beziehungen zum Bürgerbeauftragten zuständig ist.

[675] Art. 159 Abs. 5 GOEP wiederholt dies lediglich.

[676] Neben der Unabhängigkeit zeigt sich hier eine weitere Parallele zu den Kommissaren und den Richtern.

pflichtung widerspiegeln, verdeutlichen, daß das Amt des Bürgerbeauftragten in hohem Maße von der Integrität und den moralischen Ansprüchen des jeweiligen Amtsinhabers abhängig ist.

Gerade weil das Ansehen des Amtes so von dem jeweiligen Amtsträger abhängig ist, bedarf die Wahl besonderer Sorgfalt. Dies rechtfertigt das relativ strenge Wahlverfahren, das schon bei den Bewerbungen ein Quorum von 29 unterstützenden Abgeordneten verlangt und das eine absolute Mehrheit für den gewählten Kandidaten voraussetzt.

Das Amt des Bürgerbeauftragten endet durch Zeitablauf, durch Rücktritt, durch Tod oder durch Amtsenthebung. Im Regelfall endet die Amtszeit des Bürgerbeauftragten mit der Legislaturperiode des Parlaments, Art. 195 Abs. 2 UAbs. 1 S. 1 (ex-Art. 138e Abs. 2 UAbs. 1 S.1) EG-Vertrag, Art. 7 Abs. 1 des Statuts, wobei Wiederwahl zulässig ist, Art. 195 Abs. 2 UAbs. 1 S. 2 (ex-Art. 138e Abs. 2 UAbs. 1 S. 2) EG-Vertrag. Wird der Bürgerbeauftragte erst in der laufenden Legislaturperiode gewählt, so wie der derzeitige Bürgerbeauftragte, so endet seine Amtszeit dennoch mit dem Ablauf dieser Legislaturperiode. Auf diese Weise wird die Synchronität der Wahlperiode des Parlamentes und der Amtszeit des Bürgerbeauftragten gewahrt, wie es in Art. 195 Abs. 2 (ex-Art. 138e Abs. 2) EG-Vertrag und Art. 7 Abs. 3 des Statuts vorgeschrieben wird. Der jeweilige Amtsinhaber bleibt solange im Amt, bis ein Nachfolger gewählt ist und seine Amtsgeschäfte aufnimmt, Art. 7 Abs. 2 des Statuts, Art. 159 Abs. 8 GOEP. Tritt der Amtsinhaber von seinem Amte zurück – das Gesetz schränkt die Gründe dafür nicht ein – so muß er ebenfalls solange im Amt bleiben, bis ein Nachfolger das Amt übernimmt, Art. 7 Abs. 2 des Statuts. Die Beendigung der Amtszeit durch den Tod des jeweiligen Amtsinhabers ist nicht ausdrücklich im Gesetz genannt, ergibt sich aber aus der monokratischen Struktur des Amtes. D.h. das Amt ist mangels eines Stellvertreters oder gleichberechtigten Amtsträgers einzig von der Person des jeweiligen Amtsinhabers abhängig. Auch in diesem Fall ist binnen drei Monaten ein Amtsnachfolger für die verbleibende Wahlperiode zu wählen, Art. 7 Abs. 3 des Statuts.

Als letzte Möglichkeit einer Beendigung der Amtszeit bleibt die Amtsenthebung. Diese Möglichkeit ist ausdrücklich in Art. 195 Abs. 2 UAbs. 2 (ex-Art. 138e Abs. 2 UAbs. 2) EG-Vertrag, Art. 8 des Statuts vorgesehen. Danach kann ein Bürgerbeauftragter seines Amtes enthoben werden, wenn er dessen Voraussetzungen nicht mehr erfüllt oder eine schwere Verfehlung begangen hat.[677] Diese Regelung ist Art. 216 (ex-Art. 160) EG-Vertrag nachgebildet, der die Amtsenthebung der Kommissare regelt.[678] Die genauen Gründe einer Demission werden nicht ausdrücklich genannt, so daß sie in das Ermessen des Gerichtshofes gestellt werden. Als Maßstab sind die Anforderungen heranzuziehen, die an die Person, die Amtsführung und das Verfahren des Bürgerbeauftragten zu stellen sind.

Das Verfahren der Amtsenthebung ist in Art. 160 GOEP geregelt. Während das Parlament bei der Ernennung des Bürgerbeauftragten das entscheidende Organ ist, steht ihm bei der Amtsenthebung lediglich die Initiative zu; die Entscheidung trifft der Gerichtshof, Art. 195 Abs. 2 UAbs. 2 (ex-Art. 138e Abs. 2 UAbs. 2) EG-Vertrag. Das Verfahren beginnt mit einem Antrag, der von einem Zehntel der Mitglieder des Parlaments (z. Zt. 63 Abgeordnete) unterstützt werden muß, Art. 160 Abs. 1 GOEP. Dieser Antrag wird dem Bürgerbeauftragten und dem Petitionsausschuß zugeleitet, Art. 160 Abs. 2 GOEP i.V.m. Anhang VI zur GOEP Ziff. XX. Der Petitionsausschuß prüft die Vorwürfe in rechtlicher und tatsächlicher Hinsicht.[679]

Spricht sich die Mehrheit der Ausschußmitglieder für die Amtsenthebung aus, so unterbreitet der Ausschuß dem Parlament einen entsprechenden Bericht, Art. 160 Abs. 2 S. 1 GOEP. Eine Anhörung des Bürgerbeauftragten selbst ist nur vor der Abstimmung über den Bericht im Plenum ausdrücklich vorgesehen, Art. 160 Abs.2 S. 2 GOEP, wenn der Bürgerbeauftragte dies beantragt. Eine faire und abschließende Ermittlung der tatsächlichen und rechtlichen Gesichtspunkte der Amtsenthebung erfordert aber schon während des Verfahrens im Petitionsausschuß eine Anhörung des Bürgerbeauftragten. Wenn diese auch nicht ausdrücklich vorgesehen ist, so muß dem jeweiligen Bürgerbeauftragten im Laufe eines solchen Verfahrens doch eine Anhörungsmöglichkeit eingeräumt werden, damit sich der Petitionsausschuß als der federführende Ausschuß mit dem Standpunkt des jewei-

---

[677] Hinsichtlich der Gründe gibt es Parallelen zur Amtsenthebung der Kommissare, Art. 160 EG-Vertrag.

[678] Hummer, Stellung und Funktion des Bürgerbeauftragten, S. 45.

[679] Stellungnahme des Petitionsausschusses zum Bindi-Bericht, A3-0298/92, S. 25.

ligen Amtsinhabers auseinandersetzen kann, bevor er den entsprechenden Bericht ins Plenum bringt.

Sofern die Hälfte der Mitglieder des Parlaments anwesend ist, Art. 160 Abs. 3 GOEP, stimmen die Abgeordneten nach einer Aussprache geheim über den Antrag bzw. den Bericht ab, Art. 160 Abs. 2 S. 3 GOEP. Mangels einer abweichenden Regelung gilt Art. 198 (ex-Art. 141) EG-Vertrag. Danach ist der Antrag angenommen, wenn die absolute Mehrheit der Stimmen ihn unterstützt.

Tritt der Bürgerbeauftragte trotz dieses Votums nicht zurück, so beantragt der Parlamentspräsident spätestens an dem auf die Abstimmung folgenden Tag beim Gerichtshof die Amtsenthebung mit der Bitte um unverzügliche Entscheidung, Art. 160 Abs. 4 GOEP. Bis zu einer für ihn negativen Entscheidung kann der Bürgerbeauftragte seinen Amtsgeschäften nachgehen. Will das Parlament dies vermeiden, bleibt ihm nur die Möglichkeit, beim Europäischen Gerichtshof gem. Art. 243 (ex-Art. 186) EG-Vertrag eine einstweilige Anordnung mit dem Ziel, den Bürgerbeauftragten mit sofortiger Wirkung von seinem Amt zu entbinden, zu beantragen.

Der Gerichtshof hat zu überprüfen, ob die dem Bürgerbeauftragten gemachten Vorwürfe den Tatsachen entsprechen und ob sie Anlaß zu einer Amtsenthebung im Sinne des Art. 195 Abs. 2 UAbs. 2 (ex-Art. 138e Abs. 2 UAbs. 2) EG-Vertrag geben. Weil der Gerichtshof selbst die Amtsenthebung vornehmen muß, handelt es sich bei einem entsprechenden Urteil um ein Gestaltungsurteil, durch welches das Rechtsverhältnis zwischen Bürgerbeauftragtem und Gemeinschaft aufgehoben wird. Die Zuständigkeit des Gerichtshofes ergibt sich direkt aus Art. 195 Abs. 2 UAbs. 2 (ex-Art. 138e Abs. 2 UAbs. 2) EG-Vertrag, so daß nicht auf die Regelungen der Art. 226 ff. (ex-Art. 169 ff) EG-Vertrag zurückgegriffen werden muß.

IV. Das Beschwerdeverfahren beim Europäischen Bürgerbeauftragten

Das Verfahren, in dessen Rahmen der Bürgerbeauftragte seinen Aufgaben nachkommt, ist nicht in Art. 195 (ex-Art. 138e) EG-Vertrag geregelt, sondern basiert auf dem Statut,[680] welches das Europäische Parlament mit Zustimmung des Rates gem. Art. 195 Abs. 4 (ex-Art. 138e Abs. 4) EG-Vertrag erlassen hat. Hinzukom-

---

[680] ABl. Nr. L 113 vom 4. 5. 1994 S. 15.

men die Durchführungsbestimmungen, die der Bürgerbeauftragte gem. Art. 14 des Statuts am 16. Oktober 1997 erlassen hat und die seit 1. Januar 1998 in Kraft sind. Die Durchführungsbestimmungen, in denen das Verfahren ein weiteres Mal konkretisiert wird, müssen sich strikt an die Grenzen halten, die Art. 195 (ex-Art. 138e) EG-Vertrag und das Statut vorgeben. So dürfen sie weder das subjektiv-öffentliche Beschwerderecht, das Art. 195 (ex-Art. 138e) EG-Vertrag garantiert, einschränken noch erweitern. Auch können keine zusätzlichen Befugnisse des Bürgerbeauftragten begründet werden. Auf der Grundlage dieser Vorschriften ist das Verfahren zum Europäischen Bürgerbeauftragten weitgehend formalisiert und weist daher Parallelen zur Verwaltungsbeschwerde auf.[681]

Art. 195 (ex-Art. 138e) EG-Vertrag weist dem Bürgerbeauftragten Untersuchungsbefugnisse sowohl aufgrund von Beschwerden als auch aufgrund eigener Initiative zu. Das Statut und die Durchführungsbestimmungen berücksichtigen beide Arten des Verfahrens.

1. Verfahrensgrundsätze

Der Europäische Bürgerbeauftragte ist eine europäische Institution, für deren Verfahren zunächst die allgemeinen Verfahrensregeln gelten, denen der Europäische Gerichtshof alle Institutionen EU unterworfen hat. So hat der Gerichtshof allgemeine Verwaltungsgrundsätze geprägt, wie den Anspruch auf ein faires Verfahren, der ein Anhörungsrecht impliziert,[682] und den Grundsatz der Verhältnismäßigkeit des Verwaltungshandelns.[683] Neben diesen allgemeinen Grundsätzen spielen im Rahmen der Tätigkeit des Bürgerbeauftragten zwei weitere Grundsätze eine bedeutende Rolle: die Transparenz einerseits und die Vertraulichkeit andererseits.

Um seine Aufgabe nachvollziehbar und damit kontrollierbar zu gestalten, ist es wichtig, daß der Bürgerbeauftragte seine Verfahren transparent gestaltet.[684] Diese

---

[681] Hummer, Stellung und Funktion des Bürgerbeauftragten, S. 54.

[682] EuGH vom 29. 6. 1994, Rs. C-135/92 (Fiskano) in: EuZW 1994 S. 603 (605, Ziff. 39).

[683] EuGH vom 2. 8. 1993, Rs. C-87/92 (Hoche) in: EuZW 1993, 709 (710); EuGH vom 9. 8. 1994, Rs. C-359/92 (Deutschland/Rat), in: RIW 1994, 789 (791).

[684] Europäischer Bürgerbeauftragter, Jahresbericht 1995, S. 15.

Transparenz erfordert, daß er seine Arbeit und deren Ergebnisse veröffentlicht und der Öffentlichkeit zugänglich macht. So werden die Berichte, die er dem Parlament nach Abschluß einer Untersuchung vorlegt, Art. 3 Abs. 7 des Statuts, im Amtsblatt veröffentlicht. Gleiches gilt für die Jahresberichte, Art. 3 Abs. 8 des Statuts. Ebenso sind das Register, in das die eingehenden Beschwerden eingetragen werden, und die Beschlüsse, mit denen der Bürgerbeauftragte einzelne Untersuchungen abschließt, der Öffentlichkeit zugänglich.[685] Die übrigen Dokumente, die sich in der Hand des Bürgerbeauftragten befinden, können nach Maßgabe des Art. 13 der Durchführungsbestimmungen eingesehen werden.

Diese Transparenz hat dort ihre Grenze, wo im Interesse des Beschwerdeführers oder aufgrund der Geheimhaltungspflichten der Organe und Behörden Vertraulichkeit erforderlich ist. Dieses Prinzip schlägt sich im Grundsatz der Vertraulichkeit nieder. So kann der Beschwerdeführer beantragen, daß seine Beschwerde vertraulich behandelt wird, Art. 2 Abs. 3 des Statuts. Der Bürgerbeauftragte kann die vertrauliche Behandlung einer Beschwerde von sich aus beschließen, wenn dies erforderlich ist, um persönliche Informationen im Zusammenhang mit dem Beschwerdeführer oder einer anderen Person zu schützen.[686] Erhält der Bürgerbeauftragte Einblick in Dokumente, die im Interesse der Union oder einzelner Mitgliedstaaten der Geheimhaltung unterliegen, so ist er zur vertraulichen Behandlung dieser Dokumente verpflichtet.

Schließlich sind der Bürgerbeauftragte und seine Mitarbeiter gem. Art. 4 Abs. 1 des Statuts i.V.m. Art. 287 (ex-Art. 214) EG-Vertrag, Art. 47 Abs. 2 EGKS-Vertrag, Art. 194 EAG-Vertrag zur Verschwiegenheit hinsichtlich aller amtswegig erfahrenen Informationen verpflichtet. Jedoch ist der Bürgerbeauftragte dazu gehalten, strafrechtlich oder disziplinarrechtlich relevante Vorgänge den zuständigen Behörden der Mitgliedstaaten bzw. der EU zu melden, Art. 4 Abs. 2 des Statuts.

Eine interessante Frage ist es, ob die Beschwerden zum Bürgerbeauftragten vom Grundsatz der Diskontinuität ausgenommen sind. Dieser Grundsatz besagt, daß die parlamentarische Arbeit, die am Ende einer Wahlperiode unerledigt geblieben ist, hinfällig wird. So müssen Parlamentsinitiativen, die in der laufenden Legislaturpe-

---

[685] Europäischer Bürgerbeauftragter, Jahresbericht 1995, S. 15.

[686] Europäischer Bürgerbeauftragter, Jahresbericht 1995, S. 16.

riode nicht zu einem abschließenden Ergebnis geführt worden sind, nach der Wahl im neuen Parlament wiederum eingebracht werden; die begonnenen Initiativen oder Gesetzesvorhaben können nicht an dem Punkt fortgeführt werden, an dem sie am Ende der vorherigen Legislaturperiode stehen geblieben sind. Auch für die Arbeit des Europäischen Parlaments gilt dieser Grundsatz der Diskontinuität. Art. 167 GOEP regelt für die unerledigten Gegenstände, daß diese – Konsultationen oder Ersuchen um Stellungnahmen, Entschließungsanträge und Anfragen - als verfallen gelten, wenn ihre Behandlung am Ende der letzten Tagung vor den nächsten Wahlen nicht abgeschlossen ist.[687] Hintergrund dieser Regelung ist, daß mit jedem neu gewählten Parlament ein neuer Abschnitt beginnt und das neue Plenum nicht an Entscheidungen des alten Plenums gebunden sein soll. Art. 167 GOEP nimmt Petitionen und Texte, die keiner Beschlußfassung bedürfen, von dieser Regelung aus.

Die Amtszeit des Bürgerbeauftragten ist an die Wahlperiode des Parlaments gekoppelt, Art. 195 Abs. 2 UAbs. 1 (ex-Art. 138e Abs. 2 UAbs. 1) EG-Vertrag. Eine dem Art. 167 GOEP entsprechende Regelung gibt es für den Bürgerbeauftragten nicht. Dadurch wird die Frage aufgeworfen, wie mit den Beschwerden, die am Ende der Amtszeit eines Bürgerbeauftragten nicht erledigt sind, zu verfahren ist. Im Hinblick auf die Ausnahmen des Art. 167 Abs. 2 GOEP wird teilweise argumentiert, der Bürgerbeauftragte sei vom Grundsatz der Diskontinuität ausgenommen, da die regelmäßigen Berichte, die der Bürgerbeauftragte gem. Art. 161 Abs. 2 GOEP i.V.m. Art. 3 Abs. 7 des Statuts zu erstatten hat, Texte seien, die im Sinne des Art. 167 Abs. 2 GOEP keiner Beschlußfassung bedürfen.[688] Vor dem Hintergrund, daß der Bürgerbeauftragte ein selbständiges Organ und kein Instrument des Parlaments ist, ist diese Argumentation, die an der GOEP festmacht, nicht überzeugend.

Bei der Arbeit des Bürgerbeauftragten ist zu unterscheiden. Behandelt der Bürgerbeauftragte Beschwerden, so ist diese Tätigkeit vom Grundsatz der Diskontinuität ausgenommen. Das Amt des Europäischen Bürgerbeauftragten ist zwar in nicht unerheblichen Maße von der Person des Amtsinhabers geprägt, doch steht für die Person, die sich mit einer Beschwerde an ihn wendet, nicht die Person des

---

[687] Europäisches Parlament, Geschäftsordnung, Auslegung zu Art. 167, S. 103.

[688] Läufer, in: Grabitz/Hilf, Art. 138e Rn. 8.

jeweiligen Amtsinhabers im Vordergrund, sondern die Institution selbst. Dies wird nicht zuletzt dadurch deutlich, daß der Bürgerbeauftragte nicht von den Unionsbürgern, sondern vom Parlament gewählt wird. Das Schutzinteresse der Personen, die sich mit Beschwerden an den Europäischen Bürgerbeauftragten wenden, erfordert es, daß diese Beschwerden unabhängig von der Person des jeweiligen Amtsinhabers behandelt werden,[689] da der berechtigte Personenkreis keinerlei Einfluß auf die Dauer der Amtszeit und auf den Zeitpunkt, zu dem seine Beschwerde schließlich behandelt wird, hat. Es kann daher nicht angehen, daß ein Beschwerdeführer bei einem Amtswechsel seine Beschwerde erneut einreichen muß. Darüber hinaus hat der jeweilige Amtsinhaber keinerlei Einfluß auf den Inhalt der Beschwerden; er wird in diesem Bereich lediglich als Rechtsbehelfsinstanz tätig.

Anders liegt die Sache, wenn der Bürgerbeauftragte Untersuchungen aufgrund eigener Initiative durchführt, Art. 195 Abs. 1 UAbs. 2, 1. Alt. (ex-Art. 138e Abs. 1 UAbs. 2, 1. Alt.) EG-Vertrag. Hier hängen die Tätigkeiten in hohem Maße von der Person des jeweiligen Amtsinhabers ab. Wechselt nun die Person des Amtsinhabers, so kann im Hinblick auf dessen Unabhängigkeit und im Hinblick darauf, daß die Entscheidung über die Aufnahme einer solchen Untersuchung im Ermessen des jeweiligen Amtsinhabers liegt, nicht von dem neuen Amtsinhaber verlangt werden, daß er diese Untersuchung weiterführt. Andernfalls könnte der Amtsvorgänger nicht unerheblichen Einfluß auf die Arbeit seines Nachfolgers nehmen, indem er kurz vor Ende seiner Amtszeit bestimmte Untersuchungen aufnimmt. Von dem Amtsnachfolger kann aber nicht verlangt werden, daß er sich seinen Arbeitsplan von seinem Vorgänger vorschreiben läßt. Es muß daher im Ermessen des neuen Amtsinhabers stehen, ob er Untersuchungen, die auf einer eigenen Initiative des Amtsvorgängers beruhen, weiterverfolgt oder nicht.

Im Tätigkeitsbereich des Bürgerbeauftragten besteht somit eine Ausnahme vom Grundsatz der Diskontinuität, wenn es um die Behandlung von Beschwerden geht. Diese sind im Interesse der Beschwerdeführer und im Interesse eines effektiven Rechtsbehelfs weiterzuverfolgen. Beruht hingegen die Untersuchung auf einer Initiative des jeweiligen Amtsinhabers, so kann dessen Nachfolger nicht dazu verpflichtet sein, diese Untersuchung zu Ende zu führen. Das weitere Prozedere steht in seinem Ermessen.

---

[689] Läufer, in: Grabitz/Hilf, Art. 138e Rn. 8.

2. Formalitäten der Beschwerde

Fragen der Formalitäten der Beschwerde sind in Art. 2 Abs. 3 des Statuts und in Art. 14 der Durchführungsbestimmungen geregelt. In Art. 195 (ex-Art. 138e) EG-Vertrag finden sich dazu keine Angaben. Der Bürgerbeauftragte Jacob Söderman hat erklärt, es sei vor dem Hintergrund seiner Aufgabe, die Tätigkeit der Organe und Institutionen der Gemeinschaft zu kontrollieren, unangebracht, diese Fragen über Gebühr technisch und strikt auszulegen.[690] In Anbetracht der Tatsache, daß Art. 195 (ex-Art. 138e) EG-Vertrag sich über Formalitäten ausschweigt und daß es letztlich im Ermessen des Bürgerbeauftragten steht, aus eigener Initiative tätig zu werden, steht dieser Auffassung nichts entgegen.

a. Form

Beschwerden i.S.d. Art. 195 (ex-Art. 138e) EG-Vertrag können direkt an den Bürgerbeauftragten gerichtet werden oder können diesem über ein Mitglied des Europäischen Parlaments zugeleitet werden, Art. 195 Abs. 1 UAbs. 2 (ex-Art. 138e Abs. 1 UAbs. 2) EG-Vertrag. Die Einlegung der Beschwerde ist grundsätzlich formlos,[691] aber nicht formfrei.[692] So schreibt Art. 2 Abs. 3 des Statuts vor, daß die Beschwerde die Person des Beschwerdeführers und den Gegenstand der Beschwerde erkennen lassen muß. Dies sind notwendige Mindestvoraussetzungen, die eine Untersuchung erst ermöglichen und insofern das Recht des Art. 195 (ex-Art. 138e) EG-Vertrag nicht über Gebühr einschränken. Art. 14.1 der Durchführungsbestimmungen verlangt, daß die Beschwerde in einer Amtssprache der Union abgefaßt ist. Auch diese Einschränkung ist nicht zu beanstanden, da der Bürgerbeauftragte eine Einrichtung der Gemeinschaft ist und bei dem Kreis der Berechtigten davon auszugehen ist, daß diese eine Amtssprache der Union beherrschen, bzw. daß diese Einschränkung für sie kein unüberwindliches Hindernis darstellt.

Um die Einlegung der Beschwerde zu erleichtern und um zu gewährleisten, daß die Beschwerden alle notwendigen Angaben enthalten, wurde im Amtsblatt eine

---

[690] Europäischer Bürgerbeauftragter, Jahresbericht 1995, S. 21.

[691] Haag, in: v.d.Groeben/Thiesing/Ehlermann, Art. 138e Rn. 22.

[692] Kaufmann-Bühler, in: Lenz, Art. 138e Rn. 14.

Mitteilung veröffentlicht, welche die wesentlichen Punkte des Beschwerdeverfahrens beinhaltet.[693] Ein Beschwerdeformular kann beim Sekretariat des Bürgerbeauftragten angefordert oder bei dessen Adresse im Internet[694] aufgerufen werden.

Ist die Beschwerde beim Bürgerbeauftragten eingegangen und hat er sie als solche erkannt, so wird sie gem. Art. 2 der Durchführungsbestimmungen in ein Register eingetragen. Der Beschwerdeführer erhält eine schriftliche Empfangsbestätigung für alle eingereichten Unterlagen.[695]

b. Frist

Gem. Art. 2 Abs. 4 S. 1 des Statuts unterliegt eine Beschwerde einer Frist von zwei Jahren seit Kenntnis des Sachverhaltes, welcher der Beschwerde zugrundeliegt. Innerhalb dieser Frist muß die Beschwerde erhoben werden. Diese Befristung findet im Gegensatz zum gerichtlichen Rechtsschutz des Art. 230 (ex-Art. 173) EG-Vertrag, der in Abs. 5 ausdrücklich eine Frist von zwei Monaten vorsieht, innerhalb derer die Klage zu erheben ist, keinen Anhaltspunkt in Art. 195 (ex-Art. 138e) EG-Vertrag. Der EG-Vertrag gewährleistet das Beschwerderecht unbefristet. Die Frist stellt eine Einschränkung des Art. 195 (ex-Art. 138e) EG-Vertrag dar, die von vertraglichen Vorschriften nicht gedeckt und daher nicht unproblematisch ist. Zwar läßt sich im Hinblick auf den Grundsatz des Vertrauensschutzes argumentieren, es müsse gewährleistet sein, daß Verwaltungsentscheidungen nach einem Zeitablauf unanfechtbar würden und eine Bestandsgarantie bildeten.[696] Doch kann der Europäische Bürgerbeauftragte selbst mangels eigener Abhilfekompetenz die Verwaltungsentscheidung nicht aufheben. Die Institution der Gemeinschaft, gegen die sich die Beschwerde wendet, kann hingegen unabhängig von zeitlichen Begrenzungen eigene Entscheidungen revidieren.[697] Ein zeitlich unbegrenztes Beschwerderecht zum Bürgerbeauftragten steht insofern dem Vertrauensschutz nicht entgegen. Zudem liegt es im Ermessen des Bürgerbeauftragten, wie er verfristete

---

[693] ABl. Nr. C 157 vom 1. 6. 1996, S. 1.

[694] http://www.euro-ombudsman-eu.int.

[695] Europäischer Bürgerbeauftragter, Jahresbericht 1995, S. 13.

[696] Kaufmann-Bühler, in: Lenz, Art. 138e Rn. 14.

[697] Schwarze, Bd. I, S. 244.

Beschwerden händelt. So steht es ihm frei, Untersuchungen aufgrund eigener Initiative zu starten.[698] Zu Beginn seiner Tätigkeit hat der Europäische Bürgerbeauftragte angekündigt, die Zweijahresfrist in Anbetracht der Tatsache, daß es bis dahin keine Möglichkeit gegeben habe, sich an eine solche Institution zu wenden, unter Umständen zu verlängern.[699] Die in Art. 2 Abs. 4 S. 1 des Statuts vorgesehene zeitliche Begrenzung des Beschwerderechts ist daher nicht nur mit dem Wortlaut des Art. 195 (ex-Art. 138e) EG-Vertrag unvereinbar; sie ist darüber hinaus überflüssig, weil sie durch das Untersuchungsrecht des Europäischen Bürgerbeauftragten umgangen werden kann.

c. Vorherige administrative Schritte

Wie die übrigen Rechtsmittel gegen Handlungen der Organe und Einrichtungen der EG entfaltet auch die Beschwerde zum Bürgerbeauftragten keinen Suspensiveffekt. So stellt Art. 2 Abs. 6 des Statuts klar, daß Fristen, die für verwaltungsrechtliche oder gerichtliche Rechtsbehelfe oder Verfahren gelten, nicht durch eine Beschwerde zum Bürgerbeauftragten gehemmt werden. Diese Einschränkung geht zwar nicht aus Art. 195 (ex-Art. 138e) EG-Vertrag hervor, doch reiht sie sich in die Systematik des Gemeinschaftsrechts ein, das selbst einer Klage nur dann aufschiebende Wirkung zuerkennt, wenn diese gem. Art. 242 (ex-Art. 185) EG-Vertrag gerichtlich festgelegt worden ist. Art. 195 (ex-Art. 138e) EG-Vertrag sieht einen Rechtsbehelf vor, der außerhalb des regulären Rechtsmittelsystems steht. Mangels Vergleichbarkeit mit den gerichtlichen Rechtsbehelfen[700] läßt sich im Zusammenhang mit einer Beschwerde zum Bürgerbeauftragten auch durch analoge Anwendung des Art. 242 (ex-Art. 185) EG-Vertrag kein Suspensiveffekt erreichen.

---

[698] Haag, in: v.d.Groeben/Thiesing/Ehlermann, Art. 138e Rn. 21.

[699] Europäischer Bürgerbeauftragter, Jahresbericht 1995, S. 21. Inzwischen hat der Bürgerbeauftragte diese Praxis wieder eingeschränkt. So hat er eine Beschwerde (937/97/OV), in der es um einen sieben Jahre zurückliegenden Vorfall ging, wegen Verfristung abgewiesen (Europäischer Bürgerbeauftragter, Jahresbericht 1997, S. 24).

[700] Dem Europäischen Bürgerbeauftragten fehlt insbesondere die Befugnis, bindende Entscheidungen zu treffen.

Angesichts der begrenzten Möglichkeiten des Europäischen Bürgerbeauftragten verpflichtet Art. 2 Abs. 4 S. 2 des Statuts den Beschwerdeführer, zunächst die geeigneten administrativen Schritte bei dem betroffenen Organ oder der betroffenen Institution unternommen zu haben. Weil Art. 2 Abs. 4 S. 2 des Statuts ausdrücklich nur von administrativen Schritten spricht, ist es nicht erforderlich, daß der Beschwerdeführer zunächst den Rechtsweg erschöpft. Ausreichend ist, daß der Beschwerdeführer sein Anliegen der betreffenden Stelle vorträgt. Dabei dürfen nicht zu hohe Anforderungen an den Bürger gestellt werden. So muß er sich insbesondere nicht von dem Organ oder der Institution hinhalten lassen. Die angegangene Stelle muß in einer dem Einzelfall angemessenen Frist antworten. Unterläßt sie dies, so muß sich der Bürger direkt an den Europäischen Bürgerbeauftragten wenden können.

In dieser zusätzlichen Anforderung, die sich nicht in Art. 195 (ex-Art. 138e) EG-Vertrag findet, liegt nicht vorrangig eine Einschränkung des Beschwerderechtes. Vielmehr wird der Beschwerdeführer zu seinem eigenen Schutz dazu verpflichtet, andere, eventuell effektivere Schritte zu unternehmen, um zu seinem Recht zu kommen. So kann der betreffenden Stelle anders als dem Bürgerbeauftragten grundsätzlich die Möglichkeit zustehen, der Beschwerde abzuhelfen. Darüber hinaus gibt diese Vorschrift der betroffenen Stelle die Möglichkeit, selbst den Mißstand zu beheben, und vermeidet auf diese Weise ein überflüssiges zusätzliches Verwaltungsverfahren. Fehlt es an dieser Voraussetzung, hält der Bürgerbeauftragte eine Untersuchung aber dennoch für gerechtfertigt, so kann er aus eigener Initiative tätig werden. Im Interesse eines umfassenden Rechtsschutzes und einer Entlastung des Bürgerbeauftragten von Beschwerden, die sich anderweitig erledigen lassen, ist dieses zusätzliche Zulässigkeitserfordernis nicht zu beanstanden und steht nicht im Widerspruch zu Art. 195 (ex-Art. 138e) EG-Vertrag.

Eine Sondervorschrift enthält Art. 2 Abs. 8 des Statuts. Danach muß ein Beamter oder ein sonstiger Beschäftigter der Gemeinschaft, der sich mit einer Beschwerde, die sein Arbeitsverhältnis betrifft, an den Bürgerbeauftragten wendet, zuvor gem. Art. 2 Abs. 8 des Statuts die internen Möglichkeiten zur Einreichung von Anträgen und Beschwerden, insbesondere Art. 90 Abs. 1, 2 des Statuts der Beamten, nutzen und zunächst die Beantwortungsfrist ergebnislos verstreichen lassen.[701] Aus den gleichen Erwägungen wie im Falle des Art. 2 Abs. 4 S. 2 und aufgrund der besonderen rechtlichen Beziehung zwischen der Gemeinschaft und ihren Angestellten und Beamten steht auch diese Vorschrift im Einklang mit Art. 195 (ex-Art. 138e) EG-Vertrag. Auch in diesem Fall wird der Beschwerdeführer in erster Linie darauf verpflichtet, die eigenen Rechtsschutzmöglichkeiten auszuschöpfen.

3. Weitere Zulässigkeitsvoraussetzungen

Ist dem Bürgerbeauftragten form- und fristgerecht eine Beschwerde zugegangen, so hat er deren Zulässigkeit als wichtigste Voraussetzung für sein weiteres Tätigwerden zu prüfen. Danach muß der Beschwerdeführer zu dem Kreis der Berechtigten zählen, der Beschwerdegegenstand muß der Prüfungskompetenz des Bürgerbeauftragten unterfallen und für die Untersuchung müssen sich Anhaltspunkte ergeben. Die Zulässigkeitserfordernisse des persönlichen und sachlichen Anwendungsbereiches ergeben sich aus Art. 195 Abs. 1 UAbs. 1 (ex-Art. 138e Abs. 1 UAbs. 1) EG-Vertrag. Doch hat der derzeitige Bürgerbeauftragte, Herr Söderman, angekündigt, diese Erfordernisse großzügig auszulegen.[702] Dabei wird sich die Frage stellen, inwieweit er diese Kriterien im Hinblick auf die darauf gründenden Befugnisse ausdehnen darf.

a. Persönlicher Anwendungsbereich des Art. 195 (ex-Art. 138e) EG-Vertrag

Art. 195 Abs. 1 UAbs. 1 (ex-Art. 138e Abs. 1 UAbs. 1) EG-Vertrag (und der insofern identische Art. 2 Abs. 2 S. 1 des Statuts) gewährt den Bürgern der Union sowie den natürlichen Personen, die ihren Wohnsitz in einem Mitgliedstaat der Union haben, und den juristischen Personen, die ihren satzungsmäßigen Sitz in einem

---

[701] Die Kommission hat das Amt eines eigenen Ombudsman für ihr Personal geschaffen, um Probleme, die zwischen den Mitarbeitern und der Verwaltung entstehen, beizulegen (ABl. Nr. C 206 aus 1995, S. 4).

[702] Europäischer Bürgerbeauftragter, Jahresbericht 1995, S. 21.

Mitgliedstaat der Union haben, ein subjektives öffentliches Recht[703], sich mit Beschwerden an den Europäischen Bürgerbeauftragten zu wenden. Der Kreis der Berechtigten ist daher mit dem des Art. 194 (ex-Art. 138d) EG-Vertrag identisch.[704]

Für die Unionsbürger gehört das Recht des Art. 195 (ex-Art. 138e) EG-Vertrag zu den wesentlichen Bestandteilen ihrer Unionsbürgerschaft, was in Art. 21 (ex-Art. 8d) EG-Vertrag nochmals ausdrücklich betont wird. Ihnen steht das Recht im Gegensatz zu den anderen Berechtigten unabhängig von ihrem Wohnsitz zu. Wegen der Fragen zum Begriff des Wohnsitzes und zum Begriff des satzungsmäßigen Sitzes kann auf die Ausführungen zum Petitionsrecht verwiesen werden.[705]

Der Begriff des Wohnsitzes wird vom Bürgerbeauftragten großzügig ausgelegt. So hat er es ausreichen lassen, daß sich der Angehörige eines Drittstaates, der sich an ihn gewandt hatte, lediglich im Hoheitsgebiet eines Mitgliedstaates der Union aufgehalten hat.[706] Eine so großzügige Auslegung dieses Zuständigkeitskriteriums ist nicht unbedenklich, da der Bürgerbeauftragte auf der Grundlage zulässiger Beschwerden seine Untersuchungsbefugnisse in Anspruch nimmt. Doch wird er letztlich diese weite Auslegung immer dadurch rechtfertigen können, daß ihm ansonsten die Möglichkeit bliebe, eine Untersuchung aufgrund eigener Initiative mit dem gleichen Inhalt durchzuführen.[707]

Ein Problem stellt sich bei der Frage, ob Personen, die sich illegal in einem Mitgliedstaat der Union aufhalten, beschwerdeberechtigt sind. Wegen dieser Diskussion kann auf die Ausführungen zum Petitionsrecht verwiesen werden.[708] Im

---

[703] Kaufmann-Bühler, in: Lenz, Art. 138e Rn. 4; Läufer, in: Grabitz/Hilf, Art. 138e Rn. 6; Haag, in: v.d.Groeben/Thiesing/Ehlermann, Art. 138e Rn. 2.

[704] Kaufmann-Bühler, in: Lenz, Art. 138e Rn. 4; Haag, in: v.d.Groeben/Thiesing/Ehlermann, Art. 138e Rn. 15.

[705] 2. Kap. IV.1.b,c.

[706] Beschwerde 972/24.10.96/FMO/DE/DT. In diesem Fall ging es um einen kolumbianischen Staatsangehörigen, der sich gegen deutsche Behörden beschwerte. Aufgrund des Beschwerdegegenstandes scheiterte die Beschwerde schließlich, nicht aber an der Person des Beschwerdeführers (Europäischer Bürgerbeauftragter, Jahresbericht 1995, S. 22).

[707] Europäischer Bürgerbeauftragter, Jahresbericht 1995, S. 22.

[708] 2. Kap. IV.1.d.

Ergebnis ist eine Berechtigung derartiger Personen aus den gleichen Erwägungen wie beim Petitionsrecht abzulehnen.

Auch wenn ein großzügiges Tätigwerden des Bürgerbeauftragten im Sinne seiner Kontrollfunktion und im Sinne des Rechtsschutzes der Personen, die sich beschweren, angebracht sein mag, so besteht doch die Gefahr, daß sich der Bürgerbeauftragte selbst mit Arbeit überlastet. In der Konsequenz wird es schwieriger für ihn, seine Rolle als Wahrer und Verteidiger der Rechte der im Vertrag ausdrücklich genannten Personen effektiv auszufüllen. Dann käme es aber zu einer Rechtsschutzverkürzung zu Lasten des berechtigten Personenkreises, was im Widerspruch zum Vertrag stünde. Der Bürgerbeauftragte läuft also Gefahr, indem er die Zugangsvoraussetzungen zu weit auslegt, seiner im Vertrag festgelegten Aufgabe nicht mehr im ausreichenden Maße nachkommen zu können. Darin wiederum läge ein nicht hinzunehmender Verstoß gegen den Vertrag und die in ihm garantierten Rechte. Auch wenn diese Situation angesichts der derzeitigen Auslastung des Bürgerbeauftragten nicht zu erwarten ist, muß dies zumindest im Hinblick auf die Zukunft festgehalten werden. Die Ausweitung der Zulässigkeit im Rahmen der gesetzlichen Regelungen darf jedenfalls nicht dazu führen, daß die Arbeit des Bürgerbeauftragten insgesamt beeinträchtigt wird.

b. Sachlicher Anwendungsbereich des Art. 195 (ex-Art. 138e) EG-Vertrag

Bei der Frage nach dem sachlichen Anwendungsbereich geht es um die Zuständigkeit des Europäischen Bürgerbeauftragten in Bezug auf den Gegenstand seiner Untersuchungen. Gem. Art. 195 Abs. 1 UAbs. 1 (ex-Art. 138e Abs. 1 UAbs. 1) EG-Vertrag und Art. 2 Abs. 2 S 1 des Statuts umfaßt die Zuständigkeit des Bürgerbeauftragten Mißstände bei der Tätigkeit der Organe oder Institutionen der Gemeinschaft. Die Gerichtsbarkeit der Gemeinschaft wird in den gleichen Vorschriften ausdrücklich vom Anwendungsbereich ausgenommen. Art. 1 Abs. 2 des Statuts normiert zusätzlich, daß der Bürgerbeauftragte seine Aufgaben unter Beachtung der Befugnisse, die den Organen und Institutionen der Gemeinschaft durch die Verträge zugewiesen sind, wahrnimmt. Der Wortlaut des Art. 195 (ex-Art. 138e) EG-Vertrag macht die sachliche Zulässigkeit an der Tätigkeit der Organe und Institutionen der Gemeinschaft und an dem Mißstandsbegriff fest. Art. 1 Abs. 2 des Statuts wiederholt lediglich, daß der Bürgerbeauftragte als Institution der Gemeinschaft an die Zuständigkeitsregelungen der Art. 2-4 (ex-Art. 2-3a) EG-Vertrag gebunden ist.

(1) Die Tätigkeit der Organe oder Institutionen der Gemeinschaft

Die Organe der Gemeinschaft sind in Art. 7 Abs. 1 (ex-Art. 4 Abs. 1) EG-Vertrag[709] aufgelistet. Diese sind das Europäische Parlament, der Rat, die Kommission, der Gerichtshof und der Rechnungshof. Gem. Art. 7 Abs. 2 (ex-Art. 4 Abs. 2) EG-Vertrag sind diesen Organen der Wirtschafts- und Sozialausschuß und der Ausschuß der Regionen als Institutionen mit beratender Funktion zur Seite gestellt. Die Tätigkeit des Bürgerbeauftragten erstreckt sich auch auf alle anderen Institutionen der Gemeinschaft wie die Europäische Zentralbank, Art. 8 (ex-Art. 4a) EG-Vertrag, oder die Europäische Investitionsbank, Art. 9 (ex-Art. 4b) EG-Vertrag. In diesem Zusammenhang ist es unerheblich, ob diese Institutionen und sonstigen von der Gemeinschaft getragenen, verselbständigten Agenturen und Ämter unmittelbar auf einer Vorschrift der drei Gemeinschaftsverträge (EG-, EAG-, EGKS-Vertrag) beruhen oder ob sie aufgrund von abgeleitetem – sprich sekundärem – Gemeinschaftsrecht geschaffen wurden.[710] Die Tätigkeitsfelder der Einrichtungen der EG sind in Art. 3 und Art. 4 (ex-Art. 3a) EG-Vertrag festgelegt,

---

[709] Die Organe der Atomgemeinschaft sind in Art. 3 EAG-Vertrag, die der Montanunion in Art. 7 EGKS-Vertrag genannt.

[710] Kaufmann-Bühler, in: Lenz, Art. 138e Rn. 5; Läufer, in: Grabitz/Hilf, Art. 138e Rn. 9; Haag, in v.d.Groeben/Thiesing/Ehlermann, Art. 138e Rn. 16. Eine genaue Liste der Gemeinschaftseinrichtungen und –organe, auf die sich die Zuständigkeit des Bürgerbeauftragten bezieht, findet sich bei Giraud, S. 17 f. Von der Überwachungstätigkeit des Europäischen Bürgerbeauftragten betroffen sind neben den genannten Organen, die sich aus den Verträgen ergeben, das Amt für amtliche Veröffentlichungen, die Europäische Stiftung zur Verbesserung der Lebens- und Arbeitsbedingungen (Dublin), das Europäische Zentrum zur Förderung der Berufsausbildung (Berlin/Thessaloniki), die Europäische Umweltagentur (Kopenhagen), die Europäische Agentur für die Beurteilung von Arzneimitteln (London), die Europäische Drogenbeobachtungsstelle (Lissabon), die Europäische Stiftung für Berufsausbildung (Turin), das Harmonisierungsamt für den Binnenmarkt (Alicante), die Europäische Agentur für Gesundheitsschutz und Sicherheit am Arbeitsplatz (Bilbao), das Übersetzungszentrum der Unionsorgane (Luxemburg) und das Europäische Patentamt (München).

so daß sich die Tätigkeit des Bürgerbeauftragten in diesem Bereich auch nach diesen Vorschriften richtet.

Die wichtigste Rolle im Rahmen der Tätigkeit des Bürgerbeauftragten spielt die Europäische Kommission. Dabei ist die Beziehung beider Einrichtungen zueinander von zwei Aspekten geprägt. Einerseits ist der Bürgerbeauftragte wie die Kommission zur Kontrolle der Gemeinschaftstätigkeit berufen und unterstützt diese in ihrer sehr viel umfassenderen Tätigkeit, indem er der Kommission Defizite bei der Anwendung des Gemeinschaftsrechts mitteilt, die er im Rahmen seiner eigenen Tätigkeit erfährt.[711] Andererseits betrifft ein Großteil der an den Bürgerbeauftragten gerichteten Beschwerden die Kommission, denn diese ist das Gemeinschaftsorgan, das die meisten Verwaltungsaufgaben in der Gemeinschaft wahrnimmt und das Entscheidungen trifft, die direkte Auswirkungen auf die Bürger haben.[712] Dies unterstreicht, daß der Bürgerbeauftragte zu einem wesentlichen Teil auch – neben seiner Aufgabe als Beschwerdeadressat – Kontrollinstanz der EG-Verwaltung ist, die zum weitaus größten Teil von der Kommission wahrgenommen wird. Um zur Verbesserung dieser Verwaltungstätigkeit beizutragen, hat der Bürgerbeauftragte der Kommission vorgeschlagen, einen administrativen Verhaltenskodex für ihre Beamten zu erlassen. Diese Bemühungen konnten im Berichtszeitraum 1997 noch nicht abgeschlossen werden.[713]

Die vielfältigen Berührungspunkte zwischen ihren Tätigkeitsfeldern verdeutlichen, daß gerade die Zusammenarbeit zwischen Kommission und Bürgerbeauftragtem eine wichtige Rolle spielt. Beide tragen dazu bei, daß das Gemeinschaftsrecht angewandt wird und die Gemeinschaft funktioniert.

---

[711] Im Berichtszeitraum 1997 hat der Bürgerbeauftragte den Beschwerdeführern in 76 Fällen geraten, sich an die Kommission zu wenden. (Europäischer Bürgerbeauftragter, Jahresbericht 1997, S. 300).

[712] Europäischer Bürgerbeauftragter, Jahresbericht 1997, S. 300: Von 200 Untersuchungen betrafen 163 (80%) die Europäische Kommission (1996: Von 210 Untersuchungen betrafen 187 (81%) die Kommission, Europäischer Bürgerbeauftragter, Jahresbericht 1996, S. 108).

[713] Europäischer Bürgerbeauftragter, Jahresbericht 1997, S. 277.

(2) Das Problem der Einbeziehung von Tätigkeitsfeldern der EU

Bei der Frage nach der Zuständigkeit des Europäischen Bürgerbeauftragten in den über die EG hinausgehenden Bereichen der EU ist zu differenzieren zwischen der Rechtslage vor dem Inkrafttreten des Amsterdamer Vertrages und der Situation danach. Vor der Novellierung des EU-Vertrages durch den Amsterdamer Vertrag war der Bürgerbeauftragte von der Kontrolle in den Bereichen der Gemeinsamen Außen- und Sicherheitspolitik und der Zusammenarbeit in den Bereichen Justiz und Inneres, den sogenannten zweiten und dritten Pfeilern der Union, ausgeschlossen, weil der alte Art. 138e EG-Vertrag nicht in den Verweisungsvorschriften Art. J.11 und Art. K.8 EU-Vertrag, die bestimmte Vorschriften des EG-Vertrages für anwendbar erklärten, aufgeführt war.[714] Unzuständig war der Bürgerbeauftragte daher für Beschwerden, die sich gegen Einrichtungen der Union wandten, wie den Europäischen Rat, ex-Art. D EU-Vertrag, das Politische Komitee, ex-Art. J.8 Abs. 5 EU-Vertrag, und den Ausschuß hoher Beamter, ex-Art. K.4 EU-Vertrag.

Eine andere Frage war, ob der Bürgerbeauftragte Beschwerden behandeln durfte, die sich zwar gegen Organe und Einrichtungen der EG wandten, aber deren Tätigkeit im Bereich der EU betrafen. So wurde die Kommission gem. ex-Art. J.9 EU-Vertrag im vollen Umfang an den Arbeiten im Bereich der Gemeinsamen Außen- und Sicherheitspolitik und gem. ex-Art. K.4 Abs. 2 EU-Vertrag an der Zusammenarbeit in den Bereichen Justiz und Inneres beteiligt. Aber auch unter dem Aspekt, daß ex-Art. 138e EG-Vertrag die Zuständigkeit des Bürgerbeauftragten nicht ausdrücklich auf die Tätigkeiten der EG-Organe und Einrichtungen im Gemeinschaftsrecht beschränkte,[715] ließ sich eine solche Ausweitung nicht rechtfertigen, denn ex-Art. J.11 Abs. 1 und ex-Art. K.8 EU-Vertrag verwiesen nur auf ganz be-

---

[714] Die gegenteilige Meinung (Kaufmann-Bühler, in: Lenz, Art. 138e Rn. 6; Läufer, in: Grabitz/Hilf, Art. 138e Rn. 9) ist aufgrund des eindeutigen Wortlautes der Vorschrift abzulehnen. So auch Haag, in: v.d.Groeben/Thiesing/Ehlermann, Art. 138e Rn. 16.

[715] O'Keefe, in: O'Keefe/Twomey, S. 87 (101); O'Leary, S. 279.

stimmte Artikel des EG-Vertrages, aber gerade nicht auf ex-Art. 138e EG-Vertrag.[716]

Die Zuständigkeit des Bürgerbeauftragten ließ sich auch nicht aus der Unionsbürgerschaft gem. Art. 17 ff. (ex-Art. 8 ff.) EG-Vertrag ableiten. Zwar normiert Art. 21 (ex-Art. 8d) EG-Vertrag im Rahmen der Unionsbürgerschaft ausdrücklich das Recht der Unionsbürger, sich an den Bürgerbeauftragten zu wenden, doch schafft diese Vorschrift keine neuen Zuständigkeiten, sondern bezieht sich nur auf die in Art. 195 (ex-Art. 138e) EG-Vertrag bestimmten Zuständigkeiten. Unter Berücksichtigung der Bezeichnung „Unionsbürgerschaft" konnte nichts anderes gelten. Dieser Begriff zielt zwar auf eine einheitliche Rechtsstellung der Bürger der Union in einem einheitlichen Rechtssystem ab, doch gehört dieser Begriff momentan noch zum Gemeinschaftsrecht und kann auch nur dort seine rechtliche Wirkung entfalten. Auch wenn der Bürgerbeauftragte nach Art. 21 (ex-Art. 8d) EG-Vertrag mit dazu beitragen soll, daß die Rechte der Unionsbürger gewahrt werden, so konnte diese Vorschrift als solche nicht seine Zuständigkeit auf den Bereich der Union ausweiten.

Schließlich konnte und kann der Bürgerbeauftragte seinen Zuständigkeitsbereich nicht selbständig ausweiten. Das Statut des Bürgerbeauftragten wurde gem. Art. 195 Abs. 4 (ex-Art. 138e Abs. 4) EG-Vertrag vom Parlament erlassen. Zwar hat er gem. Art. 14 des Statuts eigene Bestimmungen erlassen, doch mußten sich diese als Durchführungsbestimmungen in dem Rahmen halten, den die Bestimmungen des Parlaments vorgaben. So konnte er seinen Tätigkeitsbereich, der vom EG-Vertrag bestimmt wurde und in den Parlamentsregelungen bestätigt worden

---

[716] Im Berichtszeitraum 1997 erhielt der Bürgerbeauftragte eine Beschwerde, die sich gegen den Rat wandte, der sich geweigert hatte, Zugang zu Dokumenten zu gewähren, welche den sog. „Dritten Pfeiler" der Union betrafen. Durch den Bürgerbeauftragten aufgefordert zur Stellungnahme, stellte der Rat die Zuständigkeit des Bürgerbeauftragten in Frage. Der Bürgerbeauftragte bestand aber dennoch auf einer Stellungnahme, weil sich der Zugang zu den Ratsdokumenten nach Gemeinschaftsrecht richte. Insofern sei nicht das Unionsrecht ausschlaggebend. Der Rat fügte sich der Einschätzung des Bürgerbeauftragten und trug zu einer gütlichen Lösung der Beschwerde bei (Europäischer Bürgerbeauftragter, Jahresbericht 1997, S. 17 f.). Vgl. zu diesem Konflikt: Erhart, in: Journal für 1997, S. 278 (278).

ist, nicht ausweiten. In der Konsequenz war die Zuständigkeit des Bürgerbeauftragten auf das Gemeinschaftsrecht beschränkt.

Anders stellt sich die Situation nach der Novellierung des EU-Vertrages durch den Amsterdamer Vertrag dar. Nunmehr ist zwischen der Gemeinsamen Außen- und Sicherheitspolitik und der Zusammenarbeit in den Bereichen Justiz und Inneres zu differenzieren. In der neuen Verweisungsvorschrift im Titel über die Gemeinsame Außen- und Sicherheitspolitik, Art. 28 EU-Vertrag, wird Art. 195 (ex-Art. 138e) EG-Vertrag weiterhin nicht genannt. Für die Zuständigkeit des Europäischen Bürgerbeauftragten in diesem Bereich gelten daher die Ausführungen zur alten Rechtslage: Der Bürgerbeauftragte ist in diesem Bereich unzuständig. Er kann weder Beschwerden behandeln, die sich gegen Einrichtungen des EU-Vertrages auf diesem Gebiet, wie den hohen Vertreter und den Sonderbeauftragten (Art. 18 Abs. 3 und 5 EU-Vertrag), richten, noch solche, die sich gegen das Handeln von Gemeinschaftsorganen oder –einrichtungen auf diesem Gebiet[717] wenden. Dieser kategorische Ausschluß rechtfertigt sich einerseits – wie oben bereits erwähnt – durch den klaren Wortlaut des Art. 28 Abs. 1 EU-Vertrag. Andererseits liegt er in der Qualität der Gemeinsamen Außen- und Sicherheitspolitik begründet. Hier geht es nämlich um zwischenstaatliches Recht, das nicht in die Verantwortlichkeit der Gemeinschaft, sondern der einzelnen Mitgliedstaaten fällt. Dementsprechend ist es von nationalen Kontrollinstanzen zu überwachen. Eine Einmischung des Europäischen Bürgerbeauftragten widerspräche dem System des Unionsrechts; so erstreckt sich auch die Zuständigkeit des Gerichtshofes gem. Art. 46 (ex-Art. L) EU-Vertrag nicht auf die Gemeinsame Außen- und Sicherheitspolitik, und dem Europäischen Parlament ist in diesem Bereich lediglich ein qualifiziertes Anhörungsrecht gem. Art. 21 EU-Vertrag zugewiesen.

Anders verhält es sich auf dem Gebiet der Zusammenarbeit in den Bereichen Justiz und Inneres. Ein Teil dieses zunächst im EU-Vertrag geregelten Bereichs ist durch den Vertrag von Amsterdam in das Gemeinschaftsrecht übernommen worden. So wurden Visa, Asyl, Einwanderung und andere Politiken, die den freien

---

[717] Z.B. wird die Kommission gem. Art. 18 Abs. 4 S. 1 EU-Vertrag in diesem Bereich in vollem Umfang an den Aufgaben beteiligt.

Personenverkehr betreffen, als Titel IV mit den Art. 61 ff. in den EG-Vertrag eingefügt.[718] Beschwerden und Untersuchungen, die diese Bereiche betreffen und die sich gegen eine Einrichtung oder ein Organ der Gemeinschaft richten, sind nun vom sachlichen Anwendungsbereich des Art. 195 (ex-Art. 138e) EG-Vertrag umfaßt. Im EU-Vertrag verblieben sind in Titel VI (Art. 29-42) nur noch die Bestimmungen über die polizeiliche und justizielle Zusammenarbeit in Strafsachen. Für diesen Bereich erklärt die Verweisungsvorschrift des Art. 41 Abs. 1 EU-Vertrag im Gegensatz zum alten Art. K.8 EU-Vertrag Art. 195 (ex-Art. 138e) EG-Vertrag ausdrücklich für anwendbar.

Zu prüfen bleibt, ob diese Anwendbarkeit nur die Organe und Einrichtungen der Gemeinschaft betrifft, die im Rahmen dieses Titels VI tätig werden, oder ob darüber hinaus die Einrichtungen, die - wie Europol (Art. 30 Abs. 2) und der Koordinierungsausschuß (Art. 36 Abs. 1) - ihre Grundlage in diesen Bestimmungen des EU-Vertrages haben, der Kontrolltätigkeit des Europäischen Bürgerbeauftragten unterfallen. Art. 41 Abs. 1 EU-Vertrag gibt auf diese Frage keine eindeutige Antwort. Hilfreich ist daher ein Blick in Art. 35 EU-Vertrag, der die Zuständigkeit des Europäischen Gerichtshofes in diesem Bereich regelt. Ausgenommen von der Zuständigkeit des Gerichtshofes sind gem. Art. 35 Abs. 5 EU-Vertrag nur die Maßnahmen, die in die Verantwortlichkeit nationaler Stellen fallen. Die Maßnahmen (Rahmenbeschlüsse, Beschlüsse, Übereinkommen und Durchführungsmaßnahmen), die auf Unionsebene beschlossen werden, unterliegen gem. Art. 35 Abs. 1, 6 EU-Vertrag der Judikatur des Europäischen Gerichtshofes. In Anlehnung an diese Zuständigkeitsverteilung ist es konsequent, daß die weitere Kontrolleinrichtung auf Gemeinschaftsebene, der Europäische Bürgerbeauftragte, in den gleichen Bereichen tätig werden kann und daß seine Zuständigkeit für die Fälle geöffnet wird, die Einrichtungen betreffen, die ihre Grundlage in Titel VI des EU-Vertrages haben. Art. 35 EU-Vertrag räumt Individuen keine Klagebefugnis ein. Weil die Rechtsakte in diesem Bereich grundsätzlich keine Durchgriffswirkung haben, sondern der Umsetzung durch nationale Stellen bedürfen und Individuen nicht unmittelbar und individuell betreffen können, ist dies konsequent.[719] Sollte es unabhän-

[718] Das Vereinigte Königreich, Irland und Dänemark behalten sich in gesonderten Protokollen (ABl. Nr. C 340 aus 1997, S. 97 f., 99 f., 101 f.) die Teilnahme an diesen Politiken vor.

[719] Pechstein/Koenig, Kap. 6 Rn. 390.

gig von individueller und unmittelbarer Betroffenheit Anlaß zur Beschwerde eines Individuums geben, kann das Beschwerderecht zum Bürgerbeauftragten eine etwaige Lücke im individuellen Rechtsschutz zumindest teilweise kompensieren.

Ein Sonderfall ist Europol. Europol ist ein europäisches Polizeiamt, das die Zusammenarbeit der innerstaatlichen Stellen intensivieren soll. Es beruht auf einem Übereinkommen der Mitgliedstaaten vom 26. 7. 1995[720]. Gem. Art. 26 Abs. 1 des Übereinkommens ist Europol eine Einrichtung mit eigener Rechtspersönlichkeit. Eigene Ermittlungsbefugnisse erhält diese Einrichtung nur dann, wenn ihr der Unionsrat gem. Art. 30 EU-Vertrag begrenzte Ermittlungsbefugnisse einräumt. So soll Europol die Möglichkeit erhalten, gem. Art. 30 Abs. 2 lit. a EU-Vertrag an operativen Aktionen mitgliedstaatlicher Teams mitzuwirken oder gem. Art. 30 Abs. 2 lit. b EU-Vertrag mitgliedstaatliche Stellen zu ersuchen, Ermittlungen in bestimmten Fällen vorzunehmen und zu koordinieren.[721] Diese Befugnisse und die Zuständigkeit von Europol zur Sammlung, Übermittlung und Verarbeitung von Daten werfen hinsichtlich des Rechtsschutzes und der demokratischen Legitimation grundlegende Fragen auf.[722] So ist der Europäische Gerichtshof auch in diesem Bereich nur in den engen Grenzen des Art. 35 EU-Vertrag zuständig. Weil auch in diesem Bereich Individualrechtsschutz nicht vorgesehen ist, wird das Problem des effektiven Grundrechtsschutzes hinsichtlich des Grundrechts auf informationelle Selbstbestimmung aufgeworfen.[723]

Zum Schutze individueller Rechte sieht die Europol-Konvention ein Verfahren vor der Gemeinsamen Kontrollinstanz und die Zuständigkeit nationaler Gerichte vor. Die Gemeinsame Kontrollinstanz, die aus Mitgliedern der nationalen Kontrollinstanzen besteht, kontrolliert in Einzelfällen die Speicherung und Weitergabe von Daten daraufhin, ob ein Berichtigungsanspruch vorliegt, und nimmt Bera-

---

[720] Europol-Konvention (ABl. Nr. C 316 aus 1995, S. 1). Hinzukommen die Protokolle zur Auslegungskompetenz des EuGH (ABl. Nr. C 299 aus 1996, S. 2) und zur Immunität der Europol-Bediensteten (ABl. Nr. C 221 aus 1997, S. 2).

[721] Zu den Aufgaben von Europol vgl.: Schreckenberger, in: VerwArch 1997, S. 389 (409 ff.); Bull, in: DRiZ 1998, S. 32 (32-35).

[722] Pechstein/Koenig, Kap. 6 Rn. 364.

[723] Pechstein/Koenig, Kap. 6 Rn. 364.

tungsaufgaben im Rahmen von Europol wahr.[724] Ausgangspunkt für die Kontrolltätigkeit der Gemeinsamen Kontrollinstanz ist ein individueller Antrag auf Mitteilung der über die eigene Person gespeicherten Daten, der in Art. 19 der Europol-Konvention vorgesehen ist. Lehnt Europol die Auskunft ab, so kann gem. Art. 19 Abs. 7 der Europol-Konvention die Gemeinsame Kontrollinstanz angerufen werden. Fällt die Kontrollinstanz eine Entscheidung mit Zweidrittelmehrheit, so ist diese gem. Art. 24 Abs. 7 der Europol-Konvention für die Parteien rechtskräftig. Darüber hinaus kann die Gemeinsame Kontrollinstanz gem. Art. 19 Abs. 7 UAbs. 3, 4, Art. 20 Abs. 4 der Europol-Konvention angerufen werden, wenn Europol die Überprüfung, Berichtigung oder Löschung von gespeicherten Daten abgelehnt hat. Diese Entscheidungen der Gemeinsamen Kontrollinstanz, die nicht der Zweidrittelmehrheit bedürfen, erwachsen gem. Art. 19 Abs. 7 der Europol-Konvention ebenfalls in Rechtskraft.

Neben diesen Möglichkeiten können auch die nationalen Gerichte Rechtsschutz gegen Maßnahmen von Europol gewähren. Ausdrücklich vorgesehen ist dies in Art. 39 der Europol-Konvention für die außervertragliche Haftung einschließlich der Widerrufs- und Unterlassungsansprüche.[725] Hat zuvor die Gemeinsame Kontrollinstanz in gleicher Sache entschieden, so ist aufgrund der Rechtskraft eine erneute Entscheidung eines nationalen Gerichtes ausgeschlossen.[726] Andernfalls sind die nationalen Gerichte zwar grundsätzlich zuständig, doch unterliegen die Prüfungs- und Aufklärungskompetenzen der nationalen Gerichte wegen der Beschränkungen des Immunitätsprotokolls wie der Unverletzlichkeit der Archive von Europol, der Immunität der Bediensteten und deren Verpflichtung zur Verschwiegenheit Einschränkungen.

Die Rechtsschutzmöglichkeiten, die die Gemeinsame Kontrollinstanz und die nationalen Gerichte im Zusammenhang mit Europol bieten, vermögen die eingeschränkte Zuständigkeit des Europäischen Gerichtshofes nur teilweise zu kompensieren.[727] Zudem bestehen Zweifel an der Vereinbarkeit des gewährten Rechts-

---

[724] Frowein/Krisch, in: JZ 1998, S. 589 (590).

[725] Frowein/Krisch, in: JZ 1998, S. 589 (591).

[726] Frowein/Krisch, in: JZ 1998, S. 589 (591).

[727] Pechstein, in: DÖV 1995, S. 569 (576).

schutzes mit dem Verfassungsrecht der Mitgliedstaaten und der EMRK.[728] Die Kritik wendet sich insbesondere gegen die Stellung der Gemeinsamen Kontrollinstanz, die keine Gerichtsqualität aufweise und die aufgrund ihrer Einbindung in Europol keine ausreichende Gewähr für ihre Unabhängigkeit biete.[729]

Derartige Lücken im gerichtlichen Rechtsschutz kann der Europäische Bürgerbeauftragte nicht schließen, weil es ihm an der für Gerichte wesentlichen eigenen Entscheidungs- und Abhilfekompetenz fehlt. Der Bürgerbeauftragte kann lediglich den gerichtlichen Rechtsschutz ergänzen, nicht aber ersetzen. Insbesondere ist er nicht dazu in der Lage, die grundsätzlichen verfassungsrechtlichen Bedenken im Zusammenhang mit Europol[730] auszuräumen, weil diese ihre Ursache in der rechtlichen Gestaltung dieser Einrichtung haben und der Bürgerbeauftragte darauf keinen Einfluß hat. Zwar fällt der Bereich Europol grundsätzlich in den sachlichen Anwendungsbereich des Europäischen Bürgerbeauftragten, soweit es nicht um Maßnahmen geht, die nationalen Stellen zuzuordnen sind, weil sich eine Einschränkung seiner Zuständigkeit in diesem Bereich nicht aus dem Vertrag ergibt. Doch verdrängt neben den nationalen Gerichten auch die Gemeinsame Kontrollinstanz den Bürgerbeauftragten. Hat die Gemeinsame Kontrollinstanz eine Entscheidung gefällt, so kann für den Europäischen Bürgerbeauftragten nichts anderes gelten als für die nationalen Gerichte. Die rechtskräftige Entscheidung der Gemeinsamen Kontrollinstanz macht ein Tätigwerden des Bürgerbeauftragten unzulässig. Dies hat zur Konsequenz, daß die Zuständigkeit des Europäischen Bürgerbeauftragten in der Praxis sehr eingeschränkt ist. So kann er im Vorfeld des Tätigwerdens der Gemeinsamen Kontrollinstanz und in den Fällen, in denen die Gemeinsame Kontrollinstanz keine rechtskräftige Entscheidung fällt, von seinen Kompetenzen Gebrauch machen. Darüber hinaus kann er aus allgemeinen Erwägungen heraus die Einhaltung der Grundrechte, wie sie das Unionsrecht anerkennt, anmahnen.

Angesichts der vielfältigen Anknüpfungspunkte, welche die Justiz- und Innenpolitik für die Überwachung von Grundrechten bietet, hat sich der Aufgabenbereich des Europäischen Bürgerbeauftragten durch den Amsterdamer Vertrag und

---

[728] Frowein/Krisch, in: JZ 1998, S. 589 (592ff.).

[729] Frowein/Krisch, in: JZ 1998, S. 589 (592, 595).

[730] Frowein/Krisch, in: JZ 1998, S. 589 (596).

die entsprechende Ausweitung seiner Zuständigkeit erheblich erweitert. Aufgrund des eingeschränkten individuellen gerichtlichen Rechtsschutzes ist zu erwarten, daß der Bürgerbeauftragte in diesem Bereich vermehrt in Anspruch genommen wird. Ausgenommen von seiner Zuständigkeit bleiben die nationalen Stellen. Die Regelungen des EU-Vertrages bleiben intergouvernementales Recht,[731] so daß die darauf beruhenden Maßnahmen in die Verantwortlichkeit der Mitgliedstaaten fallen. In der Konsequenz sind dafür dann auch die nationalen Kontrolleinrichtungen allein zuständig.

Bereits vor Abschluß und Inkrafttreten des Amsterdamer Vertrages hat der Europäische Bürgerbeauftragte angekündigt, er werde überwachen, ob die Organe und Institutionen der Gemeinschaft die Grundrechte achten, zu denen sich Art. 6 Abs. 2 (ex-Art. F Abs. 2) EU-Vertrag bekennt.[732] Zunächst war es nicht unproblematisch, die Grundrechtsbindung der Gemeinschaftsorgane aus dieser Vorschrift abzuleiten, da Art. 6 (ex-Art. F) EU-Vertrag sich an die Union wendet und Art. F Abs. 2 EU-Vertrag a.F. gem. Art. L EU-Vertrag a.F. nicht in die Zuständigkeit des Europäischen Gerichtshofes fiel. Seit dem Vertrag von Amsterdam unterliegt Art. 6 Abs. 2 (ex-Art. F Abs. 2) EU-Vertrag gem. Art. 46 lit. d EU-Vertrag der Rechtsprechung des Gerichtshofes. D.h. der Gerichtshof kann die Handlungen der Gemeinschaftsorgane zukünftig auch an Art. 6 Abs. 2 (ex-Art. F Abs. 2) EU-Vertrag messen, soweit er im übrigen zuständig ist. Im Interesse eines möglichst angenäherten Prüfungsmaßstabes der Kontrolleinrichtungen der EG muß dem Bürgerbeauftragten ebenfalls gestattet sein, die Handlungen der Einrichtungen und Organe an Art. 6 Abs. 2 (ex-Art. F Abs. 2) EU-Vertrag zu messen.

Schon bevor Art. F Abs. 2 bzw. Art. 6 Abs. 2 EU-Vertrag Eingang in den Unionsvertrag gefunden hat, hat der Europäische Gerichtshof Grundrechte anerkannt, die sich aus den gemeinsamen Verfassungsüberlieferungen der Mitgliedstaaten und seiner Rechtsprechung ergeben[733] und die im Rang des Primärrechts stehen, so

---

[731] Streinz, in: EuZW 1998, S. 137 (142).

[732] Europäischer Bürgerbeauftragter, Jahresbericht 1995, S. 17.

[733] EuGH vom 12. 11. 1969, Rs. 29/69 (Stauder./.Stadt Ulm), Slg. 1969, 419. Vgl. zum Grundrechtsschutz durch die Rspr. des EuGH und dem Konflikt mit dem BVerfG: Scheuing, in: EuR-Beiheft 1-1997, S. 7 (45ff).

daß das Gemeinschaftsrecht an sie gebunden ist.[734] Ausgangspunkt für die Gemeinschaftsgrundrechte sind die Grundrechte in den Verfassungen der Mitgliedstaaten und die, zu deren Einhaltung sich die Mitgliedstaaten aufgrund völkerrechtlicher Verträge wie der EMRK verpflichtet haben.[735] Diese Grundrechte müssen als allgemeine Grundsätze des Gemeinschaftsrechts feststellbar sein, d.h. sie müssen zunächst den „Filter der allgemeinen Grundsätze des Gemeinschaftsrechts" passiert haben, der die Grundrechte daraufhin überprüft, ob sie mit den Zielen der Gemeinschaft vereinbar sind.[736] Art. 6 (ex-Art. F) EU-Vertrag hat diesen von der Rechtsprechung entwickelten Grundrechtsschutz nicht verändert oder erweitert, sondern hat ihn lediglich vertraglich bestätigt. Untersucht der Bürgerbeauftragte Mißstände im Rahmen seiner Tätigkeit, so hat er auch darauf zu achten, daß die von der Gemeinschaft akzeptierten Grundrechte gebührend beachtet worden sind.[737]

Zusammenfassend kann festgehalten werden, daß sich nach dem bestehenden Vertrag die Zuständigkeit des Europäischen Bürgerbeauftragten im Unionsrecht auf die polizeiliche und justitielle Zusammenarbeit in Strafsachen entsprechend beschränkt. Diese Zuständigkeit ergibt sich aus der Verweisung des Art. 41 Abs. 1 EU-Vertrag. Weitergehende Bereiche des EU-Vertrages fallen auch dann nicht in den sachlichen Anwendungsbereich des Art. 195 (ex-Art. 138e) EG-Vertrag, wenn Organe und Einrichtungen der Gemeinschaft auf diesen Tätigkeitsfeldern aktiv geworden sind.

---

[734] Klein, in: Hailbronner/Klein/Magiera/Müller-Graff, Art. F Rn. 9.

[735] Klein, in: Hailbronner/Klein/Magiera/Müller-Graff, Art. F Rn. 9.

[736] Klein, in: Hailbronner/Klein/Magiera/Müller-Graff, Art. F Rn. 9.

[737] In seiner Stellungnahme zum Bindi-Bericht hat der Ausschuß für Grundfreiheiten und innere Angelegenheiten einen Änderungsvorschlag eingebracht, der ausdrücklich forderte, daß der Bürgerbeauftragte auch über die Grundrechte wachen solle (A3-0298/92, S. 21).

(3) Der Ausschluß von Beschwerden gegen die Tätigkeit nationaler Stellen

Im Umkehrschluß ergibt sich aus Art. 195 (ex-Art. 138e) EG-Vertrag, daß der Bürgerbeauftragte nicht zuständig ist für Beschwerden, welche die Tätigkeit einer nationalen Stelle betreffen, auch wenn es um die Anwendung von Gemeinschaftsrecht geht.[738] Diese Beschränkung auf die Stellen der Gemeinschaft unterstreicht noch einmal, daß der Bürgerbeauftragte nur die Gemeinschaft zu kontrollieren hat und nicht die Anwendung des Gemeinschaftsrechts durch die Mitgliedstaaten.[739] Die Anwendung des Gemeinschaftsrechts durch die Mitgliedstaaten hat die Kommission als „Hüterin der Verträge“ gem. Art. 211 (ex-Art. 155) EG-Vertrag zu überwachen.

Weil derzeit alle Mitgliedstaaten über eigene außergerichtliche Beschwerdeinstanzen – Bürgerbeauftragter oder Petitionsausschuß - verfügen,[740] entsteht durch die Beschränkung des Europäischen Bürgerbeauftragten auf die Gemeinschaftsebene keine Lücke im außergerichtlichen Rechtsschutz. Vielmehr ist es im Sinne des Subsidiaritätsprinzips konsequent, daß sich die Tätigkeit des Europäischen Bürgerbeauftragten allein auf die europäische Ebene beschränkt.

Im Interesse eines umfassenden außergerichtlichen Rechtsschutzes auf allen Ebenen der Gemeinschaft und zum Zweck einer flächendeckenden Kontrolle der Verwaltung innerhalb der Gemeinschaft hat sich der Europäische Bürgerbeauftragte in Art. 12 seiner Durchführungsbestimmungen die Zusammenarbeit mit vergleichbaren nationalen Stellen zum Ziel gemacht und steht mit diesen in Kontakt. So hat er sich schon früh um einen entsprechenden Informationsaustausch[741] bemüht und hat ein gemeinsames Seminar veranstaltet.[742] Weil die Umsetzung vieler Aspekte des Gemeinschaftsrechts Sache der nationalen, regionalen oder kommunalen Verwaltungen ist, kommen auch die nationalen Beschwerdeeinrichtungen in

---

[738] Kaufmann-Bühler, in: Lenz, Art. 138e Rn. 6; Läufer, in: Grabitz/Hilf, Art. 138e Rn. 9.

[739] Haag, in: v.d.Groeben/Thiesing/Ehlermann, Art. 138e Rn. 16.

[740] Vgl. ausführlich zu den einzelnen Einrichtungen: 1. Kap. IV.

[741] Europäischer Bürgerbeauftragter, Jahresbericht 1996, S. 97.

[742] „Die Rechte der Bürger der Europäischen Union“, Seminar über die Rolle der nationalen Bürgerbeauftragten und des europäischen Bürgerbeauftragten – oder ähnlicher Einrichtungen – im Lichte der Anwendung des Gemeinschaftsrechts in der Union, Straßburg, 12. und 13. 9. 1996.

vielfältiger Hinsicht mit dem Gemeinschaftsrecht in Berührung. Treten in diesem Bereich Fragen auf, so können sich die nationalen Beschwerdeeinrichtungen an den Europäischen Bürgerbeauftragten wenden, der dann versucht, zur Lösung des Falles beizutragen, indem er die Anfrage selbst beantwortet oder an eine geeignete Stelle auf Gemeinschaftsebene weiterleitet.[743]

Solange der Europäische Bürgerbeauftragte lediglich Anfragen seiner nationalen Kollegen weiterleitet und sich Kraft seines Einflusses für eine zügige Erledigung der Angelegenheit einsetzt, ist gegen diese Praxis nichts einzuwenden. Probleme wirft aber die Beantwortung von Anfragen durch den Europäischen Bürgerbeauftragten selbst auf. Dieses Verfahren, das teilweise als Ersatz dafür angesehen wird, daß die nicht-richterlichen nationalen Einrichtungen keine Möglichkeit haben, ein Vorabentscheidungsverfahren nach Art. 234 (ex-Art. 177) EG-Vertrag einzuleiten,[744] ist nicht von der vertraglichen Bestimmung des Art. 195 (ex-Art. 138e) EG-Vertrag und dem Statut des Europäischen Bürgerbeauftragten gedeckt. Dem Europäischen Bürgerbeauftragten steht es nicht zu, seinen Zuständigkeitsbereich selbst auszuweiten. Auch wenn die Tätigkeit des Bürgerbeauftragten nicht rechtlich verbindlich ist und insofern keine rechtsverbindlichen Fakten geschaffen werden können, kann sein Aufgabenbereich nicht überdehnt oder willkürlich ausgeweitet werden. Dies läßt sich auch nicht auf die Unabhängigkeit des Bürgerbeauftragten stützen, da die Unabhängigkeit nur im Rahmen des vertraglich festgelegten Zuständigkeitsbereich gewährleistet werden kann. Zudem steht es allein dem Europäischen Gerichtshof an, Fragen der Auslegung des Gemeinschaftsrechts zu beantworten. Inhaltliche Auskünfte des Europäischen Bürgerbeauftragten in diesem Bereich führten mangels rechtlicher Verbindlichkeit nur zu Verwirrung. Die Zusammenarbeit des Europäischen Bürgerbeauftragten mit nationalen außergerichtlichen Beschwerdeinstanzen kann sich ausschließlich auf einen informellen Informationsaustausch und die Unterstützung gegenüber Stellen auf Gemeinschaftsebene erstrecken. Darüber hinausgehende Auskünfte zum Gemeinschaftsrecht stehen dem Europäischen Bürgerbeauftragten nicht zu.

---

[743] Europäischer Bürgerbeauftragter, Jahresbericht 1997, S. 279.

[744] Hummer, Stellung und Funktion des Bürgerbeauftragten, S. 45.

(4) Die Beschränkung auf die Kontrolle von Mißständen

Jede öffentlich-rechtliche Stelle ist dazu gehalten, im Einklang mit den Gesetzen zu handeln und die Rechte, insbesondere die Grundrechte, der Beteiligten zu wahren. Über diese Anforderungen hinaus muß sich staatliches Handeln auch an den Belangen der Bürger orientieren und entsprechende Rücksichtnahme üben. So ist der Bürger nicht Objekt sondern Subjekt des Staates, und insofern sind seine Interessen auch Richtschnur staatlichen Handelns.

Art. 195 (ex-Art. 138e) EG-Vertrag erlaubt Beschwerden nur gegen einen Mißstand. Der Europäische Bürgerbeauftragte selbst bezieht solche Mißstände ausschließlich auf ein Verwaltungshandeln, d.h. der Mißstand muß administrativen Charakter haben.[745] Diese Einschränkung erschließt sich aus dem deutschen Text des Vertrages, der „Mißstände bei der Tätigkeit der Organe und Institutionen der Gemeinschaft“ nennt, nicht so eindeutig wie etwa aus dem französischen oder englischen Wortlaut.[746] Nach dem französischen Vertragstext umfaßt die Zuständigkeit des Bürgerbeauftragten *„tout cas de mauvaise administration dans l'action des institutions ou organes communautaires“*. Der englische Text spricht in diesem Zusammenhang von *„maladministration in the activities of the Community institutions or bodies“*.[747] Diese Vertragsversionen können zur Interpretation des deutschen Textes herangezogen werden. So muß sich der Mißstand auf ein Verwaltungshandeln beziehen.[748] Legislative Entscheidungen oder Entscheidungen, die ausschließlich einen politischen Inhalt haben, wie bspw. Beschlüsse des Parlaments oder des Rates, fallen demnach nicht in den sachlichen Anwendungsbereich des Art. 195 (ex-Art. 138e) EG-Vertrag.

Diese Einschränkung der Zuständigkeit des Europäischen Bürgerbeauftragten ist nicht zu beanstanden, zumal sie sich aus den Vertragsversionen in einigen Amtssprachen ergibt und diese Versionen gem. Art. 314 (ex-Art. 248) EG-Vertrag verbindlich sind. So ist im Zweifel die engere Fassung ausschlaggebend, da sich

---

[745] Europäischer Bürgerbeauftragter, Jahresbericht 1995, S. 18.

[746] Gleiches gilt für den spanischen und den italienischen Wortlaut. (Baviera, S. 117).

[747] Anders als im kontinentalen Recht hat der Begriff der „maladministration“ im angloamerikanischen Recht eine längere Tradition. (Baviera, S. 116).

[748] So auch Erhart, in: Journal für Rechtspolitik 1997, S. 278 (278).

diese nicht in Widerspruch zur weiteren Fassung in anderen Amtssprachen setzt. Darüber hinaus steht der Europäische Bürgerbeauftragte wie die gesamte Gemeinschaft in der Rechtstradition ihrer Mitgliedstaaten. Wenn auch parallele nationale Regelungen die gemeinschaftsrechtlichen Regelungen nicht verbindlich interpretieren können, so können sie zumindest Anhaltspunkte für deren Auslegung bieten. Ein Blick auf die dem Bürgerbeauftragten ähnlichen Einrichtungen in den Mitgliedstaaten, insbesondere auf den dänischen Ombudsman, der als Vorbild für den Europäischen Bürgerbeauftragten gedient hat,[749] zeigt, daß auch diese Einrichtungen auf die Überwachung der Verwaltungstätigkeit beschränkt sind. Beschwerden, die sich gegen Beschlüsse mit ausschließlich politischem Inhalt richten, also zum Beispiel gegen Akte im Rahmen der politischen Tätigkeit des Parlaments, sind daher unzulässig.[750] Auch ist es nicht Aufgabe des Bürgerbeauftragten, die Opportunität der Rechtsakte der Gemeinschaft, wie zum Beispiel Verordnungen und Richtlinien, zu prüfen.[751] Ausschlaggebend für die Zuständigkeit des Europäischen Bürgerbeauftragten ist daher, daß die Beschwerden zumindest auch einen verwaltungsrechtlichen Bezug haben. Wenn sie darüber hinaus politische Bedeutung haben, schließt das den sachlichen Anwendungsbereich des Art. 195 (ex-Art. 138e) EG-Vertrag nicht aus.

Trotz der Begrenzung auf den Bereich der Verwaltung läßt der Begriff des Mißstandes Raum für Interpretationen. So hat sich der derzeitige Europäische Bürgerbeauftragte schon früh darum bemüht, den Mißstandsbegriff des Art. 195 (ex-Art. 138e) EG-Vertrag näher zu umschreiben. Er hat es als Mißstand bezeichnet, „wenn ein Organ oder eine Institution der Gemeinschaft nicht in Übereinstimmung mit den Verträgen und Rechtsakten der Gemeinschaft handelt, die für es/sie verbindlich sind, oder wenn es/sie die vom Gerichtshof und dem Gericht erster Instanz festgelegten Rechtsvorschriften und Grundsätze nicht beachtet“.[752]

---

[749] Vgl. 3. Kap., III.5.a.

[750] Europäischer Bürgerbeauftragter, Jahresbericht 1995, S. 18; Beschwerde 420/9.2.96/PLMP/B (zitiert nach: Europäischer Bürgerbeauftragter, Jahresbericht 1996, S. 16), die sich gegen die Tätigkeit des Petitionsausschusses wandte und daher unzulässig war. Europäischer Bürgerbeauftragter, Jahresbericht 1997, S. 23. Baviera, S. 117.

[751] Europäischer Bürgerbeauftragter, Jahresbericht 1995, S. 18; Betz, in: FS Hanisch S. 13 (22).

[752] Europäischer Bürgerbeauftragter, Jahresbericht 1995, 17.

Diese Definition wurde von ihm selber schon bald nicht mehr als erschöpfend angesehen, und er plante, den Begriff weiter zu fassen.[753] Auch die Beachtung der Grund- und Menschenrechte sollte ebenso Berücksichtigung finden wie Verstöße gegen Verwaltungsvorschriften, Machtmißbrauch, Unfairneß, Diskriminierung, mangelhafte Information oder Nachlässigkeiten der Behörden.[754]

Eine scharf umrissene Definition wollte der Bürgerbeauftragte zunächst vermeiden, weil er so sein eigenes Ermessen einschränkte und nicht jeden einzelnen Fall individuell auf seine Zulässigkeit hin prüfen könnte.[755] Der Petitionsausschuß hielt es demgegenüber für opportun, den Begriff des Mißstandes klar zu definieren.[756] Daraufhin hat der Bürgerbeauftragte jetzt eine Definition vorgelegt: Ein Mißstand ergibt sich, wenn eine öffentliche Einrichtung nicht im Einklang mit für sie verbindlichen Regeln oder Grundsätzen handelt.[757] Inwieweit sich diese Definition neben der Rechtmäßigkeit auch auf die Zweckmäßigkeit einer Verwaltungsentscheidung bezieht, ließ der Bürgerbeauftragte bislang offen. Eine Beschränkung seiner Zuständigkeit auf die Fälle, die nicht vor die Gerichte auf Gemeinschaftsebene gebracht werden können, wie sie für den britischen Parliamentary Commissioner gilt, lehnt der Europäische Bürgerbeauftragte – mangels gesetzlicher Grundlage zu recht – ab.[758]

Die relativ weite Definition läßt Raum für Interpretationen. Der derzeitige Bürgerbeauftragte als der Urheber dieser Definition hat betont, daß es wichtig sei, den Begriff des Mißstandes nicht zu sehr einzuschränken, um auf weitere Entwicklun-

---

[753] Söderman, The Role of the European Ombudsman, S. 4.

[754] Europäischer Bürgerbeauftragte, Jahresbericht 1995, S. 18; Söderman, The Role of the European Ombudsman, S. 4; Europäischer Bürgerbeauftragter, Fragen und Antworten.

[755] Europäischer Bürgerbeauftragter, Jahresbericht 1995, S. 18; Söderman, The Role of the European Ombudsman, S. 5.

[756] Bericht des Petitionsausschusses zum Jahresbericht des Bürgerbeauftragten von 1996, A4-0211/97, S. 5

[757] Europäischer Bürgerbeauftragter, Jahresbericht 1997, S. 20.

[758] Europäischer Bürgerbeauftragter, Jahresbericht 1997, S. 20.

gen flexibel reagieren zu können.[759] Solange der Begriff nicht überdehnt wird, ist es dem Bürgerbeauftragten nicht abzusprechen, eine Definition zu formulieren, die sich im Rahmen dessen hält, was in den Mitgliedstaaten unter einem Mißstand verstanden wird.[760]

Offen geblieben ist bislang, wann „eine öffentliche Einrichtung nicht im Einklang mit für sie verbindlichen Regeln oder Grundsätzen handelt". Bisher gibt es auf Gemeinschaftsebene keine allgemeine vertragliche Grundlage für das Verwaltungsverfahren. Dennoch spielt sich das Verwaltungsverfahren nicht im rechtsfreien Raum ab. So haben die Organe teilweise interne Regelungen geschaffen, wie z.B. die Zugangsregelungen zu den Dokumenten von Rat, Kommission und Parlament. Die meisten Richtlinien und Verordnungen enthalten Vorschriften, die das jeweilige Verwaltungsverfahren betreffen und insofern verbindlich sind für die betreffenden Organe und Einrichtungen.

Wichtige Vorgaben von grundsätzlicher Bedeutung hat – wie im Bereich der Grundrechte – der Europäische Gerichtshof gemacht.[761] Die Rechtsprechung betraf zwar in vielen Fällen die Anwendung bzw. Umsetzung von Gemeinschaftsrecht durch die Mitgliedstaaten,[762] doch müssen die Maßstäbe, die der Gerichtshof dort gesetzt hat, auch und gerade für die Organe und Einrichtungen der Gemeinschaft

---

[759] Europäischer Bürgerbeauftragter, Jahresbericht 1995, S. 18. Der Petitionsausschuß hat in seinem Bericht zum Jahresbericht des Bürgerbeauftragten 1997 dem Bürgerbeauftragten in dieser Hinsicht ausdrücklich Recht gegeben (PE 226.262 S. 8).

[760] Im Vorfeld der Definition hat der Europäische Bürgerbeauftragte seine nationalen Kollegen und ähnliche Stellen in den Mitgliedstaaten um eine Stellungnahme gebeten, was unter dem Begriff des Mißstandes zu verstehen sei. Die o.g. Definition ist das Ergebnis dieser Befragung. (Europäischer Bürgerbeauftragter, Jahresbericht 1997, S. 20).

[761] Vgl. zu den Anforderungen an das Verwaltungsverfahren ausführlich: Schwarze, Bd. II, S. 1135 ff.

[762] Vgl. dazu ausführlich – insbesondere zu dem Einfluß, den das Gemeinschaftsrecht auf das nationale Verwaltungsrecht nimmt, - Scheuing, in: Hoffmann Riem/Schmidt-Aßmann, S. 289 ff. Der EuGH hat auf diesem Gebiet sich nicht nur mit der Interpretation des Rechts begnügt, er hat vielfach Recht fortgebildet bis hin zur Rechtsschöpfung im Interesse einer effektiven Geltung des Gemeinschaftsrechts (Scheuing, Hoffmann Riem/Schmidt-Aßmann, S. 351, der in diesem Zusammenhang von „judical activism" spricht).

gelten. Weil die Europäische Gemeinschaft an Grundsätze der Rechtsstaatlichkeit und die Grundrechte gebunden ist, hat der Gerichtshof u.a. den Grundsatz der Verhältnismäßigkeit[763], der eine Abwägung der berechtigten Interessen der Beteiligten und der Allgemeinheit vorschreibt, und den Anspruch auf rechtliches Gehör im Verwaltungsverfahren[764], der gewährleistet, daß der Betroffene vor der Entscheidung der Verwaltung die Möglichkeit erhält, seinen Standpunkt darzulegen, anerkannt. An diesen Vorgaben muß sich die Verwaltung der Gemeinschaft messen lassen, und sie sind der Maßstab dafür, ob die Einrichtungen und Organe im Einklang mit dem für sie maßgeblichen Recht gehandelt haben. Verstoßen Entscheidungen gegen diese Regelungen, so sind sie rechtswidrig und stellen einen Mißstand im Sinne des Art. 195 (ex-Art. 138e) EG-Vertrag dar.[765]

Schwieriger ist die Situation in den Fällen, in denen zwar keine Rechtswidrigkeit vorliegt, die getroffene Entscheidung aber dennoch unbefriedigend ist. Gerade bei Ermessensentscheidungen oder bei der Auslegung unbestimmter Rechtsbegriffe können derartige Situationen entstehen. So können Entscheidungen, die dem Gerechtigkeitsempfinden widersprechen oder die gegen Regeln der Billigkeit, der Transparenz, der Promptheit oder unter Umständen der Höflichkeit verstoßen, einen Mißstand darstellen.[766] Doch muß sich der Bürgerbeauftragte bei der Überprüfung von Ermessensentscheidungen äußerste Zurückhaltung auferlegen, da letztlich nur der Gerichtshof die Grenzen des Ermessens verbindlich festlegen kann.[767]

Wann letztendlich eine Verwaltungsentscheidung einen Mißstand erreicht, läßt sich allgemeinverbindlich nicht feststellen. Eine rechtsverbindliche Antwort auf diese Frage kann alleine der Europäische Gerichtshof geben, dem es ausschließlich

---

763 EuGH vom 2. 8. 1993, Rs. C-87/92 (Hoche), in: EuZW 1993, S. 709 (710); EuGH vom 23. 11. 1993, Rs. C-365/92 (Schumacher), in: EuZW 1994, S. 90 (91); EuGH vom 7. 12. 1993, Rs. C-339/92 (Ölwerke), in: EuZW 1994, S. 95 (96).

764 EuGH vom 29. 6. 1994, Rs. C-135/92 (Fiskano), in: EuZW 1994, S. 603 (605 Ziff. 39). Vgl. dazu ausführlich: Hilf/Ciesla/Pache, S. 463-472.

765 Europäischer Bürgerbeauftragter, Jahresbericht 1997, S. 21. Vgl. zur Rechtswidrigkeit der Gemeinschaftsverwaltung: Schwarze, Bd. I, S. 243-245.

766 Giraud, S. 11.

767 Europäischer Bürgerbeauftragter, Jahresbericht 1997, S. 23.

obliegt, die Verträge und damit den Mißstandsbegriff verbindlich auszulegen. Der Europäische Bürgerbeauftragte kann zwar den Begriff des Mißstandes definieren; ihm selbst kommt aber kein Ermessen hinsichtlich der Frage zu, ob ein Mißstand vorliegt. Im Rahmen des Opportunitätsprinzips darf er lediglich entscheiden, ob und wie er auf einen Mißstand reagiert. Eine Hilfestellung bei der Feststellung eines Mißstandes könnte die Schaffung eines Verhaltenskodexes über gute Verwaltungspraxis leisten.

Soll ein solcher Kodex absolute Verbindlichkeit haben, die auch gerichtlich festgestellt werden kann, so muß er in Form eines förmlichen Gesetzes ergehen, wie beispielsweise das deutsche Verwaltungsverfahrensgesetz. Die Verbindlichkeit führt dazu, daß mit Verstößen gegen wesentliche Verfahrensvorschriften automatisch Rechtswidrigkeit einhergeht, die sich von den Gerichten feststellen läßt. Zusätzliche verbindliche Vorschriften können zudem zu einer Überregulierung führen, welche die Verfahren zusätzlich verlängert und zum Anwachsen der Bürokratisierung statt zur Deregulierung beiträgt. Soll eine solche Verbindlichkeit vermieden werden, aber dennoch eine Richtschnur für alle Organe und Einrichtungen der Gemeinschaft geschaffen werden, so müssen die einzelnen Verwaltungsstellen, soweit sie die Befugnis dazu haben, Regelungen erlassen, mit denen sie ihre eigene Tätigkeit organisieren. Halten sich die Einrichtungen nicht an ihre eigenen Vorgaben, so liegt ein Mißstand vor, der von außergerichtlichen Beschwerdeeinrichtungen untersucht werden kann. Wegen ihrer eingeschränkten Verbindlichkeit werden derartige Regelungen auch als *soft law* bezeichnet.[768]

Die Idee, einen solchen Kodex für die Verwaltungstätigkeit der Gemeinschaft zu schaffen, stammt aus den Reihen des Petitionsausschusses. Der Bürgerbeauftragte hat diese Anregung aufgegriffen und begrüßt, weil ein solcher Kodex sowohl für den Bürger wie für die Verwaltung Richtschnur sein könne.[769] Die Kommission hat den Bürgerbeauftragten wissen lassen, daß sie an einem solchen Kodex arbeite, und hat ihn aufgefordert, an den Vorbereitungsarbeiten mitzuwirken. Der Bürgerbeauftragte hat der Kommission daraufhin Vorschläge unterbreitet, die sich an ähnlichen Verwaltungsrichtlinien der Mitgliedstaaten orientieren. Seiner Ansicht nach muß ein solcher Kodex des korrekten Verhaltens der Verwaltung

---

[768] Söderman, The Citizen, the Administration and Community Law, S. 11.

[769] Europäischer Bürgerbeauftragter, Jahresbericht 1997, S. 22.

Regelungen beinhalten, welche die Verwaltungsstellen unter anderem dazu anhalten, ihre Entscheidungen zu begründen, Diskriminierungen und unnötige Verzögerungen zu vermeiden, Anfragen zu beantworten und Beschwerden effektiv zu bearbeiten.[770] Verstößt die Behörde, die sich einem solchen Kodex unterworfen hat, gegen denselben, so muß darin nicht ein rechtswidriger Akt liegen, gegen den vor den Gerichten vorgegangen werden könnte. Ein solcher Verstoß implizierte aber einen Mißstand, aufgrund dessen der Bürgerbeauftragte angerufen werden könnte. Die Kommission hat dem Europäischen Bürgerbeauftragten einen Entwurf eines Verhaltenskodexes vorgelegt.[771]

Der Europäische Bürgerbeauftragte interpretiert den Begriff des Mißstandes nicht nur in Übereinstimmung mit seinen nationalen Kollegen, sondern auch im Einklang mit dem Schrifttum. Die dargelegte Interpretation des Mißstandsbegriffs deckt sich mit der in der Literatur vertretenen Auffassung. Auch nach Auffassung der Literatur fällt nicht nur jedes rechtswidrige Verhalten einer Gemeinschaftsinstitution darunter, sondern auch Verstöße gegen die Grundsätze einer ordnungsgemäßen Verwaltung, die noch nicht an die Rechtswidrigkeit heranreichen.[772] Neben dieser „weichen" und weiten Interpretation des Begriffes ist es wichtig zu betonen, daß sich der Mißstand im Sinne des Art. 195 (ex-Art. 138e) EG-Vertrag auf die Verwaltung beziehen muß. Nicht ausschließen läßt sich, daß eine Verwaltungsentscheidung auch politische Bedeutung hat. Dies kann eine Beschwerde nicht unzulässig machen, doch ist ein Bezug zur administrativen Arbeit der Einrichtungen auf Gemeinschaftsebene erforderlich. Der politische Kerngehalt der Tätigkeit ist der Aufsicht des Bürgerbeauftragten entzogen.[773]

---

[770] Söderman, The Citizen, the Administration and Community Law, S. 11.

[771] Söderman, The Citizen, the Administration and Community Law, S. 12.

[772] Haag, in: v.d.Groeben/Thiesing/Ehlermann, Art. 138e Rn. 17.

[773] Haag, in: v.d.Groeben/Thiesing/Ehlermann, Art. 138e Rn. 18.

(5) Beschwerden gegen das Verhalten der Kommission in Fällen von Vertragsverletzungen durch Mitgliedstaaten

Eine wichtige Rolle spielt im Rahmen des sachlichen Anwendungsbereichs die Frage nach der Zuständigkeit des Europäischen Bürgerbeauftragten im Zusammenhang mit Vertragsverletzungen i.S.d. Art. 226 (ex-Art. 169) EG-Vertrag.[774] Gem. Art. 10 (ex-Art. 5) EG-Vertrag sind die Mitgliedstaaten dazu verpflichtet, dem Gemeinschaftsrecht auf ihrem Gebiet Geltung zu verschaffen. Jeder Bürger darf daher erwarten, daß die Rechtsvorschriften der Gemeinschaft durch nationale Stellen umgesetzt und angewandt werden. Weil diese Erwartung nicht immer erfüllt wird, erreichen den Bürgerbeauftragten entsprechende Beschwerden, die sich in zwei Gruppen einteilen lassen. Die einen beziehen sich auf Verstöße nationaler Stellen gegen das Gemeinschaftsrecht. Die anderen betreffen die Behandlung der Eingaben, die Bürger aufgrund nationaler Vertragsverletzungen an die Kommission gerichtet haben.

Soweit sich die Beschwerden gegen nationale Stellen richten, fallen sie aufgrund des eindeutigen Wortlautes des Art. 195 Abs. 1 (ex-Art. 138e Abs. 1) EG-Vertrag nicht in den Zuständigkeitsbereich des Europäischen Bürgerbeauftragten. Weil das Gemeinschaftsrecht in den weitaus meisten Fällen der Umsetzung und Anwendung durch nationale Stellen bedarf, müssen sich die betroffenen Bürger grundsätzlich um nationalen Rechtsschutz gegen derartige Maßnahmen bemühen. Soweit das betreffende Gemeinschaftsrecht auch individuelle Rechtspositionen schützen soll, können sich die Bürger gegenüber den nationalen Stellen auf die entsprechenden Vorschriften des Gemeinschaftsrechts berufen.[775] Auch die außergerichtlichen Beschwerdeeinrichtungen auf der Ebene der Mitgliedstaaten sehen sich vermehrt mit der Anwendung des Gemeinschaftsrechts konfrontiert und bemühen sich, auch in diesem Bereich die Position der Bürger zu stärken.[776] Neben den nationalen Gerichten gibt es inzwischen in jedem Mitgliedstaat auch außerge-

---

[774] Im Berichtszeitraum 1996 betrafen 83 Beschwerden (36%) und im Berichtszeitraum 1997 20 Beschwerden (8%) Vertragsverletzungen (Europäischer Bürgerbeauftragter, Jahresbericht 1996, S. 109, Jahresbericht 1997, S. 300).

[775] Vgl. ausführlich dazu: 1. Kap. I.2.e.

[776] Murphy, S. 10-12.

richtliche Beschwerdeeinrichtungen, in deren Zuständigkeit die nationale Verwaltung fällt.[777] Ein zusätzliches Eingreifen des Europäischen Bürgerbeauftragten ist daher nicht erforderlich und mit dem Gedanken der Subsidiarität, der in Art. 5 (ex-Art. 3b) EG-Vertrag Eingang in das Gemeinschaftsrecht gefunden hat, nicht vereinbar.

Eine andere Situation entsteht, wenn sich die nationalen Stellen weigern, das Verhalten, das gegen das Gemeinschaftsrecht verstößt, abzustellen, und sich die Bürger mit einer Beschwerde, die sich gegen eine Vertragsverletzung durch eine nationale Behörde richtet, an die Kommission wenden. Die Europäische Kommission hat für diese Fälle ein eigenes Beschwerdeverfahren eingerichtet.[778] Ein individueller Anspruch auf Durchführung eines Vertragsverletzungsverfahrens nach Art. 226 (ex-Art. 169) EG-Vertrag besteht indessen nicht.[779] Diese Einschränkung des individuellen Rechtsschutz wirft die Frage auf, ob die Beschwerdemöglichkeit des Art. 195 (ex-Art. 138e) EG-Vertrag diese Lücke schließen kann, zumal die Beschwerdeverfahren zur Kommission, die durch mitgliedstaatliche Vertragsverletzungen veranlaßt sind, mehrmals Gegenstand von Beschwerden zum Bürgerbeauftragten waren.[780]

Vor diesem Hintergrund sah sich der Europäische Bürgerbeauftragte zu einer eigenen Initiative veranlaßt, welche die Bearbeitung derartiger Beschwerden durch

---

[777] Vgl. dazu ausführlich: 1. Kap. IV.

[778] Vgl. dazu ausführlich: 1. Kap. II.

[779] Vgl. dazu ausführlich: 1. Kap. II.

[780] 1996 hat sich der Europäische Bürgerbeauftragte sehr intensiv mit zahlreichen Beschwerden befaßt, die fehlende Umweltverträglichkeitsprüfungen bei Straßenbaumaßnahmen im Vereinigten Königreich betrafen. Dabei ging es um zwei Fälle („Umgehungsstraße von Newbury" und „M40 Autobahn"), in denen sich die Beschwerdeführer zunächst an die Kommission gewandt hatten. Das Beschwerdeverfahren bei der Kommission gab aber seinerseits Anlaß zur Beschwerde beim Bürgerbeauftragten. U.a. ging es darum, daß die Kommission kein Verfahren nach Art. 226 (ex-Art. 169) EG-Vertrag einleiten wollte. Der Bürgerbeauftragte hat beide Fälle mit einer kritischen Bemerkung abgeschlossen, die nicht die eigentliche Entscheidung der Kommission, sondern das Beschwerdeverfahren an sich betrafen. (Europäischer Bürgerbeauftragter, Jahresbericht 1996, S. 61-77).

die Kommission zum Inhalt hatte.[781] Der Bürgerbeauftragte wollte so zur qualitativen Verbesserung dieses Verfahrens beitragen und die Beziehungen zwischen den Bürgern und der Kommission stärken.[782] Weil die Beschwerden insbesondere die lange Bearbeitungszeit und fehlende Informationen über Stand und Abschluß des Beschwerdeverfahrens bei der Kommission betrafen,[783] hat der Bürgerbeauftragte der Kommission vorgeschlagen, das Verfahren transparenter zu gestalten, indem sie den Beschwerdeführer innerhalb einer Frist über den Stand der Untersuchungen unterrichte und ihm Gelegenheit zur Stellungnahme gebe.[784] In dem Bewußtsein, daß die Beschwerden von Einzelpersonen eine unverzichtbare Informationsquelle im Rahmen von Vertragsverletzungsverfahren darstellen, hat sich die Kommission dazu bereit erklärt, den Beschwerdeführern bis zum Beginn des gerichtlichen Verfahrens gewissen prozeduralen Schutz zukommen zu lassen, wie derartige Beschwerden innerhalb eines Jahres zu behandeln und den Beschwerdeführer über den Stand des Verfahrens zu unterrichten.[785]

Gerade weil der Europäische Bürgerbeauftragte sich so intensiv mit dem Beschwerdeverfahren zur Kommission befaßt und weil dieses Anlaß für zahlreiche Beschwerden bietet, gilt es um so mehr zu untersuchen, ob dieser Bereich in die Zuständigkeit des Bürgerbeauftragten fällt. Gem. Art. 195 Abs. 1 (ex-Art. 138e Abs. 1) EG-Vertrag ist der Europäische Bürgerbeauftragte dazu berufen, Mißstände bei der Tätigkeit der Organe und Einrichtungen der Gemeinschaft zu untersuchen. Gem. Art. 7 Abs. 1 (ex-Art. 4 Abs. 1) EG-Vertrag ist die Kommission zweifellos ein Organ der Gemeinschaft. Dennoch wirft die Zuständigkeit des Bürgerbeauftragten zwei Probleme auf. Erstens ist zu prüfen, ob die Entscheidung der Kommission über die Durchführung eines Vertragsverletzungsverfahrens eine verwaltungsrechtliche Entscheidung ist oder ob diese Entscheidung aufgrund des Ermessensspielraums der Kommission nicht einen politischen Charakter hat. Zweitens mündet das Vertragsverletzungsverfahren in ein gerichtliches Verfahren.

---

781 303/97/PD.

782 Europäischer Bürgerbeauftragter, Jahresbericht 1997, S. 270.

783 Söderman, The Role of the European Ombudsman, S. 12.

784 Europäischer Bürgerbeauftragter, Jahresbericht 1997, S. 271.

785 Europäischer Bürgerbeauftragter, Jahresbericht 1997, S. 272; Söderman, The Citizen, the Administration and Community Law, S. 20.

Sowohl politische wie gerichtliche Fragen sind aber der Zuständigkeit des Bürgerbeauftragten entzogen.

Der Beurteilung dieser Fragen seien zunächst einige Ausführungen zum Verfahren nach Art. 226 (ex-Art. 169) EG-Vertrag und der Rolle der Kommission vorausgeschickt. Die Kommission ist das eigentliche Exekutivorgan der Gemeinschaft. Doch stehen ihr neben den eigentlichen Exekutivbefugnissen Befugnisse zu, die auch einen politischen Charakter haben. So ist die Kommission gem. Art. 251 Abs. 2 (ex-Art. 189b Abs. 2) und Art. 252 lit. a (ex-Art. 189c lit. a) EG-Vertrag im Rahmen der Gesetzgebung das eigentliche Initiativorgan und wird in diesem Zusammenhang politisch und legislativ tätig. Neben diesen Aufgaben hat die Kommission gem. Art. 211 (ex-Art. 155) EG-Vertrag darüber zu wachen, daß das Gemeinschaftsrecht von allen Rechtssubjekten der Gemeinschaft angewandt wird. Verstößt ein Mitgliedstaat, bzw. dessen nationale Behörde, gegen Gemeinschaftsrecht, so hat die Kommission die Möglichkeit, ein Vertragsverletzungsverfahren gem. Art. 226 (ex-Art. 169) EG-Vertrag in die Wege zu leiten. Auch wenn die Kommission nicht wie im Falle des Art. 88 EGKS-Vertrag zur Durchführung eines Vertragsverletzungsverfahrens gezwungen werden kann, ist sie grundsätzlich dazu verpflichtet, ein solches Verfahren einzuleiten, wenn sie von einer Vertragsverletzung Kenntnis erlangt hat.[786] Der Europäische Gerichtshof hat der Kommission aber hinsichtlich der Frage, wann eine Vertragsverletzung vorliegt, einen Beurteilungsspielraum eingeräumt.[787] Ein individueller Anspruch gegen die Kommission auf Durchführung eines solchen Verfahrens oder auf eine Stellungnahme in einem bestimmten Sinne besteht nicht.[788] Den Beschwerdeführern stehen daher im Gegensatz zu den beteiligten Mitgliedstaaten, denen der Europäische Gerichtshof

---

786 Krück, in: v.d.Groeben/Thiesing/Ehlermann, Art. 169 Rn. 65.

787 EuGH vom 10. 4. 1984, Rs. 324/82 (Kommission./.Belgien), Slg. 1984, S. 1861 (1878); EuGH vom 14. 2. 1989, Rs. 247/87 (Star Fruit./.Kommission), Slg. 1989, S. 291 (301 Ziff. 11); EuGH vom 17. 5. 1990, Rs. C-87/89 (Sonito./.Kommission), Slg. 1990, I, S. 1981 (2008 Ziff. 6, 7); EuGH vom 1. 6. 1994, Rs. C-317/92 (Kommission./.Deutschland), Slg. 1994, I, S. 2039 (2057 Ziff. 4).

788 Erhart, in: Journal für Rechtspolitik 1997, S. 278 (281).

Anhörungs- und Informationsrechte eingeräumt hat,[789] keine Rechte im Rahmen des Verfahrens zu.

Das Verfahren selbst unterteilt sich in vier Schritte, die keinem Automatismus folgen, sondern jeweils auf einer erneuten Entscheidung der Kommission beruhen: Zunächst wird eine mögliche Vertragsverletzung in das Beschwerderegister der Kommission eingetragen. Daraufhin gibt die Kommission dem betroffenen Mitgliedstaat Gelegenheit, sich zu äußern. Ist die Antwort unbefriedigend, so folgt anschließend eine Stellungnahme der Kommission, in welcher der Mitgliedstaat aufgefordert wird, die Verletzung einzustellen. Hat dies keinen Erfolg, so erhebt die Kommission schließlich Klage zum Europäischen Gerichtshof.[790]

Aufgrund der verschiedenen Stufen des Verletzungsverfahrens ist bei den entsprechenden Beschwerden zum Bürgerbeauftragten zu differenzieren. Eine Beschwerde kann sich gegen die Entscheidung der Kommission wenden, eine Vertragsverletzung nicht zu verfolgen. Zudem kann sie eine Entscheidung angreifen, die die Kommission im Rahmen eines an sie gerichteten Beschwerdeverfahrens im Zusammenhang mit einer Vertragsverletzung gefällt hat.

Die Beschwerde kann sich zunächst einmal dagegen richten, daß die Kommission nicht bereit ist, gegen eine angebliche Vertragsverletzung durch einen Mitgliedstaat einzuschreiten. Will man diese Entscheidung der Kommission einordnen, so läßt sich für deren politischen Charakter vorbringen, daß Art. 226 (ex-Art. 169) EG-Vertrag ein politisches Kontrollinstrument der Kommission im Verhältnis zwischen der Gemeinschaft und den Mitgliedstaaten sei und daß die Lücke im individuellen Rechtsschutz in diesem Zusammenhang gewollt sei.[791] Eine Beschwerde zum Bürgerbeauftragten wäre damit ausgeschlossen, weil dieser alleine für die verwaltungsrechtliche Tätigkeit der Organe und Einrichtungen zuständig ist.

---

[789] EuGH vom 17. 2. 1970, Rs. 31/69 (Kommission./.Italien), Slg. 1970, S. 25 (34 Ziff. 4); EuGH vom 15. 12. 1982, Rs. 211/81 (Kommission./.Dänemark), Slg. 1982, S. 4547 (4557 Ziff. 4); EuGH vom 2. 2. 1988, Rs. 293/85 (Kommission./.Belgien), Slg. 1988, S. 305 (351 Ziff. 13); EuGH vom 12. 1. 1994, Rs. C-296/92 (Kommission./.Italien), Slg. 1994, I, S. 1 (11).

[790] Dewost, S. 2.

[791] Erhart, in: Journal für Rechtspolitik 1997, S. 278 (280 f.).

In den ersten Jahren der Gemeinschaft wurde vom Instrument des Art. 226 (ex-Art. 169) EG-Vertrag zurückhaltender Gebrauch gemacht, weil der Einmischung in die Interna der Mitgliedstaaten hohe Brisanz beigemessen wurde. Dieser sicherlich politische Aspekt spielt heute eine sehr viel geringere Rolle, weil das Vertragsverletzungsverfahren zu einem häufigeren und damit alltäglichen Instrument der Arbeit der Kommission geworden ist. Die Fülle von gerichtlichen Entscheidungen in diesem Zusammenhang gibt davon beredtes Zeugnis. Auch heute hat die Entscheidung der Kommission, ein Verfahren gem. Art. 226 (ex-Art. 169) EG-Vertrag einzuleiten, einen politischen Bezug, weil die Pflicht zur Umsetzung mancher Richtlinien in den Mitgliedstaaten als Eingriff in die inneren Angelegenheiten des Staates aufgefaßt wird und dadurch zum Politikum gerät. Doch diese Schwierigkeiten auf seiten der Mitgliedstaaten machen die Entscheidung der Kommission nicht zu einer ausschließlich politischen. Die Kontrolltätigkeit der Kommission ist ein Bestandteil ihrer Arbeit als der eigentlichen Exekutive in der Gemeinschaft. Sie hat maßgeblich dafür zu sorgen, daß das Gemeinschaftsrecht angewandt wird und daß so eine möglichst homogene Verwaltungstätigkeit in der Gemeinschaft gewährleistet ist, damit die Gemeinschaft auch als Rechtsgemeinschaft funktionieren kann. Unter diesen Aspekten hat jede weiterreichende Entscheidung der Exekutive auch politische Bedeutung. Dies kann aber nichts daran ändern, daß die Entscheidung selbst auch eine verwaltungsrechtliche bleibt. Darüber hinaus ist die Ausübung des Ermessens an Regeln gebunden, die sich aus der für die Kommission als Exekutive verbindlichen Rechtslage auf Gemeinschaftsebene ergeben. So hat die Kommission im Rahmen ihres Ermessens zum Beispiel die Grundsätze des guten Glaubens, des fairen Verfahrens, der Nichtdiskriminierung oder der Gleichbehandlung als Bestandteile der Rechtstradition der Mitgliedstaaten zu respektieren.[792] Diese Grenzen des Ermessens zeigen, daß Ermessensentscheidungen nicht dem unbeschränkten politischen Gestaltungswillen der Kommission unterfallen, sondern an verwaltungsrechtliche Vorschriften gebunden sind.

Nichts anderes kann für die Entscheidungen der Kommission im Rahmen des Art. 226 (ex-Art. 169) EG-Vertrag gelten. Trotz ihrer Tragweite und des Ermessens, das der Kommission zusteht, sind sie verwaltungsrechtliche Entscheidungen. Eine andere Beurteilung ließe sich nicht mit der Funktion des Europäischen Bür-

---

[792] Söderman, The Citizen, the Administration and Community Law, S. 18 f.

gerbeauftragten[793] vereinbaren. Er ist neben dem Individualschutz auch zur Kontrolle der Organe und Einrichtungen der Gemeinschaft berufen. Wollte man nun jeder weiterreichenden exekutiven Entscheidung dieser Organe und Einrichtungen einen ausschließlich politischen Charakter zumessen, so würde der Anwendungsbereich des Art. 195 (ex-Art. 138e) EG-Vertrag auf Lappalien reduziert. Dies kann nicht im Interesse einer wirksamen Kontrolle der Gemeinschaft sein. Die Entscheidungen der Kommission im Rahmen des Art. 226 (ex-Art. 169) EG-Vertrag haben einen verwaltungsrechtlichen Bezug und unterfallen daher der Prüfungskompetenz des Europäischen Bürgerbeauftragten.

Der Anwendbarkeit des Art. 195 (ex-Art. 138e) EG-Vertrag steht auch nicht entgegen, daß im Rahmen der Vertragsverletzungsverfahren eine systematische Lücke des individuellen Rechtsschutzes besteht. Diese Lücke wird kompensiert durch die nationalen Klagemöglichkeiten. Zudem ist der Bürgerbeauftragte vom Europäischen Gerichtshof und dessen Zuständigkeit unabhängig, soweit dieser sich nicht mit der gleichen Materie beschäftigt. Solange der Europäische Bürgerbeauftragte den Vorrang des Gerichtshofes unangetastet läßt, ist er dazu befugt, Lücken des gerichtlichen Rechtsschutzes durch eigene Aktivitäten zu schließen.

Wendet sich eine Beschwerde i.S.d. Art. 195 (ex-Art. 138e) EG-Vertrag gegen das Verhalten der Kommission im Rahmen konkreter Beschwerdeverfahren[794], so fällt sie in die Zuständigkeit des Bürgerbeauftragten, weil die Kommission als Exekutive gegenüber den Individuen auftritt und daher eine verwaltende Tätigkeit ausübt. Gerade in diesen Fällen, in denen es um Transparenz und Bürgernähe der Gemeinschaft und ihrer Einrichtungen geht, ist die Kontrolle durch den Bürgerbeauftragten gefragt und notwendig. Wie wichtig in diesem Zusammenhang die Einrichtung des Bürgerbeauftragten ist, zeigen die Anzahl von Beschwerden, die diesen Bereich betreffen, und die eigene Initiative des Bürgerbeauftragten zu diesem Thema.[795] Auf die Initiative hin hat die Kommission ausdrücklich anerkannt, daß den Beschwerdeführern, die die wichtigste Quelle im Rahmen der Überwachung des

---

793 Vgl. dazu ausführlich: 3. Kap. III.4.

794 Vgl. dazu ausführlich: 1. Kap. II.

795 Untersuchung 303/97/PD. Vgl. auch: Europäischer Bürgerbeauftragter, Jahresbericht 1997, S. 54-62.

Gemeinschaftsrechts darstellen, ein eigener Platz in den Verletzungsverfahren zukomme und daß die Beschwerdeführer während des Vorverfahrens Verfahrensgarantien, wie zum Beispiel die Unterrichtung, genössen.[796] Die Kommission hat nicht die Zulässigkeit der Initiative des Bürgerbeauftragten in Frage gestellt und hat in diesem Zusammenhang mit dem Bürgerbeauftragten zusammengearbeitet.

Nach den bislang gemachten Ausführungen fallen Beschwerden, die das Vertragsverletzungsverfahren betreffen, grundsätzlich in die Zuständigkeit des Bürgerbeauftragten, weil das Vertragsverletzungsverfahren der verwaltungsrechtlichen Tätigkeit der Kommission zuzurechnen ist. Zu problematisieren ist aber, ob das gesamte Vertragsverletzungsverfahren nicht ein gerichtliches Vorverfahren ist und als solches der Judikative zugeordnet werden muß. Die Konsequenz wäre dann die Unzuständigkeit des Bürgerbeauftragten gem. Art. 195 Abs. 1 UAbs. 1 (ex-Art. 138e Abs. 1 UAbs. 1) EG-Vertrag. Das Verfahren nach Art. 226 (ex-Art. 169) EG-Vertrag unterteilt sich aber in mehrere selbständige Verfahrensabschitte. Die ersten Verfahrensabschnitte sind zwar zwingende Voraussetzungen des letzten Abschnitts, des Gerichtsverfahrens nach Art. 226 Abs. 2 (ex-Art. 169 Abs. 2) EG-Vertrag, doch führen sie nicht zwingend zur Klageerhebung.[797] Bis zur Klageerhebung liegt die Entscheidung alleine bei der Kommission. In der Konsequenz ist der Europäische Bürgerbeauftragte für Beschwerden, die das Vertragsverletzungsverfahren betreffen, bis zur Übergabe des Verfahrens an den Europäischen Gerichtshof zuständig. Danach darf er sich nur noch mit Beschwerden befassen, die das Verhalten der Kommission während der vorhergehenden Verfahrensstufen zum Inhalt haben.

Im Ergebnis kann festgehalten werden, daß der Europäische Bürgerbeauftragte für Beschwerden zuständig ist, die das Verhalten der Kommission im Zusammenhang mit Vertragsverletzungen und das anschließende außergerichtliche Verfahren betreffen. Dieser Zuständigkeit kann von seiten der Kommission nicht entgegengehalten werden, sie belaste die Kommission mit einem nicht zu bewältigenden Arbeitsaufwand.[798] Letztlich kann der Bürgerbeauftragte die Kommission nur an

---

[796] Europäischer Bürgerbeauftragter, Jahresbericht 1997, S. 271.

[797] Erhart, in: Journal für Rechtspolitik 1997, S. 278 (281).

[798] Erhart, in: Journal für Rechtspolitik 1997, S. 278 (284).

den Maßstäben messen, die sie für sich selbst in diesen Verfahren festgelegt hat.[799] Bei der Auswahl dieser Maßstäbe muß sie selbstverständlich ihre eigene Funktionsfähigkeit zum Wohle der Gemeinschaft berücksichtigen. Auf gewisse Mindeststandards, wie die Unterrichtung des Beschwerdeführers innerhalb einer akzeptablen Zeit,[800] kann jedoch nicht verzichtet werden, zumal die Individualbeschwerden, die sich an die Kommission wenden, eine unverzichtbare Quelle für die Kontrolltätigkeit der Kommission sind.

(6) Ausnahmen zugunsten der Judikative

Ausdrücklich ausgenommen vom Anwendungsbereich des Art. 195 (ex-Art. 138e) EG-Vertrag ist gem. Art. 195 Abs. 1 UAbs. 1 (138e Abs. 1 UAbs. 1) EG-Vertrag die Judikative der Gemeinschaft, also der Europäische Gerichtshof und das Gericht erster Instanz. In Anbetracht der Aufgabe der Judikative, gem. Art. 220 (ex-Art. 164) EG-Vertrag die Wahrung des Rechts bei der Auslegung und Anwendung des Vertrages zu sichern, ist diese Einschränkung konsequent. Darüber hinaus entspricht den Grundprinzipien der Gewaltenteilung, daß die Judikative als die kontrollierende Macht ihrerseits nicht von einer weiteren Kontrollinstanz überwacht wird. Nur so ist die in Art. 223 S. 1 (ex-Art. 167 S. 1) EG-Vertrag geforderte Unabhängigkeit der Richter zu gewährleisten. Die Ausnahme bezieht sich allerdings nur auf die Ausübung der Rechtsprechungsbefugnisse, Art. 195 Abs. 1 UAbs. 1 (ex-Art. 138e Abs. 1 UAbs. 1) EG-Vertrag.[801] D. h. daß die Verwaltungstätigkeit der beiden Gerichte vom Bürgerbeauftragten kontrolliert werden darf.[802]

In engem Zusammenhang mit der Nichtzulässigkeit von Beschwerden gegen die Rechtsprechungstätigkeit der Gerichte der Gemeinschaft steht die Regelung

---

[799] Die Kommission hat sich aufgrund der Untersuchung des Bürgerbeauftragten (303/97/PD) zu gewissen Mindeststandards verpflichtet, die insbesondere die Unterrichtung des Beschwerdeführers vorsehen. (Europäischer Bürgerbeauftragter, Jahresbericht 1997, S. 271).

[800] Die Kommission hat sich insofern auf einen Zeitraum von maximal einem Jahr festgelegt. (Europäischer Bürgerbeauftragter, Jahresbericht 1997, S. 272).

[801] Kaufmann-Bühler, in: Lenz, Art. 138e Rn. 3; Läufer, in: Grabitz/Hilf, Art. 138e Rn. 9; Haag, in: v.d.Groeben/Thiesing/Ehlermann, Art. 138e Rn. 18.

[802] Haag, in: v.d.Groeben/Thiesing/Ehlermann, Art. 138e Rn. 18.

des Art. 195 Abs. 1 UAbs. 2 S. 1 2. HS (ex-Art. 138e Abs. 1 UA 2 S. 1 2. HS) EG-Vertrag. Danach sind Beschwerden unzulässig, wenn der ihnen zu Grunde liegende Sachverhalt Gegenstand eines Gerichtsverfahrens war oder noch ist. Unerheblich ist, ob das Gerichtsverfahren vor den Gerichten der Gemeinschaft oder vor einem Gericht eines Mitgliedstaates stattgefunden hat. Diese Unzulässigkeit setzt voraus, daß Streitgegenstand des Gerichtsverfahrens und Beschwerdegegenstand identisch sind.[803] Neben dieser Deckungsgleichheit muß die Beschwerde auch dann unzulässig sein, wenn Streit- und Beschwerdegegenstand zwar nicht vollständig, aber erheblich übereinstimmen.

Hintergrund dieser Regelung ist wiederum das Prinzip der Gewaltenteilung, das die völlige Unabhängigkeit der kontrollierenden Judikative vorschreibt. Nur so wird gewährleistet, daß kein Außenstehender in die Rechtsprechung eingreift und die Urteilsfindung beeinflußt. Darüber hinaus schützt diese Regelung auch die Rechtssicherheit. Diese erfordert, daß ein Urteil nach Ausschöpfung der Rechtsmittel, welche die Judikative vorsieht, in formelle und materielle Rechtskraft erwächst und damit grundsätzlich unanfechtbar wird.[804] Wird ein Sachverhalt, während er Gegenstand eines Beschwerdeverfahrens zum Bürgerbeauftragten ist, rechtshängig, so muß der Bürgerbeauftragte seine Untersuchungen gem. Art. 2 Abs. 7 des Statuts abbrechen und sich für unzuständig erklären. Umgekehrt bleibt ein Gerichtsverfahren zulässig, wenn zuvor der Bürgerbeauftragte mit dem Sachverhalt befaßt war.

Aus dieser strikten Regelung, nach der die Rechtshängigkeit bzw. die Rechtskraft eine Beschwerde zum Bürgerbeauftragten in der gleichen Sache unzulässig macht, folgt, daß sonstige Verfahren, die das Gemeinschaftsrecht vorsieht, wie das Petitionsverfahren, das Verfahren eines Untersuchungsausschusses oder die Prüfung durch den Rechnungshof, das Verfahren des Bürgerbeauftragten weder hemmen können noch von diesem gehemmt werden können.[805] Es sei denn, es gibt zwischen den Einrichtungen entsprechende Absprachen.

---

[803] Haag, in: v.d.Groeben/Thiesing/Ehlermann, Art. 138e Rn. 19.

[804] Thomas/Putzo, ZPO, § 322 Rn. 8 ff., § 705 Rn. 1 ff.

[805] Haag, in: v.d.Groeben/Thiesing/Ehlermann, Art. 138e Rn. 19.

c. Verzicht auf eine eigene Beschwer als Zulässigkeitsvoraussetzung

Das in Art. 195 (ex-Art. 138e) EG-Vertrag garantierte Beschwerderecht zum Europäischen Bürgerbeauftragten setzt nicht voraus, daß der Beschwerdeführer selbst vom Gegenstand der Beschwerde betroffen ist oder ein irgend geartetes Interesse daran hat. Dieses Recht ist vielmehr als „*actio popularis*" ausgestaltet, also unabhängig von einer Beschwer, und orientiert sich insofern an dem klassischen Modell des Ombudsman der nordeuropäischen Verfassungen.[806]

Hintergrund dieser Regelung ist, daß der Bürgerbeauftragte zwar damit betraut ist, die Rechte der berechtigten Personen zu wahren, doch ist er daneben eine wichtige Kontrollinstanz für die Einrichtungen der Gemeinschaft, die in seine Zuständigkeit fallen. Im Rahmen dieser Kontrolltätigkeit spielen die Beschwerden die wichtige Rolle, den Bürgerbeauftragten auf Mißstände aufmerksam zu machen. Er ist insofern auf die Mitarbeit der berechtigten Personen angewiesen. Um diese Mitarbeit möglichst effektiv zu gestalten, dürfen keine erhöhten Anforderungen an sie gestellt werden. In diesem Sinne ist jeder Berechtigte dazu aufgerufen, dem Bürgerbeauftragten über Mißstände Mitteilung zu machen. Außerdem kann der Bürgerbeauftragte auf eigene Initiative hin tätig werden. Eine Beschwer ist insoweit überflüssig, als der Bürgerbeauftragte immer dann tätig werden kann, wenn er von einem Mißstand Kenntnis erlangt und diesem auf den Grund gehen will.

d. Das Kriterium ausreichender Anhaltspunkte für die Untersuchung

Bevor der Bürgerbeauftragte Untersuchungen aufgrund einer Beschwerde anstellt, prüft er, ob für eine derartige Untersuchung genügend Anhaltspunkte gegeben sind.[807] Diese Voraussetzung ist im EG-Vertrag und in den amtlichen Texten nicht ausdrücklich erwähnt, ist also kein rechtlich geregeltes Erfordernis. Doch ist der Bürgerbeauftragte gem. Art. 195 Abs. 1 UAbs. 2 (ex-Art. 138e Abs. 1 UAbs. 2) EG-Vertrag nur dazu gehalten, die Untersuchungen durchzuführen, die er für gerechtfertigt hält. Eine solche vorherige Beurteilung muß sich an vorgebrachten Fakten orientieren. Darüber hinaus ist es eine Frage der Logik, daß der Bürgerbe-

---

806 Söderman, The Role of the European Ombudsman, S. 3.

807 Europäischer Bürgerbeauftragter, Jahresbericht 1995, S. 14.

auftragte hinreichender Anhaltspunkte bedarf, anhand derer er entscheiden kann, was zu tun ist. Selbst wenn die Beschwerde im übrigen zulässig ist, kann der Bürgerbeauftragte eine Untersuchung mangels ausreichender Gründe ablehnen.[808] Er handelt insofern nach dem Opportunitätsprinzip,[809] d.h. der Bürgerbeauftragte entscheidet selbst über das „ob“ und „wie“ seines Tätigwerdens.

4. Handlungsmöglichkeiten des Europäischen Bürgerbeauftragten

Ein Thema, das besonderer Beachtung bedarf, ist die Frage, wie der Europäische Bürgerbeauftragte auf die Beschwerden reagieren kann und welche Befugnisse ihm in diesem Zusammenhang zur Verfügung stehen. Daran messen sich die Effektivität und der Nutzen dieser Einrichtung. Grundsätzlich stehen dem Bürgerbeauftragten zwei Möglichkeiten zur Verfügung: Er kann eine Untersuchung durchführen, und er kann das Ergebnis dieser Untersuchung veröffentlichen.[810] Eigene Exekutivbefugnisse, wie etwa die Aufhebung einer Entscheidung, stehen ihm nicht zu.

Zu Beginn seiner Untersuchungen prüft der Europäische Bürgerbeauftragte, ob die Beschwerde zulässig ist. Die Frage der Zulässigkeit muß sich allein nach den genannten Kriterien richten. Alles andere wäre mit Art. 195 (ex-Art. 138e) EG-Vertrag, der ein subjektives öffentliches Recht gewährt, nicht vereinbar und rechtswidrig. Hinsichtlich der Frage der Zulässigkeit kann dem Bürgerbeauftragten daher auch kein Ermessen zustehen. Im Gegensatz dazu kann er aber nach pflichtgemäßem Ermessen darüber entscheiden, ob er aufgrund einer Beschwerde tätig wird und wie er daraufhin tätig wird. Diese Entscheidungen trifft er nach dem oben erwähnten Opportunitätsprinzip. So kann der Bürgerbeauftragte der eigenen Überlastung entgegenwirken und sich auf die Abhilfe bei tatsächlichen Mißständen konzentrieren. Im Rahmen seines Entschließungsermessens hat der Bürgerbeauftragte stets zu berücksichtigen, daß Art. 195 (ex-Art. 138e) EG-Vertrag einen

[808] 1996 hat der Bürgerbeauftragte eine Beschwerde mangels ausreichender Unterlagen und Anhaltspunkte abgelehnt (Beschwerde 582/12.5.96/MG/IRL).

[809] Kaufmann-Bühler, in: Lenz, Art. 138e Rn. 7; Läufer, in: Grabitz/Hilf, Art. 138e Rn. 10.

[810] Pierucci, in: RMC, 1993, S. 818 (821).

Rechtsanspruch der darin genannten Personen garantiert. Die Entscheidungen des Bürgerbeauftragten dürfen daher nicht zu einer Rechtsverweigerung führen.

a. Ablehnung unzulässiger Beschwerden[811]

Kommt der Europäische Bürgerbeauftragte zu dem Schluß, daß eine Beschwerde unzulässig ist, wird der Beschwerdeführer gem. Art. 3.2 der Durchführungsbestimmungen unter Angabe von Gründen dahingehend informiert.[812] Sieht er eine Möglichkeit, daß die Zulässigkeit der Beschwerde durch ein entsprechendes Zutun des Beschwerdeführers doch noch hergestellt werden kann, wird das diesem ebenfalls mitgeteilt.[813]

Fehlt es an der Zuständigkeit des Europäischen Bürgerbeauftragten, oder ist dieser der Meinung, eine andere Stelle könne dem Beschwerdeführer effektiver helfen, so kann der Bürgerbeauftragte dem Beschwerdeführer gem. Art. 2 Abs. 5 des Statuts empfehlen, sich an eine andere, zuständige Stelle – wie den Petitionsausschuß des Europäischen Parlaments oder entsprechende nationale außergerichtliche Beschwerdeinstanzen - zu wenden.[814] Diese Regelung unterstreicht, daß der Bürgerbeauftragte den berechtigten Personen in jedem Fall weiterhelfen soll. Er soll auch bei eigener Unzuständigkeit die Beschwerdeführer nicht ratlos lassen, sondern er soll ihnen in diesem Fall mit einem Hinweis auf andere Beschwerdemöglichkeiten Hilfen aufzeigen. Der Vorgang selbst wird zu den Akten genommen.

---

[811] Beachtlich ist der hohe Anteil unzulässiger Beschwerden. So waren im Berichtszeitraum 1996 von 921 geprüften Fällen 598, das entspricht 65%, unzulässig (Europäischer Bürgerbeauftragter, Jahresbericht 1996, S. 10).

[812] Europäischer Bürgerbeauftragter, Jahresbericht 1995, S. 14.

[813] Europäischer Bürgerbeauftragter, Jahresbericht 1995, S. 14.

[814] Im Berichtszeitraum 1997 wurde den Beschwerdeführern in 490 Fällen empfohlen, sich an eine andere Stelle zu wenden. 254 Beschwerdeführern wurde geraten, sich an eine nationale Beschwerdeinstanz zu wenden. Weitere 86 wurden auf den Petitionsausschuß am Europäischen Parlament hingewiesen. Eine Beschwerde wurden mit Zustimmung des Beschwerdeführers direkt an den Petitionsausschuß überwiesen. In 76 Fällen erteilte der Bürgerbeauftragte den Rat, sich an die Kommission zu wenden (Europäischer Bürgerbeauftragter, Jahresbericht 1997, S. 27).

Vor dem Hintergrund der Qualität des Beschwerderechts als eines subjektiv-öffentlichen Rechts der in Art. 195 (ex-Art. 138e) EG-Vertrag genannten Personen stellt sich die Frage, ob die Berechtigten gegen die Entscheidung des Bürgerbeauftragten, die Beschwerde sei unzulässig, klagen können. Die Europäische Gemeinschaft versteht sich als Rechtsgemeinschaft und in Art. 6 Abs. 1 (ex-Art. F Abs. 1) EU-Vertrag beruft sich die Union unter anderem auf die Grundsätze der Rechtsstaatlichkeit. Diese Vorgaben erfordern, daß eingeräumte Rechte auch effektiv geschützt werden. So müssen garantierte Rechte grundsätzlich gerichtlich durchsetzbar sein.[815] Sollen individuelle Rechte gegenüber der Gemeinschaft geltend gemacht werden, ist an eine Nichtigkeitsklage nach Art. 230 Abs. 4 (ex-Art. 173 Abs. 4) EG-Vertrag zu denken.

Nach dem Gesetzeswortlaut muß sich aber eine solche Klage gegen das Parlament, die Kommission, den Rat oder die EZB wenden. Der Europäische Bürgerbeauftragte ist demgegenüber nicht ausdrücklich passivlegitimiert. Auch sind seine Entscheidungen nicht dem Europäischen Parlament zuzurechnen, weil er eine eigenständige, vom Parlament unabhängige Einrichtung der Gemeinschaft ist.[816] Vor der Novellierung des Gemeinschaftsrechts durch den Maastrichter Vertrag war das Europäische Parlament im Rahmen der Nichtigkeitsklage gem. Art. 173 EWG-Vertrag (jetzt Art. 230 EG-Vertrag) ebenfalls nicht ausdrücklich passivlegitimiert. Dennoch anerkannte der Europäische Gerichtshof die Passivlegitimation des Europäischen Parlaments, wenn es um die Anfechtung dessen Handlungen ging, die Rechtswirkungen gegenüber Dritten entfalten sollten.[817] Schon früher stellte der Gerichtshof fest, daß es nach dem System des Gemeinschaftsvertrages der Möglichkeit einer direkten Klage gegen alle Handlungen bedürfe, die dazu bestimmt seien, eine Rechtswirkung zu erzeugen.[818]

Diese Maßstäbe der Rechtsprechung auf Gemeinschaftsebene machen es erforderlich, daß auch die Entscheidung des Europäischen Bürgerbeauftragten, einer Beschwerde die Zulässigkeit abzusprechen, gerichtlich überprüfbar sein muß. Eine solche Entscheidung entfaltet insofern Rechtswirkung, als mit ihr dem Beschwer-

---

[815] EuGH vom 23. 4. 1986, Rs. 294/83 (Les Verts./.EP), Slg. 1986, S. 1339 ff. Rz. 23.

[816] 3. Kap. III.5.b.(1).

[817] EuGH vom 23. 4. 1986, Rs. 294/83 (Les Verts./.EP), Slg. 1986, S. 1339 ff. Rz. 25.

[818] EuGH vom 31. 3. 1971, Rs. 22/70 (AETR), Slg. 1971, S. 263 ff. Rz. 42.

deführer dessen subjektiv-öffentliches Recht aus Art. 195 (ex-Art. 138e) EG-Vertrag versagt wird. Auch wird der Beschwerdeführer durch die Ablehnung unmittelbar und individuell betroffen, weil diese unabhängig von seiner persönlichen Betroffenheit vom Beschwerdegegenstand an ihn gerichtet ist und seinen Rechtsanspruch aus Art. 195 (ex-Art. 138e) EG-Vertrag[819] betrifft. Die Entscheidung des Europäischen Bürgerbeauftragten, eine Beschwerde als unzulässig abzulehnen, muß daher im Rahmen einer Nichtigkeitsklage gem. Art. 230 Abs. 4 (ex-Art. 173 Abs. 4) EG-Vertrag überprüfbar sein.

Damit ist der Judikative auf Gemeinschaftsebene die Möglichkeit gegeben, die Zulässigkeitsvoraussetzungen einer Beschwerde zum Bürgerbeauftragten zu prüfen. Dem steht das weite Ermessen des Bürgerbeauftragten nicht entgegen. Erst die Reaktion des Bürgerbeauftragten auf die Beschwerde, also die Frage, ob und wie er auf die Beschwerde reagieren wird, steht im Ermessen des Bürgerbeauftragten, insofern gilt das Opportunitätsprinzip. Die Zulässigkeit der Beschwerde hingegen läßt für das Ermessen des Bürgerbeauftragten weit weniger Spielraum, weil die wesentlichen Voraussetzungen im EG-Vertrag geregelt sind und der Bürgerbeauftragte daran gebunden ist. Zudem stehen einer gerichtlichen Verantwortlichkeit des Europäischen Bürgerbeauftragten nicht dessen Unabhängigkeit und Weisungsfreiheit entgegen. Diese beiden Attribute lassen ihn nicht in einem rechtsfreien Raum agieren. Der Europäische Bürgerbeauftragte ist Teil der auf Gemeinschaftsebene praktizierten Gewaltenteilung und ist daher auch der Kontrolle unterworfen, die von der Gerichtsbarkeit ausgeübt wird. Daß er dieser nicht völlig entzogen ist, zeigt die Möglichkeit der Amtsenthebung gem. Art. 195 Abs. 2 (ex-Art. 138e Abs. 2) EG-Vertrag, die vom Europäischen Gerichtshof vorzunehmen ist.

b. Voruntersuchungen im Falle zulässiger Beschwerden

Ist eine Beschwerde zulässig, so bereitet der Bürgerbeauftragte auf deren Grundlage eine Untersuchung vor. In dieser ersten Phase, die man als Voruntersuchung oder *preliminary investigation* bezeichnen kann, sollen die erforderlichen Infor-

---

[819] Dieser Rechtsanspruch beschränkt sich nicht auf die bloße Entgegennahme der Beschwerde durch den Bürgerbeauftragten. Er umfaßt vielmehr auch die Prüfung der Beschwerde durch den Europäischen Bürgerbeauftragten. (Vgl. 3. Kap. III.3).

mationen gesammelt werden, um die tatsächliche Seite des Vorwurfes zu beleuchten.[820] Gem. Art. 2 Abs. 9 des Statuts hat er den Beschwerdeführer so rasch wie möglich über die Weiterbehandlung der Beschwerde zu unterrichten. Nach Art. 3 Abs. 1 S. 2 des Statuts muß er das Organ oder die Institution, gegen das bzw. gegen die sich die Beschwerde richtet, unterrichten. Gleichzeitig fordert er dieses bzw. diese gem. Art. 4.3 der Durchführungsbestimmungen dazu auf, eine vorläufige, sog. „erste Stellungnahme" zu der Beschwerde innerhalb von drei Monaten abzugeben. Im Rahmen dieser Stellungnahme kann das betroffene Organ bzw. die betroffene Einrichtung Vorschläge zur Lösung des Konfliktes machen.[821] Gem. Art. 4.4 der Durchführungsbestimmungen erhält der Beschwerdeführer eine Abschrift dieser Stellungnahme und die Möglichkeit, seinerseits darauf zu reagieren. Ist er der Meinung, daß der Fall zu seiner Zufriedenheit gelöst worden ist, oder läßt er die Beschwerde nachträglich fallen, so kann die Akte gem. Art. 4.5 der Durchführungsbestimmungen geschlossen werden.

c. Durchführung weiterer Untersuchungen

Ist der Bürgerbeauftragte der Ansicht, daß es zur Aufklärung der Beschwerde weiterer Untersuchungen bedarf, so kann er diese im Rahmen seiner Befugnisse durchführen. Seine dahingehende Entscheidung ist grundsätzlich unabhängig von der Reaktion des Organs und des Beschwerdeführers.[822] Ihm ist es überlassen, weitere Untersuchungen anzustellen, wenn er einen Mißstand vermutet. Sieht er keine weiteren Anhaltspunkte für seine investigative Tätigkeit, so kann er diese einstellen.

Hat sich der Bürgerbeauftragte entschlossen, der Beschwerde bzw. dem Mißstand auf den Grund zu gehen, so beginnt er mit seiner eigentlichen Aufklärungsarbeit. Seine erforderlichen Untersuchungsbefugnisse ergeben sich aus dem Sinn und dem Zweck des Art. 195 (ex-Art. 138e) EG-Vertrag, dem Statut und den vom

[820] Marias, Der Europäische Ombudsmann, S. 8.

[821] Europäischer Bürgerbeauftragter, Jahresbericht 1995, S. 14.

[822] Dieser ist nicht „Herr des Verfahrens", wie es bspw. die Parteien im deutschen Zivilprozeß sind (Thomas/Putzo, ZPO, Einl I Rn. 1-5), und er hat nicht die Möglichkeit, die Beschwerde zurückzunehmen, wie sie das deutsche Verwaltungsprozeßrecht in der Klagerücknahme kennt (§ 92 VwGO).

Bürgerbeauftragten erlassenen Durchführungsbestimmungen. Mit diesen Befugnissen korrespondiert eine allgemeine Kooperationspflicht der Organe und Institutionen der Gemeinschaft und der Mitgliedstaaten, die sich aus Art. 195 (ex-Art. 138e) EG-Vertrag ableitet.[823] Vielfach ist der Bürgerbeauftragte nicht nur auf die Unterstützung der betroffenen Stelle angewiesen, sondern bedarf der Hilfe anderer Einrichtungen der Gemeinschaft. Dementsprechend sind gem. Art. 3 Abs. 2 S. 1 des Statuts alle Organe und Institutionen der Gemeinschaft verpflichtet, den Bürgerbeauftragten in seinen Untersuchungen durch Auskünfte und Einsichtnahmen zu unterstützen. Die Behörden der Mitgliedstaaten trifft gem. Art. 3 Abs. 3 des Statuts die gleiche Pflicht.

(1) Befugnisse gegenüber den Organen und Institutionen der EG

Gegenüber den Organen und Institutionen der Gemeinschaft hat der Bürgerbeauftragte gem. Art. 3 Abs. 2 des Statuts drei Möglichkeiten der Untersuchung. Zunächst hat er das Recht, erbetene Auskünfte zu erhalten, Art. 3 Abs. 2 UAbs. 1 S. 1 des Statuts. Darüber hinaus muß ihm Zugang zu den gewünschten Unterlagen gewährt werden. Die ersuchte Stelle kann dem Wunsch des Bürgerbeauftragten nur dann widersprechen, wenn die Unterlagen der Geheimhaltung unterliegen, Art. 3 Abs. 2 UAbs. 1 S. 2 des Statuts. Betreffen die Dokumente einen Mitgliedstaat, so hängt der Zugang - wenn sie der Geheimhaltung unterliegen – von der Zustimmung des betroffenen Mitgliedstaates ab, andernfalls muß der Mitgliedstaat gem. Art. 3 Abs. 2 UAbs. 2, 3 des Statuts lediglich benachrichtigt werden. Gem. Art. 3 Abs. 2 UAbs. 4 des Statuts ist der Bürgerbeauftragte zur Vertraulichkeit verpflichtet. Neben den erwähnten Untersuchungsbefugnissen hat der Bürgerbeauftragte gem. Art. 3 Abs. 2 UAbs. 5 des Statuts das Recht, Beamte und sonstige Bedienstete der Gemeinschaft als Zeugen zu vernehmen. Diese unterliegen der Zeugnispflicht gegenüber dem Bürgerbeauftragten und äußern sich im Namen und auf Anweisung ihrer Verwaltungsstelle. Wird ein Beamter oder Bediensteter im Rahmen einer Beschwerde ausdrücklich kritisiert, so wird er gem. Art. 5.2 der Durchführungsbestimmungen gesondert angehört.

---

[823] Haag, in: v.d.Groeben/Thiesing/Ehlermann, Art. 138e Rn. 24.

(2) Zugang zu den Gemeinschaftsdokumenten

Die vielleicht wichtigste Befugnis des Bürgerbeauftragten ist der Zugang zu den Dokumenten. Diese stehen ihm grundsätzlich auch dann zur Einsicht offen, wenn sie vertraulichen Inhalts sind. Wichtige und nicht unproblematische Ausnahme bilden die geheimen Dokumente. In diesem Bereich kann dem Bürgerbeauftragten gem. Art. 3 Abs. 2 UAbs. 1 S. 2 des Statuts aus „berechtigten Gründen" der Zugang verweigert werden. Die Gemeinschaft will insoweit die Interessen derjenigen wahren, die ihr Geheimes anvertrauen.[824]

Diese Einschränkung ist nicht unproblematisch. Der Bürgerbeauftragte ist eine Institution der Gemeinschaft, also kein Außenstehender. Gem. Art. 195 (ex-Art. 138e) EG-Vertrag ist er dazu berufen, Mißstände bei der Tätigkeit der Organe oder Institutionen der Gemeinschaft aufzudecken und zu untersuchen. Zwar ermächtigt Art. 195 Abs. 4 (ex-Art. 138e Abs. 4) EG-Vertrag das Europäische Parlament, unter Beteiligung des Rates und der Kommission die Ausübung der Aufgaben des Bürgerbeauftragten festzulegen, doch dürfen diese Regelungen nicht gegen den Sinn und den Zweck der vertraglichen Grundlage verstoßen. Insbesondere muß gewährleistet sein, daß der Bürgerbeauftragte seine ihm zugedachte Aufgabe der Kontrolle der Gemeinschaftseinrichtungen effektiv ausüben kann. Diese Intention des Art. 195 (ex-Art. 138e) EG-Vertrag darf durch die zusätzlichen Bedingungen nicht ausgehöhlt werden. Verweigert aber eine Stelle aus Gründen der Geheimhaltung die Auskunft, so kann der Europäische Bürgerbeauftragte Mißstände nicht vollständig aufklären. Seine Kontrolltätigkeit wird dadurch erheblich behindert. Auch geheimgehaltene Vorgänge entbinden die zuständige Stelle nicht von der Verpflichtung, diesen Vorgang nach den Regeln einer ordnungsgemäßen Verwaltung abzuwickeln.[825] Darüber hinaus ist es inkonsequent, ein Amt zu schaffen, das zur Transparenz der Gemeinschaft beitragen soll, diesem Amt aber wichtige Informationen vorzuenthalten.[826] Ein Vergleich mit den nationalen Beschwerdeein-

[824] Kaufmann-Bühler, in: Lenz, Art. 138e Rn. 9.

[825] Söderman, The Role of the European Ombudsman, S. 7.

[826] A. A. Kaufmann-Bühler, in: Lenz, Art. 138e Rn. 9, der argumentiert, daß die Gemeinschaft wie jede öffentliche Institution gehalten sei, Vertrauensschutz zu gewähren.

richtungen zeigt, daß diese zum weitaus größten Teil nicht derartiger Einschränkungen des Auskunftsrechts unterliegen.[827]

Zudem gefährdet die Weitergabe vertraulicher Informationen an den Europäischen Bürgerbeauftragten nicht deren Geheimhaltung. Im Rahmen ihrer Arbeit sind der Bürgerbeauftragte und seine Mitarbeiter gem. Art. 4 Abs. 1 des Statuts gleichfalls zur Geheimhaltung verpflichtet. Sie dürfen Informationen, von denen sie im Zusammenhang mit ihrer Arbeit Kenntnis erlangen, nicht preisgeben. Auch in den Jahresberichten dürfen Dinge, die der Geheimhaltung unterliegen, nicht veröffentlicht werden. Dem berechtigten Interesse der Gemeinschaft, bestimmte Informationen geheimzuhalten, ist dadurch in ausreichendem Maße gedient. Die Möglichkeit, Informationen aus Gründen der Geheimhaltung zu verweigern, verstößt gegen Art. 195 (ex-Art. 138e) EG-Vertrag. Die entsprechende Vorschrift in Art. 3 Abs. 2 S. 2 des Statuts ist daher rechtswidrig.[828]

Aus den gleichen Gründen ist auch die Regelung in Art. 3 Abs. 2 S. 3 des Statuts rechtswidrig. Diese Vorschrift macht den Zugang des Europäischen Bürgerbeauftragten zu Gemeinschaftsdokumenten, die einen Mitgliedstaat betreffen, von dessen Zustimmung abhängig. Alle Mitgliedstaaten haben den EG-Vertrag im Hinblick auf Art. 195 (ex-Art. 138e) ohne Vorbehalt ratifiziert. Sie sind deshalb in gleicher Weise daran gebunden wie die Einrichtungen der Gemeinschaft. Es ist ein Akt der Fairneß, daß dem betroffenen Mitgliedstaat die Weitergabe entsprechender Dokumente an den Europäischen Bürgerbeauftragten mitgeteilt wird. Ein Veto dagegen kann dem Mitgliedstaat allerdings nicht zustehen. Schließlich können sich auch die Beamten und sonstigen Bediensteten der Gemeinschaft im Rahmen ihrer Zeugnispflicht gegenüber dem Europäischen Bürgerbeauftragten nicht auf ihr Dienstgeheimnis berufen, wie es Art. 3 Abs. 2 S. 6 des Statuts vorsieht. Auch diese Vorschrift steht aus den oben dargelegten Gründen nicht im Einklang mit Art. 195 (ex-Art. 138e) EG-Vertrag und ist daher rechtswidrig.

---

[827] Murphy, S. 7.

[828] Der erste Entwurf des Statuts sah in Art. 2 Abs. 2 vor, daß die Organe und Institutionen der Gemeinschaft sich gegenüber dem Bürgerbeauftragten nicht auf die Geheimhaltungspflicht berufen können sollten (A3-0298/92, S. 8). Dieser Entwurf konnte sich in der Endfassung aber nicht durchsetzen.

(3) Informationsrechte gegenüber den Mitgliedstaaten

Die Behörden der Mitgliedstaaten sind gem. Art. 3 Abs. 3 des Statuts ebenfalls verpflichtet, dem Bürgerbeauftragten Informationen zur Verfügung zu stellen, wenn dieser solche benötigt, um Mißstände bei den Organen und Institutionen der Gemeinschaft aufzuklären.

Die Verpflichtung der Mitgliedstaaten, den Bürgerbeauftragten bei seiner Arbeit zu unterstützen, ist in Art. 195 (ex-Art. 138e) EG-Vertrag nicht ausdrücklich normiert. Die Mitgliedstaaten, die dem Vertrag durch ihre Vertreter im Rat zugestimmt haben und die ihn ratifiziert haben, sind aber an ihn gebunden. Der Vertrag verpflichtet auch sie, die Arbeit des Bürgerbeauftragten zu unterstützen, damit er seinen Aufgaben effektiv nachgehen kann. Darüber hinaus sind die Mitgliedstaaten dem in Art. 10 (ex-Art. 5) EG-Vertrag normierten allgemeinen Grundsatz der Gemeinschaftstreue unterworfen, der ihnen Handlungs- und Unterlassungspflichten aufgibt.[829] Die Mitgliedstaaten sind unverzichtbare Bestandteile der Gemeinschaft und als Vertragspartner deren wesentliche Elemente. Die aus dieser Stellung erwachsenden Aufgaben und Pflichten umschreibt Art. 10 (ex-Art. 5) EG-Vertrag, der die Mitgliedstaaten zur Loyalität gegenüber der Gemeinschaft und zur Erfüllung ihrer Pflichten, die sich aus dem Vertrag ergeben, anhält. Diese Vorschrift verpflichtet die nationalen Verwaltungen zu einer umfassenden Zusammenarbeit mit den Gemeinschaftsinstitutionen, zu denen auch der Europäische Bürgerbeauftragte gehört.[830] Auf dieser primärrechtlichen Grundlage beruht die in Art. 3 Abs. 3 des Statuts normierte Auskunftspflicht der Mitgliedstaaten und überschreitet daher nicht den in Art. 195 Abs. 4 (ex-Art. 138e Abs. 4) EG-Vertrag eingeräumten Rahmen zum Erlaß der allgemeinen Ausführungsbestimmungen.

Die Informationspflicht der Mitgliedstaaten steht laut Art. 3 Abs. 3 des Statuts unter einem doppelten Vorbehalt. Diese können sich auf innerstaatliche Geheimhaltungsvorschriften oder andere der Veröffentlichung entgegenstehende Bestimmungen berufen. Stehen der Veröffentlichung Gründe entgegen, so kann der Mitgliedstaat die Informationen an den Bürgerbeauftragten geben, wenn sich dieser

---

829 Kaufmann-Bühler, in: Lenz, Art. 138e Rn. 10.

830 Bericht des Institutionellen Ausschusses über die Stellung des europäischen Bürgerbeauftragten, A3-0298/92, S. 15.

gem. Art. 3 Abs. 3 S. 2 des Statuts zur Geheimhaltung verpflichtet. Die Art und Weise, wie die Mitgliedstaaten dieser Verpflichtung nachkommen bzw. inwieweit sie sich auf die beiden Vorbehalte zurückziehen, soll letztlich in ihrem Ermessen stehen.[831] Auch diese Vorschrift steht im Widerspruch zu Sinn und Zweck des Art. 195 (ex-Art. 138e) EG-Vertrag, weil sie die Aufklärung und Beseitigung von Mißständen auf Gemeinschaftsebene erschweren oder vereiteln kann. Die Verwaltung der Gemeinschaft und die Verwaltung der Mitgliedstaaten haben vielfältige Berührungspunkte, so daß es im Bereich des Möglichen liegt, daß der Bürgerbeauftragte geheime Dokumente der Mitgliedstaaten einsehen muß, um Mißstände bei der Tätigkeit der Gemeinschaftseinrichtungen festzustellen. Dies kann insbesondere dann erforderlich sein, wenn es um Mißstände geht, die in einem Zusammenhang mit Vertragsverletzungsverfahren stehen. Das berechtigte Interesse der Mitgliedstaaten an der Geheimhaltung bestimmter Informationen oder Dokumente wird dadurch berücksichtigt, daß der Europäische Bürgerbeauftragte seinerseits zur Geheimhaltung verpflichtet ist. Den Mitgliedstaaten steht es frei, auf diesen Umstand nochmals ausdrücklich hinzuweisen, wie dies in Art. 3 Abs. 3 vorgesehen ist. Weil alle Mitgliedstaaten den EG-Vertrag hinsichtlich des Art. 195 (ex-Art. 138e) vorbehaltlos ratifiziert haben, ist diese Vorschrift für sie verbindlich. Die Regelung des Art. 3 Abs. 3 des Statuts steht mit Art. 195 (ex-Art. 138e) EG-Vertrag nicht in Einklang und ist daher rechtswidrig.

(4) Möglichkeiten bei Weigerung der ersuchten Stellen

Versagen die betroffenen Stellen dem Bürgerbeauftragten die erbetene Unterstützung, so stellt sich die Frage, wie er die mit seiner Aufgabe verbundenen Rechte durchsetzen kann. Art. 195 (ex-Art. 138e) EG-Vertrag weist dem Europäischen Bürgerbeauftragten nicht lediglich Aufgaben zu, sondern die Vorschrift räumt ihm gegenüber der Gemeinschaft und den Mitgliedstaaten die dargestellten Rechte ein. Gem. Art. 3 Abs. 4 des Statuts kann er das Europäische Parlament benachrichtigen, das dann die „geeigneten Schritte“ unternimmt. Zunächst ist jedoch zu untersuchen, welche Möglichkeiten ihm selbst zustehen. Grundsätzlich soll ein Bürgerbeauftragter seine Rechte allein aufgrund der Autorität seines Amtes durchsetzen.

---

[831] Kaufmann-Bühler, in: Lenz, Art. 138e Rn. 10.

Große Autorität läßt sich aber nur durch eine längere Amtstradition aufbauen. Besteht das Amt des Bürgerbeauftragten erst seit kurzer Zeit, wie im Falle des Europäischen Bürgerbeauftragten, besteht die Gefahr, daß die Autorität noch nicht groß genug ist, um die Durchsetzung der Rechte allein auf sie zu stützen. Eigene Sanktionsmöglichkeiten stehen dem Europäischen Bürgerbeauftragten nicht zu. Er kann lediglich gem. Art. 3 Abs. 7, 8 des Statuts die Mißstände veröffentlichen und so den öffentlichen Druck auf die betreffende Stelle erhöhen.

Zu prüfen ist, ob der Europäische Bürgerbeauftragte darüber hinaus seine Rechte gerichtlich einklagen kann. Lehnt ein Organ der Gemeinschaft die Zusammenarbeit mit ihm ab, etwa weil es sich auf die als rechtswidrig erwiesenen Geheimhaltungsvorschriften stützt,[832] so ist an eine Nichtigkeitsklage gem. Art. 230 Abs. 3 (ex-Art. 173 Abs. 3) EG-Vertrag zu denken. Diese Vorschrift weist dem Europäischen Bürgerbeauftragten aber keine Aktivlegitimation zu. In der ursprünglichen Fassung des Art. 173 im EWG-Vertrag war auch das Europäische Parlament nicht ausdrücklich klageberechtigt. Dennoch hat der Europäische Gerichtshof ihm die Aktivlegitimation zuerkannt, wenn sich die Klage auf die Wahrung seiner Befugnisse beziehe und in den Klagegründen die Verletzung seiner Befugnisse geltend gemacht werde.[833] Im Rahmen des Vertrages von Maastricht wurde Art. 230 (ex-Art. 173) EG-Vertrag gemäß dieser Rechtsprechung geändert, so daß das Europäische Parlament nun auch vertraglich aktiv legitimiert ist.

Der Europäische Gerichtshof hat in seinem Urteil zur Aktivlegitimation des Parlaments gezeigt, daß Art. 230 (ex-Art. 173) EG-Vertrag grundsätzlich im Wege der Analogie erweiterungsfähig ist. Hinsichtlich des Europäischen Bürgerbeauftragten stellt sich aber die Frage, ob es mit seinem Auftrag vereinbar ist, daß er sich eines Gerichtes bedient, um seine Befugnisse durchzusetzen. Dem Europäischen Parlament wurde unter anderem deshalb ein Klagerecht eingeräumt, um die Rechtmäßigkeit von Handlungen des Rates und der Kommission, die auch gegenüber Dritten rechtsverbindlich sind, zu überwachen und so zum institutionellen Gleichgewicht innerhalb der Gemeinschaft beizutragen.[834]

---

[832] Vgl. 3.Kap. IV.4.c.(2).

[833] EuGH vom 22. 5. 1990, Rs. C-70/88 (Tschernobyl I), Slg. 1990, I, S. 2041 ff., Rz. 27.

[834] EuGH vom 22. 5. 1990, Rs. C-70/88 (Tschernobyl I), Slg. 1990, I, S. 2041 ff. Rz. 20-23.

Aufgabe des Europäischen Bürgerbeauftragten ist es, Mißstände bei der Tätigkeit der Organe und Institutionen der Gemeinschaft zu untersuchen. Damit verfolgt er ein Ziel, was dem der Rechtsprechung ähnlich ist. Dennoch ist er kein Teil der Judikative.[835] Während die Gerichte eigene Entscheidungen fällen können und Sanktionen verhängen dürfen, soll der Bürgerbeauftragte Empfehlungen abgeben, deren Wirksamkeit allein auf seiner eigenen Autorität beruhen soll.[836] Seine Aufgaben soll er in weitgehender Unabhängigkeit auch von der Judikative wahrnehmen.[837] Diese Unabhängigkeit erfordert aber, daß sich der Bürgerbeauftragte auf eine eigene Autorität stützt, die keiner Unterstützung durch die Gerichte bedarf. Der Bürgerbeauftragte soll gerade einen außergerichtlichen Rechtsbehelf anbieten, der auch bezweckt, die Gerichte zu entlasten und den Beschwerdeführern schneller und unbürokratisch zu helfen. Wendete sich der Bürgerbeauftragte hilfesuchend an die Gerichte, so wären diese beiden Aspekte in Frage gestellt.

Ein eigenes Klagerecht des Europäischen Bürgerbeauftragten ist daher abzulehnen. So ist er in Art. 230 Abs. 3 (ex-Art. 173 Abs. 3) EG-Vertrag nicht erwähnt, obwohl diese Vorschrift im Rahmen des Vertrages von Maastricht, durch den auch das Amt des Bürgerbeauftragten geschaffen wurde, novelliert wurde.[838] Zudem sprechen gegen ein Klagerecht die erwähnten grundsätzlichen Erwägungen, die ein solches Klagerecht mit Stellung und Aufgabe des Bürgerbeauftragten unvereinbar machen. Der Europäische Bürgerbeauftragte muß daher mit seinen eigenen Mitteln, insbesondere die Veröffentlichung der unberechtigten Verweigerung der Zusammenarbeit, worin ein eigener Mißstand liegt, den Druck auf die betreffende Stelle erhöhen und sie dadurch zum Einlenken bewegen. Um so größer seine Autorität im Laufe der Zeit durch eine erfolgreiche Arbeit wird, um so eher wird er auf diesem Wege gegenüber den Organen und Institutionen der Gemeinschaft erreichen können.

---

[835] Vgl. 3. Kap. III.5.b.(3).

[836] Marti, in: FS Huber 1961, S. 174 (182).

[837] Marti, in: FS Huber 1961, S. 174 (183).

[838] So wurde z.B. die EZB, die ebenfalls erst durch den Vertrag von Maastricht Eingang in den EG-Vertrag fand, gem. Art. 230 Abs. 3 (ex-Art. 173 Abs. 3) EG-Vertrag mit einem Klagerecht ausgestattet.

Sieht sich der Europäische Bürgerbeauftragte außerstande, seine Befugnisse gegenüber einer Stelle durchzusetzen, so kann er gem. Art. 3 Abs. 4 des Statuts das Europäische Parlament informieren, daß dann die „geeigneten Schritte" unternimmt. Die vielfältigen Berührungspunkte zwischen Parlament und Bürgerbeauftragtem[839] erlauben es dem Bürgerbeauftragten in seiner Eigenschaft als eigenständige außergerichtliche Beschwerdeeinrichtung auf die Unterstützung des Parlaments – im Gegensatz zur Judikative – zurückzugreifen. Die Vorschrift wirft die – bislang theoretische - Frage auf, wie das Parlament auf die jeweilige Stelle einwirken kann, um die erforderliche Unterstützung für den Bürgerbeauftragten zu erhalten. Dabei ist zwischen den Stellen der Gemeinschaft und den Stellen der Mitgliedstaaten zu differenzieren.

Verweigern die Kommission oder der Rat ihre Unterstützung, so kann das Parlament selbst weder dem Rat noch der Kommission Weisungen erteilen. Es kann allenfalls gegenüber der Kommission gem. Art. 201 (ex-Art. 144) EG-Vertrag einen Mißtrauensantrag stellen, der aber bei einer bloßen Auskunftsverweigerung gegenüber dem Bürgerbeauftragten wenig wahrscheinlich und unverhältnismäßig wäre. Den Mitgliedern des Rechnungshofes ist es ausdrücklich untersagt, Anweisungen von einer anderen Stelle entgegenzunehmen, Art. 247 Abs. 4 (ex-Art. 188b Abs. 4) EG-Vertrag. Weisungsbefugt ist das Parlament nur gegenüber seinen eigenen Sekretariaten.

Diese mangelnde Weisungsbefugnis des Parlaments wirft die Frage auf, ob das Parlament den Europäischen Gerichtshof in diesen Angelegenheiten anrufen kann. Lehnen es die Organe der Gemeinschaft auch auf Drängen des Parlaments ab, dem Bürgerbeauftragten die notwendige Unterstützung zu gewähren, so könnte gegen die ablehnende Entscheidung eine Nichtigkeitsklage gem. Art. 230 Abs. 3 (ex-Art. 173 Abs. 3) EG-Vertrag in Erwägung gezogen werden. Problematisch ist aber, daß es nicht um die Wahrung der Rechte des Parlaments geht. Der Bürgerbeauftragte ist eine vom Parlament unabhängige eigenständige Einrichtung.[840] Werden seine Untersuchungsrechte verletzt, so kann darin nicht automatisch eine Verletzung der Rechte des Parlaments gesehen werden. Demgegenüber ist eine Untätigkeitsklage

---

[839] Vgl. 3. Kap. III.5.b.(1).

[840] 3. Kap. III.5.b.(1).

gem. Art. 232 Abs. 1 (ex-Art. 175 Abs. 1) EG-Vertrag, die in Frage kommt, wenn ein Organ den EG-Vertrag verletzt, indem es in keiner Weise tätig wird, also auch keine ablehnende Entscheidung fällt, grundsätzlich denkbar. Der Begriff des Beschlusses im Sinne des Art. 232 (ex-Art. 175) EG-Vertrag ist weit auszulegen. So fallen darunter auch unverbindliche Rechtsakte und Handlungen, die nicht zu den Handlungsformen des Art. 249 (ex-Art. 189) EG-Vertrag zählen.[841] Eine solche Klage ist daher grundsätzlich denkbar. Problematisch ist in diesem Zusammenhang aber, daß sich die Untätigkeitsklage nur gegen die bloße Untätigkeit richtet. Sobald eine Ablehnung vorliegt, ist ausschließlich die Nichtigkeitsklage einschlägig. Der Anwendungsbereich der Untätigkeitsklage ist daher sehr eingeschränkt.

Bislang blieb die Frage nach den gerichtlichen Möglichkeiten eine theoretische. Grundsätzlich soll das Parlament politischen Druck auf die Stelle, welche die Zusammenarbeit mit dem Bürgerbeauftragten verweigert, ausüben, indem es Beschlüsse faßt, die entsprechende Aufforderungen enthalten.[842] Der Europäische Bürgerbeauftragte seinerseits kann die Verweigerungshaltung des entsprechenden Organs ebenfalls publik machen, auf den Mißstand aufmerksam machen und so den öffentlichen Druck auf das Organ erhöhen.

Verweigern die Behörden eines Mitgliedstaates grundlos die Unterstützung des Bürgerbeauftragten, so könnte darin grundsätzlich ein Fall für ein Vertragsverletzungsverfahren nach Art. 226 (ex-Art. 169) EG-Vertrag gesehen werden. In diesem Zusammenhang kann an eine Verletzung des Art. 10 (ex-Art. 5) EG-Vertrag gedacht werden, der den Mitgliedstaaten bestimmte Loyalitätspflichten auferlegt. Darüber hinaus haben die Mitgliedstaaten die Aufgaben des Bürgerbeauftragten, wie sie sich aus Art. 195 (ex-Art. 138e) EG-Vertrag ergeben, anerkannt, indem sie den novellierten EG-Vertrag ratifiziert haben. Klageberechtigt in dem Verfahren nach Art. 226 (ex-Art. 169) EG-Vertrag ist alleine die Kommission in ihrer Rolle als „Hüterin der Verträge" gem. Art. 211 (ex-Art. 155) EG-Vertrag. Das Europäische Parlament könnte auch in diesem Fall nicht direkt auf den Mitgliedstaat Ein-

---

[841] Krück, in: v.d.Groeben/Thiesing/Ehlermann, Art. 175 Rn. 11.

[842] Schoo, S. 7. Letztlich stehen dem Parlament bei der Kontrolle der Anwendung des Gemeinschaftsrechts lediglich ein entsprechender Jahresbericht und die Einrichtung von Untersuchungsausschüssen, Art. 193 (ex-Art. 138c) EG-Vertrag, zur Verfügung.

fluß nehmen. Es könnte die Kommission bitten, in der oben genannten Weise des Art. 226 (ex-Art. 169) EG-Vertrag tätig zu werden. Eine rechtsverbindliche Anweisung an die Kommission, ein Vertragsverletzungsverfahren durchzuführen, kann das Parlament nicht geben. Letztlich wird das Parlament auch in diesen Fällen auf seine politischen Möglichkeiten zurückgreifen. D.h. das Parlament kann die Verweigerungshaltung des Mitgliedstaates publik machen und ihn dazu auffordern, diese aufzugeben. Dieser Mangel an einer rechtsverbindlichen Handlungsmöglichkeit des Europäischen Parlaments im Falle einer Vertragsverletzung durch einen Mitgliedstaat offenbart ein Defizit in der vom Europäischen Parlament abhängigen demokratischen Legitimation der Gemeinschaft.[843]

(5) Abschließende Entscheidung

Kommt der Bürgerbeauftragte zu dem Schluß, daß kein Mißstand vorliegt, unterrichtet er den Beschwerdeführer und das beteiligte Organ oder die beteiligte Institution und schließt den Fall ab.[844]

Stellt der Bürgerbeauftragte anhand seiner Untersuchungen fest, daß ein Mißstand vorliegt, so hat er gem. Art. 3 Abs. 5 des Statuts i.V.m. Art. 6.1 der Durchführungsbestimmungen bei allen nachfolgenden Schritten darauf hinzuwirken, daß mit dem betreffenden Organ bzw. der betreffenden Institution eine einvernehmliche Lösung erreicht wird, durch die der Mißstand beseitigt wird und der eingereichten Beschwerde stattgegeben werden kann. Er muß der betreffenden Stelle das Ergebnis seiner Untersuchung mitteilen und kann – falls er sich dazu veranlaßt

---

[843] Grimm, in: Jahrbuch zur Staats- und Verwaltungswissenschaft, Bd. 6, 1992/93, S. 13 ff.; Huber, ebd., S. 179 ff.; Dauses/Fugmann, in: Aus Politik und Zeitgeschichte, 1995, B3-4. 24 ff. Ähnlich wie das Europäische Parlament hat auch der Deutsche Bundestag im Falle der Verletzung von Bundesrecht durch ein Land kein Recht, einen Bund-Länder-Streit gem. § 13 Nr. 7 BVerfGG zu beantragen. Das Antragsrecht haben gem. § 68 BVerfGG nur die Bundesregierung und die Landesregierungen. Im Gegensatz zum Europäischen Parlament, dessen Einfluß auf die europäische Exekutive, die Kommission, eher gering ist, hat der Deutsche Bundestag mehr Möglichkeiten, auf die Bundesregierung, die als Exekutive auf der demokratischen Legitimation durch den Bundestag beruht, einzuwirken.

[844] Europäischer Bürgerbeauftragter, Jahresbericht 1996, S. 19.

sieht – dieser gem. Art. 3 Abs. 6 S. 1 des Statuts eine Empfehlung geben. Eine solche Empfehlung kommt gem. Art. 8.1 der Durchführungsbestimmungen in Betracht, wenn es der betroffenen Stelle möglich ist, den Mißstand zu beseitigen, oder der Mißstand allgemeine Auswirkungen hat.[845]

Hat der festgestellte Mißstand keine allgemeinen Auswirkungen und ist es dem betroffenen Organ oder der Einrichtung nicht mehr möglich, den Mißstand zu beseitigen, wird der Fall gem. Art. 7.1 der Durchführungsbestimmungen mit einer kritischen Bemerkung abgeschlossen. Eine eigene Abhilfekompetenz oder eine Exekutivbefugnis, aufgrund derer er die betreffende Stelle zur Abhilfe anweisen könnte, hat der Bürgerbeauftragte nicht.

Sieht sich der Bürgerbeauftragte zu einer Empfehlung an die betreffende Stelle veranlaßt, so muß die Stelle gem. Art. 3 Abs. 6 S. 2 des Statuts i.V.m. Art. 8.3 der Durchführungsbestimmungen innerhalb von drei Monaten eine begründete, ausführliche Stellungnahme abgeben. Enthält die Stellungnahme die Zustimmung zu dem Beschluß des Bürgerbeauftragten und die Beschreibung der Maßnahmen, die zur Umsetzung der Empfehlung getroffen werden, so kann der Beschwerdeführer benachrichtigt und der Fall abgeschlossen werden.[846]

Wird der Mißstand trotz der Stellungnahme nicht beseitigt, oder reagiert die betreffende Stelle nicht oder nicht ausreichend auf die Empfehlung des Bürgerbeauftragten, so bleibt diesem gem. Art. 3 Abs. 7 des Statuts i.V.m. Art. 6.3 der Durchführungsbestimmungen die Möglichkeit, dem Europäischen Parlament einen Bericht i.S.d. Art. 8 der Durchführungsbestimmungen vorzulegen, der wiederum Empfehlungen enthält. Der Beschwerdeführer wird gem. Art. 3 Abs. 7 des Statuts über die Reaktion der betreffenden Stelle und die Empfehlungen benachrichtigt. Ihm bleibt im Falle der Untätigkeit der betreffenden Stelle die Möglichkeit, sich erneut an den Bürgerbeauftragten zu wenden. Zwar kann sich dieser auch dann nur wiederum an des Europäische Parlament wenden, doch unterliegt die Beschwerde keinem „Strafklageverbrauch“.

Mangels eigener Exekutivbefugnisse bleibt dem Europäischen Bürgerbeauftragten auch hier nur der politische Druck. Der Bürgerbeauftragte konstatiert Mißstände, macht diese publik und gibt Empfehlungen. Bleiben diese ohne Wirkung,

---

[845] Europäischer Bürgerbeauftragter, Jahresbericht 1996, S. 19.

[846] Europäischer Bürgerbeauftragter, Jahresbericht 1996, S. 20.

so wird der politische Druck insofern erhöht, als das Europäische Parlament eingeschaltet wird, das seinerseits ebenfalls politisch tätig werden kann.

Die abschließenden Sachentscheidungen des Europäischen Bürgerbeauftragten sind – anders als die ablehnenden Entscheidungen bei Unzulässigkeit der Beschwerden - gerichtlich nicht nachprüfbar.[847] Sie können nicht Gegenstand einer Nichtigkeitsklage gem. Art. 230 (ex-Art. 173) EG-Vertrag sein, weil die anfechtbare Maßnahme in diesem Verfahren vom Parlament, der Kommission, dem Rat oder der EZB ausgegangen sein muß. Die Entscheidungen des Bürgerbeauftragten können aber keiner dieser Einrichtungen bzw. keinem dieser Organe zugerechnet werden, da der Bürgerbeauftragte unabhängig ist. Darüber hinaus haben die Entscheidungen des Bürgerbeauftragten lediglich empfehlenden Charakter, sie haben keine gestaltende Wirkung, und sie sind keine Sachentscheidungen, welche individuelle Rechtspositionen beeinträchtigen könnten.[848] Schließlich wäre es inkonsequent die Sachentscheidungen des Bürgerbeauftragten, dessen Aufgabe es ist, die Exekutive zu überwachen, der gleichen gerichtlichen Kontrolle zu unterwerfen wie die Exekutive.[849]

Unabhängig von der gerichtlichen Anfechtbarkeit der Empfehlungen des Europäischen Bürgerbeauftragten stellt sich die Frage, ob die Tätigkeit des Bürgerbeauftragten zum Gegenstand eines Amtshaftungsprozesses gem. Art. 288 Abs. 2 (ex-Art. 215 Abs. 2) EG-Vertrag gemacht werden kann. Im Zusammenhang mit der Frage nach der Anfechtbarkeit von Entscheidungen des Bürgerbeauftragten, in

---

[847] Vgl. zur Entscheidung bei Unzulässigkeit der Beschwerde: 3. Kap. IV.4.a.

[848] Der EuGH hat ausdrücklich daraufhingewiesen, daß Klagegegenstand nur ein verbindlicher Akt eines Gemeinschaftsorgans sein könne, der nicht nur im verwaltungsinternen Bereich Rechtswirkungen entfalte (EuGH vom 25. 2. 1988, Rs. 190/84 (Les Verts./.Parlament), Slg. 1988, S. 1017 (1035 Ziff. 8)). Auch wenn der Bürgerbeauftragte außerhalb der Exekutive steht, entfalten seine Empfehlungen, die sich an die Verwaltung richten, innerhalb derselben ihre Wirkung, indem die Verwaltung entsprechend auf die Vorschläge des Bürgerbeauftragten reagiert. Darüber hinaus kann der Bürgerbeauftragte nicht mit einem Gemeinschaftsorgan gleichgesetzt werden, so daß seinen Entscheidungen schon von daher die erforderliche Qualität i.S.d. Art. 230 (ex-Art. 173) EG-Vertrag fehlt.

[849] Vgl. dazu: Redeker, in: NJW 1967, S. 1297 (1300).

denen dieser seine Unzuständigkeit feststellt, wurde ausgeführt, daß die EG sich als Rechtsgemeinschaft versteht.[850] Das bedingt, daß Rechtspositionen, seien sie öffentlich-rechtlicher oder privatrechtlicher Natur, einem effektiven Gerichtsschutz unterstehen müssen. Im Falle der Beeinträchtigung müssen sie einklagbar sein. Werden private Rechtspositionen durch Organe oder Bedienstete der EG beeinträchtigt und entsteht dadurch ein Schaden, so stellt Art. 288 Abs. 2 (ex-Art. 215 Abs. 2) i.V.m. Art. 235 (ex-Art. 178) EG-Vertrag klar, daß ein entsprechender Ersatzanspruch vor dem Europäischen Gerichtshof eingeklagt werden kann.[851] Anspruchsgegnerin ist die Gemeinschaft, als Schädiger kommen die Organe und die Bediensteten der EG in Frage. Daher zählt auch der Europäische Bürgerbeauftragte grundsätzlich zum Kreis derer, von denen ein schadenstiftendes Verhalten ausgehen kann. Dennoch ist anzunehmen, daß dies eine theoretische Betrachtung bleibt, da die Tätigkeit des Europäischen Bürgerbeauftragten zwar auch im Interesse der Bürger erfolgt, sich aber an die Organe und Institutionen der Gemeinschaft richtet. Zum anderen sind seine Empfehlungen nicht rechtsverbindlich, so daß schwerlich vorstellbar ist, daß darin ein schadenstiftendes Verhalten liegen kann, das einen Ersatzanspruch begründet. Insbesondere dürfte es schwierig werden, zwischen den rechtlich nicht verbindlichen Empfehlungen des Bürgerbeauftragten und dem Schaden den erforderlichen Kausalzusammenhang zu konstruieren.

d. Veröffentlichung der Ergebnisse im Jahresbericht

Einmal jährlich legt der Bürgerbeauftragte dem Europäischen Parlament einen Jahresbericht vor, der gem. Art. 3 Abs. 8 des Statuts die Ergebnisse seiner Untersuchungen enthält. Der Jahresbericht gibt ein umfassendes Bild über die Tätigkeit des Bürgerbeauftragten im Berichtszeitraum. So enthält der Jahresbericht 1996[852] neben einem allgemeinen Teil über die Beschwerdemöglichkeit zum Europäischen

---

[850] 3. Kap. IV.4.a.

[851] Vgl. zum Amtshaftungsanspruch gegen die EG: Geiger, Art. 215; Bleckmann, Rn. 1020-1034.

[852] Dieser Bericht war der erste Bericht, der ein volles Tätigkeitsjahr umfaßte, da der erste Bericht für 1995 nur den Zeitraum September bis Dezember umfaßte und sich intensiver mit dem Institut des Europäischen Bürgerbeauftragten an sich befaßte.

Bürgerbeauftragten eine Übersicht über die einzelnen Untersuchungen mit den anschließenden Beschlüssen. Darüber hinaus gibt er Auskunft über die Beziehungen des Bürgerbeauftragten zu Parlament und Kommission und zu seinen nationalen Kollegen. Schließlich enthält der Bericht Anhänge die sich u.a. mit den statistischen Angaben, dem Haushalt und dem Mitarbeiterstab befassen.

Indem der Jahresbericht die Mißstände, die an den Bürgerbeauftragten herangetragen werden, publik macht, trägt er im erheblichen Maße zur Transparenz der Gemeinschaft bei und gibt einen Überblick über die „Schwachstellen" im System. Der Bericht ist insofern eine bedeutsame Ergänzung zum Jahresbericht der Kommission über die Kontrolle der Einhaltung des Gemeinschaftsrechts.[853]

V. Verfahren aufgrund eigener Initiative des Europäischen Bürgerbeauftragten

Art. 195 Abs. 1 UAbs. 2 S. 1, 1. Alt. (ex-Art. 138e Abs. 1 UAbs. 2 S. 1, 1. Alt.) EG-Vertrag räumt dem Bürgerbeauftragten das Recht ein, „von sich aus" Untersuchungen durchzuführen. Dieser erhält dadurch ein eigenes Initiativrecht, das ihn dazu ermächtigt, losgelöst von Beschwerden, die an ihn gerichtet werden, Mißständen nachzugehen.[854] Diese Möglichkeit unterstreicht die Rolle des Bürgerbeauftragten als Kontrollinstanz der Gemeinschaft. Eine wirksame und umfassende Kontrolle ist nur dann zu gewährleisten, wenn der Bürgerbeauftragte auch von sich aus tätig werden kann und so vermeiden kann, daß ein Anlaß für eine Beschwerde entsteht. Der Europäische Bürgerbeauftragte mißt dieser Befugnis darüber hinaus besondere Bedeutung bei, weil die Unionsbürger sich ihrer Rechte gegenüber den Organen und Institutionen der EG nicht so bewußt seien wie gegenüber den nationalen Behörden.[855]

Aufgrund dieses eigenen Initiativrechtes kann der Bürgerbeauftragte die Schwerpunkte seiner Arbeit beeinflussen[856] und so auf Probleme, welche die Ge-

---

[853] Läufer, in: Grabitz/Hilf, Art. 138e Rn. 13.

[854] Kaufmann-Bühler, in: Lenz, Art. 138e Rn. 7.

[855] Europäischer Bürgerbeauftragter, Jahresbericht 1995, S. 22.

[856] Haag, in: v.d.Groeben/Thiesing/Ehlermann, Art. 138e Rn. 23.

müter der Bürger in besonderem Maße bewegen, reagieren. Vorrangige Pflicht des Bürgerbeauftragten ist es aber, sich der Beschwerden, die an ihn gerichtet werden, anzunehmen.[857] Eigene Initiativen sollen nur erfolgen, wenn ein Mißstand sehr viele Menschen erregt hat und eine Lösung aufgrund einer eigenen Initiative leichter und effizienter erreicht werden kann.[858] Entsprechend zurückhaltend macht der Bürgerbeauftragte von diesem Recht Gebrauch.[859]

In einer ersten Initiative hat der Bürgerbeauftragte mehr Transparenz beim Zugang der Öffentlichkeit zu den Dokumenten der Gemeinschaftsorgane gefordert.[860] Hintergrund dieser Initiative war, daß mehrere Beschwerden die mangelnde Informationspraxis einiger Gemeinschaftsorgane erkennen ließen. Mangels Vertragsbestimmungen und mangels allgemeiner Vorschriften im Gemeinschaftsrecht über den Zugang der Öffentlichkeit zu Dokumenten hatten zum Zeitpunkt der Initiative bereits Kommission und Rat eigene Vorschriften über den Zugang zu ihren Dokumenten erlassen,[861] die durch einen Beschluß des Rates vom 20. 12. 1993[862] und einen Beschluß der Kommission vom 8. 2. 1994[863] in Kraft gesetzt worden waren. Inzwischen ist das Europäische Parlament dem Beispiel der anderen beiden Organe gefolgt.[864] Ziel des Bürgerbeauftragten war es, die Transparenz und damit die guten Beziehungen zwischen Bürgern und Gemeinschaftsorganen und –institutionen zu fördern.[865]

---

857 Europäischer Bürgerbeauftragter, Jahresbericht 1995, S. 22.

858 Söderman, The Role of the European Ombudsman, S. 9.

859 Im Juni 1996 startete der Europäische Bürgerbeauftragte eine Untersuchung über den Zugang der Öffentlichkeit zu Dokumenten der Gemeinschaftsorgane (616/PUBAC/F/IJH). Den abschließenden Bericht konnte er am 15. 12. 1997 dem Präsidenten des europäischen Parlaments vorlegen (Europäischer Bürgerbeauftragter, Jahresbericht 1997, S. 11).

860 Europäischer Bürgerbeauftragter, Jahresbericht 1996, S. 85.

861 Gemeinsamer Verhaltenskodex, ABl. Nr. L 340 aus 1993, S. 41.

862 ABl. Nr. L 340 aus 1993, S. 43.

863 ABl. Nr. L 46 aus 1994, S. 58.

864 ABl. Nr. C 263 aus 1997, S. 27.

865 Europäischer Bürgerbeauftragter, Jahresbericht 1996, S. 86. Vgl. dazu auch den Bericht des Petitionsausschusses zum Sonderbericht des Bürgerbeauftragten, A4-0265/98.

Im Juli 1997 hat der Bürgerbeauftragte eine Initiative ergriffen, welche die Anwendung eines Höchstalters bei der Einstellung in den Gemeinschaftsdienst in Frage stellt.[866] Hintergrund sind wiederum einige Beschwerden zu diesem Thema, welche die Diskriminierung aufgrund des Alters betrafen. Eine abschließende Entscheidung liegt bislang nicht vor.

Die Zurückhaltung des Bürgerbeauftragten auf diesem Gebiet ist auf Kritik gestoßen. So hat der Petitionsausschuß in seinem Bericht zum Tätigkeitsbericht des Bürgerbeauftragten aus 1995 angemerkt, daß nicht ausgeschlossen werden solle, daß die Untersuchungen aufgrund eigener Initiative des Bürgerbeauftragten in den nächsten Jahren eine weit größere Bedeutung zum Nutzen des demokratischen Funktionierens der Union gewinnen könnten.[867] Sicherlich darf der Nutzen des Initiativrechtes nicht unterschätzt werden, doch darf nicht vergessen werden, daß der Bürgerbeauftragte auch eine Beschwerdeinstanz ist und die Transparenz und die Akzeptanz der Gemeinschaft nicht unerheblich leidet, wenn die Beschwerden der Bürger nicht mehr im Vordergrund der Arbeit des Bürgerbeauftragten stehen und ihre Bearbeitung hinter den eigenen Initiativen zurücktritt.

Der zulässige Gegenstand der Untersuchungen aufgrund eigener Initiative deckt sich mit dem der Beschwerden. Gem. Art. 195 Abs. 1 UAbs. 2 S. 1 (ex-Art. 138e Abs. 1 UAbs. 2 S. 1) EG-Vertrag wird der Bürgerbeauftragte „im Rahmen seines Auftrags" tätig. Dieser Rahmen beschränkt die Tätigkeit und damit die Zulässigkeit der Untersuchungen gem. Art. 195 Abs. 1 UAbs. 1 (ex-Art. 138e Abs. 1 UAbs. 1) EG-Vertrag auf die „Tätigkeit der Organe und Institutionen der Gemeinschaft, mit Ausnahme des Gerichtshofs und des Gerichts erster Instanz in Ausübung ihrer Rechtsprechungsbefugnisse". Insofern kann auf die obigen Ausführungen verwiesen werden.[868]

Die Untersuchungsbefugnisse und das Prozedere der Untersuchungen sind identisch mit denen bei den Untersuchungen aufgrund einer Beschwerde. Einziger Unterschied ist, daß es keinen Beschwerdeführer gibt, der unterrichtet werden müßte.

---

[866] Initiative 626/97/BB vom 14. 7. 1997.

[867] A4-0176/96, S. 10. Im darauffolgenden Bericht des Petitionsausschusses zum Jahresbericht 1996 wird hingegen verhaltene Kritik an den eigenen Initiativen des Bürgerbeauftragten geäußert, A4-0211/97, S. 12-14.

[868] 3. Kap. IV.3.b.

Der Bürgerbeauftragte holt die Stellungnahme des betreffenden Organs ein, gibt gegebenenfalls eine Empfehlung und legt dem Europäischen Parlament und dem betreffenden Organ einen Bericht vor.

Auch bei dieser Tätigkeit gilt für den Bürgerbeauftragten das Opportunitätsprinzip. D. h. er entscheidet nach pflichtgemäßem Ermessen, ob genügend Anhaltspunkte für eine Untersuchung vorliegen und wie er reagiert.[869] Diese Entscheidungsmöglichkeit vermeidet eine Überlastung dieser Institution und garantiert das Funktionieren des Amtes.[870]

Die Untersuchungen aufgrund eigener Initiative unterstreichen und unterstützen in erster Linie die Kontrollaufgabe, die dem Bürgerbeauftragten gegenüber den Organen und Einrichtungen zukommen. Sie sind aber auch Bestandteil des Individualschutzes, der vom Bürgerbeauftragten gewährleistet werden soll. So können Beschwerden Anstoß derartiger Untersuchungen sein, und Ziel der Untersuchungen ist auch die Prävention, d.h. auf diese Weise können Mißstände abgestellt werden, bevor sie Gegenstand einer individuellen Beschwerde werden. Das eigene Initiativrecht zählt zu den klassischen Befugnissen eines Bürgerbeauftragten,[871] d.h. der Europäische Bürgerbeauftragte orientiert sich auch in dieser Hinsicht an bewährten Vorbildern. Die eigenen Untersuchungen unterstreichen zudem seine Unabhängigkeit. Der Bürgerbeauftragte ist nicht nur unabhängig von den zu überprüfenden Einrichtungen und Organen. Er ist darüber hinaus auch nicht darauf angewiesen, daß ihm eine beschwerdeberechtigte Person einen Auftrag im Sinne einer Beschwerde erteilt. Das eigene Tätigwerden ist insofern ein wichtiger Aspekt der Unabhängigkeit des Bürgerbeauftragten. Die Effektivität seines Tuns beruht nicht zuletzt darauf, daß er entscheiden kann, ob und wann er tätig wird.

---

[869] Läufer, in: Grabitz/Hilf, Art. 138e Rn. 10.

[870] Kaufmann-Bühler, in: Lenz, Art. 138e Rn. 7.

[871] Kempf/Mille, in: ZParl 1992, S. 29 (33).

VI. Fazit

Art. 195 (ex-Art. 138e) EG-Vertrag garantiert dem darin genannten Personenkreis das subjektive öffentliche Recht, sich mit Beschwerden an den Europäischen Bürgerbeauftragten zu wenden.[872] Der Bürgerbeauftragte, eine monokratische außergerichtliche Beschwerdeinstanz, ist im Rahmen seiner Zuständigkeit, die Mißstände in der durch die Organe und Einrichtungen der EG ausgeübten Verwaltung umfaßt, dazu verpflichtet, den Beschwerden nachzugehen und sie zu prüfen. Zudem hat der Bürgerbeauftragte die Möglichkeit, im Rahmen seiner Zuständigkeit Untersuchungen aufgrund eigener Initiative zu starten.[873] Diese Kontrolltätigkeit, die der Bürgerbeauftragte in weitgehender Unabhängigkeit[874] wahrnimmt, macht ihn zu einem Teil der parlamentarisch-kontrollierenden Gewalt, wenngleich er kein Hilfsorgan des Europäischen Parlaments sondern eine selbständige Einrichtung ist.[875]

Gemessen an den klassischen Funktionen eines solchen Amtes, dem Individualschutz, der Kontrollfunktion, der Konfliktlösungsbefugnis, der Reformfunktion und der demokratiepolitischen Repräsentationsfunktion,[876] ist der Europäische Bürgerbeauftragte ein durchaus typischer Vertreter seiner Spezies. Der Individualschutz ist seine wichtigste Aufgabe, denn das Beschwerderecht zu ihm ist als subjektives öffentliches Recht ausgestaltet und die Individualbeschwerden machen den Großteil seiner Arbeit aus.[877]
Neben dem Individualschutz ist ein weiterer wichtiger Aspekt seiner Arbeit die Kontrolle der Exekutive, der sowohl die Untersuchungen aufgrund der Beschwerden als auch die Untersuchungen aufgrund eigener Initiative[878] dienen. Der dritte Aspekt im Rahmen dieser Charakteristika ist die Konfliktlösung, die ihren besonderen Niederschlag in Art. 3 Abs. 5 des Statuts findet. Danach ist der Bürgerbeauf-

[872] 3. Kap. III.3.

[873] 3. Kap. V.

[874] 3. Kap. III.7.

[875] 3. Kap. III.5.

[876] Pickl, in: FS Schwind 1993, S. 193 (196).

[877] Europäischer Bürgerbeauftragter, Jahresbericht 1997, S. 299.

[878] 3. Kap. V.

tragte gehalten, eine einvernehmliche Lösung des aufgedeckten Mißstandes herbeizuführen. Diese Konsenssuche ist Ausdruck dessen, daß der Bürgerbeauftragte als Vermittler zwischen der Verwaltung und dem Bürger fungieren soll.
Diese Funktion knüpft gleichzeitig an die „demokratiepolitische Repräsentationsfunktion“ an. Indem der Bürgerbeauftragte zwischen der Gemeinschaft und dem Bürger vermittelt, verdeutlicht er, daß die Gemeinschaft dem Bürger nicht als dem Untertan gegenüber tritt. Nach modernem, demokratischem Staatsverständnis – und unabhängig von eigener Staatsqualität steht die Gemeinschaft in dieser Tradition ihrer Mitgliedstaaten - ist der Bürger vielmehr als Teil der Volkssouveränität Protagonist des Staates. In seiner Vermittlerrolle trägt der Bürgerbeauftragte dazu bei, dies dem Bürger klar zu machen und die Akzeptanz der Gemeinschaft und ihrer Verwaltung zu erhöhen.
Schließlich ist der Europäische Bürgerbeauftragte auch Reformer. Zwar hat er keine Möglichkeit, direkt auf die Rechtsetzungstätigkeit der Gemeinschaft Einfluß zu nehmen, doch kann er zumindest indirekten Einfluß geltend machen. Deckt er Mißstände auf, so kann dies die Kommission, die in den meisten Fällen Adressat des Bürgerbeauftragten ist[879] und gleichzeitig das Initiativrecht für die Rechtsakte der Gemeinschaft inne hat, dazu veranlassen, die Rechtslage zu überdenken und Reformen anzustrengen. Darüber hinaus hat er das Recht, Untersuchungen auf eigene Initiative hin aufzugreifen. Auf diese Weise kann er von sich aus Mißstände publik machen, zur Diskussion stellen und eine entsprechende Reaktion der betroffenen Stelle herausfordern.

Auch die einleitend genannten klassischen Merkmale eines Bürgerbeauftragten sind im Europäischen Bürgerbeauftragten verwirklicht und machen ihn zu einem klassischen Vertreter seines Metiers. So wird er vom Europäischen Parlament als der Volksvertretung gewählt (Art. 195 Abs. 1 UAbs. 1 (ex-Art. 138e Abs. 1 UAbs. 1) EG-Vertrag), ihm wird weitgehende Unabhängigkeit garantiert (Abs. 3), er hat ein Untersuchungsrecht (Abs. 1 UAbs. 2), er wird aufgrund einer Beschwerde oder aufgrund eigener Initiative tätig (Abs. 1 UAbs. 2), er bemüht sich um einvernehmliche Lösungen und vermittelt so zwischen Gemeinschaft und Bürgern (Art. 3 Abs. 5 des Statuts), er kann im Rahmen seiner Berichte seine Entscheidungen veröffent-

[879] Europäischer Bürgerbeauftragter, Jahresbericht 1997, S. 300.

lichen und Anregungen machen (Abs. 1 UAbs. 3 und Art. 3 Abs. 7 des Statuts) und er wird von einem eigenen Mitarbeiterstab unterstützt (Art. 11 des Statuts).

Anhand der Merkmale läßt sich der Europäische Bürgerbeauftragte – wie dargestellt – in das klassische Bild des Bürgerbeauftragten einordnen. Im Vergleich mit den personalisierten, außergerichtlichen Beschwerdeinstanzen in den Mitgliedstaaten wurde festgestellt, daß der dänische *Folketingets Ombudsman*[880] dem Amt des Europäischen Bürgerbeauftragten zum Vorbild diente und sich zwischen beiden Einrichtungen deutliche Parallelen zeigen.[881] So sind beide – gegenüber dem klassischen schwedischen Modell – Vertreter eines weicheren Modells, d.h. ihre Entscheidungen haben in erster Linie empfehlenden Charakter. Ihre Befugnisse beschränken sich auf die Verwaltung und sie stehen beide im engen Kontakt zum Parlament.

Trotz dieser Vergleichbarkeit des Europäischen Bürgerbeauftragten mit anderen Modellen gleicher Tätigkeit stellt sich die Frage, ob eine solche Einrichtung, die ursprünglich nur auf nationaler Ebene zu finden war, auf eine supranationale Körperschaft übertragen werden kann. Noch unterscheidet sich die Europäische Gemeinschaft in vielerlei Hinsicht von den Mitgliedstaaten. So sei nur als ein Beispiel an die komplizierte, von der Gewaltenteilung im herkömmlichen Sinn abweichende Kompetenzverteilung zwischen Rat, Kommission und Parlament erinnert.[882] Zudem liegen weite Teile der Verwaltung in der Verantwortlichkeit der Mitgliedstaaten. Gerade in diesem Bereich ist der Europäische Bürgerbeauftragte aber auch dann nicht zuständig, wenn die Verwaltungstätigkeit einen europarechtlichen Bezug hat.[883] Doch führen die inzwischen zahlreichen Dienststellen der Gemeinschaft und ihre Organe vielfältige Verwaltungstätigkeiten aus, mit denen die Unionsbür-

---

[880] 1. Kap. IV.2.b.(1).

[881] 3. Kap. III.5.a.

[882] Vgl. zur Gewaltenteilung in der EG: 3. Kap. III.5.b.(3).

[883] Dies führt bei dem berechtigten Personenkreis nicht selten zu Verwirrung, so daß den Bürgerbeauftragten sehr viele Beschwerden erreichen, die nicht in dessen Zuständigkeit fallen (Europäischer Bürgerbeauftragter, Jahresbericht 1997, S. 299).

ger in unmittelbaren Kontakt kommen,[884] so daß sich grundsätzlich ein ausreichend großes Betätigungsfeld für den Europäischen Bürgerbeauftragten ergibt. Im Rahmen der Kontakte zwischen den EG-Stellen und den einzelnen Personen sind häufig deren individuelle Rechte und Grundrechte betroffen, denn der Europäische Gerichtshof hat derartige Rechte gegenüber der EG ausdrücklich eingeräumt.[885]

Die Existenz zweier Gerichte auf Gemeinschaftsebene, die unter anderem die Rechtmäßigkeit rechtsverbindlicher Maßnahmen der Gemeinschaft überprüfen und Individuen Klagemöglichkeiten einräumen,[886] wirft die Frage auf, ob es neben diesen gerichtlichen Rechtsschutzmöglichkeiten außergerichtlicher Beschwerdestellen bedarf. Zur Beantwortung dieser Frage muß man sich wiederum die Zuständigkeit beider Einrichtungen vergegenwärtigen. Die Klagemöglichkeiten, die der EG-Vertrag natürlichen und juristischen Personen einräumt, setzen eine individuelle unmittelbare Rechtsverletzung voraus, so daß der Zugang zu den Gerichten auf Gemeinschaftsebene eingeschränkt ist. Demgegenüber ist eine Beschwerde zum Europäischen Bürgerbeauftragten unabhängig von der persönlichen Betroffenheit und unabhängig von einer Rechtsverletzung möglich. Auch ein rechtmäßiges Verwaltungshandeln kann einen Mißstand im Sinne des Art. 195 (ex-Art. 138e) EG-Vertrag darstellen.[887] Im Gegensatz zur Judikative fehlt es dem Bürgerbeauftragten aber an der Kompetenz, definitive Entscheidungen zu fällen oder der Beschwerde abzuhelfen. Er kann lediglich Empfehlungen aussprechen.[888] Die erweiterte Zuständigkeit wird quasi durch Befugnisse, die weniger weitreichend sind, kompensiert.

---

[884] Ein erheblicher Teil der Beschwerden (25%) richtete sich im Berichtszeitraum 1997 gegen mangelnde Transparenz und Verweigerung von Informationen (Europäischer Bürgerbeauftragter, Jahresbericht 1997, S. 300). Ein weiterer häufiger Beschwerdegrund war im gleichen Zeitraum die Behandlung von Bewerbungen um Arbeitsplätze bei der EG (ebd., S. 120).

[885] Vgl. zum Rechtsschutz durch den EuGH: 1. Kap. I.1.

[886] Vgl. 1.Kap. I.2.

[887] Vgl. zum Begriff des Mißstandes: 3.Kap. IV.3.b.(4).

[888] Die bloße Möglichkeit, Empfehlungen abzugeben und auf diese Weise seinen Einfluß geltend zu machen, wird vielfach als „sanftes Recht" oder „soft law" bezeichnet (Pickl, in: FS Klecatsky 1990, S. 237 (243)).

Der Bürgerbeauftragte kann daher die Gerichtsbarkeit nicht ersetzen; er ergänzt sie lediglich.[889] Im Gegensatz zum kontradiktorischen Gerichtsverfahren ist der Bürgerbeauftragte gem. Art. 3 Abs. 5 des Statuts i.V.m. Art. 6 der Durchführungsbestimmungen dazu gehalten, eine einvernehmliche Lösung des Mißstandes in Zusammenarbeit mit der Behörde und dem Beschwerdeführer zu erreichen. Er fungiert daher nicht wie ein Richter, der einen Streit in der Regel zu entscheiden hat, sondern als Schlichter oder Vermittler. Auf diese Weise kann er gleichzeitig auch für die Position der Behörde um Verständnis werben und so zur Akzeptanz der Verwaltung insgesamt beitragen.[890] Die häufig sehr lange Dauer von Gerichtsverfahren, welche die Beteiligten hinsichtlich ihrer eigenen Rechtsposition über einen langen Zeitraum im Ungewissen läßt, läßt sich zumindest teilweise vermeiden, wenn zwischen den Beteiligten außerhalb der Förmlichkeiten eines Gerichtsverfahrens vermittelt wird. Diese Vermittlungstätigkeit ist in hohem Maße von der persönlichen und fachlichen Qualifikation des Amtsinhabers abhängig, um den Anschein der „Feilscherei" und „Mauschelei" zu vermeiden. Maßgeblich ist, daß die Rechte der Beteiligten unter dem Gesichtspunkt der Billigkeit und der Gerechtigkeit gewahrt werden.

Der Bürgerbeauftragte bietet eine Alternative zum gerichtlichen Rechtsschutzsystem, die dem einzelnen frei vom Prozeß- und Kostenrisiko die Möglichkeit bietet, sein Recht zu bekommen. Die Hemmschwelle, sich an den Bürgerbeauftragten zu wenden, ist mangels der oben genannten Risiken sehr viel geringer, so daß die Gefahr geringer ist, daß jemand auf sein Recht verzichtet, weil er die Dauer, die Kosten und die sonstigen Umstände eines Prozesses scheut. Die niedrigere Hemmschwelle führt allerdings auch dazu, daß der Bürgerbeauftragte mit sehr vielen Beschwerden konfrontiert wird, die von vorne herein unzulässig sind.[891] Positiv wirkt sich dies hingegen in einer Entlastung der Gerichte aus. Darüber hinaus vermag er in den komplizierten Fällen der Drittbetroffenheit einer natürlichen oder juristischen Person, die nicht Adressat einer Entscheidung i.S.d. Art. 230 Abs. 4 (ex-Art.

---

[889] Haller, in: FS Eichenberger 1982, S. 705 (715).

[890] Matscher (in: FS Klecatsky 1990, S. 159 (163)) sieht darin einen Aspekt, der bislang in Bezug auf die Funktion der Bürgerbeauftragten vernachlässigt worden sei.

[891] Im Berichtszeitraum 1997 erreichten den Bürgerbeauftragten 998 unzulässige Beschwerden. Das entspricht einem Anteil von 73 % (Europäischer Bürgerbeauftragter, Jahresbericht 1997, S. 299).

173 Abs. 4) EG-Vertrag ist und die nicht unmittelbar und individuell von dieser Maßnahme betroffen ist, die aber dennoch Beeinträchtigungen ihrer Rechtspositionen hinnehmen muß, einen Ausgleich für die fehlende Klagebefugnis geben. Hinzu kommen Fälle, in denen die Klagebefugnis an der Unmittelbarkeit scheitert, aber ein präventives Vorgehen durchaus vernünftig sein kann. Auch in diesen Fällen steht dem Betroffenen allein der Weg zum Bürgerbeauftragten offen.[892]

Neben dem Aspekt des erweiterten und vereinfachten Rechtsschutzes der Individuen trägt der Bürgerbeauftragte zur Kontrolle der Gemeinschaftstätigkeit bei. Zwar ist dies auch die ureigene Aufgabe der Judikative, doch kann der Bürgerbeauftragte im Gegensatz zu dieser von sich aus Untersuchungen aufnehmen.[893] Auch in diesem Bereich korrespondiert die erweiterte Zuständigkeit mit eingeschränkten Befugnissen, denn der Bürgerbeauftragte kann auch im Rahmen seiner eigenen Untersuchungen lediglich Empfehlungen abgeben.

Diese Aspekte geben dem Europäischen Bürgerbeauftragten neben der Judikative auf Gemeinschaftsebene eine eigene Daseinsberechtigung. Der Bürgerbeauftragte ergänzt im Rahmen seiner vergleichsweise bescheidenen Möglichkeiten den Rechtsschutz, den die Gerichte auf Gemeinschaftsebene gewähren, ohne diesen obsolet zu machen. Er vertritt die Interessen der Bevölkerung und gibt ihr eine Möglichkeit, das Fehlverhalten von Organen und Einrichtungen der Gemeinschaft öffentlich zu machen. Dabei durchbricht er nicht die Grenzen, welche die Gewaltenteilung setzt. Mangels eigener Entscheidungs- und Abhilfekompetenz ist er kein

---

[892] Beispielhaft sind die Fälle, in denen Beschwerdeführer Vertragsverletzungen von Mitgliedstaaten, die sie persönlich betreffen bzw. beeinträchtigen, der Kommission melden, und diese den Beschwerdeführern Auskunft über das weitere Vorgehen verweigert oder das Vertragsverletzungsverfahren nicht vorantreibt. Gerade in den Vertragsverletzungsverfahren fehlt es den Beschwerdeführern gegenüber der Kommission an einer individuellen unmittelbaren Betroffenheit bzw. an einem Anspruch auf Tätigwerden. Dennoch werden die Beschwerdeführer oft erheblich in ihren eigenen Rechtspositionen beeinträchtigt. Vgl. dazu: Beschwerde 713/11.07.96/LMV/ES/PD, mit der sich ein Beschwerdeführer gegen die Kommission wandte, die gegen Spanien kein Vertragsverletzungsverfahren durchgeführt hat, obwohl Spanien sich geweigert hatte, seinen französischen Facharztabschluß anzuerkennen (Europäischer Bürgerbeauftragter, Jahresbericht 1997, S. 171).

[893] Vgl. dazu: 3. Kap. V.

außerhalb der Judikative stehendes „Sondergericht“ sondern Teil der legislativen Kontrolle.

Der Europäische Bürgerbeauftragte läßt sich an den klassischen Merkmalen eines Bürgerbeauftragten messen, die Verwaltungstätigkeit auf Gemeinschaftsebene eröffnet ihm auch einen ausreichend großen Aufgabenbereich, und die Gerichtsbarkeit macht seine Existenz nicht überflüssig, denn es bleiben Bereiche, in denen der Individualschutz und die Wahrung individueller Interessen wünschenswert sind, die Gerichte der EG dies aber nicht ausreichend gewährleisten können. Daraus läßt sich der Schluß ziehen, daß das Amt eines Europäischen Bürgerbeauftragten neben den bisherigen individualschützenden Einrichtungen auf der Ebene der Gemeinschaft und auf der Ebene der Mitgliedstaaten eine eigene Daseinsberechtigung hat.[894]

---

[894] Ein Problem des Europäischen Bürgerbeauftragten ist sein mangelnder Bekanntheitsgrad. Der derzeitige Bürgerbeauftragte hat dies erkannt und hat insbesondere im Berichtszeitraum 1997 vielfältige Aktionen veranstaltet, um die eigene Popularität zu erhöhen. So hat er Konferenzen veranstaltet und mehrere Mitgliedstaaten bereist. Seine Öffentlichkeitsarbeit verfolgt die Ziele, die Bürger über ihre Beschwerdemöglichkeit zu informieren und die Transparenz der Gemeinschaft zu erhöhen (Europäischer Bürgerbeauftragter, Jahresbericht 1997, S. 281-298).

4. Kapitel: Der Vergleich der beiden Einrichtungen

Im EG-Vertrag stehen das Recht, sich an den Petitionsausschuß zu wenden, und das Recht, den Bürgerbeauftragten anzurufen, nebeneinander. Sie sind das Ergebnis des Bemühens, die Gemeinschaft transparenter und bürgerfreundlicher zu gestalten. Beide Rechte stehen im engen Zusammenhang mit der Unionsbürgerschaft und den damit verbundenen Rechten. Darüber hinaus sind sie auf einen weiteren Personenkreis ausgedehnt worden.

In diesem Kapitel sollen die Zusammenarbeit der beiden Einrichtungen und deren Gemeinsamkeiten und Unterschiede untersucht werden. Besonderes Augenmerk ist auf die Zuständigkeiten zu richten, in deren Rahmen es zu Überschneidungen kommen kann.[895] Angesichts des Nebeneinanders beider Institute muß abschließend die Frage erlaubt sein, ob ein solches Parallelmodell auf europäischer Ebene notwendig ist und ob es die Erwartungen erfüllt.

I. Die Zusammenarbeit beider Einrichtungen

Die bisherigen Ausführungen haben gezeigt, daß es zwischen dem Petitionsausschuß am Europäischen Parlament und dem Europäischen Bürgerbeauftragten vielfältige Berührungspunkte gibt. Beide Beschwerdemöglichkeiten sind in Art. 21 (ex-Art. 8d) EG-Vertrag zusammen genannt und beide stehen in einer engen Verbindung zur Unionsbürgerschaft und den damit verbundenen Rechten. Beide eint das Ziel, den Unionsbürgern und weiteren berechtigten juristischen und natürlichen Personen neben dem Rechtsweg zusätzlichen Rechtsschutz an die Hand zu geben. Die Tätigkeiten beider Einrichtungen sollen sich ergänzen[896] und zusammen ein

[895] Marias, in: ELR 1994, S. 169 (181); Hummer, Stellung und Funktion des Bürgerbeauftragten, S. 37.

[896] Stellungnahme des Petitionsausschusses zum Bericht des Institutionellen Ausschusses über die Stellung des europäischen Bürgerbeauftragten und die Bedingungen für die Ausübung seiner Aufgaben, A3-0298/92, S. 23.

wirksames System zur Verteidigung der Anliegen der Bürger bilden.[897] Diese Kooperation muß als Grundprinzip gelten, damit beide Einrichtungen ohne Reibungsverluste effektiv zum Schutz der Interessen der Bürger gegenüber den Institutionen der Gemeinschaft beitragen.[898] Dabei geht das Parlament nicht davon aus, daß Petitionsausschuß und Bürgerbeauftragter in allem gleichberechtigt sind. Der Petitionsausschuß hebt hervor, daß es dem Parlament obliege, den Bürgerbeauftragten zu überwachen.[899]

Innerhalb der Zusammenarbeit lassen sich zwei Formen unterscheiden: die Zusammenarbeit, die auf der vertraglichen Grundlage des Art. 195 (ex-Art. 138d) EG-Vertrag und des Statuts[900] beruht, und die, die unabhängig von einer rechtlichen Grundlage zwischen beiden Einrichtungen gepflegt wird.

1. Die Zusammenarbeit auf rechtlicher Grundlage

Im Verhältnis zwischen Bürgerbeauftragtem und Petitionsausschuß bzw. Europäischem Parlament sind einige Aspekte rechtlich ausdrücklich geregelt. Der Petitionsausschuß ist gem. Art. 135 Abs. 1 S. 1 i.V.m. Anlage VI Ziff. XX GOEP das Bindeglied zwischen Parlament und Bürgerbeauftragtem. Auch wenn die Befugnisse dem Parlament zustehen, befaßt sich der Petitionsausschuß mit allen Dingen, die den Bürgerbeauftragten betreffen, bevor diese in das Plenum gelangen.

---

[897] Bericht des Petitionsausschusses über die Rolle des Europäischen Bürgerbeauftragten, A4-0083/94, S. 5, Ziff. 2.

[898] Jahresbericht des Petitionsausschusses 1994-95, A4-0151/95, S. 10.

[899] Bericht des Petitionsausschusses zum Tätigkeitsbericht des Bürgerbeauftragten 1995, A4-0176/96, S. 11.

[900] Beschluß des Europäischen Parlaments vom 9. März 1994 über die Regelungen und allgemeinen Bedingungen für die Ausübung der Aufgaben des Bürgerbeauftragten, ABl. Nr. L 113 vom 4. 5. 1994, S. 15-18.

a. Ernennung und Amtsenthebung des Europäischen Bürgerbeauftragten

An erster Stelle steht dem Parlament die Kreationsbefugnis gegenüber dem Bürgerbeauftragten zu. D. h. das Parlament hat gem. Art. 195 Abs. 1, 2 S. 1 (ex-Art. 138e Abs. 1, 2 S. 1) EG-Vertrag das Recht, den Bürgerbeauftragten zu wählen. Gem. Art. 195 Abs. 2 S. 2 (ex-Art. 138e Abs. 2 S. 2) EG-Vertrag steht es ihm auch zu, die Initiative zu einem Amtsenthebungsverfahren vor dem Europäischen Gerichtshof zu initiieren. Beide Vorgänge sind zunächst Beratungsgegenstände des Petitionsausschusses, bevor sich das Plenum damit befaßt. So berät der Ausschuß gem. Art. 159 Abs. 3 GOEP vor der Wahl des Bürgerbeauftragten die Bewerbungen der Kandidaten.[901] Wird ein Amtsenthebungsverfahren initiiert, so erarbeitet der Ausschuß, sofern er sich dem Verfahren anschließt, gem. Art. 160 Abs. GOEP einen Bericht, der dem Parlament vorzulegen ist.

b. Einzelberichte des Bürgerbeauftragten

Gem. Art. 3 Abs. 7 des Statuts legt der Bürgerbeauftragte dem Parlament, bzw. dem Petitionsausschuß als dem zuständigen Ausschuß, einen Einzelbericht vor, wenn er einen Mißstand festgestellt hat. Diese Berichtspflicht hebt die enge Beziehung zwischen Parlament und Bürgerbeauftragtem hervor und verfolgt einen doppelten Zweck. Auf diese Weise wird das Parlament mit Informationen versorgt und in seiner Kontrollfunktion unterstützt.[902] Zudem ist der Bürgerbeauftragte teilweise mangels eigener Möglichkeiten darauf angewiesen, daß das Parlament sein politisches Gewicht einbringt oder seine eigenen Befugnisse nutzt, um die Beseitigung eines Mißstandes zu erreichen. Zumindest solange das Amt des Bürgerbeauftragten noch nicht selbst über ausreichenden politischen Einfluß und Respekt verfügt, ist der Bürgerbeauftragte auf die Hilfe des Parlaments angewiesen.

---

[901] Wie schwierig und kontrovers diese Beratungen vor dem Hintergrund der nicht zu unterschätzenden politischen Bedeutung des Bürgerbeauftragten verlaufen können, haben die Auseinandersetzungen und Schwierigkeiten vor der Wahl des ersten Amtsinhabers gezeigt (Hummer, Stellung und Funktion des Bürgerbeauftragten, S. 29-37).Vgl. auch 3. Kap. III.1.

[902] Bindi-Bericht, A3-0298/92, S. 25; Bericht des Petitionsausschusses zum Jahresbericht des Bürgerbeauftragten 1996, A4-0211/97, S. 13.

Das Parlament seinerseits hat zwei grundverschiedene Möglichkeiten zu reagieren. Es kann seine eigenen Kontrollbefugnisse ausschöpfen, die von dem bloßen Fragerecht bis hin zur Einsetzung von Untersuchungsausschüssen reichen.[903] Daneben kann es von seinen Klagemöglichkeiten, insbesondere von der Untätigkeitsklage gem. Art. 232 (ex-Art. 175) EG-Vertrag Gebrauch machen. Der Bürgerbeauftragte hingegen kann die Gerichte der Gemeinschaft nicht anrufen.

Für das Parlament kommt ein wichtiger weiterer Aspekt hinzu, der oben schon kurz angesprochen wurde. Aus seinem Selbstverständnis heraus betrachtet sich das Parlament als das Organ, welches den Dialog mit dem Bürger herstellt und dadurch zur Transparenz und zur Akzeptanz der Gemeinschaft wesentlich beiträgt.[904] Dieser Aufgabe kann das Parlament – und im Rahmen der internen Zuständigkeit der Petitionsausschuß – nur nachkommen, wenn es im ständigen Kontakt mit den Bürgern steht und entsprechende Informationen erhält. Diese Informationen erhält das Parlament über die Eingaben, die an den Petitionsausschuß adressiert sind, und über die Berichte des Bürgerbeauftragten. Indem das Parlament sowohl kontrollierend wie unterstützend gegenüber dem Bürgerbeauftragten auftritt, unterstreicht es seine eigene Auffassung, daß der Bürgerbeauftragte kein gleichberechtigtes Organ ist, sondern dem Parlament nachgeordnet ist.[905]

Der Bürgerbeauftragte ist bisher auf die Frage des Verhältnisses zum Parlament und zum Petitionsausschuß als dem Bindeglied zwischen beiden nicht eingegangen. Der Meinung des Parlaments ist zugute zu halten, daß es das Organ ist, welches die Kontrolle über den Bürgerbeauftragten ausübt. Dieses Kontrollrecht muß aber nicht zugleich Indiz für eine Unterordnung des Bürgerbeauftragten sein, denn dieser ist seinerseits dazu befugt, das Parlament zu kontrollieren und dortige Mißstände aufzudecken. Das Parlament ist Organ i.S.d. Art. 7 Abs. 1 (ex-Art. 4 Abs. 1)

---

[903] In diesem Zusammenhang sei hingewiesen auf die eigenen Ausführungen zu den Befugnissen im Rahmen der Behandlung von Petitionen und im Rahmen der Unterstützung des Bürgerbeauftragten (2. Kap. V.3, 3. Kap. IV.4.c.(4)) und auf Saalfrank, S. 189-198.

[904] Jahresbericht des Petitionsausschusses 1988-89, A2-79/89, S. 5 lit. B; Bindi-Bericht, A3-0298/92, S. 25; Jahresbericht des Petitionsausschusses 1989-90, A3-107/90, S. 6 Ziff. 4; Jahresbericht des Petitionsausschusses 1995-96, A4-0191/96, S. 4 Ziff. 1.

[905] Bericht des Petitionsausschusses zum Jahresbericht des Bürgerbeauftragten 1995, A4-0176/96, S. 11.

EG-Vertrag und fällt als solches in den Anwendungsbereich des Art. 195 (ex-Art. 138e) EG-Vertrag. So ist der Bürgerbeauftragte im Berichtszeitraum 1996 19 Beschwerden nachgegangen, die sich zulässigerweise gegen das Parlament wandten.[906] Der Europäische Bürgerbeauftragte ist nicht ein bloßes Hilfsorgan des Parlaments; er ist ein selbständiges Nebenorgan der Gemeinschaft.[907]

Einzelberichte verfaßt der Europäische Bürgerbeauftragte nicht nur auf der Grundlage von Beschwerden, sondern sie bilden auch in der Form von Sonderberichten den Abschluß von Untersuchungen aufgrund eigener Initiative. Auf diese Sonderberichte reagiert der Petitionsausschuß seinerseits mit einem Bericht.[908] Federführender Ausschuß ist auch in diesem Bereich unabhängig vom Thema des Sonderberichtes der Petitionsausschuß. Im Rahmen dieser Zuständigkeit sorgt er dafür, daß die Fachausschüsse, deren Bereich der Sonderbericht berührt, ihren Standpunkt abgeben können.[909] Auf der Grundlage der verschiedenen Standpunkte

---

[906] Europäischer Bürgerbeauftragter, Jahresbericht 1996, S. 108. Ein interessanter Fall war eine Beschwerde (26/13.7.95/MAJQCS/FR/FR) französischer Journalisten, die sich dagegen wandten, daß die Anwesenheitslisten, die Auskunft über die Präsenz der Abgeordneten während der Plenarsitzungen geben, nicht eingesehen werden können. Auf Vermittlung und Anregung des Bürgerbeauftragten hin hat das Parlament beschlossen, daß die Anwesenheit einem interessierten Personenkreis zugänglich gemacht werden soll (Europäischer Bürgerbeauftragter, Jahresbericht 1996, S. 44-46). Eine weitere interessante Beschwerde (145/27.9.95/ABMG/B), die sich gegen das Parlament richtete, wurde von einer Frau eingereicht, die sich an einer Stellenausschreibung des Parlaments beteiligt hatte. Sie hatte die Auswahlprüfung nicht bestanden und darum gebeten, daß ihre Prüfungsarbeiten noch einmal durchgesehen werden sollten. Dieser Antrag ging innerhalb der Parlamentsverwaltung unter, so daß eine erneute Überprüfung nicht vorgenommen wurde. Der Bürgerbeauftragte hat dies gerügt (Jahresbericht 1996, S. 57 f.).

[907] Vgl. dazu die eigenen Ausführungen zur rechtlichen Einordnung des Bürgerbeauftragten (3.Kap. III.5) und Haag, in: v.d.Groeben/Thiesing/Ehlermann, Art. 138e Rn. 4.

[908] Vgl. den Bericht zum Sonderbericht betreffend den Zugang der Öffentlichkeit zu Dokumenten (C4-0157/98), A4-0265/98.

[909] A4-0265/98, S. 10. Dem Wunsch des Bürgerbeauftragten, in der Geschäftsordnung des Parlaments zu regeln, daß die Sonderberichte auch dem zuständigen Fachausschuß vorgelegt werden müssen, ist das Parlament bislang nicht gefolgt. (Europäischer Bürgerbeauftragter, Jahresbericht 1997, S. 11).

verabschiedet das Europäische Parlament dazu eine Entschließung, in der es den Sonderbericht bewertet und würdigt.

Die Einzelberichte des Bürgerbeauftragten geben dem Petitionsausschuß und dem Parlament die Möglichkeit, sich zusätzlich zu den Jahresberichten des Europäischen Bürgerbeauftragten mit dessen Arbeit zu befassen. Anders als die Jahresberichte, die nur eine allgemeine Bewertung erlauben, bietet ein Sonderbericht die Möglichkeit, daß sich der Petitionsausschuß bzw. das Parlament intensiv mit einem Problem befaßt und sein politisches Gewicht darauf konzentrieren kann. Inwieweit dies die Wirkung eines solchen Berichtes steigert, bleibt abzuwarten. Doch kann angenommen werden, daß sich der Druck auf die von dem Bericht betroffene Stelle durch das gebündelte Interesse erhöht, so daß mit einer entsprechend kooperativen Haltung der Stelle gerechnet werden kann.

c. Jahresberichte des Bürgerbeauftragten

Gem. Art. 195 Abs. 1 UAbs. 3 (ex-Art. 138e Abs. 1 UAbs. 3) EG-Vertrag ist der Bürgerbeauftragte dazu verpflichtet, dem Parlament jährlich einen Bericht vorzulegen, der die Ergebnisse seiner Untersuchungen enthält. Auch das Statut und die Durchführungsbestimmungen präzisieren den Inhalt dieses Berichtes nicht weiter. Doch verlangt das Parlament, daß dieser Bericht insbesondere statistische Angaben enthalten soll, die Aufschluß geben über die Anzahl der Beschwerden, über deren Gegenstände, über die Nationalität der Beschwerdeführer, über die betroffenen Mitgliedstaaten, über die Dauer und über die Zahl der Fälle, die einer Lösung zugänglich waren.[910]

Der Bürgerbeauftragte hat bislang drei Jahresberichte veröffentlicht, von denen der erste sich nur auf einen kurzen Zeitraum erstreckte.[911] Der Jahresbericht für 1996[912] ist der erste, der sich auf ein volles Jahr erstreckt. Die Berichte aus 1996 und 1997 enthalten neben einer Einführung Beschlüsse, die im Anschluß an eine

[910] Bindi-Bericht, A3-0298/92, S. 26.

[911] Der erste Jahresbericht (Berichtszeitraum 1995) erstreckte sich lediglich auf den Zeitraum vom 27. 9. 1995, dem Tag der Verpflichtung des ersten Bürgerbeauftragten, bis zum Ende des Jahres 1995.

[912] Dieser wurde am 21. 4. 1997 vom Bürgerbeauftragten dem Parlamentspräsidenten vorgelegt.

Untersuchung ergangen sind, und einen ausführlichen statistischen Teil, der die oben genannten Anforderungen des Parlaments aufgreift.

Die bisherigen Berichte des Bürgerbeauftragten umfassen das jeweilige Kalenderjahr. Gem. Art. 3 Abs. 8 des Statuts hat der Bürgerbeauftragte seinen Bericht am Ende der Sitzungsperiode vorzulegen. Die Sitzungsperiode des Parlaments währt gem. Art. 10 Abs. 2 GOEP jeweils von März des einen Jahres bis März des Folgejahres. Man kann daher die Auffassung vertreten, der Bürgerbeauftragte müsse sich an diesen Zeitrahmen halten und seine Berichte über einen identischen Zeitraum verfassen, zumal seine Amtszeit mit der Wahlperiode des Parlaments verknüpft ist, Art. 6 Abs. 1 des Statuts. Dem ist jedoch entgegenzuhalten, daß der Bürgerbeauftragte Unabhängigkeit auch vom Parlament genießt und daher den Berichtszeitraum selbst wählen kann. Dies steht nicht im Widerspruch zum Wortlaut des Art. 3 Abs. 8 des Statuts, denn diese Vorschrift regelt nur den Zeitpunkt, zu dem der Bericht vorzulegen ist, nicht aber den Zeitraum des Berichtes.[913] Es ist daher nichts dagegen einzuwenden, daß der Jahresbericht des Bürgerbeauftragten das jeweilige Kalenderjahr umfaßt. Hinzukommen rein praktische Erwägungen, denn durch diesen Zeitplan ist gewährleistet, daß dem Bürgerbeauftragten genügend Zeit bleibt, nach Abschluß seines Untersuchungszeitraumes den entsprechenden Bericht auszuarbeiten und vorzulegen.

Das Parlament reagiert seinerseits mit einem Bericht zum Jahresbericht, der in die Zuständigkeit des Petitionsausschusses fällt. Diese Berichte würdigen die Arbeit des Bürgerbeauftragten, bewerten die Ergebnisse und machen Vorschläge zur Verbesserung der Tätigkeit des Bürgerbeauftragten und der Zusammenarbeit zwischen Petitionsausschuß und Bürgerbeauftragtem.[914] Auf der Grundlage eines solchen Berichtes verabschiedet das Parlament einen Entschließungsantrag.

Die Geschäftsordnung des Parlaments sieht kein gesondertes Verfahren für die Behandlung der Berichte des Bürgerbeauftragten vor. In seinem Bericht für 1997 hat der Bürgerbeauftragte auf dieses Defizit hingewiesen und dem Parlament vorgeschlagen, eine Klärung im Rahmen seiner Geschäftsordnung vorzunehmen. Ein

---

[913] Bericht des Petitionsausschusses zum Jahresbericht des Bürgerbeauftragten 1995, A4-0176/96, S. 6.

[914] Vgl. zum Inhalt eines solchen Berichtes: Berichte des Petitionsausschusses zu den Jahresberichten des Bürgerbeauftragten 1996 und 1997, A4-0211/97, PE 226.262.

entsprechender Änderungsvorschlag des Ausschusses für Geschäftsordnung ist gescheitert, weil das Plenum den Antrag nicht auf die Tagesordnung gesetzt hat.[915] Der Petitionsausschuß hat die Anregung des Bürgerbeauftragten, die GOEP entsprechend zu ändern, grundsätzlich begrüßt, hat aber bislang keine eigenen Vorschläge gemacht.[916] Diese Diskussion zeigt, daß das Verhältnis zwischen Bürgerbeauftragtem und Parlament nicht frei von Anlaufschwierigkeiten ist. Zudem wacht der Petitionsausschuß sehr genau darüber, daß er der im Hinblick auf den Bürgerbeauftragten federführende Parlamentsausschuß bleibt und so die Einschränkung seiner Kompetenzen ein Stück kompensieren kann. Im Interesse einer effektiven Zusammenarbeit zwischen Parlament und Bürgerbeauftragtem zum Wohle der Bürger wäre es zu begrüßen, wenn bestimmte Probleme aus den Jahresberichten oder aus den Einzelberichten im Rahmen der parlamentarischen Prüfung vom Petitionsausschuß stets den zuständigen Fachausschüssen vorgelegt würden und dieses Verfahren eindeutig geregelt wäre. Dies gilt um so mehr, als der Petitionsausschuß selbst bei Petitionen, welche die Zuständigkeit anderer Fachausschüsse betreffen, diese gem. Art. 159 Abs. 1 i.V.m. Art. 147 GOEP um Stellungnahme ersucht.

Die Jahresberichte des Bürgerbeauftragten haben eine ähnliche Funktion wie die oben genannten Sonderberichte. Sie sollen den Petitionsausschuß und das Parlament als die demokratisch gewählte Volksvertretung und als den Vermittler zwischen Bürgern und Gemeinschaft über die Befindlichkeiten der Bürger und die Mißstände im Verwaltungsapparat unterrichten und dem Parlament die Möglichkeit geben, aufgrund seiner Befugnisse zum Wohle der Bürger tätig zu werden. Die Aufgabe des Parlaments erschöpft sich daher nicht in der bloßen Kenntnisnahme des Berichtes. Die Volksvertretung muß vielmehr prüfen, welche Konsequenzen sie aus dem Bericht ziehen muß. D.h. konkret, der Petitionsausschuß als der berichtende Ausschuß muß Vorschläge machen, wie Mißstände, die alleine durch die Tätigkeit des Bürgerbeauftragten nicht beseitigt werden konnten, ausgeräumt werden können.[917]

Zudem wird der Bericht des Bürgerbeauftragten – wie auch der Jahresbericht des Petitionsausschusses – veröffentlicht und ist allgemein zugänglich. Der Bericht

---

[915] Europäischer Bürgerbeauftragter, Jahresbericht 1997, S. 14.

[916] Bericht des Petitionsausschusses zum Jahresbericht des Bürgerbeauftragten 1997, S. 11.

[917] Bindi-Bericht, A3-0298/92, S. 26

trägt daher wesentlich zur Transparenz der Gemeinschaftstätigkeit bei. Er stellt verschiedene Mißstände in der Gemeinschaft dar und zeigt, wie sich die berechtigten Personen gegen derartige Mißstände wenden können. Gleichzeitig zeigt er den Behörden und Organen der EG, wie sie Fehler vermeiden können. Neben dem Tätigkeitsbericht der Kommission und dem Jahresbericht des Petitionsausschusses ist der Jahresbericht des Bürgerbeauftragten ein wichtiges Element der Bürgerfreundlichkeit der Gemeinschaft und der Union.[918]

2. Sonstige Zusammenarbeit

Der überwiegende Teil der Zusammenarbeit des Bürgerbeauftragten und des Petitionsausschusses bzw. des Parlaments ergibt sich aus den genannten gesetzlichen Regelungen, die bestimmte Verfahren des Miteinanders vorschreiben. Unabhängig davon haben die Arbeitsbereiche des Petitionsausschusses und des Bürgerbeauftragten so viele Berührungspunkte, daß diese über die gesetzliche Verpflichtung hinaus zur Zusammenarbeit angehalten sind. So nimmt der Bürgerbeauftragte ein- bis zweimal jährlich an den Beratungen des Petitionsausschusses teil, um sich mit den Ausschußmitgliedern auszutauschen.[919] Seinen Jahresbericht 1995 hat der Bürgerbeauftragte in der Plenarsitzung des Europäischen Parlaments am 20. Juni 1996 selbst erläutert.[920]

Angesichts der sich überschneidenden Zuständigkeiten müssen beide Einrichtungen kooperieren, um doppelte Arbeit zu vermeiden und effektiv zum Schutz der berechtigten Personen beizutragen.

---

[918] Giraud, S. 14; Läufer, in: Grabitz/Hilf, Art. 138e Rn. 13.

[919] Europäischer Bürgerbeauftragter, Jahresbericht 1995, S. 29, Jahresbericht 1996 S. 93 f.; Bericht des Petitionsausschusses zum Jahresbericht 1995, S. 5 Ziff. 3.

[920] Europäischer Bürgerbeauftragter, Jahresbericht 1996, S. 94.

II. Unterschiede zwischen beiden Einrichtungen

Wie die bisherigen Ausführungen zeigen, haben Europäischer Bürgerbeauftragter und Petitionsausschuß viele Berührungspunkte, welche sie zu einer engen Zusammenarbeit veranlassen. Nichtsdestotrotz bestehen zwischen beiden Einrichtungen Unterschiede. Diese sind schon deshalb unerläßlich, um deren Nebeneinander zu rechtfertigen und beiden einen eigenständigen Aufgabenbereich und eigene Zuständigkeiten zuzuweisen. Die Differenzierung ist nicht ganz einfach, doch bedarf es einer Abgrenzung, um zu vermeiden, daß Unstimmigkeiten hinsichtlich der Kompetenzen entstehen, die letztlich zu Lasten der Bürger gehen, die sich Hilfe suchend an die beiden Beschwerdeeinrichtungen wenden.

1. Unterschiede in den Zuständigkeiten

a. Abgrenzung der Zuständigkeiten

Aufgrund des Näheverhältnisses zwischen dem Europäischen Bürgerbeauftragten und dem Petitionsausschuß am Europäischen Parlament ist es nicht ganz einfach, deren Zuständigkeiten scharf voneinander zu trennen.[921] Ausgangspunkt einer derartigen Differenzierung muß der Wortlaut des Vertrages sein. Art. 21 (ex-Art. 8d) EG-Vertrag nennt lediglich beide Beschwerdemöglichkeiten nebeneinander und setzt diese in eine enge Beziehung zur Unionsbürgerschaft und den daraus herzuleitenden Rechten. Die eigentlichen Rechtsansprüche, sich an die jeweilige Einrichtung zu wenden, sind hingegen in den beiden voneinander unabhängigen Art. 194 (ex-Art. 138d) und 195 (ex-Art. 138e) EG-Vertrag normiert.

---

[921] Auch wenn nach Meinung des Bürgerbeauftragten Aufgaben und Arbeitsverfahren der beiden Einrichtungen klar umrissen seien (Europäischer Bürgerbeauftragter, Jahresbericht 1996, S. 93), so zeigt der Bericht, mit dem der Petitionsausschuß auf den Bericht des Bürgerbeauftragten reagiert hat, daß die Fragen der Zuständigkeiten zwischen beiden Einrichtungen nicht so klar zu beantworten sind, denn in diesem Bericht wird beklagt, der Bürgerbeauftragte habe Beschwerden behandelt, die eine Petition dargestellt hätten (A4-0211/97, S. 10).

Hinsichtlich des persönlichen Anwendungsbereiches sind beide Vorschriften identisch. Beide räumen den Unionsbürgern und den juristischen oder natürlichen Personen mit Sitz in einem Mitgliedstaat der Gemeinschaft ein Beschwerderecht ein. Die Unterschiede treten im Bereich der sachlichen Zuständigkeit auf. Der Bürgerbeauftragte hat gem. Art. 195 (ex-Art. 138e) EG-Vertrag Beschwerden zu behandeln, die sich gegen Mißstände bei der Tätigkeit der Organe oder Institutionen der Gemeinschaft mit Ausnahme der Judikative richten. Das Petitionsrecht umfaßt gem. Art. 194 (ex-Art. 138d) EG-Vertrag die Tätigkeitsbereiche der Gemeinschaft. Die beiden Formulierungen zeigen deutlich, daß der Anwendungsbereich des Petitionsrechts weiter ist als der des Beschwerderechts zum Bürgerbeauftragten.[922] So umfaßt die Zuständigkeit des Petitionsausschusses im Gegensatz zum Europäischen Bürgerbeauftragten auch nationale Behörden, soweit sie Gemeinschaftsrecht anwenden oder anzuwenden haben.[923]

Anknüpfungspunkt der Abgrenzung müssen der Vertragstext und die daraus gefolgerten Schlüsse zur jeweiligen Zuständigkeit sein, die im Rahmen dieser Arbeit bisher gezogen worden sind.[924] Danach wurde die Zuständigkeit des Petitionsausschusses am Tätigkeitsbereich der EG festgemacht und festgestellt, daß die Petitionen zunehmend einen politischen Inhalt haben. Die Zuständigkeit des Bürgerbeauftragten wurde mit dem Begriff des Mißstandes verbunden, der sich auf eine verwaltende Tätigkeit einer Institution oder eines Organs der EG beziehen muß. Diese wichtige Einschränkung zeigt, daß es die Aufgabe des Bürgerbeauftragten ist, die Verwaltung, also den Bereich, der klassischerweise als Exekutive bezeichnet wird, zu überwachen. Das Parlament ist hingegen ein politisches Organ.[925] Dem Petitionsausschuß obliegt es, die Eingaben und Beschwerden zu behandeln, die einen politischen Inhalt haben.[926]

---

[922] So umfaßt vom Wortlaut her Art. 194 (ex-Art. 138d) EG-Vertrag den Anwendungsbereich des Art. 195 (ex-Art. 138e) EG-Vertrag (Baviera, S. 108).

[923] Söderman, The Citizen, the Administration and Community Law, S. 30.

[924] Zur sachlichen Zuständigkeit des Petitionsausschusses vgl. 2. Kap. IV.2., zu der des Bürgerbeauftragten vgl. 3. Kap. IV.3.b.

[925] Bericht des Petitionsausschusses zum Jahresbericht des Bürgerbeauftragten, A4-0176/96, S. 8 Ziff. 6.

[926] Bindi-Bericht, A3-0298/92, S. 14 Ziff. 4.

Die Frage ist, wann eine Eingabe politischen Inhalts ist und wann sie administrativen Inhalts ist und ob beide Begriffspaare klar voneinander abgegrenzt werden können. Die Bestimmung des Inhalts einer Eingabe richtet sich nach der erforderlichen Reaktion. Kann auf die Eingabe mit verwaltungsrechtlichen Mitteln reagiert werden, so ist ihr Inhalt ein administrativer. Richtiger Adressat ist dann der Bürgerbeauftragte. Macht die Eingabe politisches Handeln erforderlich, so ist sie politischen Inhalts. Richtiger Adressat ist der Petitionsausschuß. Diese Definition ist nicht ausreichend, weil sie einen Zirkelschluß beinhaltet. Die Frage bleibt, was den politischen und was den administrativen Charakter ausmacht und ob und wie man die beiden voneinander unterscheidet.

Eine Eingabe hat administrativen Charakter, wenn die Exekutive, die ausführende Gewalt, darauf mit den ihr zur Verfügung stehenden Mitteln reagieren soll. Das ist der Fall, wenn es um die Anwendung von materiellen oder formellen Rechtsvorschriften durch die Verwaltung[927] geht. Diese Handlungen zeichnen sich dadurch aus, daß die Verwaltung einen relativ engen, durch Rechtsvorschriften vorgegebenen Entscheidungsspielraum hat, innerhalb dessen Grenzen sie ihr wiederum an Vorschriften gebundenes Ermessen ausüben kann.

Der Begriff des Politischen[928] ist sehr viel weiter. Politische Entscheidungen haben gestaltenden Charakter und geben den Handlungsrahmen der Verwaltung vor. Die Verwaltung muß letztlich die Entscheidungen der Politik umsetzen. Richtet sich eine Eingabe darauf, daß die Vorgaben bzw. der Handlungsrahmen der Verwaltung verändert werden, so hat diese Eingabe einen politischen Charakter. Das eigentliche Instrument der Politik ist es, Gesetze zu erlassen und zu ändern. Verlangt nun eine Eingabe ein neues Gesetz oder eine Gesetzesänderung oder kann ihr nur dadurch abgeholfen werden, so muß sie sich an das politische Organ, das Par-

[927] Die Verwaltung definiert sich als die Tätigkeit des Staates zur Verwirklichung seiner Zwecke unter seiner Rechtsordnung, außerhalb der Justiz (Mayer, S. 13). Negativ formuliert ist die Verwaltung die Staatstätigkeit, die weder Gesetzgebung noch Rechtsprechung ist (Knöpfle, in: Staatslexikon, Sp. 732).

[928] Der Begriff der Politik ist weit umfassend und läßt sich entsprechend schwer definieren. Aspekte der Politik sind u.a. das Setzen von Zielen und von für den Bürger verbindlichen Normen und das Treffen von Grundentscheidungen (Vogel, in: Staatslexikon, Sp. 435).

lament, und nach dessen interner Zuständigkeitsverteilung an den Petitionsausschuß, wenden.

Die schwierige Eingrenzbarkeit des politischen Begriffs verdeutlicht, daß es zwischen Verwaltung und Politik keine scharfe Abgrenzung geben kann. So ist nicht auszuschließen, daß auch ein verwaltungsrechtlicher Mißstand sich zu einem politischen Problem ausweitet oder daß eine verwaltungsrechtliche Entscheidung zu einer politischen Frage werden kann.[929] Dieses Problem ist im EG-Vertrag berücksichtigt worden, und so schließen sich die Zuständigkeiten der Art. 194 (ex-Art. 138d) und 195 (ex-Art. 138e) EG-Vertrag nicht grundsätzlich aus. Der Aufgabenbereich des Petitionsausschusses ist umfassender als der des Bürgerbeauftragten und schließt ihn in weiten Bereichen ein. Diese Überlagerung ist konsequent, weil der Petitionsausschuß und das Parlament unter anderem gem. Art. 3 Abs. 4 des Statuts dazu verpflichtet sind, den Bürgerbeauftragten zu unterstützen und sich zumindest in Form des Jahresberichtes mit dessen Arbeit auseinanderzusetzen.

Der gegenüber dem Bürgerbeauftragten erweiterte Anwendungsbereich des Petitionsrechts wirft die Frage auf, ob das Parlament als das eigentliche demokratische Kontrollorgan im Zweifel immer zuständig ist. Eine derartige Interpretation liefe darauf hinaus, den Zuständigkeitsbereich des Bürgerbeauftragten gänzlich auszuhöhlen und die Einrichtung dadurch überflüssig zu machen. Diese Intention kann dem novellierten EG-Vertrag nicht unterstellt werden, da er gerade die Einrichtung eines Bürgerbeauftragten erst geschaffen hat.

Der engere und damit spezialisiertere Zuständigkeitsbereich des Bürgerbeauftragten ließe auf ein Spezialitätsverhältnis zwischen Art. 194 (ex-Art. 138d) und 195 (ex-Art. 138e) EG-Vertrag schließen. Art. 195 (ex-Art. 138e) wäre die *lex specialis* zur *lex generalis* des Art. 194 (ex-Art. 138d) EG-Vertrag. In der Konsequenz dürfte eine Beschwerde, die in die Zuständigkeit des Bürgerbeauftragten fiele, ausschließlich an ihn gerichtet werden. Anknüpfungspunkt wäre der Begriff des Mißstandes, der bereits im Kapitel über den Bürgerbeauftragten genauer untersucht worden ist[930] und der sich auf einen Verwaltungsvorgang beziehen muß.[931] Ein

[929] Dies kann insbesondere der Fall sein im Rahmen von Vertragsverletzungsverfahren, vgl. 3. Kap. IV.3.b.(5).

[930] 3. Kap. IV.3.b.(4).

solches Rangverhältnis zu Gunsten des Bürgerbeauftragten bedeutete aber, daß das Europäische Parlament seine Befugnis, auch Mißständen im Verwaltungsbereich nachzugehen, endgültig an den Bürgerbeauftragten verloren hätte. Da das Parlament aber die Tätigkeit des Bürgerbeauftragten unterstützt und damit auch in dessen Aufgabenbereich tätig wird, kann nicht von einem Zuständigkeitsverzicht des Parlaments bzw. nach der internen Zuständigkeitsverteilung des Petitionsausschusses ausgegangen werden.

In der Konsequenz bedeutet dies, daß der Petitionsausschuß in Verwaltungsangelegenheiten seine Zuständigkeit grundsätzlich behalten hat. Dennoch respektiert der Petitionsausschuß die Zuständigkeit des Bürgerbeauftragten und verweist Petitionen an diesen, die dessen Aufgabenbereich betreffen.[932] Insofern ist davon auszugehen, daß Art. 195 (ex-Art. 138e) EG-Vertrag dem Bürgerbeauftragten gegenüber dem Petitionsausschuß ein Erstbefassungsrecht in den Angelegenheiten garantiert, die einen verwaltungsrechtlichen Mißstand bei der Tätigkeit der Organe und Institutionen der Gemeinschaft betreffen. So hat der Bürgerbeauftragte einen rechtlich garantierten Aufgabenbereich, ohne daß damit ein Zuständigkeitsverzicht des Petitionsausschusses oder des Parlaments einherginge. Fallen Beschwerden in den sachlichen Anwendungsbereich des Art. 195 (ex-Art. 138e) EG-Vertrag, so müssen sie zunächst an den Bürgerbeauftragten gerichtet werden. In diesen Fällen ist der Bürgerbeauftragte einer parlamentarischen Befassung vorgeschaltet. In Form von Einzel- oder Jahresberichten legt der Europäische Bürgerbeauftragte dem Parlament die Ergebnisse seiner Arbeit vor oder bittet das Parlament gem. Art. 3 Abs. 4 des Statuts um Unterstützung. So können die Beschwerden gem. Art. 195 (ex-Art. 138e) EG-Vertrag zwei Verfahrensstufen durchlaufen, die Behandlung durch den Bürgerbeauftragten und die Befassung durch das Parlament bzw. den zuständigen Petitionsausschuß. Dabei liegt der Schwerpunkt des Verfahrens auf der ersten Stufe.

Anknüpfungspunkt für die Zuständigkeit des Bürgerbeauftragten bleibt ein verwaltungsrechtlicher Mißstand bei der Tätigkeit eines Organs oder einer Institution

---

[931] Dies wird anders als im deutschen Text insbesondere in den französischen und englischen Ausgaben des EGV deutlich. Dort ist in Art. 138e von „tout cas de mauvaise administration“ bzw. von „maladministration“ die Rede (Betz, in FS Hanisch 1994, S. 13 (22)).

[932] Jahresbericht des Petitionsausschusses 1997-98, A4-0250/98, S. 17.

der EG. Danach muß die Beschwerde zwar eine Verwaltungsangelegenheit betreffen, doch kann diese durchaus einen politischen Bezug haben. Darin liegt keine Einschränkung der Zuständigkeit des Petitionsausschusses bzw. des Parlaments, weil der Bürgerbeauftragte beide im Rahmen seiner Berichtspflicht informiert und es dem Petitionsausschuß und dem Parlament unbenommen bleibt, ihrerseits auf die Beschwerde und deren politische Aspekte zu reagieren. Fehlt einer Beschwerde gänzlich ein verwaltungsrechtlicher Bezug, betrifft sie also ausschließlich eine politische Angelegenheit im oben beschriebenen Sinne, so fällt sie nicht in den Anwendungsbereich des Art. 195 (ex-Art. 138e) EG-Vertrag. Der Europäische Bürgerbeauftragte ist insoweit nicht zuständig. Der politische Kerngehalt der Tätigkeit der anderen Gemeinschaftsorgane ist seiner Beurteilung entzogen.[933] Strebt eine Eingabe oder Beschwerde eine Änderung oder Ergänzung des bestehenden Gemeinschaftsrechts an oder fordert sie Aktivitäten der Gemeinschaft auf einem Politikfeld, so ist der Petitionsausschuß zuständig.

Diese unterschiedliche Zuständigkeit wird unterstrichen durch den oben erwähnten Funktionswandel des Petitionsrechts. Das Petitionsrecht entwickelt sich insbesondere in Staaten, welche eigene Beschwerdeverfahren und Beschwerdemöglichkeiten im Verwaltungsrecht haben, vom ursprünglichen individuellen Beschwerderecht hin zu einem allgemeinen Vorschlagsrecht, das den Wählern auch während der Legislaturperiode Gelegenheit gibt, auf die Volksvertretung Einfluß zu nehmen. Innerhalb der EG schlägt sich diese Entwicklung in Massenpetitionen mit politischem Inhalt nieder.[934] Im Gegensatz dazu verfolgt der Bürgerbeauftragte neben dem Zweck, zum Schutze der Bürger vor der teilweise als übermächtig empfundenen europäischen Bürokratie beizutragen, einen Selbstzweck der Gemeinschaft. Er soll maßgeblich zur internen Kontrolle der Gemeinschaft beitragen, indem er aufgrund seines eigenen Investigativrechts Mißstände aufdeckt und zu deren Lösung und Abstellung beiträgt.

---

[933] Haag, in: v.d.Groeben/Thiesing/Ehlermann, Art. 138e Rn. 18.

[934] Beispielsweise befaßten sich im Berichtszeitraum 1995-96 drei Massenpetitionen mit dem Balkankonflikt, neun Petitionen befaßten sich mit Problemen des Tier- und Umweltschutzes (Jahresbericht des Petitionsausschusses 1995-96, A4-0191/96, S. 18-20).

b. Kooperation bei Unzuständigkeit

Die Abgrenzung der Zuständigkeit ist für den Bürger, der sich gegen ein Organ oder eine Institution der EG wenden möchte, nicht von vornherein klar.[935] So bleibt es nicht aus, daß Bürgerbeauftragter und Petitionsausschuß Eingaben erhalten, welche in die Zuständigkeit der jeweils anderen Einrichtung fallen. Um dieses Problem im Interesse der Hilfe suchenden Bürger zu lösen und um sich nicht durch Unzuständigkeit aus der Verantwortung zu ziehen, haben beide Einrichtungen ein Verfahren vereinbart, um derartige Eingaben an die zuständige Stelle zu überweisen. Dieser Austausch von Petitionen und Beschwerden soll aber nur im Einverständnis mit dem Beschwerdeführer erfolgen.[936] Hintergrund dieser Einschränkung ist, daß der Beschwerdeführer selbst entscheiden soll, ob eine andere Stelle als die angegangene mit seinem Anliegen befaßt wird. Seine Eingabe soll nicht über seinen Kopf hinweg einem anderen Gremium vorgelegt werden. Dieses Verfahren ist konsequent, denn eine automatische Verweisung wäre nicht mit dem Grundsatz der Vertraulichkeit, dem die Bearbeitung der Petitionen und Beschwerden unterliegen kann, vereinbar.

Die dargestellte Praxis beider Einrichtungen ist sinnvoll, denn nur so werden beide ihrem Anspruch gerecht, einander ergänzende Institute zum Schutze des berechtigten Personenkreises zu sein. Wollen beide zur effektiven Kontrolle der Gemeinschaftstätigkeiten beitragen, so müssen sie konkurrenzlos zusammenarbeiten und sich gegenseitig in ihren Aufgaben unterstützen.[937]

---

[935] Baviera, S. 113.

[936] Europäischer Bürgerbeauftragter, Jahresbericht 1996, S. 93; Jahresbericht 1997, S. 274. Im Berichtszeitraum 1997 hat der Bürgerbeauftragte 13 Beschwerden mit Zustimmung des Beschwerdeführers an den Petitionsausschuß weitergeleitet. In 86 Fällen hat er dem Beschwerdeführer geraten, eine Petition einzureichen (Europäischer Bürgerbeauftragter, Jahresbericht 1997, S. 13). Der Petitionsausschuß hat an den Bürgerbeauftragten zwei Eingaben zur Behandlung weitergeleitet (Europäischer Bürgerbeauftragter, Jahresbericht 1997, S. 275).

[937] In beiden bisherigen Berichten des Petitionsausschusses zu den Jahresberichten des Bürgerbeauftragten wird kritisiert, daß der Bürgerbeauftragte Beschwerden, die unzuständigerweise an ihn gerichtet waren, nicht immer dem Petitionsausschuß überwiesen habe, obwohl dieser zuständig gewesen wäre (A4-0176/96, S. 8; A4-0211/97, S. 10). Von der großen Zahl der unzulässigen Beschwerden (598, das entspricht 65%) wurden nur fünf an den Petitionsausschuß überwiesen; der

c. Ausschluß der Zuständigkeit durch anderweitige Vorentscheidung ?

Im Bereich der Zuständigkeit beider Einrichtungen taucht zudem die Frage auf, inwieweit die Entscheidung einer Institution die Zuständigkeit der anderen ausschließt. Der Bürgerbeauftragte hat in diesem Zusammenhang klargestellt, daß er grundsätzlich unzuständig sei, wenn ihm ein Sachverhalt vorgelegt werde, der bereits Gegenstand einer Petition zum Europäischen Parlament gewesen und als solche behandelt worden sei; ausnahmsweise werde er sich doch damit beschäftigen, wenn neue Erkenntnisse vorlägen.[938] Darüber hinaus hat der Bürgerbeauftragte angekündigt, Beschwerden, welche die politische Arbeit des Europäischen Parlaments betreffen, wie etwa die Entscheidungen aufgrund von Petitionen, nicht zu behandeln.[939] Der Petitionsausschuß hat der Überprüfung von Beschwerden, die zuvor Gegenstand seiner eigenen Beratungen waren, grundsätzlich zugestimmt, hat aber daraufhingewiesen, daß der Bürgerbeauftragte auch in diesen Fällen nur zuständig sei, wenn es sich um einen administrativen Mißstand handele. Ferner verlangt der Ausschuß, daß eine solche Untersuchung in enger Zusammenarbeit mit ihm durchgeführt werden müsse, damit sich der Bürgerbeauftragte den Informationsstand des Parlaments zunutze machen könne.[940]

Diese einvernehmliche Praxis beider Einrichtungen ist nicht zu beanstanden, solange der Bürgerbeauftragte die Grenzen seiner Zuständigkeit wahrt und der Petitionsausschuß das Erstbefassungsrecht des Europäischen Bürgerbeauftragten bei verwaltungsrechtlichen Mißständen beachtet. Dieser kann nicht gegen einen Beschluß des Petitionsausschusses als solchen vorgehen, da diese Beschlüsse politische Entscheidungen sind. Darüber hinaus kann sich für den Bürgerbeauftragten die Frage seiner Zuständigkeit für Beschwerden, welche die politische Arbeit des Parlaments betreffen, nicht stellen, denn seine Zuständigkeit beschränkt sich auf

---

Petitionsausschuß leitete dem Bürgerbeauftragten zehn Eingaben zu (Europäischer Bürgerbeauftragter, Jahresbericht 1996, S. 93, 107).

938 Europäischer Bürgerbeauftragter, Jahresbericht 1995, S. 29; 1996, S. 17; Jahresbericht 1997, S. 25.

939 Europäischer Bürgerbeauftragter, Jahresbericht 1997, S. 23.

940 Bericht des Petitionsausschusses zum Jahresbericht des Bürgerbeauftragten 1996, A4-0211/97, S. 10.

administrative Mißstände. D.h. konkret, daß der Bürgerbeauftragte für Beschwerden gegen das Europäische Parlament nur zuständig ist, wenn sie die Parlamentsverwaltung betreffen. Eine Kontrolle der politischen Arbeit des Parlaments durch einen Bürgerbeauftragten wäre mit der Stellung des Parlaments als Organ, das die EG demokratisch legitimieren soll und das seinerseits zur Kontrolle der Exekutive berufen ist, nicht vereinbar.

Jede Beschwerde, die an den Bürgerbeauftragten gerichtet worden ist und von ihm behandelt worden ist, wird dem Europäischen Parlament und seinem Petitionsausschuß zur Kenntnis gebracht. Es bleibt dem Parlament und seinem Petitionsausschuß daher unbenommen, sich mit den Beschwerden und den Entscheidungen des Bürgerbeauftragten im einzelnen zu befassen. Jedoch hat der Petitionsausschuß zu berücksichtigen, daß Beschwerden, die in den Zuständigkeitsbereich des Bürgerbeauftragten fallen, zunächst an diesen gerichtet werden müssen. Der Petitionsausschuß darf sich aufgrund der Zuständigkeitsverteilung erst dann mit derartigen Beschwerden befassen, wenn sie ihm vom Bürgerbeauftragten vorgelegt werden.[941] Handlungsbedarf besteht für den Petitionsausschuß in erster Linie dann, wenn der Beschwerdegegenstand auch politische Bedeutung hat und insofern eine Reaktion des Petitionsausschusses bzw. des Parlaments als des politischen Organs erforderlich ist. Ein solcher politischer Bezug ist allerdings nicht Voraussetzung für die Handlungsmöglichkeit des Petitionsausschusses; er kann auch auf Beschwerden, die ausschließlich verwaltungsrechtliche Aspekte haben und die zunächst an den Bürgerbeauftragten gerichtet waren, reagieren. Auch wenn beide Einrichtungen, Bürgerbeauftragter und Petitionsausschuß parallel angerufen werden, hat der Petitionsausschuß seine Behandlung zurückzustellen, sofern die Beschwerde in den sachlichen Anwendungsbereich des Art. 195 (ex-Art. 138e) EG-Vertrag fällt. Beschwerden, die der Bürgerbeauftragte wegen Unzulässigkeit ablehnt, müssen dem Petitionsausschuß vom Beschwerdeführer selbst vorgelegt werden können, da der Petitionsausschuß in der Regel darüber durch den Bürgerbeauftragten nicht informiert wird. Fallen derartige Eingaben in den Anwendungsbereich des Art. 194 (ex-Art. 138d) EG-Vertrag, so können sie als Petition behandelt werden.

---

[941] Nach der hier vertretenen Auffassung ergibt sich aus Art. 195 (ex-Art. 138e) ein Recht zur Erstbefassung des Bürgerbeauftragten, wenn Beschwerden in seine Zuständigkeit fallen. (Vgl. 4. Kap. II.1.a).

Im Ergebnis zeigt sich, daß die Entscheidung der einen Einrichtung nicht unbedingt die Zuständigkeit der anderen Einrichtung ausschließt. So kann der Bürgerbeauftragte grundsätzlich Beschwerden bearbeiten, die das Petitionsverfahren als solches betreffen, nicht aber die Entscheidung des Petitionsausschusses. Umgekehrt kann der Petitionsausschuß Entscheidungen des Bürgerbeauftragten überprüfen. Zwar kann er den Bürgerbeauftragten aufgrund dessen Unabhängigkeit nicht anweisen eine neue, andere Entscheidung zu fällen, oder die Entscheidung selbst abändern, doch kann der Petitionsausschuß zu einem anderen Ergebnis kommen. Die politische Klugheit gebietet es aber, daß das Europäische Parlament bzw. sein Petitionsausschuß den Europäischen Bürgerbeauftragten nur in Ausnahmefällen, also bei krassen Fehlentscheidungen, öffentlich kritisiert, da ansonsten die Gefahr besteht, daß die Autorität und das Ansehen des Europäischen Bürgerbeauftragten beschädigt werden.

d. Neuerungen durch den Vertrag von Amsterdam

Der Vertrag von Amsterdam hat sowohl die Zuständigkeit des Europäischen Parlaments und seines Petitionsausschusses als auch die des Europäischen Bürgerbeauftragten erweitert. Als Einrichtungen der Gemeinschaft haben sie davon profitiert, daß weite Teile der zunächst im EU-Vertrag geregelten Zusammenarbeit in den Bereichen Justiz und Inneres in den EG-Vertrag übernommen wurden und daher fortan der Überwachungstätigkeit des Bürgerbeauftragten und des Petitionsausschusses unterfallen. So sind die Asyl-, die Visa- und die Einwanderungspolitik von der dritten in die erste Säule der Union verlagert worden und finden sich jetzt in Art. 61-69 EG-Vertrag. Unabhängig von der Verlagerung in den EG-Vertrag gelten für diese Politikbereiche Sonderregelungen. So werden die entsprechenden Entscheidungen nicht im Verfahren nach Art. 249 ff. (ex-Art. 189 ff.) EG-Vertrag getroffen. Art. 67 EG-Vertrag n.F. sieht ein gesondertes Verfahren vor, in dem der Rat das eigentliche Entscheidungsorgan ist und das dem Europäischen Parlament lediglich ein Anhörungsrecht einräumt. Die Kompetenzen des Europäischen Gerichtshofes sind in diesem Bereich durch Art. 68 EG-Vertrag n.F. ebenfalls eingeschränkt.[942] Diese Einschränkungen ändern aber nichts daran, daß die Bereiche Teile des Gemeinschaftsrechts geworden sind und als solche der Prüfungskompetenz des Bürgerbeauftragten und des Petitionsausschusses unterliegen. Dies gilt um so mehr, als die Zuständigkeit der beiden Einrichtungen auf diesem Gebiet im Gegensatz zum Gerichtshof nicht eingeschränkt worden ist und auf diese Weise etwaige Lücken im Rechtsschutz kompensiert werden können.

Die Bereiche der Gemeinsamen Außen- und Sicherheitspolitik fallen – wie oben dargelegt[943] - nicht in die Zuständigkeiten des Bürgerbeauftragten und des Petitionsausschusses. Im Gegensatz dazu fällt der im EU-Vertrag verbleibende Teil der Zusammenarbeit in den Bereichen Justiz und Inneres, die Zusammenarbeit in Strafsachen, kraft der Verweisungsvorschrift des Art. 41 EU-Vertrag n.F. in die Zuständigkeit des Europäischen Bürgerbeauftragten. Nicht genannt ist in dieser Vorschrift das Petitionsrecht gem. Art. 194 (ex-Art. 138d) EG-Vertrag. Während die meisten Vorschriften des EG-Vertrages, welche die Organisation des Europäischen Parlaments betreffen, in Art. 41 EU-Vertrag genannt sind, fehlt neben dem Petitionsrecht auch das Recht des Parlaments, Untersuchungsausschüsse einzurichten gem. Art. 193 EG-Vertrag. Dies läßt auf eine Gesetzeslücke schließen, die gewollt ist und die nicht auf einem gesetzestechnischen Versehen beruht. Die Zuständigkeit des Petitionsausschusses in diesem Bereich ist daher abzulehnen.

Diese unterschiedliche Behandlung beider Einrichtungen beinhaltet eine nicht unwesentliche Aufwertung des Bürgerbeauftragten gegenüber dem Petitionsausschuß, die unter Berücksichtigung des Verhältnisses beider Einrichtungen zueinander nicht konsequent ist. Legt der Bürgerbeauftragte dem Petitionsausschuß Berichte vor, die diesen Bereich betreffen, so muß sich der Petitionsausschuß dennoch damit befassen. Angesichts der grundsätzlichen Beteiligungsmöglichkeit, die Art. 39 EU-Vertrag n.F. dem Europäischen Parlament im Bereich der Gemeinsamen Innen- und Justizpolitik einräumt, ist es auch nicht zu beanstanden, daß sich der Petitionsausschuß mit den Vorlagen des Bürgerbeauftragten auf diesem Gebiet befaßt. Doch ist es inkonsequent, das Parlament damit zu betrauen, die Rechte des

[942] Die Einschränkungen betreffen nur das Vorlageverfahren nach Art. 234 (ex-Art. 177) EG-Vertrag. Der Individualrechtsschutz wird grds. nicht eingeschränkt (Pechstein/Koenig, Rn. 383 f.), weil der Zugang zum EuGH grds. erhalten bleibt (Pechstein, in: DÖV 1998, S. 569 (576).

[943] 2.Kap. IV.2.c; 3.Kap. IV.3.b.(2).

Bürgerbeauftragten durchzusetzen, gleichzeitig aber die Zuständigkeit des Bürgerbeauftragten auf Bereiche auszuweiten, die der Zuständigkeit des zuständigen Parlamentsausschusses vorenthalten sind. Im Interesse eines umfassenden und effektiven außergerichtlichen Rechtsschutzes und im Interesse einer Aufwertung des Parlaments als dem Organ, das die Gemeinschaft demokratisch legitimieren soll, wäre es konsequent gewesen, die Zuständigkeiten des Parlaments im Rahmen des Petitionsrechts in gleicher Weise auszuweiten wie die des Europäischen Bürgerbeauftragten.

e. Fazit

Die vorstehenden Ausführungen haben gezeigt, daß sich die Zuständigkeiten des Europäischen Bürgerbeauftragten und des Petitionsausschusses am Europäischen Parlament trotz der Gemeinsamkeiten beider Einrichtungen voneinander abgrenzen lassen und daß jeder der beiden Einrichtungen ein gesondertes Arbeitsfeld zugewiesen werden kann. So sind dem Bürgerbeauftragten die Beschwerden zugewiesen, die sich gegen verwaltungsrechtliche Maßnahmen der Institutionen und Organe der Gemeinschaft wenden, während der Petitionsausschuß für Bitten und Beschwerden zuständig ist, die einen politischen Inhalt haben. Unabhängig davon gibt es zahlreiche Berührungspunkte, die eine enge Zusammenarbeit im Interesse des gemeinsamen Ziels, den Bürgern außergerichtlichen Rechtsschutz zu gewähren, erforderlich machen.

Die Ausweitung der Zuständigkeit des Bürgerbeauftragten durch den Amsterdamer Vertrag bestärkt eine Tendenz, die auf eine Aufwertung des Bürgerbeauftragten gegenüber dem Petitionsausschuß schließen läßt. Diese Bestrebungen sind im Zusammenhang mit einer wünschenswerten Aufwertung des Europäischen Parlaments innerhalb der EG und der EU nicht unbedenklich, weil letztlich das Parlament im Rahmen einer funktionierenden Gewaltenteilung zur Kontrolle der Exekutive berufen ist.

2. Unterschiede im Verfahren

Im Verfahren beider Einrichtungen bestehen deutliche Unterschiede. Ausgehend vom Gesetzeswortlaut zeigt sich, daß das Beschwerdeverfahren zum Bürgerbeauftragten sehr viel detaillierter geregelt ist. Schon primärrechtlich sind in Art. 195 Abs. 1 UAbs. 2 (ex-Art. 138e Abs. 1 UAbs. 2) EG-Vertrag die Grundlinien des Verfahrens festgelegt. Dazu treten die Durchführungsbestimmungen, die auf der Ermächtigungsgrundlage des Art. 195 Abs. 4 (ex-Art. 138e Abs. 4) EG-Vertrag erlassen worden sind. Diese Vorschriften formalisieren das Beschwerdeverfahren stark und machen es einem Verwaltungsbeschwerdeverfahren vergleichbar.[944] Nichtsdestotrotz unterscheidet sich das Beschwerdeverfahren zum Bürgerbeauftragten von Verfahren wie dem deutschen Widerspruchsverfahren nach §§ 68 ff. VwGO[945], weil es zwar bestimmten Förmlichkeiten unterliegt, diese jedoch nicht so zwingend sind, daß sie bei Verstoß die Unzulässigkeit zur Folge hätten.[946] Anders verhält es sich bei den Zuständigkeitserfordernissen, die den persönlichen und den sachlichen Anwendungsbereich des Art. 195 (ex-Art. 138e) EG-Vertrag betreffen. Hier verbleibt dem Bürgerbeauftragten nur ein sehr eingeschränktes Ermessen, was die Auslegung der Zulässigkeit angeht.

Im Rahmen des Petitionsrechts normiert der EG-Vertrag lediglich den sachlichen und persönlichen Anwendungsbereich des Art. 194 (ex-Art. 138d) EG-Vertrag. Verfahrensregelungen oder entsprechende Vorgaben enthält diese Vorschrift nicht. Auf der Grundlage seines Selbstorganisationsrechts[947] hat das Parlament das Petitionsverfahren in Art. 156-158 GOEP normiert. Auch im Petitionsausschuß bemüht man sich schon aus praktischen Gründen um eine Formalisierung des Verfahrens.

---

944 Hummer, Stellung und Funktion des Bürgerbeauftragten, S. 54.

945 Vgl. dazu Kopp, VwGO, §§ 68 ff., insbes. Vorb. §68 Rn. 14 ff. zur Frage, ob das Widerspruchsverfahren ein Verwaltungsverfahren ist.

946 Der Bürgerbeauftragte hat in seinem Bericht für 1995 betont, daß er insbesondere hinsichtlich der Formalitäten, der Frist und der vorangegangenen Schritte großzügig vorgehen wird und im Zweifel zugunsten des Beschwerdeführers entscheiden wird (Europäischer Bürgerbeauftragter, Jahresbericht 1995, S. 22).

947 Bieber, Das Verfahrensrecht von Verfassungsorganen, S. 174.

Während die Förmlichkeiten der Einlegung sich weitgehend ähneln,[948] verlangt die Beschwerde zum Bürgerbeauftragten im Gegensatz zur Petition gem. Art. 2 Abs. 4 des Statuts, daß sie innerhalb von zwei Jahren nach dem zugrundeliegenden Sachverhalt eingelegt sein muß und daß ihr entsprechende administrative Schritte vorausgegangen sein müssen. Auch wenn Zweifel an der Vereinbarkeit dieser Vorschrift mit der vertraglichen Grundlage bestehen,[949] verdeutlicht dieser Unterschied, daß sich die Beschwerde zum Bürgerbeauftragten auf Mißstände im Verwaltungsbereich beschränkt. So soll der Betroffene zunächst direkt bei der Verwaltung um eine Lösung nachsuchen. Ein solches Vorverfahren kennen die meisten verwaltungsrechtlichen Verfahren, und es soll der angegangenen Behörde die Möglichkeit geben, ihren Fehler selbständig zu korrigieren.[950]

Diese Einschränkungen sind bei politischen Entscheidungen nicht erforderlich. Ein Vorverfahren kann nicht erfolgen, weil das Parlament als politisches Organ der Gemeinschaft in politischen Fragen, die im Rahmen von Petitionen erhoben werden, allein zuständig ist.[951] Darüber hinaus ist das Parlament das demokratisch legitimierte Organ, welches eine besondere Verantwortung für die Anliegen der Bevölkerung trägt. Eine zeitliche Begrenzung ist überflüssig, weil Petitionen sich nicht gegen Verwaltungsentscheidungen richten sollen und ein Schutz zugunsten der Verwaltungsentscheidungen in Form einer Frist nicht erforderlich ist.

Ein weiterer Unterschied zwischen den beiden Beschwerdemöglichkeiten, der in Bezug zum Verfahren steht, ist die in Art. 194 (ex-Art. 138d) EG-Vertrag geforderte unmittelbare Betroffenheit des Petenten. Im Gegensatz dazu braucht der Beschwerdeführer des Art. 195 (ex-Art. 138e) EG-Vertrag nicht darzutun, ob und

---

[948] Art. 2 Abs. 3 der Durchführungsbestimmungen und Art. 156 Abs. 2 GOEP fordern beide entsprechende Angaben zur Person des Beschwerdeführers. Während erstere Vorschrift Angaben zum Beschwerdegegenstand erfordert, setzt letztere Vorschrift diese ohne ausdrückliche Nennung voraus.

[949] Vgl. 3.Kap. IV.2.

[950] Vgl. dazu das Abhilfeverfahren im deutschen Widerspruchsverfahren gem. § 72 VwGO. Ausführlich dazu: Kopp, VwGO, § 72.

[951] Natürlich trifft auch der Rat politische Entscheidungen, doch gibt es keine Möglichkeit, beim Rat Eingaben zu machen.

inwieweit ihn der angegangene Mißstand betrifft. Er muß lediglich Anhaltspunkte für die Untersuchung vorbringen.[952] Aufgrund des Wortlautes des Art. 195 Abs. 1 UAbs. 2 S. 1 (ex-Art. 138e Abs. 1 UAbs. 2 S. 1) EG-Vertrag kann der Bürgerbeauftragte bei der Entscheidung darüber, ob er einen Fall untersucht, nach dem Opportunitätsprinzip verfahren, d.h. er entscheidet, ob er der Beschwerde nachgeht.[953]

Dieser Unterschied verdeutlicht die verschiedenen Zwecke, welche die beiden Vorschriften verfolgen. Das Petitionsrecht des Art. 194 (ex-Art. 138d) EG-Vertrag ist in erster Linie ein subjektives öffentliches Recht, das den Bürgern das Recht gibt, sich mit Bitten und Beschwerden an die Volksvertretung zu wenden, und damit einen Anspruch verbindet, der das Parlament dazu verpflichtet, auf diese Eingabe zu reagieren. Daß das Parlament durch die Petitionen mit wertvollen Informationen versorgt wird, die ihm bei seinen Kontrollaufgaben zugute kommen, ist mit dem Petitionsrecht nicht bezweckt, sondern ist eine positive Externalität.

Demgegenüber verfolgt das Beschwerderecht des Art. 195 (ex-Art. 138d) EG-Vertrag neben dem Individualschutz einen eigenen Zweck, die Kontrolle der Verwaltung. Der Bürgerbeauftragte soll zur Transparenz und Akzeptanz der Gemeinschaft beitragen, indem er den Bürgern die Möglichkeit gibt, sich ohne Kostenrisiko über die Verwaltung zu beschweren und zwischen Verwaltung und Bürger zu vermitteln. Darüber hinaus ist er ein Mittel zur Kontrolle der Verwaltung.[954] Die Beschwerden der Bürger bieten dafür eine wichtige Informationsquelle. Um diese umfassend ausschöpfen zu können, folgt Art. 195 (ex-Art. 138e) EG-Vertrag dem klassischen Modell des Ombudsman skandinavischen Vorbildes und ist als *actio popularis* ausgestaltet.[955] D.h. die berechtigten Personen können sich unabhängig von persönlicher Betroffenheit an den Bürgerbeauftragten wenden.

---

952 Europäischer Bürgerbeauftragter, Jahresbericht 1995, S. 14.

953 Kaufmann-Bühler, in: Lenz, Art. 138e Rn. 7; Läufer, in: Grabitz/Hilf, Art. 138e Rn. 10.

954 Kaufmann-Bühler, in: Lenz, Art. 138e Rn. 1; Mickel, in: Handlexikon der EU, S. 45 (46); Hummer, Stellung und Funktion des Bürgerbeauftragten, S. 37.

955 Söderman, The Role of the European Ombudsman, S. 3.

3. Unterschiede in den Befugnissen

a. Vergleich zwischen dem Petitionsausschuß und dem Bürgerbeauftragten

Schon die vertraglichen Grundlagen zeigen, daß der Petitionsausschuß am Europäischen Parlament und der Europäische Bürgerbeauftragte sich hinsichtlich ihrer Befugnisse voneinander unterscheiden. Während die Befugnisse des Bürgerbeauftragten in Art. 195 (ex-Art. 138e) EG-Vertrag primärrechtlich verankert sind, werden dem Parlament im Zusammenhang mit dem Petitionsrecht keine ausdrücklichen Befugnisse eingeräumt.

In Art. 195 Abs. 1 UAbs. 2 S. 2 (ex-Art. 138e Abs. 1 UAbs. 2 S. 2) EG-Vertrag wird normiert, daß im Falle eines Mißstandes die betroffene Stelle innerhalb einer Frist von drei Monaten dem Bürgerbeauftragten eine Stellungnahme zuleiten muß. Die eigentlichen Untersuchungsbefugnisse finden sich in Art. 3 des Statuts. Danach hat der Bürgerbeauftragte umfangreiche Zugangsmöglichkeiten zu Dokumenten und kann die Beamten und Bediensteten der Gemeinschaft vernehmen.[956] Stößt er auf Widerstand, ist das Europäische Parlament gem. Art. 3 Abs. 4 des Statuts dazu verpflichtet, „geeignete Schritte“ einzuleiten, d.h. seinen politischen Einfluß geltend zu machen.

Im Rahmen des Petitionsrechts kann das Parlament auf seine allgemeinen Befugnisse zurückgreifen. Zudem sind die in diesem Zusammenhang erforderlichen Befugnisse in der sog. Interinstitutionellen Erklärung vom 12. 4. 1989 festgelegt,[957] in der Rat und Kommission sich dazu verpflichten, das Parlament bei der Behandlung von Petitionen zu unterstützen. Darüber hinaus weist das Parlament dem Petitionsausschuß in Art. 157 GOEP Befugnisse zu, die den Ausschuß unter anderem dazu ermächtigen, Anhörungen durchzuführen, Tatsachen festzustellen sowie Akteneinsicht und Auskünfte gegenüber der Kommission zu verlangen.[958] Will der Ausschuß einem Fall besonderen Nachdruck verleihen, so kann er zu diesem gem.

---

[956] Vgl. ausführlich zu den Befugnissen: 3. Kap. IV.4.c.

[957] ABl. Nr. C 120 vom 16. 5. 1989, S. 90. Vgl. ausführlich zur Rechtsnatur dieser Erklärung: Bieber S. 187 ff.

[958] Vgl. ausführlich zu den Befugnissen des Petitionsausschusses: 2. Kap. V.

Art. 157 Abs. 1 GOEP einen Bericht in das Plenum einbringen und so den politischen Einfluß des Parlaments instrumentalisieren.

Das Parlament hat nachdrücklich darauf gedrungen, daß dem Petitionsausschuß ein Akteneinsichtsrecht gegenüber der Kommission eingeräumt würde, das dem des Bürgerbeauftragten entspräche.[959] Zu recht hat der Petitionsausschuß darauf hingewiesen, daß es einem Desavouieren des Parlaments gleichkäme, wenn dem Bürgerbeauftragten ein weitergehendes Einsichtsrecht eingeräumt würde als ihm selbst.[960] Das Parlament hat daher gefordert, daß die Kommission die Einsicht auch nur dann verweigern könne, wenn die Akten der Geheimhaltung und nicht lediglich der Vertraulichkeit unterlägen.[961] Dieser Forderung ist die Kommission bislang nicht nachgekommen. Dennoch hat sich die Zusammenarbeit zwischen Kommission und Ausschuß verbessert, seitdem das Petitionsrecht eine primärrechtliche Grundlage erhalten hat. Inzwischen ist der Petitionsausschuß mit der Informationspolitik der Kommission nicht unzufrieden.[962]

Aufgrund der wichtigen Aufgabe, die Bürgerbeauftragter und Petitionsausschuß im Zusammenhang mit der Kontrolle der Gemeinschaftstätigkeit ausüben, ist es nur schwer zu rechtfertigen, ihnen Informationen vorzuenthalten, geschweige denn, sie unterschiedlich zu behandeln. Vor dem Hintergrund, daß Bürgerbeauftragter und Petitionsausschuß demokratisch legitimiert sind und daß beide zur Kontrolle der Gemeinschaftstätigkeit berufen sind, ist es fragwürdig, daß die Kommission ihnen gegenüber Belange der Geheimhaltung geltend machen kann. Im Rahmen einer demokratischen Gewaltenteilung, die auf dem Prinzip der Kontrolle beruht, ist es nicht zu rechtfertigen, daß die zu kontrollierende Exekutive die Kontrolle durch parlamentarische Gremien insofern einschränkt, als sie sich auf Belange der Geheimhaltung berufen kann. Im Zuge der voranschreitenden Demokratisierung, die unter anderem eine demokratische Legitimierung der Exekutivorgane erforderlich

---

[959] Jahresbericht des Petitionsausschusses 1993-94, A3-0158/94, S. 7 f.; Jahresbericht des Petitionsausschusses 1994-95, A4-0151/95, S. 10.

[960] A3-0158/94, S. 8; A4-0151/95, S. 10.

[961] A3-0158/94, S. 8.

[962] Jahresberichte des Petitionsausschusses 1995-96 und 1996-97, A4-0191/96, S. 10 und A4-0190/97, S. 8.

macht, sind derartige Einschränkungen gegenüber Gremien, die ihrerseits zur Vertraulichkeit und Verschwiegenheit verpflichtet sind, nicht aufrecht zu halten.[963]

b. Vergleich zwischen den Untersuchungsausschüssen und dem Bürgerbeauftragten

Ein wichtiger Unterschied zwischen den Befugnissen des Bürgerbeauftragten und des Petitionsausschusses ist das Investigationsrecht des Bürgerbeauftragten. Diese zusätzliche Befugnis unterstreicht den unterschiedlichen Zweck dieser beiden Einrichtungen deutlich. Während das Petitionsrecht ein rein subjektives öffentliches Recht zum Schutze der berechtigten Personen und ausschließlich rezeptiv ist, ist der Bürgerbeauftragte auch und unabhängig von einer Beschwerde dazu berufen, die Verwaltung der EG zu kontrollieren. Diese zusätzliche Befugnis eröffnet dem Bürgerbeauftragten die nicht unerhebliche Möglichkeit, schon alleine durch seine Existenz die Dienststellen der Verwaltung zu korrektem Handeln anzuhalten.

Auf seiten des Parlaments korrespondiert mit dieser Befugnis die Möglichkeit, gem. Art. 193 (ex-Art. 138c) EG-Vertrag[964] i.V.m. Art. 136 GOEP Untersuchungsausschüsse einzurichten. Die Befugnisse solcher Untersuchungsausschüsse[965] sind in einem gesonderten Beschluß auf der Grundlage des Art. 193 Abs. 3 (ex-Art. 138c Abs. 3) EG-Vertrag geregelt worden.[966] Während der Bürgerbeauftragte bei seinen Untersuchungen auf die Mißstände in der Gemeinschaftsverwaltung be-

---

[963] In Anlage VII zur GOEP hat das Parlament ein gesondertes Verfahren für die Prüfung vertraulicher Dokumente, die dem Parlament übermittelt werden, geregelt. Diese Vorschriften sehen u.a. vor, daß dann die Öffentlichkeit von Ausschußsitzungen ausgeschlossen werden kann. Im übrigen können selbst den Untersuchungsausschüssen aus Gründen der Geheimhaltung Dokumente und Auskünfte vorenthalten werden, Art. 3 Abs. 3, 4 der Einzelheiten der Ausübung des Untersuchungsrechts des Europäischen Parlaments, Anlage VIII zur GOEP, ABl. Nr. L 113 vom 19. 5. 1995, S. 2.

[964] Für die Atomgemeinschaft: Art. 107b EAG-Vertrag, für die Montanunion: Art. 20b EGKS-Vertrag

[965] Vgl. ausführlich zu den Befugnissen der Untersuchungsausschüsse: Beckedorf, Das Untersuchungsrecht des Europäischen Parlaments.

[966] Beschluß des Europäischen Parlaments, des Rates und der Kommission vom 19. April 1995 über Einzelheiten der Ausübung des Untersuchungsrechts des Europäischen Parlaments, ABl. Nr. L 113 vom 19. 5. 1995, S. 2.

schränkt ist, verfolgen die Untersuchungsausschüsse gem. Art. 193 Abs. 1 (ex-Art. 138c Abs. 1) EG-Vertrag Verstöße gegen das Gemeinschaftsrecht oder Mißstände bei der Anwendung desselben; die Zuständigkeit ist insofern weiter.[967] Wie im Verhältnis zwischen Bürgerbeauftragtem und Petitionsausschuß kann es auch hier zu Überschneidungen kommen, denn ein Mißstand i.S.d. Art. 195 (ex-Art. 138e) EG-Vertrag liegt auch vor, wenn die Organe und Einrichtungen der Gemeinschaft gegen geltendes Recht verstoßen.[968]

Will sich das Parlament mit einem solchen Verstoß befassen, so kann es gem. Art. 193 Abs. 1 (ex-Art. 138c Abs. 1) EG-Vertrag i.V.m. Art. 136 Abs. 1 GOEP, Art. 2 Abs. 1 des Beschlusses über die Ausübung des Untersuchungsrechts auf Verlangen eines Viertels seiner Abgeordneten einen Untersuchungsausschuß einsetzen, sofern nicht der Mißstand Gegenstand eines Verfahrens vor einem nationalen oder gemeinschaftlichen Gericht ist. Zur Aufklärung des Verstoßes oder des Mißstandes hat der Ausschuß gem. Art. 136 Abs. 7 GOEP i.V.m. Art. 3 Abs. 3, 4 des Beschlusses über die Ausübung des Untersuchungsrechts das Recht, Vertreter des Organs bzw. der Einrichtung der Gemeinschaft oder eines Mitgliedstaates anzuhören oder Akteneinsicht und Dokumente von den betreffenden Stellen einzufordern. Diese Befugnisse stehen allerdings unter dem Vorbehalt, daß sie begründet sind und nicht den Interessen der Geheimhaltung entgegenstehen. Alle übrigen Personen kann der Ausschuß gem. Art. 3 Abs. 8 des Beschlusses über die Ausübung des Untersuchungsrechts als Zeugen vernehmen. Den Abschluß der Untersuchungen bildet gem. Art. 136 Abs. 10 GOEP ein Bericht, der auch eventuelle Minderheitenansichten berücksichtigen muß. Darüber hinaus kann der Untersuchungsausschuß gem. Art. 136 Abs. 10 UAbs. 3 GOEP eine Empfehlung an die betreffende Einrichtung der Gemeinschaft oder den Mitgliedstaat richten.[969]

---

[967] Baviera, S. 117.

[968] Ein Mißstand setzt nicht unbedingt einen Gesetzesverstoß voraus. Ein solcher kann auch dann vorliegen, wenn eine Entscheidung gegen gewisse Regeln der Billigkeit, Transparenz oder sogar Höflichkeit verstößt (Giraud, S. 11).

[969] Der bislang wohl spektakulärste Untersuchungsausschuß war derjenige, der sich mit der Krise um BSE-verseuchtes Rindfleisch befaßte. In der Aussprache im Parlament im März 1997 drohten die Abgeordneten der Kommission an, ihr das Mißtrauen gem. Art. 144 EG-Vertrag auszusprechen.

Die Befugnisse des Untersuchungsausschusses und des Bürgerbeauftragten ähneln sich in nicht unerheblichem Maße. Wie der Bürgerbeauftragte dient ein Untersuchungsausschuß der Kontrolle gegenüber anderen Gemeinschaftsorganen und ermöglicht dem Europäischen Parlament, Mißständen bei der Anwendung des Gemeinschaftsrechts und Verstößen gegen das Gemeinschaftsrecht nachzugehen.[970] Wichtig im Rahmen des Untersuchungsrechts des Art. 193 (ex-Art. 138c) EG-Vertrag ist der unmittelbare Bezug zu konkreten Rechtsverstößen oder Mißständen bei der Anwendung des Gemeinschaftsrechts; die davon unabhängige Prüfung eines politisch bedeutsamen Themas kann lediglich im Rahmen einer parlamentarischen Enquête-Kommission erfolgen.[971] Wie der Ausschuß hat der Bürgerbeauftragte das Recht, Akten einzusehen, Dokumente anzufordern und Personen anzuhören.[972] Der Aufgabenbereich beider Einrichtungen weist Berührungspunkte und Überschneidungen auf, ist aber nicht deckungsgleich.[973] Der Untersuchungsausschuß befaßt sich mit Vertrags- bzw. Gesetzesverletzungen und gerät so in die Nähe des Aufgabenbereiches der Kommission nach Art. 211 (ex-Art. 155) EG-Vertrag und des Gerichtshofes nach Art. 226 (ex-Art. 169) EG-Vertrag. Im Gegensatz zu den beiden anderen Kontrollorganen behandelt der Parlamentsausschuß diese Verstöße unter einem politischen Aspekt. Das Parlament ist daher insbesondere dann gefordert, wenn der zu untersuchende Verstoß oder Mißstand von einer solchen politischen Bedeutung ist, daß es sich als politisches Kontrollorgan damit befassen muß.[974]

Die Grenze zum Bürgerbeauftragten ist die gleiche wie in dessen Verhältnis zum Petitionsausschuß. Der Bürgerbeauftragte befaßt sich mit dem Mißständen, die auf Gesetzesverstößen im normalen Verwaltungsablauf beruhen und die nicht so

---

Vgl. dazu den entsprechenden Bericht des Untersuchungsausschusses vom 7. 2. 1997, A4-0020/97 und Beckedorf, in: EuR 1997, S. 237 (239-252).

970 Haag, in: v.d.Groeben/Thiesing/Ehlermann, Art. 138c Rn. 3.

971 Beckedorf, S. 221 ff.; Haag, in: v.d.Groeben/Thiesing/Ehlermann, Art. 138c Rn. 3.

972 Vgl. ausführlich zu den Befugnissen des Bürgerbeauftragten und die dazugehörigen Rechtsgrundlagen: 3. Kap., IV.4.c.

973 Hummer, Stellung und Funktion des Bürgerbeauftragten, S. 58.

974 Baviera, S. 108.

schwerwiegend sind, daß es einer politischen Untersuchung durch die Volksvertretung bedürfte. Erhält das Parlament durch den Bürgerbeauftragten von einem Mißstand Kenntnis, so kann es trotz der Untersuchung durch den Bürgerbeauftragten eine eigene Investigation durchführen, wenn es dem Fall die entsprechende Bedeutung beimißt.

Der politische Druck, der entsteht, wenn ein Untersuchungsausschuß wegen eines Gesetzesverstoßes ermittelt, ist gegenüber dem des Bürgerbeauftragten ungleich größer. Doch hat der Bürgerbeauftragte den großen Vorteil, daß er ungleich flexibler reagieren kann.[975] Zusätzlich kann er, wenn seinen Empfehlungen und Vermittlungsbemühungen nicht der nötige Erfolg beschieden ist, den politischen Einfluß des Parlaments bemühen. Dies macht den Bürgerbeauftragten zu einem effektiveren Instrument im Kampf gegen den alltäglichen Mißstand.

4. Unterschiede in der Struktur

In ihrer jeweiligen Struktur unterscheiden sich Bürgerbeauftragter und Petitionsausschuß grundlegend. Der Petitionsausschuß ist als Parlamentsausschuß ein Kollegialorgan bzw. ein Gremium, das aus mehreren Abgeordneten des Europäischen Parlaments besteht, die verschiedenen politischen Richtungen angehören, die unterschiedliche Standpunkte vertreten werden und die daher nach demokratischen Regeln auf der Grundlage von Mehrheitsentscheidungen die einzelnen Petitionen einer Lösung zuführen müssen. Selbst wenn man unterstellt, daß die Wähler ihre Abgeordneten kennen, bleibt der Ausschuß als solcher anonymer, schon weil die Bürger nicht von vorne herein wissen, welche Abgeordneten dort ihre Interessen vertreten.[976]

---

[975] Hummer, Stellung und Funktion des Bürgerbeauftragten, S. 58.

[976] Diese Anonymität eines Petitionsausschusses vor Augen haben einige Abg. der Grünen im Deutschen Bundestag einen Gesetzentwurf über einen Bürgerbeauftragten des Deutschen Bundestages, der als Hilfsorgan des Petitionsausschusses fungieren sollte, eingebracht (BT-Drucksache 13/3578 vom 24. 1. 1996).

Im Gegensatz zum Petitionsausschuß ist der Bürgerbeauftragte ein monokratisches Organ.[977] Der jeweilige Amtsinhaber ist das Organ und ist daher für seine Handlungen alleine verantwortlich.[978] Auch wenn der jeweilige Amtsinhaber demokratischen Regeln entsprechend nur für einen bestimmten Zeitraum gewählt ist und es insofern zu personellen Veränderungen kommt, wird das Amt sehr viel stärker individualisiert, als es bei einem Kollegialorgan möglich ist. Auf eine Person beschränkt, wird der Bürgerbeauftragte zum unmittelbaren Ansprechpartner des Beschwerdeführers und personifiziert so die Verwaltungskontrolle.[979] Weil die Person des Bürgerbeauftragten dadurch sehr viel mehr in Erscheinung tritt, stellt der Gesetzgeber in Art. 6 Abs. 2 des Statuts relativ hohe Anforderungen an seine persönlichen und fachlichen Voraussetzungen.[980]

Ein erheblicher weiterer Unterschied zeigt sich wiederum in den Gesetzesgrundlagen. Die Einrichtung des Bürgerbeauftragten ist in Art. 195 (ex-Art. 138e) EG-Vertrag ausdrücklich genannt und daher primärrechtlich garantiert. Art. 194 (ex-Art. 138d) EG-Vertrag garantiert demgegenüber lediglich das Petitionsrecht zum Europäischen Parlament, nicht aber die Einrichtung des Petitionsausschusses.[981]

Es unterliegt daher dem Selbstorganisationsrecht des Parlaments, wie es die Petitionen behandelt. So könnte das Parlament den gesonderten Petitionsausschuß auflösen und die Zuständigkeit einem anderen Ausschuß zuordnen.[982] Es muß jedoch gewährleistet sein, daß der Anspruch, den Art. 194 (ex-Art. 138d) EG-Vertrag

---

[977] Pierucci, in: RMC 1993, S. 818 (819); Haag, in: v.d.Groeben/Thiesing/Ehlermann, Art. 138e Rn. 5.

[978] Giraud, S. 12.

[979] Läufer, in: Grabitz/Hilf, Art. 138e Rn. 2.

[980] Im Gegensatz zu Art. 6 Abs. 2 des Statuts stellt § 6b EuWG keine fachlichen Anforderungen an die Wählbarkeit zum Europäischen Parlament. Eine solche Einschränkung wäre mangels Bestimmbarkeit mit den Vorgaben, die das Demokratiegebot an eine Wahl stellt, nicht vereinbar. Ein Volksvertreter muß dann als ausreichend qualifiziert gelten, wenn ihm eine entsprechende Zahl von Wählern die Unterstützung gewährt.

[981] Im Grundgesetz ist hingegen der Petitionsausschuß des Bundestages in Art. 45c GG als ständiger Parlamentsausschuß verfassungsrechtlich garantiert.

[982] Bis 1987 gab es einen gemeinsamen Ausschuß für Petitionen und Geschäftsordnungsfragen.

normiert, durchsetzbar und effektiv gestaltet bleibt. So könnte die Auflösung des Petitionsausschusses bei gleichzeitiger Übertragung dessen Zuständigkeit auf einen anderen Ausschuß einer tatsächlichen Rechtsverweigerung gleichkommen, wenn der Ausschuß aufgrund der Masse der Petitionen völlig überlastet wäre. Angesichts der derzeitigen Fülle an Petitionen, insbesondere von Massen- oder Sammelpetitionen, erfordert das Gebot der effektiven Rechtsgestaltung einen eigenen Petitionsausschuß.

III. Kritische Betrachtung zum Nebeneinander beider Einrichtungen

Nachdem die beiden außergerichtlichen Beschwerdemöglichkeiten auf der Ebene der EG ausführlich dargestellt und miteinander verglichen worden sind, ist abschließend zu untersuchen, ob es des Nebeneinanders beider Einrichtungen bedarf. Dies erfordert zunächst einen nochmaligen Blick auf die Zuständigkeiten. So wurde bereits dargelegt, daß beide Einrichtungen einen eigenen Zuständigkeitsbereich und damit auch einen eigenen Aufgabenbereich haben. Die praktische Erfahrung, die sich in den Statistiken bzw. den Jahresberichten ausdrückt, zeigt zudem, daß beide Einrichtungen mit einer Vielzahl von Eingaben konfrontiert werden und daher über mangelnden Arbeitsanfall nicht klagen können. Stellte man alleine auf diese beiden Aspekte ab, so könnte die Notwendigkeit beider Einrichtungen nebeneinander an dieser Stelle positiv und abschließend beantwortet werden. Eine derartige Bewertung griffe aber zu kurz und ließe wesentliche Aspekte unberücksichtigt.

Ausgangspunkt der Bewertung sei dennoch die Zuständigkeit, weil sie die zentrale Rolle im Verhältnis beider Einrichtungen zueinander spielt. Mit Bezug auf die bisherigen Ausführungen kann konstatiert werden, daß der Bürgerbeauftragte für Beschwerden und Untersuchungen zuständig ist, die einen verwaltungsrechtlichen Bezug haben und die ein Organ oder eine Einrichtung der Gemeinschaft betreffen. Darüber hinaus kann er in bestimmten Fällen im Bereich des EU-Vertrages tätig werden. Der sachliche Anwendungsbereich des Petitionsausschusses betrifft den Tätigkeitsbereich der EG und umfaßt grundsätzlich die Zuständigkeit des Bürgerbeauftragten. Doch hat der Bürgerbeauftragte im Rahmen seiner Zuständigkeit ein Erstbefassungsrecht, d.h. der Petitionsausschuß darf sich mit derartigen Beschwerden erst befassen, wenn der Bürgerbeauftragte sie ihm vorlegt. Nicht erfaßt von diesem Vorrang des Bürgerbeauftragten sind Beschwerden mit einem ausschließlich politischen Inhalt sowie Beschwerden, welche die Anwendung des Gemeinschaftsrechts durch nationale Behörden betreffen, mithin Vertragsverletzungen.

Die Vertragsverletzungen bilden einen wichtigen Berührungspunkt beider Einrichtungen. So kann die eigentliche Vertragsverletzung durch die nationale Behörde nur zum Gegenstand einer Petition gemacht werden. Das Verhalten der Kommission wiederum, angefangen bei der Frage, ob ein Vertragsverletzungsverfahren eingeleitet wird, und aufgehört bei der Frage, ob und wie der Beschwerdeführer von der Kommission zu unterrichten ist, fällt in den Bereich des Bürgerbeauftragten.[983] Hier verzahnen sich zwar die Zuständigkeiten, lassen sich aber nach der Einrichtung, gegen die sich die Beschwerde wendet, voneinander abgegrenzt. Dennoch wird die Frage aufgeworfen, warum dieser Bereich nicht in der Zuständigkeit einer Einrichtung zusammengefaßt wird. Doch ist diese Unterscheidung konsequent, weil beide Beschwerden unterschiedliche Ansatzpunkte haben: zum einen das Verhalten der nationalen Behörde, zum anderen das Verhalten der Kommission. Weitete man die Zuständigkeit des Europäischen Bürgerbeauftragten in diesen Fällen auf die nationalen Stellen aus, so käme es zu Konflikten mit den nationalen außergerichtlichen Beschwerdeeinrichtungen. Dem Europäischen Parlament als Organ der Gemeinschaft und als demokratische Vertretung aller Unionsbürger kommt ebenso wie der Kommission bei der Kontrolle des Gemeinschaftsrechts eine wichtige Rolle zu, die es rechtfertigt, ihm Kompetenzen gegenüber nationalen Stellen einzuräumen.

Probleme können im Rahmen der Zuständigkeit nur dann auftreten, wenn eine Vertragsverletzung sowohl zum Gegenstand einer Petition als auch einer Beschwerde zum Europäischen Bürgerbeauftragten gemacht wird, weil sich der Petent bzw. Beschwerdeführer gegen die nationale Stelle und die Kommission wenden möchte. Das Erstbefassungsrecht des Bürgerbeauftragten gebietet es in diesen Fällen, daß der Petitionsausschuß seine Untersuchungen zurückstellt und die Ergebnisse der Ermittlungen des Bürgerbeauftragten abwartet.

---

[983] Vgl. zur Zuständigkeit des Bürgerbeauftragten im Rahmen von Vertragsverletzungen: 3. Kap. IV. 3.b.(5).

Ein weit wichtigerer Aspekt bei der kritischen Beleuchtung des „Parallelmodells" von Petitionsausschuß und Bürgerbeauftragtem auf Gemeinschaftsebene ist die Frage, inwieweit ein Bürgerbeauftragter neben dem Parlament, dessen Aufgabe es unter anderem ist, die Exekutive zu kontrollieren, erforderlich ist, bzw. inwieweit eine solche zusätzliche Einrichtung auch auf Gemeinschaftsebene konsequent ist oder ein Verstoß gegen den Parlamentarismus ist. So obliegt im Rahmen der Gewaltenteilung die Kontrolle der Exekutive der Judikative und der Legislative. Das Nebeneinander von Bürgerbeauftragtem und Gerichtsbarkeit auf Gemeinschaftsebene wurde bereits beleuchtet.[984]

Grundsätzlich ist die Kontrolle der Exekutive eine der wichtigsten Aufgaben der Parlamente.[985] So geht etwa ein Rechtssystem wie das des Vereinigten Königreiches soweit, die Exekutive grundsätzlich nicht der Judikative zu unterwerfen, sondern die Kontrolle darüber in der Regel beim Parlament anzusiedeln.[986] Aber auch in parlamentarischen Demokratien, die ein Verwaltungsgerichtssystem kennen, obliegt es den Parlamenten insbesondere in der Arbeit ihrer Ausschüsse, die ausführende Gewalt von der Regierung bis zur nachgeordneten Verwaltungsstelle zu kontrollieren und zu überwachen. In Ländern, die eine Verfassungsgerichtsbarkeit kennen, steht die Legislative ihrerseits unter der Kontrolle des Verfassungsgerichts.[987] Diese zusätzliche Kontrolle ist insbesondere in parlamentarischen Regierungssystemen, in denen sich die Regierung auf die Parlamentsmehrheit stützt und es dadurch zu einer engen Verknüpfung zwischen Exekutive und Teilen der Legislative kommt, erforderlich.

Die Befugnisse der Legislative müssen demokratisch legitimiert sein, d.h. sie müssen sich vom Wahlvolk, dem eigentlichen Souverän einer parlamentarischen Demokratie, ableiten.[988] Aus dieser Position leitet sich das Recht des Burgers ab,

---

[984] 3. Kap. VI.

[985] Die Kontrolltätigkeit ist ein wesentlicher Aspekt des parlamentarischen Entscheidungsprozesses. Dabei ist die Kontrolle der Exekutive durch die Legislative anders als durch die Judikative weit mehr als bloße Reaktion auf das Verhalten der Regierung; sie beeinflußt die Entscheidung und ist daher eine dirigierende Kontrolle. (Klein, in: Isensee/Kirchhof, Bd. II, § 40 Rn. 30).

[986] Kempf, in: Aus Politik und Zeitgeschichte, 1973, B 44, S. 17 (21).

[987] So z.B. in der BR Deutschland, Art. 93 GG.

[988] Vgl. Art. 20 Abs. 2 S. 1 GG.

durch Eingaben an das Parlament auf dessen Kontrollfunktion Einfluß zu nehmen.[989] Wird nun neben das Kontrollorgan Parlament eine weitere Kontrolleinrichtung, ein Bürgerbeauftragter, gestellt, so bedeutet dies einen Befugnisverlust des Parlaments, auch wenn der Bürgerbeauftragte selbst der Legislative zuzurechnen ist.[990]

Trotz dieser Einschränkung der parlamentarischen Befugnisse haben sich von den 15 Mitgliedstaaten der EU 13 Staaten für die Einrichtung eines Bürger-, Parlaments- oder Regierungsbeauftragten entschieden. Dabei haben die Parlamente bewußt einen Teil ihrer Zuständigkeit delegiert und dies kompensiert, indem sie dem Beauftragten eine Berichtspflicht gegenüber der Volksvertretung auferlegt haben.[991] Darüber hinaus haben sich sechs Mitgliedstaaten für ein „Parallel-Modell" entschieden. D.h. sie verfügen sowohl über einen Petitionsausschuß als auch über einen Bürgerbeauftragten.[992] Diese Doppelstrategie zeigt, daß in einem modernen Staatswesen, in dem die Bürger immer häufiger das Bedürfnis haben, am staatlichen Entscheidungsprozeß auch außerhalb der Wahlen teilzuhaben, durchaus ein Bedürfnis für beide Einrichtungen besteht. Eine reibungslose Zusammenarbeit setzt aber unbedingt voraus, daß die Zuständigkeiten beider Einrichtungen voneinander abzugrenzen sind und der sachliche Anwendungsbereich der einen Einrichtung nicht zu Lasten der anderen geht.

Betrachtet man die Situation auf Gemeinschaftsebene vor dem Hintergrund dieser Ausführungen, so stellt man fest, daß die Lage in der EG sich in mancher Hinsicht von der auf der Ebene der Mitgliedstaaten unterscheidet. Die EU, und mit ihr die EG als einer ihrer Pfeiler, bekennt sich in Art. 6 EU-Vertrag zu den Grundsätzen der Rechtsstaatlichkeit, doch kommt weder ihr noch der EG Staatsqualität in dem Sinne zu, wie sie den Mitgliedstaaten zu eigen ist.[993] Auch sind weder die EU noch die EG eine parlamentarische Demokratie. Insoweit mangelt es dem Europäischen

---

[989] Vgl. dazu die allgemeinen Ausführungen zum Petitionsrecht unter 2. Kap. I.

[990] Vgl. 3. Kap. III.5.b.(3).

[991] Vgl. dazu: 1. Kap. IV.2.-4.

[992] 1. Kap. IV.3.

[993] Die EG als Zusammenschluß von Staaten verfügt zwar über Elemente der Staatlichkeit, ist aber selbst kein Staat. (Zuleeg, in: v.d.Groeben/Thiesing/Ehlermann, Art. 1 Rn. 2).

Parlament trotz der erfolgten schrittweisen Aufwertung nach wie vor an klassischen parlamentarischen Funktionen, die es zu dem wichtigsten und mächtigsten Gemeinschaftsorgan machten. So sind seine Befugnisse im Rahmen des Rechtsetzungsverfahrens bislang eingeschränkt und ihm kommt keine echte Kreationsbefugnis gegenüber der Exekutive der Gemeinschaft, der Kommission, zu. Zudem bezieht der Rat als die eigentliche politische Macht in der Gemeinschaft seine demokratische Legitimation nicht vom Europäischen Parlament.

Diese reduzierten Befugnisse machen die Kontrollfunktion des Europäischen Parlaments, die relativ umfassend ausgestaltet ist, zu seiner wichtigsten Aufgabe.[994] Innerhalb der Kontrollfunktion spielt wiederum das Petitionsrecht eine wichtige Rolle.[995] Das wirft die Frage auf, wie das Parlament auf eine Einrichtung reagiert, die eine ähnliche Funktion wie ein Parlamentsausschuß hat. Das Parlament hat sich zunächst stets gegen die Einführung eines Bürgerbeauftragten auf Gemeinschaftsebene ausgesprochen und die Initiative für eine zusätzliche Einrichtung kam aus den Reihen der Regierungen der Mitgliedstaaten.[996] Inzwischen stehen der Petitionsausschuß und das Parlament dem Bürgerbeauftragten nicht mehr ablehnend gegenüber, und der letzte Bericht des Petitionsausschusses zum Jahresbericht des Bürgerbeauftragten hat einen grundsätzlich positiven Tenor.[997] Ein wichtiger Beitrag zur gegenseitigen Akzeptanz sind die oben dargestellten getrennten Zuständigkeitsbereiche.

Zudem läßt sich der Europäische Bürgerbeauftragte in die – gemessen am klassischen Verständnis - unvollkommene Gewaltenteilung auf Gemeinschaftsebene einordnen. Er ist trotz seiner Unabhängigkeit Teil der parlamentarischen Kontrolle und trägt in Kooperation mit dem Parlament zur Kontrolle der Exekutive bei. Die gesetzlich geregelte Zusammenarbeit, insbesondere die Berichtspflicht gegenuber dem Parlament gem. Art. 195 Abs. 1 UAbs. 3 (ex-Art. 138e Abs. 1 UAbs. 3) EG-Vertrag, garantieren dem Parlament und seinem Petitionsausschuß, daß keine Kontrolle an ihm vorbei geschieht. Der Bürgerbeauftragte leistet dem Parlament vielmehr Vorlagen, auf deren Basis das Parlament bzw. sein Petitionsausschuß tätig

---

[994] Kipke, in: ZParl 1989, S. 488 (491).

[995] Vgl. 2. Kap. II.2.e.

[996] Vgl. 3. Kap. III.1.

[997] PE 226.262.

werden kann, wenn es dies für opportun hält. Gleichzeitig erhält der Petitionsausschuß die Möglichkeit, seinen Tätigkeitsbereich auf politische Aspekte zu konzentrieren und so dem gewachsenen Bedürfnis der Bürger nach politischer Partizipation außerhalb der Wahlen und dem damit einhergehenden Funktionswandel des Petitionsrechts gerecht zu werden. Diese Bedürfnis und der Funktionswandel schlagen sich in der Zunahme der Massen- und Sammelpetitionen nieder.

Darüber hinaus war das Europäische Parlament auch vor der Einführung des Bürgerbeauftragten auf Gemeinschaftsebene nicht die einzige, die Exekutive kontrollierende Instanz. Diese Aufgabe hat sich das Parlament schon vorher mit dem Europäischen Gerichtshof – später auch mit dem Gericht erster Instanz – teilen müssen, da dieser die Rechtmäßigkeit hoheitlicher Akte überprüft.[998] Insoweit ist es konsequent, daß das Parlament seine eigene direkte Kontrolle von Verwaltungsmaßnahmen zurückstellt und sich bzw. seinen Petitionsausschuß auf die politische Kontrolle der Verwaltung beschränkt. Aufgrund der zunehmenden Komplexität eines Staates oder einer Organisation wie der EG sind das Parlament, die kontrollierenden Ausschüsse und die einzelnen Abgeordneten nicht oder nur schwerlich dazu in der Lage, sich mit einzelnen Mißständen im Verwaltungsbereich und den daraus resultierenden individuellen Eingaben, deren Zahl ständig steigt, zu befassen. Vorgeschaltete Einrichtungen können die Parlamente in diesem Bereich entlasten und diesen so ermöglichen, als die eigentlichen politischen Leitungsorgane zu reagieren und zu entscheiden. So ermöglicht der Europäische Bürgerbeauftragte dem Petitionsausschuß und dem Europäischen Parlament, sich auch auf der Grundlage seiner Berichte politisch zu profilieren und seine Rolle als das politische Organ der Gemeinschaft zu unterstreichen.

Der Europäische Bürgerbeauftragte und der Petitionsausschuß am Europäischen Parlament haben beide eine eigene Daseinsberechtigung, weil sie unterschiedliche Zuständigkeiten haben und sich in einem Kooperationsverhältnis einander ergänzen. Die Auslastung beider Einrichtungen auf ihrem jeweiligen Tätigkeitsfeld zeigt, daß für beide ein Bedarf besteht und das „Parallel-Modell" auf der Ebene der EG sich auch zukünftig bewähren kann.

---

[998] Vgl. 1. Kap. I.

Schluß

Am Schluß der Arbeit, an deren Beginn das Rechtsschutzsystem beleuchtet worden ist, das den Unionsbürgern zur Verfügung steht, und in deren weiteren Verlauf der Petitionsausschuß des Europäischen Parlaments und der Europäische Bürgerbeauftragte dargestellt worden sind, soll eine Antwort auf die Frage gegeben werden, inwieweit die dargestellten gerichtlichen und außergerichtlichen Beschwerdeeinrichtungen sich bei der Wahrung individueller Interessen ergänzen.

EG und EU verstehen sich als Rechtsgemeinschaften und haben daher eine eigene rechtsprechende Gewalt, die aufgrund ihrer richterlichen Autorität über die Rechtmäßigkeit des Gemeinschaftshandelns wacht. Wahrgenommen wird diese Funktion vom Europäischen Gerichtshof und dem Gericht erster Instanz. Insbesondere die Nichtigkeitsklage gem. Art. 230 Abs. 4 (ex-Art. 173 Abs. 4) EG-Vertrag gibt auch Individuen die Möglichkeit, gegen Entscheidungen auf Gemeinschaftsebene gerichtlich vorzugehen. Wichtige Voraussetzung in diesem Zusammenhang ist aber die individuelle und unmittelbare Betroffenheit des Klägers, die den Anwendungsbereich dieser Klage stark einschränkt.

Ergänzt wird der gerichtliche Schutz auf Gemeinschaftsebene durch die Gerichte auf der Ebene der Mitgliedstaaten. Berufen sich die Kläger vor nationalen Gerichten auf Rechtspositionen, die ihnen durch primäres oder sekundäres Gemeinschaftsrecht eingeräumt werden, so hat der Europäische Gerichtshof für die nationalen Gerichte verbindliche Maßstäbe gesetzt, die es den Klägern ermöglichen, sich auf Rechtsansprüche aus dem Gemeinschaftsrecht zu berufen. Auf diese Weise stärkt der Europäische Gerichtshof die Rechtspositionen der Unionsbürger.

Neben die Gerichte auf nationaler Ebene treten die außergerichtlichen Beschwerdeeinrichtungen, die den Bürgern unabhängig von komplizierten Verfahrensvoraussetzungen die Möglichkeit geben, sich gegen öffentlich-rechtliche Mißstände zumeist im Bereich der Verwaltung zu wenden. Anders als die Gerichte können sie aber keine verbindlichen Entscheidungen treffen; sie sind darauf verwiesen, Empfehlungen zu geben. Mißstände auf der Ebene der Gemeinschaft sind ihrer Zuständigkeit entzogen.

So bleibt die Frage, ob und wie Bürger sich gegen politische oder verwaltungsrechtliche Entscheidungen wenden können, die sie zwar nicht unmittelbar und individuell betreffen und daher nicht als Klagegegenstand ausreichen, die aber insoweit Anlaß zur Beschwerde geben, als die Bürger in einer Demokratie das Bedürfnis und das Recht haben, zur Kontrolle des Staatswesens beizutragen und an Entscheidungsprozessen zu partizipieren.

Diese Möglichkeit eröffnet zunächst das Petitionsrecht, das in Art. 194 (ex-Art. 138d) EG-Vertrag eine primärrechtliche Grundlage erhalten hat. Im Rahmen eines subjektiv-öffentlichen Rechts wird dem berechtigten Personenkreis das Recht eingeräumt, sich mit Bitten und Beschwerden an das Europäische Parlament bzw. seinen eigens dafür geschaffenen Ausschuß zu wenden. Gleichzeitig wird das Parlament verpflichtet, die Petitionen zu behandeln. Gegenstand einer solchen Petition kann jeder Tätigkeitsbereich der Gemeinschaft sein, so daß die Zuständigkeit sehr weit gefaßt ist und bis auf die Ebene der Mitgliedstaaten reicht. Das Petitionsrecht ist ein wichtiger Beitrag zum Kontrollrecht des Europäischen Parlaments und kann dessen schwache Position bei Gesetzesinitiativen unterstützen. Dem Bürger wird die Möglichkeit eingeräumt, sich außerhalb von Wahlen am Entscheidungsprozeß innerhalb der Gemeinschaft zu beteiligen. Der weit gefaßte Zuständigkeitsrahmen und das wachsende Bedürfnis der Bürger auch außerhalb und unabhängig von Wahlen Einfluß auf die politischen Entscheidungsträger zu nehmen, hat dazu geführt, daß das Petitionsrecht sich weg vom reinen Beschwerderecht hin zum politischen Partizipationsrecht entwickelt hat.

Problematisch ist in diesem Zusammenhang die bislang relativ schwache Position des Parlaments im Hinblick auf das Petitionsrecht. Die Schaffung eines Rechts erfordert auch, dieses Recht effektiv auszugestalten bzw. dem betreffenden Organ die erforderlichen Mittel an die Hand zu geben. Dies ist bislang im Zusammenhang mit dem Petitionsrecht noch nicht recht erkennbar. Wünschenswert und wichtig wäre in diesem Zusammenhang eine Aufwertung des Petitionsausschusses als dem zuständigen Ausschuß. So wäre es zu begrüßen, wenn dieser Ausschuß mit den gleichen Befugnissen ausgestattet würde wie ein Untersuchungsausschuß und somit zu einem ständigen Untersuchungsausschuß würde.

Die zunehmend politische Ausrichtung des Petitionsrechts wird kompensiert durch das Recht, sich gem. Art. 195 (ex-Art. 138e) EG-Vertrag an den Europäischen Bürgerbeauftragten zu wenden. Dieser darf aufgrund von Beschwerden oder aufgrund eigener Initiativen verwaltungsrechtlichen Mißständen nachgehen. In weitgehender Unabhängigkeit unterstützt er das Europäische Parlament bei der Kontrolle der Exekutive. Trotz vielfältiger Berührungspunkte mit dem Europäischen Parlament und dessen Petitionsausschuß und trotz des gerichtlichen individuellen Rechtsschutzes auf Gemeinschaftsebene kommt dem Europäischen Bürgerbeauftragten eine eigene Funktion zu. Anders als die Gerichte wird der Bürgerbeauftragte unabhängig von individueller Betroffenheit der Beschwerdeführer tätig. Im Verhältnis zum Europäischen Parlament und dessen Petitionsausschuß steht dem Bürgerbeauftragten bei Beschwerden, die sich gegen verwaltungsrechtliche Mißstände bei der Tätigkeit von Organen und Institutionen der EG wenden, ein Erstbefassungsrecht zu. Das Europäische Parlament und sein Petitionsausschuß haben in diesem Bereich ihre Zuständigkeit nicht verloren. Aufgrund des Art. 195 (ex-Art. 138e) EG-Vertrag sind derartige Beschwerden aber zunächst an den Europäischen Bürgerbeauftragten zu richten, der anschließend im Rahmen seiner Berichte den Petitionsausschuß und das Parlament davon in Kenntnis setzt. Sieht das Parlament dann noch Handlungsbedarf, so ist es ihm unbenommen, tätig zu werden.

Aufgrund dieses Näheverhältnisses zwischen Parlament und Petitionsausschuß bzw. Parlament ist es problematisch, daß der Zuständigkeitsbereich des Bürgerbeauftragten im Bereich der polizeilichen und justitiellen Zusammenarbeit in Strafsachen im Gegensatz zum Petitionsausschuß gem. Art. 41 Abs. 1 EU-Vertrag n.F. ausgeweitet worden ist. Der Bürgerbeauftragte ist im Vergleich zum Parlament die schwächere Einrichtung, da er teilweise auf dessen Unterstützung angewiesen ist (Art. 3 Abs. 4 des Statuts). Wird nun dem grundsätzlich einflußreicheren Organ die Zuständigkeit in diesem Bereich verwehrt, so spricht dies nicht für die Entwicklung hin zu mehr Transparenz. Eine weitere Einschränkung der Befugnisse beider Einrichtungen und damit ein weiterer Kritikpunkt ist die Möglichkeit, ihnen von seiten anderer europäischer Einrichtungen aufgrund von Geheimhaltungsvorschriften Informationen vorzuenthalten.

So kann abschließend festgestellt werden, daß sowohl der Petitionsausschuß des Europäischen Parlaments als auch der Europäische Bürgerbeauftragte zur Transparenz der Gemeinschaft beitragen und den Bürgern die Möglichkeit geben, an den Entscheidungsprozessen in der Gemeinschaft teilzuhaben. Doch weisen beide Einrichtungen noch Defizite in ihren Befugnissen auf. So müßten beide ungehinderten Zugang zu jedweden Informationen der Gemeinschaft erhalten. Erst dann wäre eine vollständige demokratisch legitimierte Kontrolle der Gemeinschaft gewährleistet.

Literaturverzeichnis

Apelt, Otto, Platon, Gesetze, übersetzt und erläutert, 2. Bd. (Buch VII-XII), Leipzig 1945 (Abdruck der Ausgabe von 1916)

Badura, Peter, Bewahrung und Veränderung demokratischer und rechtsstaatlicher Verfassungsstruktur in den internationalen Gemeinschaften, in: VVDStRL 23 (1966), S. 34-96

Battis, Ulrich, in: Sachs, Michael, Grundgesetz, Kommentar, München 1996

Bauer, Franz / Rossmann, Harald, Die Volksanwaltschaft als Instrument der Bundes- und Landesverwaltungskontrolle, in: Kempf, Udo / Uppendahl, Herbert (Hrsgb.), Ein deutscher Ombudsman, Der Bürgerbeauftragte von Rheinland-Pfalz unter Berücksichtigung von Petitionsinstanzen in Europa und Nordamerika, Opladen 1986, S. 90-101

Bauer, Hartmut, in: Dreier, Horst (Hrsgb.), Grundgesetz, Kommentar, Bd. I, Tübingen 1996

Baviera, Saverio, Essai de division de compétences entre le médiateur européen et la Commission des pétitions du Parlement européen, in: Marias, Epaminondas A. (ed.), The European Ombudsman, European Institute of Public Administration, Maastricht 1995, S. 107-121

Beckedorf, Ingo, Das Untersuchungsrecht des Europäischen Parlaments, Berlin 1995 (Diss.)

Beckedorf, Ingo, Das Untersuchungsrecht des Europäischen Parlaments, Eine erste Bestandsaufnahme nach zwei parlamentarischen Untersuchungen, in: EuR 1997, S. 237-260

Bernhardt, Manfred, Der Parliamentary Commissioner in Großbritannien, in: Schwarze, Jürgen / Graf Vitzthum, Wolfgang, Grundrechtsschutz im nationalen und internationalen Recht, Festschrift für Werner von Simson zum 75.Geburtstag, Baden-Baden, 1983, S. 33-39

Betz, Helmut, Petitionsrecht und Petitionsverfahren, Eine vergleichende Darstellung der Rechtslage in Deutschland und der Europäischen Gemeinschaft, in: Aderhold, Eltje / Lipstein, Kurt / Schinding, Christoph / Stürner, Rolf, Festschrift für Hans Hanisch, Köln u. a. 1994, S. 13-27

Bexelius, Alfred, The Ombudsman for Civil Affaires, in: Rowat, Donald C. (Hrsgb.), The Ombudsman, Citizen's Defender, London 1965, S. 22-44

Bieber, Roland, Das Verfahrensrecht von Verfassungsorganen, Ein Beitrag zur Theorie der inner- und interorganschaftlichen Rechtsetzung in der Europäischen Gemeinschaft, im Staatsrecht und im Völkerrecht, 1. Auflage, Baden-Baden 1992 (Habil.)

Bieber, Roland, in: v.d.Groeben, Hans / Thiesing, Jochen / Ehlermann, Claus (Hrsgb.), Kommentar zum EU-/EG-Vertrag, Bd. 4 (Art. 137-209a EGV), 5. Auflage, Baden-Baden 1997

Bieber, Roland, in: v.d.Groeben, Hans / Thiesing, Jochen / Ehlermann, Claus (Hrsgb.), Kommentar zum EU-/EG-Vertrag, Bd. 1 (Art. A-F EUV, Art. 1-84 EGV) 5. Auflage, Baden-Baden 1997

Bleckmann, Albert, Europarecht, Das Recht der Europäischen Union und der Europäischen Gemeinschaften, 6. Auflage, Köln u. a. 1997

Bretone, Mario, Geschichte des römischen Rechts, Von den Anfängen bis zu Justinian, aus dem Italienischen übersetzt von Brigitte Galsterer, München 1992

Bull, Hans Peter, Das Europäische Polizeiamt – undemokratisch und rechtsstaatswidrig? Zur Kontroverse um Auftrag und Ausgestaltung von Europol, in: DRiZ 1998, S. 32-42

Burmeister, Joachim, Das Petitionsrecht, in: Isensee, Josef/Kirchhof, Paul (Hrsgb.), Handbuch des Staatsrechts der Bundesrepublik Deutschland, Bd. II, Demokratische Willensbildung – Die Staatsorgane des Bundes, Heidelberg 1987, S. 94-102

Busch, Eckart, Der Wehrbeauftragte, Organ der parlamentarischen Kontrolle, 4. Auflage, Heidelberg 1991

Carl, Michael H., EG-Grundrechtsschutz durch Vorlage zur Vorabentscheidung?, in: Schwarze, Jürgen / Graf Vitzthum, Wolfgang (Hrsgb.), Grundrechtsschutz im nationalen und internationalen Recht, Festschrift für Werner von Simson zum 75. Geburtstag, Baden-Baden 1983, S. 33-39

Chidiac, Marie, Der Bürgerbeauftragte der Region Wallonien, in: Der Europäische Bürgerbeauftragte, Die Rechte der Bürger der Europäischen Union, Seminar über die Rolle der nationalen Bürgerbeauftragten und des europäischen Bürgerbeauftragten – oder ähnlicher Einrichtungen – im Lichte des Gemeinschaftsrechts in der Union, Seminarakten, Straßburg, 12. und 13. 9. 1996, S. H 1-7

Chwolik-Lanfermann, Ellen, Grundrechtsschutz in der Europäischen Union – Bestand, Tendenzen und Entwicklungen, Frankfurt/M. u.a. 1994 (Diss.)

Clapham, Andrew, European Union – The Human Rights Challenge, Vol. I, Human Rights and the European Community: A Critical Overview, 1. Auflage, Baden-Baden 1991

Conrad, Hermann, Deutsche Rechtsgeschichte, Bd. I: Frühzeit und Mittelalter, Karlsruhe 1954

Dauses, Manfred A./Fugmann, Friedrich, Die politisch-institutionelle Stellung des Europäischen Parlaments nach dem Maastricht-Vertrag, in: Aus Politik und Zeitgeschichte, 45. Jg., 1995, B 3-4, S. 24-32

Dennwitz, Bodo, Die Verfassungen der modernen Staaten, Eine Dokumentensammlung, Hamburg 1947

Deutscher Bundestag, Referat für Öffentlichkeitsarbeit (Hrsgb.), Petitionen, Der Petitionsausschuß – der Anwalt des Bürgers, 8. Auflage, Bonn, Dez. 1995

Dewost, Jean-Louis, Die Rolle der Europäischen Kommission, in: Der Europäische Bürgerbeauftragte, Die Rechte der Bürger der Europäischen Kommission, Seminar über die Rolle der nationalen Bürgerbeauftragten und des europäischen Bürgerbeauftragten – oder ähnlicher Einrichtungen – im Lichte der Anwendung des Gemeinschaftsrechts in der Union, Seminarakten, Straßburg, 12. und 13. 9. 1996

Dürig, Günter, in: Maunz, Theodor/Dürig, Günter, Grundgesetz, Kommentar, Bd. II, Art. 14-37, 33. Ergänzungslieferung Nov. 1997, München

Dreier, Horst (Hrsgb.), Grundgesetz, Kommentar, Bd. I, Tübingen 1996

Eitel, Walter, Das Grundrecht der Petition gem. Art. 17 des Grundgesetzes, Tübingen 1960 (Diss.)

Erhart, Michael, Der Europäische Bürgerbeauftragte – ausgewählte Rechtsfragen, in: Journal für Rechtspolitik 1997, S. 278-285

Erler, Adalbert, Ombudsman, in: Erler, Adalbert / Kaufmann, Ekkehard (Hrsgb.), Handwörterbuch zur deutschen Rechtsgeschichte, Bd. III; 1984

Ermacora, Felix, Ombudsman und Gerichtsbarkeit des öffentlichen Rechtes, in: Institut für Völkerrecht und ausländisches öffentliches Recht der Universität zu Köln (Hrsgb.), Festschrift für Hermann Jahrreiß zum 80. Geburtstag 19. 8. 1974, Köln u. a. 1974, S. 35-43

Europäischer Bürgerbeauftragter, Fragen und Antworten, 1996

Europäisches Parlament, Geschäftsordnung (mit Auslegungen), 11. Auflage, Luxemburg 2/1996

European Parliament, Directorate General for Research (Crespo Allen, Marilia, editor), People's Europe Series (W6), Working Papers, European Ombudsman / National Ombudsmen or Similar Bodies, Comparative Tables, Luxemburg, Jan. 1995

Fischer, Peter / Köck, Heribert Franz, Europarecht, einschließlich des Rechts supranationaler Organisationen, 2. Auflage, Wien 1995

Forschner, Maximilian, Rousseau, in: Görres-Gesellschaft (Hrsgb.), Staatslexikon, Recht, Wirtschaft, Gesellschaft, 4. Bd., 7. Auflage, Freiburg 1988

Franz, Günther, Staatsverfassungen, Eine Sammlung wichtiger Verfassungen der Vergangenheit und Gegenwart in Urtext und Übersetzung, 2. Auflage, München 1964

Frowein, Jochen Abr. / Krisch, Nico, Der Rechtsschutz gegen Europol, in: JZ 1998, S. 589-597

Frowein, Jochen Abr. / Peukert, Wolfgang, Europäische Menschenrechtskonvention, EMRK-Kommentar, 2. Auflage, Kehl u. a. 1996

Geiger, Rudolf, EG-Vertrag, Kommentar zu dem Vertrag zur Gründung der Europäischen Gemeinschaft, 2. Auflage, München 1995

Giegerich, Thomas, Luxemburg, Karlsruhe, Straßburg – Dreistufiger Grundrechtsschutz, in: ZaöRV 1990, S. 836-868

Gilsdorf, Peter / Oliver, Peter, in: v.d. Groeben, Hans / Thiesing, Jochen / Ehlermann, Claus (Hrsgb.), Kommentar zum EU-/EG-Vertrag, Bd. 5 (Art. 210-248 EGV, EEA, Art. H-S EUV), 5. Auflage, Baden-Baden 1997

Giraud, J. G., Der Ombudsmann der Europäischen Union, Referat, gehalten anläßlich der Nationalen Ombudsmänner Europas in Paris am 15. und 16. März 1995 (Veröffentlichung des Europäischen Ombudsmann-Institutes, Innsbruck)

Grabitz, Eberhard/Hilf, Meinhard (Hrsgb.), Kommentar zur Europäischen Union, Vertrag über die Europäische Union, Vertrag zur Gründung der Europäischen Gemeinschaft, Stand: 12. Ergänzungslieferung Mai 1998, München

Gramberger, Marc R., Die Öffentlichkeitsarbeit der Europäischen Kommission 1952-1996, PR zur Legitimation von Integration?, 1. Auflage, Baden-Baden 1997 (Dissertation)

Grawert, Rolf, in: Isensee, Josef/Kirchhof, Paul (Hrsgb.), Handbuch des Staatsrechts der Bundesrepublik Deutschland, Bd. I, Grundlagen von Staat und Verfassung, Heidelberg 1987

Grimm, Dieter, Mit einer Aufwertung des Europa-Parlaments ist es nicht getan. Das Demokratiedefizit der EG hat strukturelle Ursachen, in: Jahrbuch zur Staats- und Verwaltungswissenschaft, Bd. 6, 1992/93, Baden-Baden, S. 13-18

v.d.Groeben, Hans / Thiesing, Jochen / Ehlermann, Claus (Hrsgb.), Kommentar zum EU-/EG-Vertrag, Bd. 1 (Art. A-F EUV, Art. 1-84 EGV), Bd. 4 (Art. 137-209a EGV), Bd. 5 (Art. 210-248 EGV, EEA, Art. H-S EUV), 5. Auflage, Baden-Baden 1997

Haag, Marcel, in: v.d.Groeben, Hans / Thiesing, Jochen / Ehlermann, Claus, (Hrsgb.), Kommentar zum EU-/EG-Vertrag, Bd. 4 (Art. 137-209a EGV), 5. Auflage, Baden-Baden 1997

Haag, Marcel / Bieber, Roland, in: v.d.Groeben, Hans / Thiesing, Jochen / Ehlermann, Claus, (Hrsgb.), Kommentar zum EU-/EG-Vertrag, Bd. 4 (Art. 137-209a EGV), 5. Auflage, Baden-Baden 1997

Hachert, Hermann, Die Staatsschrift Gasparo Contarinis und die politischen Verhältnisse Venedigs im sechzehnten Jahrhundert, Heidelberg 1940

Hahn, Georg, Der Justizbevollmächtigte des schwedischen Reichstages, in: AöR 1962, S. 389-467

Hahnenfeld, Günter, Der Ombudsmann-Gedanke, in: ZRP 1973, S. 60-64

Hailbronner, Kay, in: Hailbronner, Kay / Klein, Eckart / Magiera, Siegfried / Müller-Graff, Peter-Christian, Handbuch zum Vertrag über die Europäische Union (EUV/EGV), Ordner 2, Loseblattsammlung, Köln u. a., Juni 1997

Hailbronner, Kay / Klein, Eckart / Magiera, Siegfried / Müller-Graff, Peter-Christian, Handbuch zum Vertrag über die Europäische Union (EUV/EGV), Ordner 2, Loseblattsammlung, Köln u.a., 6. Ergänzungslieferung Juni 1997

Haller, Walter, Der Ombudsmann im Gefüge der Staatsfunktionen, in: Müller, Georg/Rhinow, René A. / Schmidt, Gerhard / Wildhaber, Luzius (Hrsgb.), Staatsorganisation und Staatsfunktion im Wandel, Festschrift für Kurt Eichenberger zum 60. Geburtstag, Basel u. a., 1982, S. 705-717

Haller, Walter, Europarat und Ombudsman-Institution, in: Haller, Walter / Kolz, Alfred / Müller, Georg / Thürer, Daniel, Im Dienst an der Gemeinschaft, Festschrift für Dietrich Schindler zum 65. Geburtstag, Basel u. a. 1989

Hansen, Jürgen, Die Institution des Ombudsman, Frankfurt/M., 1972

Hartenstein, Frank-Helmut, Der Wehrbeauftragte des Deutschen Bundestages, Zuständigkeiten und Befugnisse im Rahmen der parlamentarischen Kontrolle der Bundeswehr, Frankfurt/M. 1977

Heydte, Friedr. August v.d., Montesquieu, in: Görres-Gesellschaft (Hrsgb.), Staatslexikon, Recht, Wirtschaft, Gesellschaft, 5. Bd., 6. Auflage, Freiburg 1960

Hilf, Meinhard, Amsterdam – Ein Vertrag für die Bürger?, in: EuR 1997, S. 347-361

Hilf, Meinhard / Ciesla, Gritta / Pache Eckhard, Rights vis-à-vis the administration at the Community Level, in: Cassese, Antonio / Clapham, Andrew / Weiler, Joseph (eds.), European Union – The Human Rights Challenge, Vol. II, Human Rights and the European Community: Methods of Protection, 1. Auflage, Baden-Baden 1991

Hobe, Stephan, Die Unionsbürgerschaft nach dem Vertrag von Maastricht – Auf dem Weg zum europäischen Bundesstaat?, in: Der Staat, Bd. 32, 1993, S. 245-268

Hoffmann, Diether H., Das Petitionsrecht, Frankfurt 1959 (Diss.)

Huber, Peter M., Die Rolle des Demokratieprinzips im europäischen Integrationsprozeß, in: Jahrbuch zur Staats- und Verwaltungswissenschaft, Bd. 6, Baden-Baden 1992/93, S. 179-208

Huber, Peter M., Das Kooperationsverhältnis zwischen BVerfG und EuGH in Grundrechtsfragen, Die Bananenmarktordnung und das Grundgesetz, in: EuZW 1997, 517-521

Hummer, Waldemar, Stellung und Funktion des Bürgerbeauftragten des Europäischen Parlaments, Gutachterliche Stellungnahme vom 3. 9. 1995 im Auftrag des Europäischen Ombudsmann-Institutes (Veröffentlichung des Europäischen Ombudsmann-Institutes, Innsbruck)

Hummer, Waldemar, in: Grabitz, Eberhard / Hilf, Martin (Hrsgb.), Kommentar zur Europäischen Union, Vertrag über die Europäische Union, Vertrag zur Gründung der Europäischen Gemeinschaft, Stand: 11. Ergänzungslieferung Juli 1997, München

Ipsen, Hans Peter, Die europäische Integration in der deutschen Staatsrechtslehre, in: Bauer, Jürgen F./Müller-Graff, Peter-Christian/Zuleeg, Manfred (Hrsgb.), Europarecht, Energierecht, Wirtschaftsrecht, FS für Bodo Börner zum 70.Geburtstag, München 1992, S. 163-177

Isensee, Josef / Kirchhof, Paul (Hrsgb.), Handbuch des Staatsrechts der Bundesrepublik Deutschland, Bd. I (Grundlagen von Staat und Verfassung), Bd. II (Demokratische Willensbildung – Die Staatsorgane des Bundes), Heidelberg 1987

Jacqué, Jean Paul, in: v.d.Groeben, Hans / Thiesing, Jochen / Ehlermann, Claus, Kommentar zum EU-/EG-Vertrag, Bd. 1 (Art. A-F EUV, Art. 1-84 EGV), 5. Auflage, Baden-Baden 1997

Jarass, Hans D., Haftung für die Verletzung von EU-Recht durch nationale Organe und Amtsträger, in: NJW 1994, S. 881-886

Jellinek, Georg, Das System der subjektiven öffentlichen Rechte, Neudruck der 2. Auflage, Tübingen 1919, Aalen 1964

Karpenstein, Peter, in: Grabitz, Eberhard / Hilf, Meinhard (Hrsgb.), Kommentar zur Europäischen Union, Vertrag über die Europäische Union, Vertrag zur Gründung der Europäischen Gemeinschaft, Stand: 11. Ergänzungslieferung Juli 1997, München

Kastari, Paavo, Die Institution des Ombudsman im skandinavischen Recht, in: JöR (NF), Bd. 21, 1972, S. 219-230

Kastari, Paavo, Finland's Guardians of the Law, The Chancellor of Justice ond the Ombudsman, in: Rowat (s. Bexelius), S. 58-74

Kaufmann-Bühler, Werner, in: Lenz, Carl Otto, EG-Vertrag, Kommentar, 1. Auflage, Köln 1994

Kempf, Udo / Mille, Marco, Rolle und Funktion des Ombudsmannes – Zur personalisierten Verwaltungskontrolle in 48 Staaten, in: ZParl 1992, S. 29-47

Kempf, Udo / Uppendahl, Herbert (Hrsgb.), Ein deutscher Ombudsman, Der Bürgerbeauftragte von Rheinland-Pfalz unter Berücksichtigung von Petitionsinstanzen in Europa und Nordamerika, Opladen 1986

Kempf, Udo, Der Bürgerbeauftragte als Kontrollorgan, in: Aus Politik und Zeitgeschichte 1973, B 44, S. 17-30

Kempf, Udo, Der Petitionsausschuß als ausreichendes Kontrollorgan?, Erwiderung auf R. Tesches Diskussionsbeitrag, in: Aus Politik und Zeitgeschichte 1974, B 4, S. 27-29

Kim, Soo-Cheol, Die Einführungsmöglichkeit des Ombudsman in Korea – Eine rechtsvergleichende Studie, Köln 1992 (Diss.)

Kingreen, Thorsten / Störmer, Rainer, Die subjektiv-öffentlichen Rechte des primären Gemeinschaftsrechts, in: EuR 1998, S. 263-290

Kipke, Rüdiger, Die Untersuchungsausschüsse des Europäischen Parlaments Rechtsgrundlagen und Verfahrenspraxis, in: ZParl 1989, S. 488-494

Klein, Eckart, in: Hailbronner, Kay / Klein, Eckart / Magiera, Siegfried / Müller-Graff, Peter-Christian, Handbuch zum Vertrag über die Europäische Union, Ordner 2, Loseblattsammlung, Köln u.a. Juni 1997

Klein, Hans Hugo, Aufgaben des Bundestages, in: Isensee, Josef/Kirchhof, Paul (Hrsgb.), Handbuch des Staatsrechts der Bundesdrepublik Deutschland, Bd. II, Demokratische Willensbildung – Die Staatsorgane des Bundes, Heidelberg 1987

Knöpfle, Franz, in: Görres-Gesellschaft (Hrsgb.), Staatslexikon, Recht, Wirtschaft, Gesellschaft, 5. Bd., 7. Auflage, Freiburg u.a. 1989

Kopp, Ferdinand, Verwaltungsgerichtsordnung, 11. Auflage, München 1998

Krück, Hans, in: v.d.Groeben, Hans / Thiesing, Jochen / Ehlermann, Claus, Kommentar zum EU-/EG-Vertrag, Bd. 4 (Art. 137-209a EGV), 5. Auflage, Baden-Baden 1997

Kübler, Bernhard, Geschichte des römischen Rechts, Ein Lehrbuch, Neudruck der Ausgabe Leipzig 1929, Aalen 1979

Läufer, Thomas, in: Grabitz, Eberhard / Hilf, Meinhard, Kommentar zur Europäischen Union, Vertrag über die Europäische Union, Vertrag zur Gründung der Europäischen Gemeinschaft, Stand: 11. Ergänzungslieferung Juli 1997, München

Lenz, Carl Otto, Rechtsschutz im Binnenmarkt, in: EuZW 1993, S. 10-12

Lenz, Carl Otto (Hrsgb.), EG-Vertrag, Kommentar, 1. Auflage, Köln 1994

Lenz, Carl Otto, Abschiedsrede, in: EuR 1998, S. 103-105

Marias, Epaminondas, The right to petition the European Parliament after Maastricht, in: ELR 1994, S. 169-183

Marias, Epaminondas, Der Europäische Ombudsmann, deutsche Übersetzung von Bernhard Lorenz im Auftrag des Europäischen Ombudsmann-Instituts des Textes „The European Ombudsman" in: European Institute of Public Administration No. 1994/1, Innsbruck

Marti, Hans, Die aufsehende Gewalt, in: Verfassungsrecht und Verfassungswirklichkeit, Festschrift für Hans Huber zum 60. Geburtstag, 24. Mai 1961, Bern 1961, S. 174-189

Matscher, Franz, Gedanken zum außergerichtlichen internationalen Grundrechtsschutz, in: Morscher, Siegbert / Pernthaler, Peter / Wimmer, Norbert (Hrsgb.), Recht als Aufgabe und Verantwortung, Festschrift für Hans R. Klecatsky zum 70. Geburtstag, Wien 1990

Matscher, Franz (Hrsgb.), Ombudsmann in Europa – Institutioneller Vergleich, Kehl u-a. 1994

Mattern, Karl-Heinz, Petitionsrecht, in: Franz L. Neumann / Hans Carl Nipperdey / Ulrich Schenner, Handbuch der Theorie und Praxis der Grundrechte, 2. Bd., Berlin 1954

Matthes, Hagen, Der Bürgerbeauftragte – Eine rechtsvergleichende Studie unter besonderer Berücksichtigung des Ombudsman-Modell in Rheinland-Pfalz, Berlin 1980

Mauerer, Michael, Die parlamentarischen Ombudsmann-Einrichtungen in den Mitgliedstaaten des Europarates, in: Matscher, Franz (Hrsgb.), Ombudsmann in Europa – Institutioneller Vergleich, Kehl u.a. 1994, S. 123-152

Maunz, Theodor / Dürig, Günther, Grundgesetz, Kommentar, Bd. II (Art. 14-37), 33. Ergänzungslieferung, Nov. 1997, München

Mayer, Otto, Deutsches Verwaltungsrecht, 1. Bd., 3. Auflage, München u.a. 1924

Mayer-Tasch, Peter Cornelius (Hrsgb.), i.V.m. Ion Contiades, Die Verfassungen Europas, Stuttgart 1966

Menge, Hermann / Pertsch, Erich, Langenscheidts Taschenwörterbuch der lateinischen und deutschen Sprache, 23. Auflage, Berlin u.a. 1976

Messner, Evelyn, Erfahrungen der österreichischen Volksanwaltschaft beim Schutz von Grundrechten, in: Matscher, Franz (Hrsgb.), Ombudsmann für Europa – Institutioneller Vergleich, Kehl u.a. 1994, S. 109-122

Mickel, Wolfgang W., Handlexikon der Europäischen Union, Köln 1994

Mitteis, Heinrich / Lieberich, Heinz, Deutsche Rechtsgeschichte, 18. Auflage, München 1988

Möller, Jens, The Danish Ombudsman and the Protection of Human Rights, in: Matscher, Franz (Hrsgb.), Ombudsmann für Europa – Institutioneller Vergleich, Kehl u.a. 1994, S. 37-45

Monz, Heinz, Der Bürgerbeauftragte, Kommentar zum Landesgesetz über den Bürgerbeauftragte des Landes Rheinland-Pfalz, Mainz 1982

Müser, Andreas, Wehrbeauftragter und Gewaltenteilung: Zur Erfüllbarkeit von Emanzipationsansprüchen an parlamentarische Kontrolle, 1. Auflage, Berlin 1976

Murphy, Kevin, Die Rolle des nationalen Bürgerbeauftragten, in: Der Europäische Bürgerbeauftragte, Die Rechte der Bürger der Europäischen Union, Seminar über die Rolle der nationalen Bürgerbeauftragten und des europäischen Bürgerbeauftragten – oder ähnlicher Einrichtungen – im Licht der Anwendung des Gemeinschaftsrecht in der Union, Seminarakten, Straßburg, 12. und 13. 9. 1996, F S. 1-13

Neßler, Volker, Europäische Willensbildung, Die Fraktionen im Europaparlament zwischen nationalen Interessen, Parteipolitik und Europäischer Integration, Schwalbach/Ts. 1997 (Dissertation)

Neumann, Franz L. / Nipperdey, Hans Carl / Schenner, Ulrich (Hrsgb.), Die Grundrechte, Handbuch der Theorie und Praxis der Grundrechte, 2. Bd., Berlin 1954

Nobel, Peter, The Swedish Ombudsman against Ethnic Discrimination, in: Matscher, Franz (Hrsgb.), Ombudsmann für Europa – Instituitioneller Vergleich, Kehl u.a. 1994, S. 47-55

Nonnenmacher, Günther, Von der Bürgernähe zur Subsidiarität, in: FAZ Nr. 134, 13. 6. 1998, S. 1

O'Keefe, D., Union Citizenship, in: D. O'Keefe / P. Twomey (Hrsgb.), Legal Issues of the Maastricht Treaty, London u. a. 1994, S. 87 ff.

O'Leary, Siofra, The Evolving of Community Citizenship, Den Haag u. a. 1997

Oestreich, Gerhard, Geschichte der Menschenrechte und Grundfreiheiten im Umriß, 2. Auflage, Berlin 1978

Oppermann, Thomas, Europarecht – Ein Studienbuch, München 1991

Peces-Barba, Gregorio, Le „Defensor del Pueblo“ en Espagne et les droits de l‘homme, in: Matscher, Franz (Hrsgb.), Ombudsmann für Europa – Institutioneller Vergleich, Kehl u.a. 1994, S. 83-94

Pechstein, Matthias, Amsterdamer Vertrag und Grundgesetz, in: DÖV 1998, S. 569-576

Pechstein, Matthias / Koenig, Christian, Die Europäische Union, Die Verträge von Maastricht und Amsterdam, 2. Auflage, Tübingen 1998

Pedersen, I. M., Denmark‘s Ombudsmand, in: Rowat, Donald C. (Hrsgb.) The Ombudsman, Citizen‘s Defender, London u.a. 1965, S. 75-94

Pickl, Viktor, Die Institution des Ombudsmannes und ihre politischen Dimensionen, in: Morscher, Siegbert / Pernthaler, Peter / Wimmer, Norbert, Recht als Aufgabe und Verantwortung, Festschrift für Hans R. KLecatsky zum 70. Geburtstag, Wien 1990

Pickl, Viktor, Das Prüfverfahren der Volksanwaltschaft aus funktionaler Sicht, in: Oskar J. Ballon / Johann J. Hagen (Hrsgb.), Verfahrensgarantien im nationalen und internationalen Prozeßrecht, Festschrift für Franz Matscher zum 65.Geburtstag, Wien 1993, S. 355 ff.

Pickl, Viktor, Europäische Ombudsmann-Einrichtungen aus rechtsvergleichender Sicht, in: Franz Matscher / Ignaz Seidl-Hohenveldern (Hrsgb.), Europa im Aufbruch, Festschrift für Fritz Schwind zum 80. Geburtstag, Wien 1993, S. 193-204

Pierucci, Andrea, Le médiateur européen, in: RMC 1993, S. 818-822

Pietzner, Rainer, Ombudsman, in: Roman Herzog / Hermann Kunst / Klaus Schlaich / Wilhelm Schneemelcher (Hrsgb.), Evangelisches Staatslexikon, Bd. II, 3. Auflage,Stuttgart 1987

Pietzner, Rainer, Petitionsausschuß und Plenum, Hamburg 1973 (Dissertation)

Pliakos, Astéris, Les conditions d‘exercice du droit de pétition, in: CDE 1993, S. 317-349

Preuß, Ulrich K., Für einen europäischen Grundrechtskatalog, in: Kritische Justiz 1998, S. 1-29

Rang, Jacob, Der niederländische Ombudsman, in: Kempf, Udo / Uppendahl, Herbert (Hrsgb.), Ein deutscher Ombudsman, Der Bürgerbeauftragte von Rheinland-Pfalz unter Berücksichtigung von Petitionsinstanzen in Europa und Nordamerika, Opladen 1986, S. 102-116

Raschauer, Bernhard, Ein Ombudsman für Frankreich, in: Zeitschrift für ausländisches öffentliches Recht und Völkerrecht 1973, S. 503-523

Redeker, Konrad, Notwendigkeit und rechtliche Gestaltungsmöglichkeiten von Parlamentsbeauftragten in Deutschland. in: NJW 1967, S. 1297-1301

Reibstein Ernst, Johannes Althusius als Fortsetzer der Schule von Salamanca - Untersuchungen zur Ideengeschichte des Rechtsstaates und der altprotestantischen Naturrechtslehre, Karlsruhe 1955

Riezbos, Kees, Petitionsrecht in Deutschland und in den Niederlanden: Ein Ausblick auf das Europaparlament, in: ZParl 1992, S. 16-29

Rittberger, Volker, Der Parlamentskommissar, in: Zeitschrift für Politik, 1967, S. 365-375

Rodriguez Iglesias, Gil Carlos, Eröffnungsrede, in: Der Europäische Bürgerbeauftragte, Die Rechte der Bürger der Europäischen Union, Seminar über die Rolle der nationalen Bürgerbeauftragten und des europäischen Bürgerbeauftragten – oder ähnlicher Einrichtungen – im Lichte der Anwendung des Gemeinschaftsrecht in der Union, Seminarakten, Straßburg, 12. und 13. 9. 1996, B S. 1-4

Rogge, Kersten, Die Einlegung einer Menschenrechtsbeschwerde, in: EuGRZ 1996, S. 341-346

Rosegger, Hans Ludwig, Petitionen, Bitten und Beschwerden, Berlin 1908

Rossi, Matthias, Europäisches Parlament und Haushaltsverfassungsrecht – Eine kritische Betrachtung der parlamentarischen Haushaltsbefugnisse, Berlin 1997 (Dissertation)

Rousseau, Jean Jacques, Der Gesellschaftsvertrag (oder die Grundsätze des Staatsrechtes), übersetzt von H. Dehnhardt, herausgegeben und eingeleitet von Heinrich Weinstock, Stuttgart 1958

Rowat, Donald C. (ed.), The Ombudsman, Citizen's Defender, London 1965

Saalfrank, Rolf Valentin, Funktionen und Befugnisse des Europäischen Parlaments und ihre Bedeutung für das Demokratieprinzip des Grundgesetzes, Stuttgart 1995

Sachs, Michael, Grundgesetz, Kommentar, München 1996

Sauerwald, Christine, Die Unionsbürgerschaft und das Staatsangehörigkeitsrecht in den Mitgliedstaaten der Europäischen Union, Frankfurt/M. u. a. 1996

Scheuing, Dieter H., Europarechtliche Impulse für innovative Ansätze im deutschen Verwaltungsrecht, in: Hoffmann Riem, Wolfgang / Schmidt-Aßmann, Eberhard (Hrsgb.), Schriften zur Reform des Verwaltungsrechts, Bd. 2, Innovation und Flexibilität des Verwaltungshandelns, 1. Auflage, Baden-Baden 1994

Scheuing, Dieter H., Deutsches Verfassungsrecht und europäische Integration, in: EuR, Beiheft 1, 1997, S. 7-60

Schick, Rupert, Petitionen – Von der Untertanenbitte zum Bürgerrecht, 2. Auflage, Heidelberg 1992

Schmidt-Bleibtreu, Bruno / Klein, Franz, Kommentar zum Grundgesetz, 8. Auflage, Neuwied u. a. 1995

Schockweiler, Fernand, Die Haftung der EG-Mitgliedstaaten gegenüber dem einzelnen bei Verletzung des Gemeinschaftsrechts, in: EuR 1993, S. 107-133

Schoo, Johann, Die Kontrollfunktion des Europäischen Parlaments (Vortrag vom 29. 4.1991) in: Hans-Werner Regeling / Reiner von Borries (Hrsgb.), Osnabrücker Rechtswissenschaftliche Abhandlungen, Bd. 33, Aktuelle Entwicklungen in der Europäischen Gemeinschaft, Köln u. a. 1992

Schreckenberger, Waldemar, Von den Schengener Abkommen zu einer gemeinsamen Innen- und Justizpolitik (Die Dritte Säule), in: VerwArch 1997, S. 389-415

Schröder, Richard / Künßberg, Eberhard Frh. v., Lehrbuch der deutschen Rechtsgeschichte, 7. Auflage, Berlin und Leipzig 1932

Schumann, Ekkehard, Petitionsrecht, in: Evangelisches Staatslexikon (s. Pietzner)

Schwarze, Jürgen, Europäisches Verwaltungsrecht, Entstehung und Entwicklung im Rahmen der Europäischen Gemeinschaft, Bände I und II, 1. Auflage, Baden-Baden 1988

Schweitzer, Michael / Hummer, Waldemar, Europarecht, 5. Auflage, Neuwied u. a. 1996

Seidel, Harald, Das Petitionsrecht – Grundlagen, Verfahren, Reformen, Frankfurt/M. 1972

Söderman, Jacob, The Ombudsman concept and types of control of maladministration in Greece and Europe, Rede des Europäischen Bürgerbeauftragten in der Universität zu Athen am 11. 11. 1996

Söderman, Jacob, The Role of the European Ombudsman, Rede aus Anlaß des 6. Treffens der europäischen nationalen Bürgerbeauftragten, Jerusalem, 9. – 11. 9. 1997

Söderman, Jacob, The Citizen, the Administration and Community Law, Bericht zum FIDE-Kongreß 1998, Stockholm, 3.-6. Juni 1998

Söllner, Alfred, Einführung in die römische Rechtsgeschichte, 5. Auflage, München 1996

Stolleis, Michael, Der Koloß darf nicht marschieren – Wer in Europa Recht schafft, muß auf dessen nationale Traditionen achten, in: FAZ Nr. 145, 26. 6. 1998, S. 45

Streinz, Rudolf, Der Vertrag von Amsterdam – Einführung in die Reformen des Unionsvertrages von Maastricht und erste Bewertungen der Ergebnisse in: EuZW 1998, S. 137-147

Strempel, Rüdiger, Ombudsman für Europa – Zur Institution und Funktion des europäischen Bürgerbeauftragten

Surrel, Hélène, Le „droit de pétition“ au Parlement européen, in: RMC 1990, S. 219-234

Suski, Birgit, Das Europäische Parlament, Volksvertretung ohne Volk und Macht?, Berlin 1996 (Dissertation)

Terbille, Michael, Das Petitionsrecht in der Bundesrepublik Deutschland – Genese, Geltungsgrund und Ausgestaltung, Münster 1980 (Dissertation)

Terrenoire, Alain, Le Parlement européen cet inconnu, Paris 1994

Tesch, Renate, Zur Reform des Petitionswesens im Deutschen Bundestag – Ein Beitrag zur Diskussion, in: Aus Politik und Zeitgeschichte, 1974 B 4, S. 19-26

Thomas, Heinz / Putzo, Hans, Zivilprozeßordnung mit Gerichtsverfassungsgesetz und Einführungsgesetzen, 21. Auflage, München 1998

Thormann, Hans-Udo, Die aktiven Staatsrechte als Einrichtungsgarantien, Grundsatznormen und Auslegungsregeln, erläutert am Beispiel des Petitionsrechts (Art. 17 GG), Münster 1961 (Dissertation)

Uppendahl, Herbert, Menschen im Verwaltungsstaat, Ein Ombudsman-System für die Bundesrepublik Deutschland?, in: Maier, Hans / Matz, Ulrich / Sontheimer, Kurt / Weinacht, Paul-Ludwig, Politik, Philosophie, Praxis, Festschrift für Wilhelm Hennis zum 65. Geburtstag, 1. Auflage, Stuttgart 1988, S. 437-453

Graf Vitzthum, Wolfgang / März, Wolfgang, Der Petitionsausschuß, in: Schneider, Hans-Peter / Zeh, Wolfgang, Parlamentsrecht und Parlamentspraxis in der Bundesrepublik Deutschland, Ein Handbuch, Sonderausgabe Deutscher Bundestag, Berlin u.a. 1989, S. 1221-1244

Graf Vitzthum, Wolfgang, Petitionsrecht und Volksvertretung, Zu Inhalt und Schranken des parlamentarischen Petitionsbehandlungsrechts, Rheinbreitbach 1985

Vogel, Bernhard, Politik, in: Görresgesellschaft (Hrsgb.), Staatslexikon, Recht, Wirtschaft, Gesellschaft, 4. Bd., 7. Auflage, Freiburg u.a. 1988

Vonderbeck, Hans-Josef, Zur Entwicklung des parlamentarischen Petitionsrechts von den Anfängen bis zur jüngsten Neuregelung für den Deutschen Bundestag, in: ZParl 1975, S. 178-187

Waitz, Georg, Deutsche Verfassungsgeschichte, 3. Bd.: Die Verfassung des fränkischen Reiches, 3. Auflage (Nachdruck der 2. Auflage, Berlin 1883), Graz 1954

Wenig, Fritz Harald, in: Grabitz, Eberhard / Hilf, Meinhard (Hrsgb.), Kommentar zur Europäischen Union, Vertrag über die Europäische Union, Vertrag zur Gründung der Europäischen Gemeinschaft, Stand: 11. Ergänzungslieferung Juli 1997, München

Wild, Eberhard, Der Ombudsman in Deutschland, Würzburg 1970 (Dissertation)

Wohlfahrt, Jürgen, in: Grabitz, Eberhard / Hilf, Meinhard (Hrsgb.), Kommentar zur Europäischen Union, Vertrag über die Europäische Union, Vertrag zur Gründung der Europäischen Gemeinschaft, Stand: 11. Ergänzungslieferung Juli 1997, München

Yardley, David C. M., The Ombudsman in the United Kingdom, in: Matscher, Franz (Hrsgb.), Ombudsmann für Europa – Institutioneller Vergleich, Kehl 1994, S. 73-82

Zuleeg, Manfred, in: v.d.Groeben, Hans/Thiesing, Jochen/Ehlermann, Claus, Kommentar zum EU-/EG-Vertrag, Bd. 1 (Art. A-F EU-V, Art. 1-84 EG-V), 5. Auflage, Baden-Baden 1997

Lebenslauf

Am 11. November 1969 wurde ich, Antonius Hamers, als Kind der Eheleute Dr.med. Heinrich Hamers, Arzt für Allgemeinmedizin, und Hildegard Hamers, geb. Zeppenfeld, Lehrerin, in Lennestadt (Krs. Olpe) geboren. Nach dem Besuch der Gemeinschaftsgrundschule Heggen (Krs. Olpe) von 1976 - 1980 und des Rivius-Gymnasiums der Stadt Attendorn legte ich im Mai 1989 die Allgemeine Hochschulreife ab. Es folgte der Grundwehrdienst vom 1. Juni 1989 bis zum 31. August 1990 in Budel (NL) und Lennestadt.

Zum Wintersemester 1990/91 nahm ich an der Universität zu Köln das Studium der Rechtswissenschaft auf. Vom Wintersemester 1992/93 an setzte ich dieses an der Bayerischen Julius-Maximilians-Universität zu Würzburg fort. Nach acht Semestern legte ich am 21. Januar 1995 in Würzburg mein Erstes Juristisches Staatsexamen ab. Meinen juristischen Vorbereitungsdienst begann ich am 1. Juni 1995 im Freistaat Thüringen. Neben Ausbildungsstationen in Thüringen (Landgerichte Erfurt und Mühlhausen, Landesverwaltungsamt und Landesanwaltschaft in Weimar) studierte ich im Sommersemester 1996 an der Hochschule für Verwaltungswissenschaften in Speyer und verbrachte meine Wahlstation bei der EVP-Fraktion am Europäischen Parlament in Brüssel. Mit bestandener Zweiter Juristischer Staatsprüfung beendete ich am 14. 7. 1997 mein Referendariat.

Am 28. Juli 1998 erhielt ich die Zulassung als Rechtsanwalt am Landgericht Siegen und arbeitete zunächst als angestellter Rechtsanwalt. Seit dem 1. Dezember 1998 arbeite ich als wissenschaftlicher Mitarbeiter beim Bundesverband der Deutschen Industrie in Köln.

Meine Doktorprüfung an der Juristischen Fakultät der Bayerischen Julius-Maximilians-Universität zu Würzburg schloß ich am 18. Februar 1999 mit dem Rigorosum ab.

Heggen, im April 1999

FSC
www.fsc.org
MIX
Papier | Fördert gute Waldnutzung
FSC® C083411

Kolibri 360 GmbH
Ferdinand-Jühlke-Straße 7
99095 Erfurt, Deutschland
produktsicherheit@kolibri360.de